2015 年世界发展数据手册

世界银行　著

中国财政经济出版社

目 录

致 谢

《2015年世界发展数据手册》是由 Masako Hiraga 领导、Neil Fantom 管理的小组编撰，小组成员包括 Azita Amjadi，Maja Bresslauer、Tamirat Chulta、Liu Cui、Federico Escaler、Mahyar Eshragh-Tabary、Juan Feng、Saulo Ferreira、Wendy Huang、Bala Bhaskar Naidu Kalimili、Haruna Kashiwase、Buyant Erdene Khaltarkhuu、Tariq Khokhar、Elysee Kiti、Hiroko Maeda、Malvina Pollock、William Prince、Leila Rafei、Evis Rucaj、Umar Serajuddin、Rubena Sukaj、Emi Suzuki、Jomo Tariku 和 Dereje Wolde，并且与主管发展经济学的副行长属下的发展数据小组密切合作。本项工作是在 Haishan Fu 的管理下完成的。Barton Matheson Willse & Worthington 公司对本书进行了排版。世界银行出版局的工作人员负责监督本书的出版和发行。

引 言

《2015年世界发展数据手册》是《2015年世界发展指标》的袖珍版。它旨在为《2015年世界发展指标》数据库、印刷版和移动应用程序的使用者提供一个快捷的参照。《世界发展指标》数据库囊括了横跨50多年的1300多项指标，可在网站data. worldbank. org上获得。

《世界发展数据手册》的国别篇共214页，提供了人口在3万以上的世界银行成员国及其他经济体最新可获得的数据。综述部分14页，涵盖了按地区和收入组别划分的合计数。

欲知有关这些数据或世界银行其他数据类出版物的更多信息，请访问我们的数据网站：data. worldbank. org；或给我们发电子邮件至data@ worldbank. org；或拨打我们的热线电话：800 - 590 - 1906或202 - 473 - 7824，传真：202 - 522 - 1498。

欲订购《2015年世界发展指标》（英文版），请访问世界银行出版物网站：www. worldbank. org/publications，或拨打电话：800 - 645 - 7247或703 - 661 - 1580，传真：703 - 661 - 1501。

关于数据的说明

本书数据为1990年、2000年和2013年或最近年份可获得的数据，正文表或者词汇表中另有说明的除外。

- 增长率指与前一年相比的变化比例，另有说明的除外。
- 地区合计数仅包括低收入经济体和中等收入经济体的数据。
- 斜体数字表明该数据是几年或者一段时期的，而不是特定年份的数据。

符号用法：

..	指该数据不可获得，或由于数据缺失而无法算出合计数。
0或0.0	指零或很小，小数位的数字四舍五入为零。
$	为现值美元。

一些国家的表中标有字母的注释，见第232页的“注释”。

本书提供了人口在3万以上以及世界银行较小成员经济体的数据。“国家”（与“经济体”交替使用）一词并不意味着政治的独立或世界银行对其地位的官方认可，而是指任何一个其当局分别报告了社会或经济统计数据的经济体。

本书所选的指标，包含了那些用于检测千年发展目标进展情况的指标。要了解有关8个目标的更多信息——在2015年前实现将贫困人口减少一半以及提高生活水平——请参阅《2015年世界发展指标》类别的其他图书。

本书数据截止日期为2015年2月1日。

各地区的国家构成是基于世界银行为进行分析而做的地区划分，可能与通用的地理划分有别。

东亚和太平洋地区

美属萨摩亚、柬埔寨、中国、斐济、印度尼西亚、基里巴斯、朝鲜、老挝、马来西亚、马绍尔群岛、密克罗尼西亚联邦、蒙古、缅甸、帕劳、巴布亚新几内亚、菲律宾、萨摩亚、所罗门群岛、泰国、东帝汶、汤加、图瓦卢、瓦努阿图、越南

欧洲和中亚

阿尔巴尼亚、亚美尼亚、阿塞拜疆、白俄罗斯、波斯尼亚和黑塞哥维那、保加利亚、格鲁吉亚、匈牙利、哈萨克斯坦、科索沃、吉尔吉斯共和国、前南马其顿、摩尔多瓦、黑山、罗马尼亚、塞尔维亚、塔吉克斯坦、土耳其、土库曼斯坦、乌克兰、乌兹别克斯坦

拉丁美洲和加勒比地区

阿根廷、伯利兹、玻利维亚、巴西、哥伦比亚、哥斯达黎加、古巴、多米尼克、多米尼加共和国、厄瓜多尔、萨尔瓦多、格林纳达、危地马拉、圭亚那、海地、洪都拉斯、牙买加、墨西哥、尼加拉瓜、巴拿马、巴拉圭、秘鲁、圣卢西亚、圣文森特和格林纳丁斯、苏里南、委内瑞拉

中东和北非

阿尔及利亚、吉布提、埃及、伊朗、伊拉克、约旦、黎巴嫩、利比亚、摩洛哥、叙利亚、突尼斯、西岸和加沙、也门

南亚

阿富汗、孟加拉国、不丹、印度、马尔代夫、尼泊尔、巴基斯坦、斯里兰卡

撒哈拉以南非洲地区

安哥拉、贝宁、博茨瓦纳、布基纳法索、布隆迪、佛得角、喀麦隆、中非共和国、乍得、科摩罗、刚果民主共和国、刚果共和国、科特迪瓦、厄立特里亚、埃塞俄比亚、加蓬、冈比亚、加纳、几内亚、几内亚比绍、肯尼亚、莱索托、利比里亚、马达加斯加、马拉维、马里、毛里塔尼亚、毛里求斯、莫桑比克、纳米比亚、尼日尔、尼日利亚、卢旺达、圣多美和普林西比、塞内加尔、塞舌尔、塞拉利昂、索马里、南非、南苏丹、苏丹、斯威士兰、坦桑尼亚、多哥、乌干达、赞比亚、津巴布韦

世界

人口(百万)	7,125.1	人口增长率(百分比)	1.2
陆地面积(千平方公里)	134,325	每天生活费用不足1.25美元的人口(占人口的百分比)	*14.5*
GNI,图表集法(10亿美元)	76,119.3	人均GNI,图表集法(美元)	10,683
PPP衡量的GNI(10亿美元)	102,185.3	PPP衡量的人均GNI(美元)	14,342

	1990	2000	2013
人口			
最贫困的20%人口占国家消费/收入的份额(百分比)	..	..	..
出生时的预期寿命(岁)	66	68	71
总生育率(每个女性生育数)	3.3	2.6	2.5
青年女性生育率(每千名15—19岁女性生育数)	65	57	45
避孕普及率(占15—49岁已婚女性的百分比)	58	60	*63*
在熟练医护人员护理下的分娩(占总数的百分比)	..	60	*69*
5岁以下儿童死亡率(每千人)	90	76	46
儿童营养不良,体重不足(占5岁以下儿童的百分比)	24.8	20.8	15.0
儿童麻疹免疫接种率(占12—23个月年龄组的百分比)	74	73	84
小学毕业率,总数(占适龄年龄组的百分比)	81	82	*92*
中学总入学率,总数(占适龄年龄组的百分比)	50	59	*73*
小学和中学中女孩与男孩的比率(百分比)	86	92	*97*
HIV感染率(占15—49岁人口的百分比)	0.3	0.8	0.8
环境			
森林(千平方公里)	41,608	40,761	*39,430*
森林采伐(1990—2000年和2000—2010年,平均年度百分比)		0.2	*0.1*
淡水使用量(占内陆水资源的百分比)	..	..	9.1
获得改善的水资源的人口(占总人口的百分比)	76	82	*89*
获得改善的卫生设施的人口(占总人口的百分比)	47	56	*64*
人均能源使用量(千克石油当量)	1,665	1,650	*1,890*
人均二氧化碳排放量(吨)	4.2	4.1	*4.9*
人均用电量(千瓦时)	2,121	2,385	*3,045*
经济			
GDP(10亿美元)	22,519	33,227	75,622
GDP增长率(年度百分比)	2.9	4.3	2.3
GDP隐含价格平减指数(年度增长百分比)	8.2	5.2	2.3
农业增加值(占GDP的百分比)	..	4	*3*
工业增加值(占GDP的百分比)	..	29	*27*
服务业增加值(占GDP的百分比)	..	67	*70*
货物和服务出口(占GDP的百分比)	19	25	30
货物和服务进口(占GDP的百分比)	20	25	30
资本形成总额(占GDP的百分比)	25	24	22
中央政府收入(占GDP的百分比)	..	*26.2*	*23.6*
中央政府现金盈余/赤字(占GDP的百分比)	..	*-0.4*	*-4.9*
政府与市场			
创办企业的时间(天)	..	*51*	22
总体统计能力水平(0—100)	..	..	..
军费支出(占GDP的百分比)	3.7	2.2	2.3
移动电话用户(每100人)	0.2	12.1	93.1
互联网用户(占总人口的百分比)	0.0	6.8	38.1
金融部门提供的国内信用(占GDP的百分比)	127.4	154.6	166.2
高科技出口(占制成品出口的百分比)	18	24	18
全球联系			
商品贸易(占GDP的百分比)	31	39	49
净易货贸易条件指数(2000年=100)	..	..	..
外债总额(百万美元)	..	..	..
债务还本付息总额(占出口的百分比)	..	..	..
净移民(千人)	*0.0*	*0.0*	*0.0*
获得的侨汇(10亿美元)	68	136	460
外国直接投资,净流入额(10亿美元)	196	1,319	1,757
获得的净官方发展援助(10亿美元)	58	50	150

东亚和太平洋地区

人口(百万)	2,005.8	人口增长率(百分比)	0.7
陆地面积(千平方公里)	16,271	每天生活费用不足1.25美元的人口(占人口的百分比)	*7.9*
GNI,图表集法(10亿美元)	11,104.7	人均GNI,图表集法(美元)	5,536
PPP衡量的GNI(10亿美元)	21,519.5	PPP衡量的人均GNI(美元)	10,729

	1990	2000	2013
人口			
最贫困的20%人口占国家消费/收入的份额(百分比)	..	..	..
出生时的预期寿命(岁)	68	71	74
总生育率(每个女性生育数)	2.7	1.8	1.9
青年女性生育率(每千名15—19岁女性生育数)	25	19	20
避孕普及率(占15—49岁已婚女性的百分比)	75	76	*80*
在熟练医护人员护理下的分娩(占总数的百分比)	84	85	*92*
5岁以下儿童死亡率(每千人)	59	42	20
儿童营养不良,体重不足(占5岁以下儿童的百分比)	19.8	11.4	5.2
儿童麻疹免疫接种率(占12—23个月年龄组的百分比)	90	83	95
小学毕业率,总数(占适龄年龄组的百分比)	99	90	*105*
中学总入学率,总数(占适龄年龄组的百分比)	39	57	*83*
小学和中学中女孩与男孩的比率(百分比)	88	97	*100*
HIV感染率(占15—49岁人口的百分比)	..	..	..
环境			
森林(千平方公里)	4,602	4,524	*4,725*
森林采伐(1990—2000年和2000—2010年,平均年度百分比)		0.1	*-0.4*
淡水使用量(占内陆水资源的百分比)	..	..	10.9
获得改善的水资源的人口(占总人口的百分比)	68	80	*91*
获得改善的卫生设施的人口(占总人口的百分比)	30	49	*67*
人均能源使用量(千克石油当量)	712	858	*1,671*
人均二氧化碳排放量(吨)	1.9	2.3	*4.9*
人均用电量(千瓦时)	461	876	*2,582*
经济			
GDP(10亿美元)	668	1,723	11,414
GDP增长率(年度百分比)	5.6	7.5	7.1
GDP隐含价格平减指数(年度增长百分比)	6.7	3.1	1.9
农业增加值(占GDP的百分比)	25	15	11
工业增加值(占GDP的百分比)	40	45	43
服务业增加值(占GDP的百分比)	35	40	46
货物和服务出口(占GDP的百分比)	20	33	32
货物和服务进口(占GDP的百分比)	19	29	30
资本形成总额(占GDP的百分比)	35	32	44
中央政府收入(占GDP的百分比)	..	..	*12.8*
中央政府现金盈余/赤字(占GDP的百分比)	..	..	..
政府与市场			
创办企业的时间(天)	..	*54*	35
总体统计能力水平(0—100)	..	*70.3*	71.4
军费支出(占GDP的百分比)	2.4	1.8	1.9
移动电话用户(每100人)	0.0	5.7	95.5
互联网用户(占总人口的百分比)	0.0	1.9	39.5
金融部门提供的国内信用(占GDP的百分比)	76.3	110.9	149.8
高科技出口(占制成品出口的百分比)	*17*	32	27
全球联系			
商品贸易(占GDP的百分比)	47	59	52
净易货贸易条件指数(2000年=100)	..	..	..
外债总额(10亿美元)	234	497	1,673
债务还本付息总额(占出口的百分比)	17.8	11.4	3.3
净移民(千人)	*-2,992*	*-4,496*	*-3,061*
获得的侨汇(10亿美元)	3.1	16.7	81.4
外国直接投资,净流入额(10亿美元)	10	45	415
获得的净官方发展援助(10亿美元)	7.7	8.6	11.9

欧洲和中亚

人口(百万)	272.4	人口增长率(百分比)	0.7
陆地面积(千平方公里)	6,479	每天生活费用不足1.25美元的人口(占人口的百分比)	<2
GNI,图表集法(10亿美元)	1,937.5	人均GNI,图表集法(美元)	7,114
PPP衡量的GNI(10亿美元)	3,711.8	PPP衡量的人均GNI(美元)	13,628

	1990	2000	2013
人口			
最贫困的20%人口占国家消费/收入的份额(百分比)	..	..	..
出生时的预期寿命(岁)	68	69	72
总生育率(每个女性生育数)	2.6	1.9	2.0
青年女性生育率(每千名15—19岁女性生育数)	56	40	29
避孕普及率(占15—49岁已婚女性的百分比)	..	64	*63*
在熟练医护人员护理下的分娩(占总数的百分比)	..	90	*97*
5岁以下儿童死亡率(每千人)	56	42	23
儿童营养不良,体重不足(占5岁以下儿童的百分比)	12.1	5.2	1.6
儿童麻疹免疫接种率(占12—23个月年龄组的百分比)	*81*	92	95
小学毕业率,总数(占适龄年龄组的百分比)	96	94	*99*
中学总入学率,总数(占适龄年龄组的百分比)	85	85	*93*
小学和中学中女孩与男孩的比率(百分比)	95	95	*98*
HIV感染率(占15—49岁人口的百分比)	..	..	..
环境			
森林(千平方公里)	612	628	*665*
森林采伐(1990—2000年和2000—2010年,平均年度百分比)		-0.3	*-0.5*
淡水使用量(占内陆水资源的百分比)	..	..	31.6
获得改善的水资源的人口(占总人口的百分比)	88	92	*95*
获得改善的卫生设施的人口(占总人口的百分比)	87	89	*94*
人均能源使用量(千克石油当量)	2,872	1,813	*2,080*
人均二氧化碳排放量(吨)	*6.8*	4.6	*5.3*
人均用电量(千瓦时)	3,180	2,288	*2,954*
经济			
GDP(10亿美元)	453	479	2,001
GDP增长率(年度百分比)	1.0	5.9	3.7
GDP隐含价格平减指数(年度增长百分比)	13.5	23.1	3.0
农业增加值(占GDP的百分比)	21	12	8
工业增加值(占GDP的百分比)	37	32	30
服务业增加值(占GDP的百分比)	42	55	62
货物和服务出口(占GDP的百分比)	19	35	40
货物和服务进口(占GDP的百分比)	23	38	45
资本形成总额(占GDP的百分比)	26	21	21
中央政府收入(占GDP的百分比)	..	..	*34.8*
中央政府现金盈余/赤字(占GDP的百分比)	..	..	*-1.5*
政府与市场			
创办企业的时间(天)	..	*44*	11
总体统计能力水平(0—100)	..	*75.1*	78.1
军费支出(占GDP的百分比)	*3.7*	3.1	2.1
移动电话用户(每100人)	0.0	10.0	111.8
互联网用户(占总人口的百分比)	0.0	2.2	45.9
金融部门提供的国内信用(占GDP的百分比)	0.0	34.0	68.3
高科技出口(占制成品出口的百分比)	..	9	10
全球联系			
商品贸易(占GDP的百分比)	..	56	69
净易货贸易条件指数(2000年=100)	..	..	..
外债总额(10亿美元)	101	234	1,234
债务还本付息总额(占出口的百分比)	..	26.1	39.5
净移民(千人)	*-5,578*	*-2,865*	*-661*
获得的侨汇(10亿美元)	3.2	8.2	40.8
外国直接投资,净流入额(10亿美元)	1.2	9.1	45.0
获得的净官方发展援助(10亿美元)	1.4	4.5	9.0

拉丁美洲和加勒比地区

人口(百万)	588.0	人口增长率(百分比)	1.1
陆地面积(千平方公里)	19,462	每天生活费用不足1.25美元的人口(占人口的百分比)	*4.6*
GNI,图表集法(10亿美元)	5,610.9	人均GNI,图表集法(美元)	9,542
PPP衡量的GNI(10亿美元)	8,340.8	PPP衡量的人均GNI(美元)	14,185

	1990	2000	2013
人口			
最贫困的20%人口占国家消费/收入的份额(百分比)	..	..	..
出生时的预期寿命(岁)	68	71	75
总生育率(每个女性生育数)	3.2	2.7	2.2
青年女性生育率(每千名15—19岁女性生育数)	85	84	68
避孕普及率(占15—49岁已婚女性的百分比)	59	..	..
在熟练医护人员护理下的分娩(占总数的百分比)	74	85	*92*
5岁以下儿童死亡率(每千人)	55	33	18
儿童营养不良,体重不足(占5岁以下儿童的百分比)	7.6	5.0	2.8
儿童麻疹免疫接种率(占12—23个月年龄组的百分比)	75	94	92
小学毕业率,总数(占适龄年龄组的百分比)	82	96	*95*
中学总入学率,总数(占适龄年龄组的百分比)	60	82	*88*
小学和中学中女孩与男孩的比率(百分比)	*101*	100	*102*
HIV感染率(占15—49岁人口的百分比)	..	..	0.5
环境			
森林(千平方公里)	10,227	9,727	*9,199*
森林采伐(1990—2000年和2000—2010年,平均年度百分比)		0.5	*0.5*
淡水使用量(占内陆水资源的百分比)	..	..	2.2
获得改善的水资源的人口(占总人口的百分比)	85	90	*94*
获得改善的卫生设施的人口(占总人口的百分比)	66	74	*81*
人均能源使用量(千克石油当量)	1,041	1,107	*1,292*
人均二氧化碳排放量(吨)	2.2	2.4	*2.7*
人均用电量(千瓦时)	1,161	1,534	*1,985*
经济			
GDP(10亿美元)	1,080	2,059	5,657
GDP增长率(年度百分比)	0.5	4.0	2.5
GDP隐含价格平减指数(年度增长百分比)	25.1	7.5	3.0
农业增加值(占GDP的百分比)	9	5	5
工业增加值(占GDP的百分比)	35	32	31
服务业增加值(占GDP的百分比)	56	63	64
货物和服务出口(占GDP的百分比)	17	20	22
货物和服务进口(占GDP的百分比)	16	21	24
资本形成总额(占GDP的百分比)	20	20	20
中央政府收入(占GDP的百分比)	18.7	16.4	..
中央政府现金盈余/赤字(占GDP的百分比)	-2.7	-1.4	..
政府与市场			
创办企业的时间(天)	..	*83*	34
总体统计能力水平(0—100)	..	*75.3*	77.1
军费支出(占GDP的百分比)	3.5	1.3	1.3
移动电话用户(每100人)	0.0	11.7	114.1
互联网用户(占总人口的百分比)	0.0	3.4	45.8
金融部门提供的国内信用(占GDP的百分比)	58.0	43.5	72.5
高科技出口(占制成品出口的百分比)	7	17	12
全球联系			
商品贸易(占GDP的百分比)	22	33	37
净易货贸易条件指数(2000年=100)	..	..	..
外债总额(10亿美元)	420	714	1,495
债务还本付息总额(占出口的百分比)	24.2	39.5	16.5
净移民(千人)	*-2,906*	*-6,019*	*-3,017*
获得的侨汇(10亿美元)	5.7	20.1	60.7
外国直接投资,净流入额(10亿美元)	7	74	185
获得的净官方发展援助(10亿美元)	4.9	4.8	10.2

中东和北非

人口(百万)	345.4	人口增长率(百分比)	1.7
陆地面积(千平方公里)	8,775	每天生活费用不足1.25美元的人口(占人口的百分比)	<2
GNI,图表集法(10亿美元)	..	人均GNI,图表集法(美元)	..
PPP衡量的GNI(10亿美元)	..	PPP衡量的人均GNI(美元)	..

	1990	2000	2013
人口			
最贫困的20%人口占国家消费/收入的份额(百分比)	..	..	..
出生时的预期寿命(岁)	65	69	72
总生育率(每个女性生育数)	4.8	3.2	2.8
青年女性生育率(每千名15—19岁女性生育数)	71	45	37
避孕普及率(占15—49岁已婚女性的百分比)	43	61	*64*
在熟练医护人员护理下的分娩(占总数的百分比)	..	78	*89*
5岁以下儿童死亡率(每千人)	67	45	26
儿童营养不良,体重不足(占5岁以下儿童的百分比)	11.9	8.9	6.0
儿童麻疹免疫接种率(占12—23个月年龄组的百分比)	83	90	88
小学毕业率,总数(占适龄年龄组的百分比)	76	83	*95*
中学总入学率,总数(占适龄年龄组的百分比)	56	68	*78*
小学和中学中女孩与男孩的比率(百分比)	80	90	*94*
HIV感染率(占15—49岁人口的百分比)	0.1	0.1	0.1
环境			
森林(千平方公里)	207	208	*212*
森林采伐(1990—2000年和2000—2010年,平均年度百分比)		-0.1	*-0.1*
淡水使用量(占内陆水资源的百分比)	..	..	121.9
获得改善的水资源的人口(占总人口的百分比)	87	88	*90*
获得改善的卫生设施的人口(占总人口的百分比)	70	79	*88*
人均能源使用量(千克石油当量)	825	1,027	*1,376*
人均二氧化碳排放量(吨)	2.5	3.2	*3.9*
人均用电量(千瓦时)	731	1,066	*1,696*
经济			
GDP(10亿美元)	*286*	436	1,496
GDP增长率(年度百分比)	11.0	3.6	-0.5
GDP隐含价格平减指数(年度增长百分比)	18.4	9.7	2.6
农业增加值(占GDP的百分比)	18	13	..
工业增加值(占GDP的百分比)	33	38	..
服务业增加值(占GDP的百分比)	49	49	..
货物和服务出口(占GDP的百分比)	23	30	..
货物和服务进口(占GDP的百分比)	33	26	..
资本形成总额(占GDP的百分比)	29	25	..
中央政府收入(占GDP的百分比)	..	*26.2*	*30.3*
中央政府现金盈余/赤字(占GDP的百分比)	..	*-2.7*	*-2.5*
政府与市场			
创办企业的时间(天)	..	*42*	20
总体统计能力水平(0—100)	..	*57.8*	63.4
军费支出(占GDP的百分比)	*4.0*	3.7	3.3
移动电话用户(每100人)	0.0	2.2	100.8
互联网用户(占总人口的百分比)	0.0	0.8	34.1
金融部门提供的国内信用(占GDP的百分比)	0.0	61.3	46.8
高科技出口(占制成品出口的百分比)	..	3	*2*
全球联系			
商品贸易(占GDP的百分比)	31	43	52
净易货贸易条件指数(2000年=100)	..	..	..
外债总额(10亿美元)	137	144	191
债务还本付息总额(占出口的百分比)	..	14.2	4.9
净移民(千人)	*-3,091*	*-1,989*	*-1,632*
获得的侨汇(10亿美元)	9.6	11.5	26.0
外国直接投资,净流入额(10亿美元)	0.7	3.9	23.4
获得的净官方发展援助(10亿美元)	11.7	4.6	25.7

人口(百万)	1,670.8	人口增长率(百分比)	1.3
陆地面积(千平方公里)	5,136	每天生活费用不足1.25美元的人口(占人口的百分比)	*24.5*
GNI,图表集法(10亿美元)	2,477.5	人均GNI,图表集法(美元)	1,483
PPP衡量的GNI(10亿美元)	8,405.8	PPP衡量的人均GNI(美元)	5,031

	1990	2000	2013
人口			
最贫困的20%人口占国家消费/收入的份额(百分比)	..	..	..
出生时的预期寿命(岁)	59	63	67
总生育率(每个女性生育数)	4.2	3.3	2.6
青年女性生育率(每千名15—19岁女性生育数)	111	81	38
避孕普及率(占15—49岁已婚女性的百分比)	41	45	*53*
在熟练医护人员护理下的分娩(占总数的百分比)	..	36	*50*
5岁以下儿童死亡率(每千人)	129	94	57
儿童营养不良,体重不足(占5岁以下儿童的百分比)	51.7	43.0	32.5
儿童麻疹免疫接种率(占12—23个月年龄组的百分比)	56	60	75
小学毕业率,总数(占适龄年龄组的百分比)	64	70	*91*
中学总入学率,总数(占适龄年龄组的百分比)	36	44	*63*
小学和中学中女孩与男孩的比率(百分比)	68	79	*97*
HIV感染率(占15—49岁人口的百分比)	0.1	0.3	0.3
环境			
森林(千平方公里)	795	794	*819*
森林采伐(1990—2007年,平均年度百分比)		0.0	*-0.3*
淡水使用量(占内陆水资源的百分比)	..	..	51.6
获得改善的水资源的人口(占总人口的百分比)	71	80	*91*
获得改善的卫生设施的人口(占总人口的百分比)	21	29	*40*
人均能源使用量(千克石油当量)	342	409	*555*
人均二氧化碳排放量(吨)	0.7	1.0	*1.4*
人均用电量(千瓦时)	243	352	*605*
经济			
GDP(10亿美元)	411	623	2,368
GDP增长率(年度百分比)	5.4	4.1	6.6
GDP隐含价格平减指数(年度增长百分比)	8.6	4.1	6.5
农业增加值(占GDP的百分比)	29	24	19
工业增加值(占GDP的百分比)	26	26	29
服务业增加值(占GDP的百分比)	45	51	52
货物和服务出口(占GDP的百分比)	8	14	23
货物和服务进口(占GDP的百分比)	11	15	27
资本形成总额(占GDP的百分比)	24	23	30
中央政府收入(占GDP的百分比)	13.2	11.9	*12.6*
中央政府现金盈余/赤字(占GDP的百分比)	-3.3	-3.9	*-4.3*
政府与市场			
创办企业的时间(天)	..	*46*	16
总体统计能力水平(0—100)	..	*65.7*	72.4
军费支出(占GDP的百分比)	3.4	3.0	2.5
移动电话用户(每100人)	0.0	0.3	71.5
互联网用户(占总人口的百分比)	0.0	0.5	13.7
金融部门提供的国内信用(占GDP的百分比)	47.6	48.4	71.6
高科技出口(占制成品出口的百分比)	3	5	7
全球联系			
商品贸易(占GDP的百分比)	16	23	41
净易货贸易条件指数(2000年=100)	..	..	..
外债总额(10亿美元)	126	162	546
债务还本付息总额(占出口的百分比)	31.6	17.5	9.4
净移民(千人)	*500*	*-6,243*	*-7,076*
获得的侨汇(10亿美元)	6	17	111
外国直接投资,净流入额(10亿美元)	0.5	4.4	32.4
获得的净官方发展援助(10亿美元)	6.0	4.1	14.1

撒哈拉以南非洲地区

人口(百万)	936.3	人口增长率(百分比)	2.7
陆地面积(千平方公里)	24,263	每天生活费用不足1.25美元的人口(占人口的百分比)	*46.8*
GNI,图表集法(10亿美元)	1,578.8	人均GNI,图表集法(美元)	1,686
PPP衡量的GNI(10亿美元)	3,103.1	PPP衡量的人均GNI(美元)	3,314

	1990	2000	2013
人口			
最贫困的20%人口占国家消费/收入的份额(百分比)	..	..	..
出生时的预期寿命(岁)	50	50	57
总生育率(每个女性生育数)	6.4	5.8	5.0
青年女性生育率(每千名15—19岁女性生育数)	136	127	106
避孕普及率(占15—49岁已婚女性的百分比)	16	22	*24*
在熟练医护人员护理下的分娩(占总数的百分比)	..	42	*49*
5岁以下儿童死亡率(每千人)	179	156	92
儿童营养不良,体重不足(占5岁以下儿童的百分比)	29.2	25.4	21.0
儿童麻疹免疫接种率(占12—23个月年龄组的百分比)	57	53	74
小学毕业率,总数(占适龄年龄组的百分比)	54	54	*70*
中学总入学率,总数(占适龄年龄组的百分比)	23	26	*41*
小学和中学中女孩与男孩的比率(百分比)	82	84	*90*
HIV感染率(占15—49岁人口的百分比)	2.3	5.8	4.5
环境			
森林(千平方公里)	7,406	6,983	*5,874*
森林采伐(1990—2000年和2000—2010年,平均年度百分比)		0.5	*0.5*
淡水使用量(占内陆水资源的百分比)	..	..	3.0
获得改善的水资源的人口(占总人口的百分比)	48	55	*64*
获得改善的卫生设施的人口(占总人口的百分比)	24	26	*30*
人均能源使用量(千克石油当量)	698	671	*681*
人均二氧化碳排放量(吨)	0.9	0.8	*0.8*
人均用电量(千瓦时)	537	523	*535*
经济			
GDP(10亿美元)	303	360	1,643
GDP增长率(年度百分比)	1.5	3.4	4.1
GDP隐含价格平减指数(年度增长百分比)	9.7	6.8	4.3
农业增加值(占GDP的百分比)	20	17	14
工业增加值(占GDP的百分比)	34	34	28
服务业增加值(占GDP的百分比)	45	49	58
货物和服务出口(占GDP的百分比)	26	34	30
货物和服务进口(占GDP的百分比)	23	29	33
资本形成总额(占GDP的百分比)	17	16	21
中央政府收入(占GDP的百分比)	..	*21.2*	*21.9*
中央政府现金盈余/赤字(占GDP的百分比)	..	*-2.9*	*-2.9*
政府与市场			
创办企业的时间(天)	..	*60*	25
总体统计能力水平(0—100)	..	*55.6*	58.7
军费支出(占GDP的百分比)	3.1	1.8	1.2
移动电话用户(每100人)	0.0	1.7	66.0
互联网用户(占总人口的百分比)	0.0	0.5	16.9
金融部门提供的国内信用(占GDP的百分比)	55.3	67.1	60.6
高科技出口(占制成品出口的百分比)	..	4	4
全球联系			
商品贸易(占GDP的百分比)	42	49	50
净易货贸易条件指数(2000年=100)	..	..	..
外债总额(10亿美元)	176	212	368
债务还本付息总额(占出口的百分比)	..	11.8	6.2
净移民(千人)	*728*	*-865*	*-1,545*
获得的侨汇(10亿美元)	1.8	4.8	4.6
外国直接投资,净流入额(10亿美元)	1.2	6.6	38.4
获得的净官方发展援助(10亿美元)	17.8	13.0	46.8

收入组别篇

为便于操作和分析，世界银行对各经济体分组的主要标准是人均国民总收入（GNI）。在《世界发展数据手册》中，每个经济体被划分为低收入经济体、中等收入经济体或者高收入经济体。低收入经济体和中等收入经济体有时被称为发展中经济体。使用这一术语是为了方便，而并不意味着这一组别中所有经济体都经历着类似的发展阶段或者其他经济体达到了较佳的或最终的发展阶段。根据收入作出的分类并不一定反映发展状况。

注：因为在世界银行的财年期间（6 月 30 日结束）分类是固定的，因此，各国依然在它们被划分的类别，不考虑是否对其人均收入数据进行了修订。

低收入经济体是指 2013 年人均国民总收入为 1,045 美元及其以下的经济体。

中等收入经济体是指人均国民总收入高于 1,045 美元但低于 12,746 美元的经济体。下中等收入经济体和上中等收入经济体以人均国民总收入 4,125 美元为界限划分。

高收入经济体是指人均国民总收入为 12,746 美元及以上的经济体。

欧元区包括采用欧元作为其货币的欧洲经济与货币联盟的成员国：奥地利、比利时、塞浦路斯、爱沙尼亚、芬兰、法国、德国、希腊、爱尔兰、意大利、拉脱维亚、立陶宛、卢森堡、马耳他、荷兰、葡萄牙、斯洛伐克、斯洛文尼亚和西班牙。

低收入经济体

人口（百万）	848.7	人口增长率（百分比）	2.2
陆地面积（千平方公里）	15,359	每天生活费用不足1.25美元的人口（占人口的百分比）	*46.8*
GNI，图表集法（10亿美元）	617.7	人均GNI，图表集法（美元）	728
PPP衡量的GNI（10亿美元）	1,662.6	PPP衡量的人均GNI（美元）	1,959

	1990	2000	2013
人口			
最贫困的20%人口占国家消费/收入的份额（百分比）	..	..	..
出生时的预期寿命（岁）	53	56	62
总生育率（每个女性生育数）	5.7	4.9	4.0
青年女性生育率（每千名15—19岁女性生育数）	127	113	92
避孕普及率（占15—49岁已婚女性的百分比）	24	32	*39*
在熟练医护人员护理下的分娩（占总数的百分比）	..	33	*51*
5岁以下儿童死亡率（每千人）	167	135	76
儿童营养不良，体重不足（占5岁以下儿童的百分比）	39.9	31.0	21.4
儿童麻疹免疫接种率（占12—23个月年龄组的百分比）	58	59	80
小学毕业率，总数（占适龄年龄组的百分比）	46	51	*71*
中学总入学率，总数（占适龄年龄组的百分比）	21	30	*44*
小学和中学中女孩与男孩的比率（百分比）	78	86	93
HIV感染率（占15—49岁人口的百分比）	1.9	3.4	2.3
环境			
森林（千平方公里）	4,728	4,415	*4,093*
森林采伐（1990—2000年和2000—2010年，平均年度百分比）		0.6	*0.6*
淡水使用量（占内陆水资源的百分比）	..	..	4.2
获得改善的水资源的人口（占总人口的百分比）	51	57	69
获得改善的卫生设施的人口（占总人口的百分比）	18	29	*37*
人均能源使用量（千克石油当量）	380	330	*359*
人均二氧化碳排放量（吨）	0.6	0.3	*0.3*
人均用电量（千瓦时）	196	155	*219*
经济			
GDP（10亿美元）	139	179	630
GDP增长率（年度百分比）	2.0	2.9	5.6
GDP隐含价格平减指数（年度增长百分比）	10.6	5.6	4.3
农业增加值（占GDP的百分比）	38	33	26
工业增加值（占GDP的百分比）	19	21	23
服务业增加值（占GDP的百分比）	44	46	51
货物和服务出口（占GDP的百分比）	12	18	22
货物和服务进口（占GDP的百分比）	22	26	36
资本形成总额（占GDP的百分比）	18	20	26
中央政府收入（占GDP的百分比）	..	*11.4*	*12.8*
中央政府现金盈余/赤字（占GDP的百分比）	..	..	*-1.7*
政府与市场			
创办企业的时间（天）	..	*66*	29
总体统计能力水平（0—100）	..	*53.8*	60.5
军费支出（占GDP的百分比）	2.7	1.9	1.5
移动电话用户（每100人）	0.0	0.3	54.6
互联网用户（占总人口的百分比）	0.0	0.1	7.1
金融部门提供的国内信用（占GDP的百分比）	28.1	26.2	35.1
高科技出口（占制成品出口的百分比）	..	3	*4*
全球联系			
商品贸易（占GDP的百分比）	29	34	48
净易货贸易条件指数（2000年=100）	..	..	..
外债总额（10亿美元）	89	106	147
债务还本付息总额（占出口的百分比）	26.6	10.6	5.8
净移民（千人）	*1,859*	*-5,089*	*-4,337*
获得的侨汇（10亿美元）	1.4	4.1	24.1
外国直接投资，净流入额（10亿美元）	0.6	2.4	23.7
获得的净官方发展援助（10亿美元）	14.2	10.2	43.9

中等收入经济体

人口（百万）	4,970.0	人口增长率（百分比）	1.1
陆地面积（千平方公里）	65,026	每天生活费用不足1.25美元的人口（占人口的百分比）	*13.7*
GNI，图表集法（10亿美元）	23,628.9	人均GNI，图表集法（美元）	4,754
PPP衡量的GNI（10亿美元）	47,504.2	PPP衡量的人均GNI（美元）	9,558

	1990	2000	2013
人口			
最贫困的20%人口占国家消费/收入的份额（百分比）	..	..	..
出生时的预期寿命（岁）	65	67	70
总生育率（每个女性生育数）	3.4	2.6	2.4
青年女性生育率（每千名15—19岁女性生育数）	65	55	40
避孕普及率（占15—49岁已婚女性的百分比）	60	62	66
在熟练医护人员护理下的分娩（占总数的百分比）	..	65	*73*
5岁以下儿童死亡率（每千人）	87	71	43
儿童营养不良，体重不足（占5岁以下儿童的百分比）	25.8	21.6	15.8
儿童麻疹免疫接种率（占12—23个月年龄组的百分比）	75	74	83
小学毕业率，总数（占适龄年龄组的百分比）	83	84	96
中学总入学率，总数（占适龄年龄组的百分比）	45	57	*74*
小学和中学中女孩与男孩的比率（百分比）	84	91	98
HIV感染率（占15—49岁人口的百分比）	..	..	..
环境			
森林（千平方公里）	19,120	18,450	*17,401*
森林采伐（1990—2000年和2000—2010年，平均年度百分比）		0.3	*0.1*
淡水使用量（占内陆水资源的百分比）	..	..	11.1
获得改善的水资源的人口（占总人口的百分比）	73	82	*90*
获得改善的卫生设施的人口（占总人口的百分比）	37	49	*60*
人均能源使用量（千克石油当量）	821	848	*1,280*
人均二氧化碳排放量（吨）	2.0	2.2	*3.4*
人均用电量（千瓦时）	710	922	*1,816*
经济			
GDP（10亿美元）	3,040	5,506	23,940
GDP增长率（年度百分比）	3.0	5.2	4.9
GDP隐含价格平减指数（年度增长百分比）	12.2	9.3	3.0
农业增加值（占GDP的百分比）	20	13	10
工业增加值（占GDP的百分比）	36	37	36
服务业增加值（占GDP的百分比）	44	50	54
货物和服务出口（占GDP的百分比）	19	27	30
货物和服务进口（占GDP的百分比）	19	26	30
资本形成总额（占GDP的百分比）	27	25	31
中央政府收入（占GDP的百分比）	..	..	*18.9*
中央政府现金盈余/赤字（占GDP的百分比）	..	..	..
政府与市场			
创办企业的时间（天）	..	*55*	24
总体统计能力水平（0—100）	..	*69.3*	70.8
军费支出（占GDP的百分比）	3.2	2.0	1.9
移动电话用户（每100人）	0.0	4.9	92.3
互联网用户（占总人口的百分比）	0.0	1.6	32.7
金融部门提供的国内信用（占GDP的百分比）	61.6	67.9	108.4
高科技出口（占制成品出口的百分比）	*10*	20	19
全球联系			
商品贸易（占GDP的百分比）	30	44	49
净易货贸易条件指数（2000年=100）	..	..	..
外债总额（10亿美元）	1,104	1,858	5,359
债务还本付息总额（占出口的百分比）	21.8	21.3	10.6
净移民（百万）	*-15.2*	*-17.4*	*-12.7*
获得的侨汇（10亿美元）	28	74	300
外国直接投资，净流入额（10亿美元）	21	140	715
获得的净官方发展援助（10亿美元）	33.0	27.3	61.3

中低收入经济体

人口（百万）	2,561.1	人口增长率（百分比）	1.5
陆地面积（千平方公里）	21,590	每天生活费用不足1.25美元的人口（占人口的百分比）	*22.1*
GNI，图表集法（10亿美元）	5,312.2	人均GNI，图表集法（美元）	2,074
PPP衡量的GNI（10亿美元）	15,280.5	PPP衡量的人均GNI（美元）	5,966

	1990	2000	2013
人口			
最贫困的20%人口占国家消费/收入的份额（百分比）	..	..	..
出生时的预期寿命（岁）	60	63	66
总生育率（每个女性生育数）	4.2	3.4	2.9
青年女性生育率（每千名15—19岁女性生育数）	95	74	46
避孕普及率（占15—49岁已婚女性的百分比）	40	46	*52*
在熟练医护人员护理下的分娩（占总数的百分比）	..	48	*58*
5岁以下儿童死亡率（每千人）	119	93	59
儿童营养不良，体重不足（占5岁以下儿童的百分比）	38.3	31.8	24.4
儿童麻疹免疫接种率（占12—23个月年龄组的百分比）	61	64	76
小学毕业率，总数（占适龄年龄组的百分比）	73	77	*92*
中学总入学率，总数（占适龄年龄组的百分比）	42	47	65
小学和中学中女孩与男孩的比率（百分比）	77	84	*96*
HIV感染率（占15—49岁人口的百分比）	0.3	0.7	0.7
环境			
森林（千平方公里）	6,326	5,914	*4,969*
森林采伐（1990—2000年和2000—2010年，平均年度百分比）		0.6	*0.3*
淡水使用量（占内陆水资源的百分比）	..	..	19.3
获得改善的水资源的人口（占总人口的百分比）	71	79	*88*
获得改善的卫生设施的人口（占总人口的百分比）	29	39	*47*
人均能源使用量（千克石油当量）	597	572	*686*
人均二氧化碳排放量（吨）	1.1	1.2	*1.6*
人均用电量（千瓦时）	449	472	*736*
经济			
GDP（10亿美元）	866	1,241	5,233
GDP增长率（年度百分比）	3.5	4.1	5.8
GDP隐含价格平减指数（年度增长百分比）	12.6	7.9	3.2
农业增加值（占GDP的百分比）	26	21	17
工业增加值（占GDP的百分比）	31	32	32
服务业增加值（占GDP的百分比）	43	47	51
货物和服务出口（占GDP的百分比）	18	27	27
货物和服务进口（占GDP的百分比）	20	26	31
资本形成总额（占GDP的百分比）	24	22	27
中央政府收入（占GDP的百分比）	*15.5*	*14.1*	*15.4*
中央政府现金盈余/赤字（占GDP的百分比）	*-1.6*	*-3.3*	*-4.3*
政府与市场			
创办企业的时间（天）	..	55	22
总体统计能力水平（0—100）	..	67.9	68.8
军费支出（占GDP的百分比）	3.0	2.8	1.9
移动电话用户（每100人）	0.0	1.2	85.2
互联网用户（占总人口的百分比）	0.0	0.6	21.2
金融部门提供的国内信用（占GDP的百分比）	47.1	50.5	61.9
高科技出口（占制成品出口的百分比）	..	16	11
全球联系			
商品贸易（占GDP的百分比）	30	43	48
净易货贸易条件指数（2000年=100）	..	..	..
外债总额（10亿美元）	445	594	1,399
债务还本付息总额（占出口的百分比）	25.1	16.7	11.8
净移民（百万）	*-7.1*	*-12.2*	*-10.3*
获得的侨汇（10亿美元）	16	39	174
外国直接投资，净流入额（10亿美元）	4	11	109
获得的净官方发展援助（10亿美元）	23.4	17.3	45.8

中高收入经济体

人口（百万）	2,408.9	人口增长率（百分比）	0.8
陆地面积（千平方公里）	43,436	每天生活费用不足1.25美元的人口（占人口的百分比）	*5.0*
GNI，图表集法（10亿美元）	18,316.9	人均GNI，图表集法（美元）	7,604
PPP衡量的GNI（10亿美元）	32,292.8	PPP衡量的人均GNI（美元）	13,405

	1990	2000	2013
人口			
最贫困的20%人口占国家消费/收入的份额（百分比）	..	..	..
出生时的预期寿命（岁）	69	71	74
总生育率（每个女性生育数）	2.8	1.9	1.9
青年女性生育率（每千名15—19岁女性生育数）	38	34	32
避孕普及率（占15—49岁已婚女性的百分比）	76	78	*83*
在熟练医护人员护理下的分娩（占总数的百分比）	89	93	*98*
5岁以下儿童死亡率（每千人）	54	39	20
儿童营养不良，体重不足（占5岁以下儿童的百分比）	12.5	6.5	2.7
儿童麻疹免疫接种率（占12—23个月年龄组的百分比）	90	87	95
小学毕业率，总数（占适龄年龄组的百分比）	95	91	*102*
中学总入学率，总数（占适龄年龄组的百分比）	48	68	*88*
小学和中学中女孩与男孩的比率（百分比）	90	98	*99*
HIV感染率（占15—49岁人口的百分比）	..	..	..
环境			
森林（千平方公里）	12,794	12,536	*12,432*
森林采伐（1990—2000年和2000—2010年，平均年度百分比）		0.2	*0.0*
淡水使用量（占内陆水资源的百分比）	..	..	7.3
获得改善的水资源的人口（占总人口的百分比）	75	84	*93*
获得改善的卫生设施的人口（占总人口的百分比）	43	59	*74*
人均能源使用量（千克石油当量）	1,021	1,111	*1,893*
人均二氧化碳排放量（吨）	2.7	3.1	*5.4*
人均用电量（千瓦时）	945	1,350	*2,932*
经济			
GDP（10亿美元）	2,168	4,266	18,703
GDP增长率（年度百分比）	2.8	5.6	4.7
GDP隐含价格平减指数（年度增长百分比）	11.6	10.2	2.8
农业增加值（占GDP的百分比）	17	10	8
工业增加值（占GDP的百分比）	38	38	37
服务业增加值（占GDP的百分比）	45	51	56
货物和服务出口（占GDP的百分比）	19	28	30
货物和服务进口（占GDP的百分比）	18	26	30
资本形成总额（占GDP的百分比）	28	26	33
中央政府收入（占GDP的百分比）	..	..	*20.3*
中央政府现金盈余/赤字（占GDP的百分比）	..	..	..
政府与市场			
创办企业的时间（天）	..	*56*	26
总体统计能力水平（0—100）	..	*70.6*	72.8
军费支出（占GDP的百分比）	3.2	1.8	1.9
移动电话用户（每100人）	0.0	8.4	99.8
互联网用户（占总人口的百分比）	0.0	2.6	44.8
金融部门提供的国内信用（占GDP的百分比）	66.8	72.9	121.3
高科技出口（占制成品出口的百分比）	*11*	21	21
全球联系			
商品贸易（占GDP的百分比）	30	44	49
净易货贸易条件指数（2000年=100）	..	..	..
外债总额（10亿美元）	660	1,264	3,961
债务还本付息总额（占出口的百分比）	20.5	22.6	10.3
净移民（千人）	*-8,078*	*-5,191*	*-2,314*
获得的侨汇（10亿美元）	11	35	126
外国直接投资，净流入额（10亿美元）	16	130	605
获得的净官方发展援助（10亿美元）	9.4	9.3	14.5

低收入和中等收入经济体

人口（百万）	5,818.7	人口增长率（百分比）	1.3
陆地面积（千平方公里）	80,386	每天生活费用不足1.25美元的人口（占人口的百分比）	*17.0*
GNI，图表集法（10亿美元）	24,252.8	人均GNI，图表集法（美元）	4,168
PPP衡量的GNI（10亿美元）	49,134.9	PPP衡量的人均GNI（美元）	8,444

	1990	2000	2013
人口			
最贫困的20%人口占国家消费/收入的份额（百分比）	..	..	..
出生时的预期寿命（岁）	63	66	69
总生育率（每个女性生育数）	3.7	2.9	2.6
青年女性生育率（每千名15—19岁女性生育数）	72	63	49
避孕普及率（占15—49岁已婚女性的百分比）	56	58	*62*
在熟练医护人员护理下的分娩（占总数的百分比）	..	58	*68*
5岁以下儿童死亡率（每千人）	100	84	50
儿童营养不良，体重不足（占5岁以下儿童的百分比）	27.9	23.4	17.0
儿童麻疹免疫接种率（占12—23个月年龄组的百分比）	73	71	83
小学毕业率，总数（占适龄年龄组的百分比）	78	79	*91*
中学总入学率，总数（占适龄年龄组的百分比）	42	53	*69*
小学和中学中女孩与男孩的比率（百分比）	83	90	*97*
HIV感染率（占15—49岁人口的百分比）	..	..	1.2
环境			
森林（千平方公里）	23,849	22,865	*21,493*
森林采伐（1990—2000年和2000—2010年，平均年度百分比）		0.4	*0.2*
淡水使用量（占内陆水资源的百分比）	..	..	10.1
获得改善的水资源的人口（占总人口的百分比）	70	79	*87*
获得改善的卫生设施的人口（占总人口的百分比）	35	47	*57*
人均能源使用量（千克石油当量）	780	796	*1,179*
人均二氧化碳排放量（吨）	1.8	1.9	*3.0*
人均用电量（千瓦时）	664	844	*1,646*
经济			
GDP（10亿美元）	3,172	5,683	24,577
GDP增长率（年度百分比）	2.9	5.2	5.0
GDP隐含价格平减指数（年度增长百分比）	10.7	8.0	3.2
农业增加值（占GDP的百分比）	20	13	10
工业增加值（占GDP的百分比）	36	37	35
服务业增加值（占GDP的百分比）	44	50	54
货物和服务出口（占GDP的百分比）	18	27	29
货物和服务进口（占GDP的百分比）	19	26	31
资本形成总额（占GDP的百分比）	27	25	31
中央政府收入（占GDP的百分比）	..	..	*18.8*
中央政府现金盈余/赤字（占GDP的百分比）	..	..	..
政府与市场			
创办企业的时间（天）	..	*58*	25
总体统计能力水平（0—100）	..	*64.7*	67.8
军费支出（占GDP的百分比）	3.2	2.0	1.9
移动电话用户（每100人）	0.0	4.3	86.9
互联网用户（占总人口的百分比）	0.0	1.4	29.1
金融部门提供的国内信用（占GDP的百分比）	60.4	66.7	106.9
高科技出口（占制成品出口的百分比）	*10*	20	19
全球联系			
商品贸易（占GDP的百分比）	30	44	49
净易货贸易条件指数（2000年=100）	..	..	..
外债总额（10亿美元）	1,193	1,964	5,506
债务还本付息总额（占出口的百分比）	21.9	21.1	10.5
净移民（百万）	*-13.3*	*-22.5*	*-17.0*
获得的侨汇（10亿美元）	29	79	325
外国直接投资，净流入额（10亿美元）	21	143	739
获得的净官方发展援助（10亿美元）	56	49	150

高收入经济体

人口（百万）	1,306.4	人口增长率（百分比）	0.5
陆地面积（千平方公里）	53,939	每天生活费用不足1.25美元的人口（占人口的百分比）	..
GNI，图表集法（10亿美元）	52,009.9	人均GNI，图表集法（美元）	39,812
PPP衡量的GNI（10亿美元）	53,273.4	PPP衡量的人均GNI（美元）	40,779

	1990	2000	2013
人口			
最贫困的20%人口占国家消费/收入的份额（百分比）	..	..	..
出生时的预期寿命（岁）	75	76	79
总生育率（每个女性生育数）	1.9	1.6	1.7
青年女性生育率（每千名15—19岁女性生育数）	31	25	18
避孕普及率（占15—49岁已婚女性的百分比）	..	..	..
在熟练医护人员护理下的分娩（占总数的百分比）	..	..	..
5岁以下儿童死亡率（每千人）	14	10	6
儿童营养不良，体重不足（占5岁以下儿童的百分比）	1.7	1.3	0.9
儿童麻疹免疫接种率（占12—23个月年龄组的百分比）	84	92	94
小学毕业率，总数（占适龄年龄组的百分比）	*97*	98	*99*
中学总入学率，总数（占适龄年龄组的百分比）	92	98	*100*
小学和中学中女孩与男孩的比率（百分比）	100	100	*99*
HIV感染率（占15—49岁人口的百分比）	..	..	..
环境			
森林（千平方公里）	17,759	17,896	*17,937*
森林采伐（1990—2000年和2000—2010年，平均年度百分比）		-0.1	*0.0*
淡水使用量（占内陆水资源的百分比）	..	..	7.2
获得改善的水资源的人口（占总人口的百分比）	98	98	*99*
获得改善的卫生设施的人口（占总人口的百分比）	95	96	*96*
人均能源使用量（千克石油当量）	4,776	4,985	*4,675*
人均二氧化碳排放量（吨）	11.9	12.1	*11.6*
人均用电量（千瓦时）	7,226	8,404	*8,906*
经济			
GDP（10亿美元）	19,337	27,542	51,091
GDP增长率（年度百分比）	2.9	4.1	1.4
GDP隐含价格平减指数（年度增长百分比）	5.5	3.3	1.4
农业增加值（占GDP的百分比）	..	2	*1*
工业增加值（占GDP的百分比）	..	28	*25*
服务业增加值（占GDP的百分比）	..	71	*74*
货物和服务出口（占GDP的百分比）	19	25	30
货物和服务进口（占GDP的百分比）	20	25	30
资本形成总额（占GDP的百分比）	25	24	20
中央政府收入（占GDP的百分比）	..	*27.1*	*23.6*
中央政府现金盈余/赤字（占GDP的百分比）	..	*-0.2*	*-5.2*
政府与市场			
创办企业的时间（天）	..	*34*	15
总体统计能力水平（0—100）	..	..	..
军费支出（占GDP的百分比）	3.7	2.2	2.5
移动电话用户（每100人）	1.0	43.7	121.0
互联网用户（占总人口的百分比）	0.2	27.3	78.2
金融部门提供的国内信用（占GDP的百分比）	137.9	172.7	196.1
高科技出口（占制成品出口的百分比）	19	25	17
全球联系			
商品贸易（占GDP的百分比）	31	39	50
净易货贸易条件指数（2000年=100）	..	..	..
外债总额（百万美元）	..	..	..
债务还本付息总额（占出口的百分比）	..	..	..
净移民（百万）	*13.5*	*22.2*	*16.9*
获得的侨汇（10亿美元）	39	57	136
外国直接投资，净流入额（10亿美元）	175	1,176	1,018
获得的净官方发展援助（百万美元）	2,816	420	159

欧元区

人口（百万）	337.3	人口增长率（百分比）	0.3
陆地面积（千平方公里）	2,758	每天生活费用不足1.25美元的人口（占人口的百分比）	..
GNI，图表集法（10亿美元）	13,272.8	人均GNI，图表集法（美元）	39,350
PPP衡量的GNI（10亿美元）	12,801.4	PPP衡量的人均GNI（美元）	37,953

	1990	2000	2013
人口			
最贫困的20%人口占国家消费/收入的份额（百分比）	..	..	..
出生时的预期寿命（岁）	76	78	81
总生育率（每个女性生育数）	1.5	1.5	1.5
青年女性生育率（每千名15—19岁女性生育数）	15	11	6
避孕普及率（占15—49岁已婚女性的百分比）	..	..	..
在熟练医护人员护理下的分娩（占总数的百分比）	..	..	..
5岁以下儿童死亡率（每千人）	10	6	4
儿童营养不良，体重不足（占5岁以下儿童的百分比）	..	..	..
儿童麻疹免疫接种率（占12—23个月年龄组的百分比）	74	87	93
小学毕业率，总数（占适龄年龄组的百分比）	99	99	*98*
中学总入学率，总数（占适龄年龄组的百分比）	93	102	*108*
小学和中学中女孩与男孩的比率（百分比）	101	100	*99*
HIV感染率（占15—49岁人口的百分比）	..	..	..
环境			
森林（千平方公里）	891	957	*993*
森林采伐（1990—2000年和2000—2010年，平均年度百分比）		-0.7	*-0.3*
淡水使用量（占内陆水资源的百分比）	..	..	18.8
获得改善的水资源的人口（占总人口的百分比）	100	100	*100*
获得改善的卫生设施的人口（占总人口的百分比）	99	99	*100*
人均能源使用量（千克石油当量）	3,511	3,693	*3,456*
人均二氧化碳排放量（吨）	8.3	8.2	*7.4*
人均用电量（千瓦时）	5,303	6,245	*6,599*
经济			
GDP（10亿美元）	5,878	6,483	13,194
GDP增长率（年度百分比）	3.6	3.9	-0.5
GDP隐含价格平减指数（年度增长百分比）	3.4	3.3	1.4
农业增加值（占GDP的百分比）	*3*	2	2
工业增加值（占GDP的百分比）	*32*	28	25
服务业增加值（占GDP的百分比）	66	70	74
货物和服务出口（占GDP的百分比）	26	35	43
货物和服务进口（占GDP的百分比）	26	35	39
资本形成总额（占GDP的百分比）	25	23	19
中央政府收入（占GDP的百分比）	..	35.1	*34.1*
中央政府现金盈余/赤字（占GDP的百分比）	..	0.0	*-3.3*
政府与市场			
创办企业的时间（天）	..	*49*	11
总体统计能力水平（0—100）	..	..	..
军费支出（占GDP的百分比）	2.4	1.7	1.5
移动电话用户（每100人）	0.4	59.1	122.8
互联网用户（占总人口的百分比）	0.1	22.5	75.8
金融部门提供的国内信用（占GDP的百分比）	94.1	115.3	143.2
高科技出口（占制成品出口的百分比）	13	20	16
全球联系			
商品贸易（占GDP的百分比）	43	59	69
净易货贸易条件指数（2000年=100）	..	..	..
外债总额（百万美元）	..	..	..
债务还本付息总额（占出口的百分比）	..	..	..
净移民（千人）	*4,794*	*7,568*	*3,364*
获得的侨汇（10亿美元）	27.9	33.4	86.6
外国直接投资，净流入额（10亿美元）	53	423	249
获得的净官方发展援助（百万美元）	43.7	82.1	..

中国

除非另有说明，中国的数据不包括中国香港、中国澳门和中国台湾。

塞浦路斯

GNI 和 GDP 数据以及利用 GNI 和 GDP 计算的数据为塞浦路斯政府控制地区的数据。

格鲁吉亚

GNI、GDP 和人口数据以及使用 GNI、GDP 和人口计算的数据都不包括阿布哈兹和南奥塞梯。

科索沃、黑山和塞尔维亚

如果数据可以获得，各国的数据单独给出。然而，2006 年以前塞尔维亚的一些指标包括黑山，这些数据在表中给予了注释。此外，1999 年以来塞尔维亚的大多数指标数据不包括科索沃。根据联合国安理会第 1244 号决议（1999 年），科索沃在 1999 年由国际托管。科索沃于 2009 年 6 月 29 日成为世界银行成员，数据如果可以获得，则给出该国数据。

摩尔多瓦

GNI、GDP 和人口数据以及利用 GNI、GDP 和人口计算的数据不包括德涅斯特地区。

摩洛哥

GNI 和 GDP 数据以及利用 GNI 和 GDP 计算的数据包括前西属撒哈拉。

南苏丹和苏丹

南苏丹于 2011 年 7 月 9 日宣布独立。如果数据可以获得，则单独给出南苏丹的数据。但是苏丹公布的数据在 2011 年前包含南苏丹，除非另有说明。

坦桑尼亚

GNI 和 GDP 数据以及利用 GNI 和 GDP 计算的数据仅为坦桑尼亚大陆的数据。

更多的信息见《2014 年世界发展指标》及其网站 data. worldbank. org。

阿富汗

南亚			低收入经济体
人口（百万）	30.6	人口增长率（百分比）	2.4
陆地面积（千平方公里）	653	每天生活费用不足1.25美元的人口（占人口的百分比）	..
GNI，图表集法（10亿美元）	21.0	人均GNI，图表集法（美元）	690
PPP衡量的GNI（10亿美元）	59.9	PPP衡量的人均GNI（美元）	1,960

	1990	2000	2013
人口			
最贫困的20%人口占国家消费/收入的份额（百分比）	..	..	*9.4*
出生时的预期寿命（岁）	49	55	61
总生育率（每个女性生育数）	7.7	7.7	4.9
青年女性生育率（每千名15—19岁女性生育数）	168	158	83
避孕普及率（占15—49岁已婚女性的百分比）	..	5	*21*
在熟练医护人员护理下的分娩（占总数的百分比）	..	12	*39*
5岁以下儿童死亡率（每千人）	179	136	97
儿童营养不良，体重不足（占5岁以下儿童的百分比）	..	*32.9*	..
儿童麻疹免疫接种率（占12—23个月年龄组的百分比）	20	27	75
小学毕业率，总数（占适龄年龄组的百分比）	*29*	..	..
中学总入学率，总数（占适龄年龄组的百分比）	11	*13*	54
小学和中学中女孩与男孩的比率（百分比）	*54*	53	65
HIV感染率（占15—49岁人口的百分比）	0.1	0.1	0.1
环境			
森林（千平方公里）	14	14	*14*
森林采伐（1990—2000年和2000—2010年，平均年度百分比）		0.0	*0.0*
淡水使用量（占内陆水资源的百分比）	..	*43.0*	43.0
获得改善的水资源的人口（占总人口的百分比）	*5*	22	*64*
获得改善的卫生设施的人口（占总人口的百分比）	*21*	23	*29*
人均能源使用量（千克石油当量）	..	..	..
人均二氧化碳排放量（吨）	0.23	0.04	*0.29*
人均用电量（千瓦时）	..	..	..
经济			
GDP（10亿美元）	..	*2.5*	20.3
GDP增长率（年度百分比）	..	*8.4*	1.9
GDP隐含价格平减指数（年度增长百分比）	..	*11.7*	4.0
农业增加值（占GDP的百分比）	..	*38*	24
工业增加值（占GDP的百分比）	..	*24*	21
服务业增加值（占GDP的百分比）	..	*38*	55
货物和服务出口（占GDP的百分比）	..	*32*	6
货物和服务进口（占GDP的百分比）	..	*65*	49
资本形成总额（占GDP的百分比）	..	*12*	18
中央政府收入（占GDP的百分比）	..	..	*9.9*
中央政府现金盈余/赤字（占GDP的百分比）	..	..	*-0.6*
政府与市场			
创办企业的时间（天）	..	..	7
总体统计能力水平（0—100）	..	*24.4*	54.4
军费支出（占GDP的百分比）	..	2.5	6.4
移动电话用户（每100人）	0.0	0.0	70.7
互联网用户（占总人口的百分比）	0.0	*0.0*	5.9
金融部门提供的国内信用（占GDP的百分比）	0.0	0.0	-3.9
高科技出口（占制成品出口的百分比）	..	..	..
全球联系			
商品贸易（占GDP的百分比）	..	*72*	45
净易货贸易条件指数（2000年=100）	..	100	136
外债总额（百万美元）	..	..	2,577
债务还本付息总额（占出口的百分比）	..	..	0.6
净移民（千人）	*3,257*	*137*	*-400*
获得的侨汇（百万美元）	..	..	538
外国直接投资，净流入额（百万美元）	*-0.3*	0.2	59.6
获得的净官方发展援助（百万美元）	122	136	5,266

阿尔巴尼亚

欧洲和中亚		中高收入经济体	
人口（百万）	2.9	人口增长率（百分比）	-0.1
陆地面积（千平方公里）	29	每天生活费用不足1.25美元的人口（占人口的百分比）	<2
GNI，图表集法（10亿美元）	13.1	人均GNI，图表集法（美元）	4,510
PPP衡量的GNI（10亿美元）	28.8	PPP衡量的人均GNI（美元）	9,950

	1990	2000	2013
人口			
最贫困的20%人口占国家消费/收入的份额（百分比）	..	*8.4*	*8.9*
出生时的预期寿命（岁）	72	74	78
总生育率（每个女性生育数）	3.0	2.4	1.8
青年女性生育率（每千名15—19岁女性生育数）	42	33	14
避孕普及率（占15—49岁已婚女性的百分比）	..	58	*69*
在熟练医护人员护理下的分娩（占总数的百分比）	93	99	*99*
5岁以下儿童死亡率（每千人）	41	26	15
儿童营养不良，体重不足（占5岁以下儿童的百分比）	..	17.0	*6.3*
儿童麻疹免疫接种率（占12—23个月年龄组的百分比）	88	95	99
小学毕业率，总数（占适龄年龄组的百分比）	..	94	..
中学总入学率，总数（占适龄年龄组的百分比）	81	67	..
小学和中学中女孩与男孩的比率（百分比）	93	96	..
HIV感染率（占15—49岁人口的百分比）	0.1	0.1	0.1
环境			
森林（千平方公里）	7.9	7.7	*7.7*
森林采伐（1990—2000年和2000—2010年，平均年度百分比）		0.3	*-0.1*
淡水使用量（占内陆水资源的百分比）	*4.5*	*6.8*	4.9
获得改善的水资源的人口（占总人口的百分比）	..	97	*96*
获得改善的卫生设施的人口（占总人口的百分比）	79	84	*91*
人均能源使用量（千克石油当量）	813	571	*748*
人均二氧化碳排放量（吨）	2.3	1.0	*1.5*
人均用电量（千瓦时）	522	1,437	*2,195*
经济			
GDP（10亿美元）	2.1	3.7	12.9
GDP增长率（年度百分比）	-9.6	7.3	1.4
GDP隐含价格平减指数（年度增长百分比）	-0.5	4.3	0.8
农业增加值（占GDP的百分比）	36	29	22
工业增加值（占GDP的百分比）	48	19	15
服务业增加值（占GDP的百分比）	16	52	62
货物和服务出口（占GDP的百分比）	15	19	35
货物和服务进口（占GDP的百分比）	23	37	53
资本形成总额（占GDP的百分比）	29	25	29
中央政府收入（占GDP的百分比）	..	*19.3*	..
中央政府现金盈余/赤字（占GDP的百分比）	..	*-6.5*	..
政府与市场			
创办企业的时间（天）	..	*40*	5
总体统计能力水平（0—100）	..	*76.7*	75.6
军费支出（占GDP的百分比）	5.9	1.2	1.3
移动电话用户（每100人）	0.0	0.9	116.2
互联网用户（占总人口的百分比）	0.0	0.1	60.1
金融部门提供的国内信用（占GDP的百分比）	0.0	48.3	66.9
高科技出口（占制成品出口的百分比）	..	1	1
全球联系			
商品贸易（占GDP的百分比）	29	37	56
净易货贸易条件指数（2000年=100）	..	100	94
外债总额（10亿美元）	*0.5*	1.1	7.8
债务还本付息总额（占出口的百分比）	*4.3*	3.7	10.2
净移民（千人）	*-391*	*-290*	*-50*
获得的侨汇（百万美元）	*152*	598	1,094
外国直接投资，净流入额（百万美元）	*20*	143	1,254
获得的净官方发展援助（百万美元）	11	318	298

阿尔及利亚

中东和北非		中高收入经济体	
人口（百万）	39.2	人口增长率（百分比）	1.9
陆地面积（千平方公里）	2,382	每天生活费用不足1.25美元的人口（占人口的百分比）	*6.4*
GNI，图表集法（10亿美元）	208.8	人均GNI，图表集法（美元）	5,330
PPP衡量的GNI（10亿美元）	512.5	PPP衡量的人均GNI（美元）	13,070

	1990	2000	2013
人口			
最贫困的20%人口占国家消费/收入的份额（百分比）	*6.5*	..	..
出生时的预期寿命（岁）	67	69	71
总生育率（每个女性生育数）	4.8	2.5	2.8
青年女性生育率（每千名15—19岁女性生育数）	28	12	10
避孕普及率（占15—49岁已婚女性的百分比）	*51*	64	*56*
在熟练医护人员护理下的分娩（占总数的百分比）	*77*	93	*97*
5岁以下儿童死亡率（每千人）	47	40	25
儿童营养不良，体重不足（占5岁以下儿童的百分比）	*9.2*	5.4	..
儿童麻疹免疫接种率（占12—23个月年龄组的百分比）	83	80	95
小学毕业率，总数（占适龄年龄组的百分比）	77	77	*100*
中学总入学率，总数（占适龄年龄组的百分比）	59	62	*98*
小学和中学中女孩与男孩的比率（百分比）	82	96	*100*
HIV感染率（占15—49岁人口的百分比）	0.1	0.1	0.1
环境			
森林（千平方公里）	17	16	*15*
森林采伐（1990—2000年和2000—2010年，平均年度百分比）		0.5	*0.6*
淡水使用量（占内陆水资源的百分比）	*40.0*	*50.9*	50.9
获得改善的水资源的人口（占总人口的百分比）	94	89	*84*
获得改善的卫生设施的人口（占总人口的百分比）	89	92	*95*
人均能源使用量（千克石油当量）	846	851	*1,108*
人均二氧化碳排放量（吨）	3.0	2.8	*3.3*
人均用电量（千瓦时）	522	669	*1,091*
经济			
GDP（10亿美元）	62	55	210
GDP增长率（年度百分比）	0.8	2.2	2.8
GDP隐含价格平减指数（年度增长百分比）	30.3	24.6	2.4
农业增加值（占GDP的百分比）	11	9	11
工业增加值（占GDP的百分比）	48	59	48
服务业增加值（占GDP的百分比）	40	33	42
货物和服务出口（占GDP的百分比）	23	41	33
货物和服务进口（占GDP的百分比）	25	21	30
资本形成总额（占GDP的百分比）	29	25	43
中央政府收入（占GDP的百分比）	..	..	*40.6*
中央政府现金盈余/赤字（占GDP的百分比）	..	..	*-0.3*
政府与市场			
创办企业的时间（天）	..	*24*	22
总体统计能力水平（0—100）	..	*54.4*	52.2
军费支出（占GDP的百分比）	1.5	3.4	5.0
移动电话用户（每100人）	0.0	0.3	100.8
互联网用户（占总人口的百分比）	0.0	0.5	16.5
金融部门提供的国内信用（占GDP的百分比）	78.4	28.3	3.0
高科技出口（占制成品出口的百分比）	*1*	4	0
全球联系			
商品贸易（占GDP的百分比）	37	57	57
净易货贸易条件指数（2000年=100）	74	100	216
外债总额（10亿美元）	28.2	25.5	5.2
债务还本付息总额（占出口的百分比）	65.1	..	0.7
净移民（千人）	*-104*	*-58*	*-50*
获得的侨汇（百万美元）	352	790	210
外国直接投资，净流入额（百万美元）	0	280	1,689
获得的净官方发展援助（百万美元）	332	200	208

美属萨摩亚

东亚和太平洋地区		中高收入经济体	
人口（千人）	55	人口增长率（百分比）	0.1
陆地面积（平方公里）	200	每天生活费用不足1.25美元的人口（占人口的百分比）	..
GNI，图表集法（百万美元）	..	人均GNI，图表集法（美元）	..
PPP衡量的GNI（百万美元）	..	PPP衡量的人均GNI（美元）	..

	1990	2000	2013
人口			
最贫困的20%人口占国家消费/收入的份额（百分比）	..	..	..
出生时的预期寿命（岁）	..	..	..
总生育率（每个女性生育数）	..	..	..
青年女性生育率（每千名15—19岁女性生育数）	..	..	..
避孕普及率（占15—49岁已婚女性的百分比）	..	..	..
在熟练医护人员护理下的分娩（占总数的百分比）	..	*100*	..
5岁以下儿童死亡率（每千人）	..	..	..
儿童营养不良，体重不足（占5岁以下儿童的百分比）	..	..	..
儿童麻疹免疫接种率（占12—23个月年龄组的百分比）	..	..	..
小学毕业率，总数（占适龄年龄组的百分比）	..	..	..
中学总入学率，总数（占适龄年龄组的百分比）	91	..	..
小学和中学中女孩与男孩的比率（百分比）	102	..	..
HIV感染率（占15—49岁人口的百分比）	..	..	..
环境			
森林（平方公里）	184	181	*176*
森林采伐（1990—2000年和2000—2010年，平均年度百分比）		0.2	*0.2*
淡水使用量（占内陆水资源的百分比）	..	..	..
获得改善的水资源的人口（占总人口的百分比）	94	98	*100*
获得改善的卫生设施的人口（占总人口的百分比）	61	62	63
人均能源使用量（千克石油当量）	..	..	..
人均二氧化碳排放量（吨）	..	..	..
人均用电量（千瓦时）	..	..	..
经济			
GDP（百万美元）	..	..	..
GDP增长率（年度百分比）	..	..	..
GDP隐含价格平减指数（年度增长百分比）	..	..	..
农业增加值（占GDP的百分比）	..	..	..
工业增加值（占GDP的百分比）	..	..	..
服务业增加值（占GDP的百分比）	..	..	..
货物和服务出口（占GDP的百分比）	..	..	..
货物和服务进口（占GDP的百分比）	..	..	..
资本形成总额（占GDP的百分比）	..	..	..
中央政府收入（占GDP的百分比）	..	..	..
中央政府现金盈余/赤字（占GDP的百分比）	..	..	..
政府与市场			
创办企业的时间（天）	..	..	..
总体统计能力水平（0—100）	..	..	..
军费支出（占GDP的百分比）	..	..	..
移动电话用户（每100人）	0.0	3.5	..
互联网用户（占总人口的百分比）	0.0	..	..
金融部门提供的国内信用（占GDP的百分比）	0.0	0.0	0.0
高科技出口（占制成品出口的百分比）	..	..	..
全球联系			
商品贸易（占GDP的百分比）	..	..	..
净易货贸易条件指数（2000年=100）	..	100	138
外债总额（百万美元）	..	..	..
债务还本付息总额（占出口的百分比）	..	..	..
净移民（千人）	..	..	..
获得的侨汇（百万美元）	..	..	..
外国直接投资，净流入额（百万美元）	..	..	..
获得的净官方发展援助（百万美元）	..	..	..

安道尔

高收入经济体

人口（千人）	79	人口增长率（百分比）	1.1
陆地面积（平方公里）	470	每天生活费用不足1.25美元的人口（占人口的百分比）	..
GNI，图表集法（10亿美元）	..	人均GNI，图表集法（美元）	..
PPP衡量的GNI（百万美元）	..	PPP衡量的人均GNI（美元）	..

	1990	2000	2013
人口			
最贫困的20%人口占国家消费/收入的份额（百分比）	..	..	..
出生时的预期寿命（岁）	..	..	..
总生育率（每个女性生育数）	..	..	*1.2*
青年女性生育率（每千名15—19岁女性生育数）	..	..	..
避孕普及率（占15—49岁已婚女性的百分比）	..	..	..
在熟练医护人员护理下的分娩（占总数的百分比）	..	..	..
5岁以下儿童死亡率（每千人）	9	5	3
儿童营养不良，体重不足（占5岁以下儿童的百分比）	..	..	..
儿童麻疹免疫接种率（占12—23个月年龄组的百分比）	..	97	95
小学毕业率，总数（占适龄年龄组的百分比）	..	..	..
中学总入学率，总数（占适龄年龄组的百分比）	..	..	..
小学和中学中女孩与男孩的比率（百分比）	..	..	..
HIV感染率（占15—49岁人口的百分比）	..	..	..
环境			
森林（平方公里）	160	160	*160*
森林采伐（1990—2000年和2000—2010年，平均年度百分比）		0.0	*0.0*
淡水使用量（占内陆水资源的百分比）	..	..	..
获得改善的水资源的人口（占总人口的百分比）	100	100	*100*
获得改善的卫生设施的人口（占总人口的百分比）	100	100	*100*
人均能源使用量（千克石油当量）	..	..	..
人均二氧化碳排放量（吨）	..	8.0	6.6
人均用电量（千瓦时）	..	..	..
经济			
GDP（百万美元）	1,029	1,134	..
GDP增长率（年度百分比）	3.8	1.2	..
GDP隐含价格平减指数（年度增长百分比）	7.3	4.5	..
农业增加值（占GDP的百分比）	..	..	..
工业增加值（占GDP的百分比）	..	..	..
服务业增加值（占GDP的百分比）	..	..	..
货物和服务出口（占GDP的百分比）	..	..	..
货物和服务进口（占GDP的百分比）	..	..	..
资本形成总额（占GDP的百分比）	..	..	..
中央政府收入（占GDP的百分比）	..	..	..
中央政府现金盈余/赤字（占GDP的百分比）	..	..	..
政府与市场			
创办企业的时间（天）	..	..	..
总体统计能力水平（0—100）	..	..	..
军费支出（占GDP的百分比）	..	..	..
移动电话用户（每100人）	0.0	36.0	80.7
互联网用户（占总人口的百分比）	0.0	10.5	94.0
金融部门提供的国内信用（占GDP的百分比）	0.0	0.0	0.0
高科技出口（占制成品出口的百分比）	..	11	..
全球联系			
商品贸易（占GDP的百分比）	..	..	..
净易货贸易条件指数（2000年=100）	..	100	..
外债总额（百万美元）	..	..	..
债务还本付息总额（占出口的百分比）	..	..	..
净移民（千人）	..	..	..
获得的侨汇（百万美元）	..	..	..
外国直接投资，净流入额（百万美元）	..	..	..
获得的净官方发展援助（百万美元）	..	..	..

安哥拉

撒哈拉以南非洲地区		中高收入经济体	
人口（百万）	21.5	人口增长率（百分比）	3.1
陆地面积（千平方公里）	1,247	每天生活费用不足1.25美元的人口（占人口的百分比）	*43.4*
GNI，图表集法（10亿美元）	110.9	人均GNI，图表集法（美元）	5,170
PPP衡量的GNI（10亿美元）	150.2	PPP衡量的人均GNI（美元）	7,000

	1990	2000	2013
人口			
最贫困的20%人口占国家消费/收入的份额（百分比）	..	2.0	*5.4*
出生时的预期寿命（岁）	41	45	52
总生育率（每个女性生育数）	7.2	6.8	5.9
青年女性生育率（每千名15—19岁女性生育数）	227	209	167
避孕普及率（占15—49岁已婚女性的百分比）	..	*6*	..
在熟练医护人员护理下的分娩（占总数的百分比）	..	*45*	*47*
5岁以下儿童死亡率（每千人）	226	217	167
儿童营养不良，体重不足（占5岁以下儿童的百分比）	..	*27.5*	*15.6*
儿童麻疹免疫接种率（占12—23个月年龄组的百分比）	38	41	91
小学毕业率，总数（占适龄年龄组的百分比）	*34*	..	*54*
中学总入学率，总数（占适龄年龄组的百分比）	11	15	*32*
小学和中学中女孩与男孩的比率（百分比）	..	*82*	*64*
HIV感染率（占15—49岁人口的百分比）	0.2	1.7	2.4
环境			
森林（千平方公里）	610	597	*582*
森林采伐（1990—2000年和2000—2010年，平均年度百分比）		0.2	*0.2*
淡水使用量（占内陆水资源的百分比）	..	*0.4*	0.5
获得改善的水资源的人口（占总人口的百分比）	42	46	54
获得改善的卫生设施的人口（占总人口的百分比）	29	42	60
人均能源使用量（千克石油当量）	569	539	*673*
人均二氧化碳排放量（吨）	0.4	0.7	*1.6*
人均用电量（千瓦时）	61	89	*248*
经济			
GDP（10亿美元）	10.3	9.1	124.2
GDP增长率（年度百分比）	-0.3	3.0	6.8
GDP隐含价格平减指数（年度增长百分比）	10.9	418.2	1.9
农业增加值（占GDP的百分比）	18	6	10
工业增加值（占GDP的百分比）	41	72	58
服务业增加值（占GDP的百分比）	41	22	32
货物和服务出口（占GDP的百分比）	39	90	56
货物和服务进口（占GDP的百分比）	21	63	41
资本形成总额（占GDP的百分比）	12	13	15
中央政府收入（占GDP的百分比）	..	52.8	*40.2*
中央政府现金盈余/赤字（占GDP的百分比）	..	26.3	6.7
政府与市场			
创办企业的时间（天）	..	*83*	66
总体统计能力水平（0—100）	..	*41.1*	48.9
军费支出（占GDP的百分比）	*12.4*	6.4	4.9
移动电话用户（每100人）	0.0	0.2	61.9
互联网用户（占总人口的百分比）	0.0	0.1	19.1
金融部门提供的国内信用（占GDP的百分比）	0.0	-14.8	18.9
高科技出口（占制成品出口的百分比）	..	..	..
全球联系			
商品贸易（占GDP的百分比）	53	120	75
净易货贸易条件指数（2000年=100）	94	100	257
外债总额（10亿美元）	8.6	9.8	24.0
债务还本付息总额（占出口的百分比）	8.1	20.9	6.9
净移民（千人）	*143*	*172*	*66*
获得的侨汇（百万美元）	..	..	*0.0*
外国直接投资，净流入额（百万美元）	-335	879	-7,120
获得的净官方发展援助（百万美元）	266	302	288

安提瓜和巴布达

高收入经济体

人口（千人）	90	人口增长率（百分比）	1.0
陆地面积（平方公里）	440	每天生活费用不足1.25美元的人口（占人口的百分比）	..
GNI，图表集法（10亿美元）	1.2	人均GNI，图表集法（美元）	13,050
PPP衡量的GNI（10亿美元）	1.8	PPP衡量的人均GNI（美元）	20,490

	1990	2000	2013
人口			
最贫困的20%人口占国家消费/收入的份额（百分比）	..	..	..
出生时的预期寿命（岁）	71	73	76
总生育率（每个女性生育数）	2.1	2.3	2.1
青年女性生育率（每千名15—19岁女性生育数）	64	65	48
避孕普及率（占15—49岁已婚女性的百分比）	*53*	*53*	..
在熟练医护人员护理下的分娩（占总数的百分比）	..	100	*100*
5岁以下儿童死亡率（每千人）	26	15	9
儿童营养不良，体重不足（占5岁以下儿童的百分比）	..	..	..
儿童麻疹免疫接种率（占12—23个月年龄组的百分比）	89	95	98
小学毕业率，总数（占适龄年龄组的百分比）	*97*	..	*100*
中学总入学率，总数（占适龄年龄组的百分比）	*120*	78	*105*
小学和中学中女孩与男孩的比率（百分比）	*94*	..	*102*
HIV感染率（占15—49岁人口的百分比）	..	..	..
环境			
森林（平方公里）	103	100	*98*
森林采伐（1990—2000年和2000—2010年，平均年度百分比）		0.3	*0.2*
淡水使用量（占内陆水资源的百分比）	*9.6*	*15.4*	16.2
获得改善的水资源的人口（占总人口的百分比）	97	98	*98*
获得改善的卫生设施的人口（占总人口的百分比）	75	85	*91*
人均能源使用量（千克石油当量）	1,596	..	..
人均二氧化碳排放量（吨）	4.9	4.4	5.9
人均用电量（千瓦时）	..	..	..
经济			
GDP（百万美元）	392	784	1,201
GDP增长率（年度百分比）	2.5	5.0	-0.1
GDP隐含价格平减指数（年度增长百分比）	2.3	14.5	-0.3
农业增加值（占GDP的百分比）	4	2	2
工业增加值（占GDP的百分比）	20	16	18
服务业增加值（占GDP的百分比）	76	82	80
货物和服务出口（占GDP的百分比）	89	60	44
货物和服务进口（占GDP的百分比）	87	64	59
资本形成总额（占GDP的百分比）	32	31	23
中央政府收入（占GDP的百分比）	..	15.4	*19.9*
中央政府现金盈余/赤字（占GDP的百分比）	..	-5.3	*-1.3*
政府与市场			
创办企业的时间（天）	..	..	21
总体统计能力水平（0—100）	..	..	58.9
军费支出（占GDP的百分比）	..	..	..
移动电话用户（每100人）	0.0	28.3	127.1
互联网用户（占总人口的百分比）	0.0	6.5	63.4
金融部门提供的国内信用（占GDP的百分比）	62.6	80.9	90.0
高科技出口（占制成品出口的百分比）	..	0	0
全球联系			
商品贸易（占GDP的百分比）	70	59	48
净易货贸易条件指数（2000年=100）	..	100	62
外债总额（百万美元）	..	..	..
债务还本付息总额（占出口的百分比）	..	..	..
净移民（千人）	*2.6*	*-0.3*	*-0.1*
获得的侨汇（百万美元）	12.5	20.7	21.1
外国直接投资，净流入额（百万美元）	61	43	134
获得的净官方发展援助（百万美元）	4.6	9.8	1.6

阿根廷

拉丁美洲和加勒比地区 | **中高收入经济体**

人口（百万）	41.4	人口增长率（百分比）	0.9
陆地面积（千平方公里）	2,780	每天生活费用不足1.25美元的人口（占人口的百分比）	<2
GNI，图表集法（10亿美元）	..[a]	人均GNI，图表集法（美元）	..[a]
PPP衡量的GNI（10亿美元）	..[a]	PPP衡量的人均GNI（美元）	..[a]

	1990	2000	2013
人口			
最贫困的20%人口占国家消费/收入的份额（百分比）	*4.8*	3.2	*4.6*
出生时的预期寿命（岁）	72	74	76
总生育率（每个女性生育数）	3.0	2.5	2.2
青年女性生育率（每千名15—19岁女性生育数）	73	64	54
避孕普及率（占15—49岁已婚女性的百分比）	..	65	..
在熟练医护人员护理下的分娩（占总数的百分比）	*96*	*98*	*98*
5岁以下儿童死亡率（每千人）	28	20	13
儿童营养不良，体重不足（占5岁以下儿童的百分比）	..	..	..
儿童麻疹免疫接种率（占12—23个月年龄组的百分比）	93	91	91
小学毕业率，总数（占适龄年龄组的百分比）	..	99	*110*
中学总入学率，总数（占适龄年龄组的百分比）	71	87	*107*
小学和中学中女孩与男孩的比率（百分比）	*107*	101	*103*
HIV感染率（占15—49岁人口的百分比）	..	..	..
环境			
森林（千平方公里）	348	319	*289*
森林采伐（1990—2000年和2000—2010年，平均年度百分比）		0.9	*0.8*
淡水使用量（占内陆水资源的百分比）	..	..	12.9
获得改善的水资源的人口（占总人口的百分比）	94	97	*99*
获得改善的卫生设施的人口（占总人口的百分比）	87	92	*97*
人均能源使用量（千克石油当量）	1,412	1,652	*1,967*
人均二氧化碳排放量（吨）	3.5	3.8	*4.5*
人均用电量（千瓦时）	1,304	2,087	*2,967*
经济			
GDP（10亿美元）	141	284	610
GDP增长率（年度百分比）	-2.4	-0.8	2.9[b]
GDP隐含价格平减指数（年度增长百分比）	2,076.8	1.0	18.2[b]
农业增加值（占GDP的百分比）	8	5	7
工业增加值（占GDP的百分比）	36	28	28
服务业增加值（占GDP的百分比）	56	67	65
货物和服务出口（占GDP的百分比）	10	11	15
货物和服务进口（占GDP的百分比）	5	12	15
资本形成总额（占GDP的百分比）	14	16	18
中央政府收入（占GDP的百分比）	..	*14.1*	..
中央政府现金盈余/赤字（占GDP的百分比）	..	-5.7	..
政府与市场			
创办企业的时间（天）	..	*66*	25
总体统计能力水平（0—100）	..	*92.2*	83.3
军费支出（占GDP的百分比）	1.4	1.1	0.7
移动电话用户（每100人）	0.0	17.6	162.5
互联网用户（占总人口的百分比）	0.0	7.0	59.9
金融部门提供的国内信用（占GDP的百分比）	32.4	34.5	33.3
高科技出口（占制成品出口的百分比）	*8*	9	10
全球联系			
商品贸易（占GDP的百分比）	12	18	25
净易货贸易条件指数（2000年=100）	64	100	131
外债总额（10亿美元）	63	147	136
债务还本付息总额（占出口的百分比）	37.1	64.0	13.7
净移民（千人）	*0*	*-180*	*-100*
获得的侨汇（百万美元）	23	86	532
外国直接投资，净流入额（10亿美元）	1.8	10.4	11.4
获得的净官方发展援助（百万美元）	169	52	30

亚美尼亚

欧洲和中亚 **中低收入经济体**

人口（百万）	3.0	人口增长率（百分比）	0.3
陆地面积（千平方公里）	30	每天生活费用不足1.25美元的人口（占人口的百分比）	<2
GNI，图表集法（10亿美元）	11.3	人均GNI，图表集法（美元）	3,800
PPP衡量的GNI（10亿美元）	24.3	PPP衡量的人均GNI（美元）	8,180

	1990	2000	2013
人口			
最贫困的20%人口占国家消费/收入的份额（百分比）	..	7.7	8.8
出生时的预期寿命（岁）	68	71	75
总生育率（每个女性生育数）	2.5	1.7	1.7
青年女性生育率（每千名15—19岁女性生育数）	74	40	27
避孕普及率（占15—49岁已婚女性的百分比）	56	61	55
在熟练医护人员护理下的分娩（占总数的百分比）	100	97	100
5岁以下儿童死亡率（每千人）	50	30	16
儿童营养不良，体重不足（占5岁以下儿童的百分比）	..	2.6	5.3
儿童麻疹免疫接种率（占12—23个月年龄组的百分比）	93	92	97
小学毕业率，总数（占适龄年龄组的百分比）	..	94	..
中学总入学率，总数（占适龄年龄组的百分比）	91	91	..
小学和中学中女孩与男孩的比率（百分比）	..	106	..
HIV感染率（占15—49岁人口的百分比）	0.1	0.1	0.2
环境			
森林（千平方公里）	3.5	3.0	2.5
森林采伐（1990—2000年和2000—2010年，平均年度百分比）		1.3	1.5
淡水使用量（占内陆水资源的百分比）	..	25.3	42.9
获得改善的水资源的人口（占总人口的百分比）	91	93	100
获得改善的卫生设施的人口（占总人口的百分比）	89	89	91
人均能源使用量（千克石油当量）	2,175	655	916
人均二氧化碳排放量（吨）	1.2	1.1	1.4
人均用电量（千瓦时）	2,718	1,295	1,755
经济			
GDP（10亿美元）	2.3	1.9	10.4
GDP增长率（年度百分比）	-11.7	5.9	3.5
GDP隐含价格平减指数（年度增长百分比）	79.4	-1.4	3.2
农业增加值（占GDP的百分比）	17	26	22
工业增加值（占GDP的百分比）	52	39	31
服务业增加值（占GDP的百分比）	31	35	47
货物和服务出口（占GDP的百分比）	35	23	27
货物和服务进口（占GDP的百分比）	46	51	48
资本形成总额（占GDP的百分比）	47	19	22
中央政府收入（占GDP的百分比）	..	17.7	24.1
中央政府现金盈余/赤字（占GDP的百分比）	..	-0.7	-1.4
政府与市场			
创办企业的时间（天）	..	18	3
总体统计能力水平（0—100）	..	77.8	87.8
军费支出（占GDP的百分比）	2.1	3.6	4.1
移动电话用户（每100人）	0.0	0.6	112.4
互联网用户（占总人口的百分比）	0.0	1.3	46.3
金融部门提供的国内信用（占GDP的百分比）	0.0	11.5	46.0
高科技出口（占制成品出口的百分比）	..	5	3
全球联系			
商品贸易（占GDP的百分比）	..	62	57
净易货贸易条件指数（2000年=100）	..	100	114
外债总额（10亿美元）	0.1	1.0	8.7
债务还本付息总额（占出口的百分比）	1.2	9.2	50.8
净移民（千人）	-496	-144	-50
获得的侨汇（百万美元）	..	87	2,192
外国直接投资，净流入额（百万美元）	2	104	370
获得的净官方发展援助（百万美元）	3	216	293

阿鲁巴

高收入经济体

人口（千人）	103	人口增长率（百分比）	0.5
陆地面积（平方公里）	180	每天生活费用不足1.25美元的人口（占人口的百分比）	..
GNI，图表集法（百万美元）	..	人均GNI，图表集法（美元）	..
PPP衡量的GNI（百万美元）	..	PPP衡量的人均GNI（美元）	..

	1990	2000	2013
人口			
最贫困的20%人口占国家消费/收入的份额（百分比）	..	..	..
出生时的预期寿命（岁）	73	74	75
总生育率（每个女性生育数）	2.2	1.9	1.7
青年女性生育率（每千名15—19岁女性生育数）	50	44	25
避孕普及率（占15—49岁已婚女性的百分比）	..	..	..
在熟练医护人员护理下的分娩（占总数的百分比）	..	*96*	..
5岁以下儿童死亡率（每千人）	..	..	..
儿童营养不良，体重不足（占5岁以下儿童的百分比）	..	..	..
儿童麻疹免疫接种率（占12—23个月年龄组的百分比）	..	..	..
小学毕业率，总数（占适龄年龄组的百分比）	..	97	*95*
中学总入学率，总数（占适龄年龄组的百分比）	..	96	*100*
小学和中学中女孩与男孩的比率（百分比）	..	99	*104*
HIV感染率（占15—49岁人口的百分比）	..	..	..
环境			
森林（平方公里）	4.0	4.0	*4.2*
森林采伐（1990—2000年和2000—2010年，平均年度百分比）		0.0	*0.0*
淡水使用量（占内陆水资源的百分比）	..	..	..
获得改善的水资源的人口（占总人口的百分比）	91	94	*98*
获得改善的卫生设施的人口（占总人口的百分比）	99	98	*98*
人均能源使用量（千克石油当量）	..	..	..
人均二氧化碳排放量（吨）	29.6	24.6	*22.8*
人均用电量（千瓦时）	..	..	..
经济			
GDP（百万美元）	..	1,873	*2,584*
GDP增长率（年度百分比）	..	-0.4	..
GDP隐含价格平减指数（年度增长百分比）	..	9.1	..
农业增加值（占GDP的百分比）	..	0	*1*
工业增加值（占GDP的百分比）	..	17	*16*
服务业增加值（占GDP的百分比）	..	82	*83*
货物和服务出口（占GDP的百分比）	..	74	*71*
货物和服务进口（占GDP的百分比）	..	71	*86*
资本形成总额（占GDP的百分比）	..	25	*28*
中央政府收入（占GDP的百分比）	..	..	..
中央政府现金盈余/赤字（占GDP的百分比）	..	..	..
政府与市场			
创办企业的时间（天）	..	..	..
总体统计能力水平（0—100）	..	..	..
军费支出（占GDP的百分比）	..	..	..
移动电话用户（每100人）	0.0	16.5	134.9
互联网用户（占总人口的百分比）	0.0	15.4	78.9
金融部门提供的国内信用（占GDP的百分比）	0.0	44.1	0.0
高科技出口（占制成品出口的百分比）	..	..	*10*
全球联系			
商品贸易（占GDP的百分比）	..	54	*52*
净易货贸易条件指数（2000年=100）	..	100	113
外债总额（百万美元）	..	..	..
债务还本付息总额（占出口的百分比）	..	..	..
净移民（千人）	*14.2*	*6.3*	*1.3*
获得的侨汇（百万美元）	2.6	7.9	6.4
外国直接投资，净流入额（百万美元）	131	-128	169
获得的净官方发展援助（百万美元）	30.0	*-7.4*	..

澳大利亚

高收入经济体

人口（百万）	23.1	人口增长率（百分比）	1.7
陆地面积（千平方公里）	7,741	每天生活费用不足1.25美元的人口（占人口的百分比）	..
GNI，图表集法（10亿美元）	1,512.6	人均GNI，图表集法（美元）	65,400
PPP衡量的GNI（10亿美元）	974.1	PPP衡量的人均GNI（美元）	42,110

	1990	2000	2013
人口			
最贫困的20%人口占国家消费/收入的份额（百分比）	*7.3*	*6.9*	..
出生时的预期寿命（岁）	77	79	82
总生育率（每个女性生育数）	1.9	1.8	1.9
青年女性生育率（每千名15—19岁女性生育数）	21	18	11
避孕普及率（占15—49岁已婚女性的百分比）	..	*71*	..
在熟练医护人员护理下的分娩（占总数的百分比）	*100*	*100*	..
5岁以下儿童死亡率（每千人）	9	6	4
儿童营养不良，体重不足（占5岁以下儿童的百分比）	..	..	*0.2*
儿童麻疹免疫接种率（占12—23个月年龄组的百分比）	86	91	94
小学毕业率，总数（占适龄年龄组的百分比）	..	..	..
中学总入学率，总数（占适龄年龄组的百分比）	*134*	161	*136*
小学和中学中女孩与男孩的比率（百分比）	*100*	100	*97*
HIV感染率（占15—49岁人口的百分比）	0.1	0.1	0.2
环境			
森林（千平方公里）	1,545	1,549	*1,475*
森林采伐（1990—2000年和2000—2010年，平均年度百分比）		0.0	*0.4*
淡水使用量（占内陆水资源的百分比）	..	*4.6*	4.6
获得改善的水资源的人口（占总人口的百分比）	100	100	*100*
获得改善的卫生设施的人口（占总人口的百分比）	100	100	*100*
人均能源使用量（千克石油当量）	5,053	5,645	*5,882*
人均二氧化碳排放量（吨）	16.8	17.2	*16.9*
人均用电量（千瓦时）	8,527	10,194	*10,712*
经济			
GDP（10亿美元）	311	415	1,560
GDP增长率（年度百分比）	3.5	3.9	2.5
GDP隐含价格平减指数（年度增长百分比）	6.1	2.6	-0.3
农业增加值（占GDP的百分比）	5	3	2
工业增加值（占GDP的百分比）	31	27	27
服务业增加值（占GDP的百分比）	64	70	71
货物和服务出口（占GDP的百分比）	15	19	20
货物和服务进口（占GDP的百分比）	17	21	21
资本形成总额（占GDP的百分比）	29	26	28
中央政府收入（占GDP的百分比）	..	26.0	*23.7*
中央政府现金盈余/赤字（占GDP的百分比）	..	2.0	*-3.0*
政府与市场			
创办企业的时间（天）	..	*3*	3
总体统计能力水平（0—100）	..	..	..
军费支出（占GDP的百分比）	2.2	1.9	1.6
移动电话用户（每100人）	1.1	44.5	106.8
互联网用户（占总人口的百分比）	0.6	46.8	83.0
金融部门提供的国内信用（占GDP的百分比）	70.4	93.4	159.1
高科技出口（占制成品出口的百分比）	8	15	13
全球联系			
商品贸易（占GDP的百分比）	26	33	32
净易货贸易条件指数（2000年=100）	..	100	177
外债总额（百万美元）	..	..	..
债务还本付息总额（占出口的百分比）	..	..	..
净移民（千人）	*351*	*663*	*750*
获得的侨汇（10亿美元）	2.4	1.9	2.5
外国直接投资，净流入额（10亿美元）	8.1	13.6	52.0
获得的净官方发展援助（百万美元）	..	..	..

奥地利

高收入经济体

人口（百万）	8.5	人口增长率（百分比）	0.6
陆地面积（千平方公里）	84	每天生活费用不足1.25美元的人口（占人口的百分比）	..
GNI，图表集法（10亿美元）	427.3	人均GNI，图表集法（美元）	50,390
PPP衡量的GNI（10亿美元）	381.9	PPP衡量的人均GNI（美元）	45,040

	1990	2000	2013
人口			
最贫困的20%人口占国家消费/收入的份额（百分比）	..	8.6	..
出生时的预期寿命（岁）	76	78	81
总生育率（每个女性生育数）	1.5	1.4	1.4
青年女性生育率（每千名15—19岁女性生育数）	21	14	3
避孕普及率（占15—49岁已婚女性的百分比）	..	..	*70*
在熟练医护人员护理下的分娩（占总数的百分比）	*100*	..	..
5岁以下儿童死亡率（每千人）	10	6	4
儿童营养不良，体重不足（占5岁以下儿童的百分比）	..	..	..
儿童麻疹免疫接种率（占12—23个月年龄组的百分比）	60	75	76
小学毕业率，总数（占适龄年龄组的百分比）	..	*101*	*97*
中学总入学率，总数（占适龄年龄组的百分比）	102	98	*98*
小学和中学中女孩与男孩的比率（百分比）	94	97	*97*
HIV感染率（占15—49岁人口的百分比）	..	..	..
环境			
森林（千平方公里）	38	38	*39*
森林采伐（1990—2000年和2000—2010年，平均年度百分比）		-0.2	*-0.1*
淡水使用量（占内陆水资源的百分比）	*6.9*	*6.6*	6.6
获得改善的水资源的人口（占总人口的百分比）	100	100	*100*
获得改善的卫生设施的人口（占总人口的百分比）	100	100	*100*
人均能源使用量（千克石油当量）	3,236	3,565	*3,902*
人均二氧化碳排放量（吨）	7.9	8.0	*8.0*
人均用电量（千瓦时）	6,111	7,076	*8,388*
经济			
GDP（10亿美元）	166	196	428
GDP增长率（年度百分比）	4.3	3.4	0.2
GDP隐含价格平减指数（年度增长百分比）	3.0	1.4	1.5
农业增加值（占GDP的百分比）	4	2	1
工业增加值（占GDP的百分比）	33	32	28
服务业增加值（占GDP的百分比）	63	67	70
货物和服务出口（占GDP的百分比）	36	43	53
货物和服务进口（占GDP的百分比）	36	42	50
资本形成总额（占GDP的百分比）	27	26	23
中央政府收入（占GDP的百分比）	..	36.9	*35.7*
中央政府现金盈余/赤字（占GDP的百分比）	..	-1.9	*-2.4*
政府与市场			
创办企业的时间（天）	..	*25*	22
总体统计能力水平（0—100）	..	..	..
军费支出（占GDP的百分比）	1.2	1.0	0.8
移动电话用户（每100人）	1.0	76.3	156.2
互联网用户（占总人口的百分比）	0.1	33.7	80.6
金融部门提供的国内信用（占GDP的百分比）	118.2	122.3	127.9
高科技出口（占制成品出口的百分比）	8	15	14
全球联系			
商品贸易（占GDP的百分比）	54	71	83
净易货贸易条件指数（2000年=100）	..	100	87
外债总额（百万美元）	..	..	..
债务还本付息总额（占出口的百分比）	..	..	..
净移民（千人）	*275*	*213*	*150*
获得的侨汇（10亿美元）	0.6	1.8	2.8
外国直接投资，净流入额（10亿美元）	0.7	8.5	15.6
获得的净官方发展援助（百万美元）	..	..	..

阿塞拜疆

欧洲和中亚 **中高收入经济体**

人口（百万）	9.4	人口增长率（百分比）	1.3
陆地面积（千平方公里）	87	每天生活费用不足1.25美元的人口（占人口的百分比）	<2
GNI，图表集法（10亿美元）	69.2	人均GNI，图表集法（美元）	7,350
PPP衡量的GNI（10亿美元）	152.4	PPP衡量的人均GNI（美元）	16,180

	1990	2000	2013
人口			
最贫困的20%人口占国家消费/收入的份额（百分比）	..	*7.5*	*8.1*
出生时的预期寿命（岁）	65	67	71
总生育率（每个女性生育数）	2.7	2.0	2.0
青年女性生育率（每千名15—19岁女性生育数）	32	37	39
避孕普及率（占15—49岁已婚女性的百分比）	..	55	*51*
在熟练医护人员护理下的分娩（占总数的百分比）	97	84	*99*
5岁以下儿童死亡率（每千人）	95	74	34
儿童营养不良，体重不足（占5岁以下儿童的百分比）	..	14.0	*8.4*
儿童麻疹免疫接种率（占12—23个月年龄组的百分比）	52	67	98
小学毕业率，总数（占适龄年龄组的百分比）	*96*	90	*92*
中学总入学率，总数（占适龄年龄组的百分比）	89	..	*100*
小学和中学中女孩与男孩的比率（百分比）	*100*	..	*98*
HIV感染率（占15—49岁人口的百分比）	0.1	0.1	0.2
环境			
森林（千平方公里）	9.4	9.4	*9.4*
森林采伐（1990—2000年和2000—2010年，平均年度百分比）		0.0	*0.0*
淡水使用量（占内陆水资源的百分比）	..	*124.1*	147.5
获得改善的水资源的人口（占总人口的百分比）	70	74	*80*
获得改善的卫生设施的人口（占总人口的百分比）	..	62	*82*
人均能源使用量（千克石油当量）	3,165	1,403	*1,369*
人均二氧化碳排放量（吨）	*7.8*	3.7	*5.1*
人均用电量（千瓦时）	2,576	2,040	*1,705*
经济			
GDP（10亿美元）	8.9	5.3	73.6
GDP增长率（年度百分比）	*-0.7*	11.1	5.8
GDP隐含价格平减指数（年度增长百分比）	*83.5*	12.5	1.0
农业增加值（占GDP的百分比）	29	17	6
工业增加值（占GDP的百分比）	33	45	62
服务业增加值（占GDP的百分比）	38	38	32
货物和服务出口（占GDP的百分比）	44	39	49
货物和服务进口（占GDP的百分比）	39	38	27
资本形成总额（占GDP的百分比）	27	21	25
中央政府收入（占GDP的百分比）	..	*17.6*	*41.8*
中央政府现金盈余/赤字（占GDP的百分比）	..	*-4.7*	*6.1*
政府与市场			
创办企业的时间（天）	..	*105*	5
总体统计能力水平（0—100）	..	*76.7*	70.0
军费支出（占GDP的百分比）	*2.1*	2.3	4.7
移动电话用户（每100人）	0.0	5.2	107.6
互联网用户（占总人口的百分比）	0.0	0.1	58.7
金融部门提供的国内信用（占GDP的百分比）	0.0	9.6	25.5
高科技出口（占制成品出口的百分比）	..	5	13
全球联系			
商品贸易（占GDP的百分比）	..	55	58
净易货贸易条件指数（2000年=100）	..	100	195
外债总额（10亿美元）	*0.0*	1.5	9.2
债务还本付息总额（占出口的百分比）	..	6.4	6.8
净移民（千人）	*-106*	*11*	*0*
获得的侨汇（百万美元）	..	57	1,733
外国直接投资，净流入额（百万美元）	..	130	2,619
获得的净官方发展援助（百万美元）	*0*	139	-63

巴哈马

高收入经济体

人口（千人）	377	人口增长率（百分比）	1.4
陆地面积（千平方公里）	14	每天生活费用不足1.25美元的人口（占人口的百分比）	..
GNI，图表集法（10亿美元）	8.1	人均GNI，图表集法（美元）	21,570
PPP衡量的GNI（10亿美元）	8.6	PPP衡量的人均GNI（美元）	22,700

	1990	2000	2013
人口			
最贫困的20%人口占国家消费/收入的份额（百分比）	..	..	..
出生时的预期寿命（岁）	71	72	75
总生育率（每个女性生育数）	2.6	2.1	1.9
青年女性生育率（每千名15—19岁女性生育数）	70	51	28
避孕普及率（占15—49岁已婚女性的百分比）	62	45	..
在熟练医护人员护理下的分娩（占总数的百分比）	99	99	99
5岁以下儿童死亡率（每千人）	24	16	13
儿童营养不良，体重不足（占5岁以下儿童的百分比）	..	..	..
儿童麻疹免疫接种率（占12—23个月年龄组的百分比）	86	93	92
小学毕业率，总数（占适龄年龄组的百分比）	..	82	93
中学总入学率，总数（占适龄年龄组的百分比）	86	78	93
小学和中学中女孩与男孩的比率（百分比）	102	97	104
HIV感染率（占15—49岁人口的百分比）	2.0	3.5	3.2
环境			
森林（千平方公里）	5.2	5.2	5.2
森林采伐（1990—2000年和2000—2010年，平均年度百分比）		0.0	0.0
淡水使用量（占内陆水资源的百分比）	..	..	..
获得改善的水资源的人口（占总人口的百分比）	96	97	98
获得改善的卫生设施的人口（占总人口的百分比）	..	89	92
人均能源使用量（千克石油当量）	2,517	..	..
人均二氧化碳排放量（吨）	7.6	5.6	6.8
人均用电量（千瓦时）	..	..	..
经济			
GDP（10亿美元）	3.2	6.3	8.4
GDP增长率（年度百分比）	-1.6	4.1	0.7
GDP隐含价格平减指数（年度增长百分比）	5.1	0.9	1.8
农业增加值（占GDP的百分比）	3	3	2
工业增加值（占GDP的百分比）	16	18	18
服务业增加值（占GDP的百分比）	81	80	80
货物和服务出口（占GDP的百分比）	54	44	42
货物和服务进口（占GDP的百分比）	56	47	56
资本形成总额（占GDP的百分比）	29	28	27
中央政府收入（占GDP的百分比）	15.7	14.8	17.3
中央政府现金盈余/赤字（占GDP的百分比）	-1.9	0.3	-4.1
政府与市场			
创办企业的时间（天）	..	..	24
总体统计能力水平（0—100）	..	..	..
军费支出（占GDP的百分比）	..	..	..
移动电话用户（每100人）	0.7	10.6	76.1
互联网用户（占总人口的百分比）	0.0	8.0	72.0
金融部门提供的国内信用（占GDP的百分比）	58.5	67.3	104.9
高科技出口（占制成品出口的百分比）	..	7	0
全球联系			
商品贸易（占GDP的百分比）	88	42	48
净易货贸易条件指数（2000年=100）	..	100	90
外债总额（百万美元）	..	..	..
债务还本付息总额（占出口的百分比）	..	..	..
净移民（千人）	-0.4	15.5	9.7
获得的侨汇（百万美元）	..	..	..
外国直接投资，净流入额（百万美元）	-17	250	382
获得的净官方发展援助（百万美元）	3.2	..	..

巴林

高收入经济体

人口（百万）	1.3	人口增长率（百分比）	1.1
陆地面积（平方公里）	760	每天生活费用不足1.25美元的人口（占人口的百分比）	..
GNI，图表集法（10亿美元）	*26.0*	人均GNI，图表集法（美元）	*19,700*
PPP衡量的GNI（10亿美元）	*47.8*	PPP衡量的人均GNI（美元）	*36,290*

	1990	**2000**	**2013**
人口			
最贫困的20%人口占国家消费/收入的份额（百分比）	..	..	..
出生时的预期寿命（岁）	73	75	77
总生育率（每个女性生育数）	3.7	2.8	2.1
青年女性生育率（每千名15—19岁女性生育数）	26	17	14
避孕普及率（占15—49岁已婚女性的百分比）	*54*	..	..
在熟练医护人员护理下的分娩（占总数的百分比）	..	..	*100*
5岁以下儿童死亡率（每千人）	23	13	6
儿童营养不良，体重不足（占5岁以下儿童的百分比）	*6.3*	..	..
儿童麻疹免疫接种率（占12—23个月年龄组的百分比）	87	98	99
小学毕业率，总数（占适龄年龄组的百分比）	*103*	*99*	..
中学总入学率，总数（占适龄年龄组的百分比）	87	100	*96*
小学和中学中女孩与男孩的比率（百分比）	103	*102*	..
HIV感染率（占15—49岁人口的百分比）	..	..	..
环境			
森林（平方公里）	2.0	4.0	5.6
森林采伐（1990—2000年和2000—2010年，平均年度百分比）		-5.6	*-3.6*
淡水使用量（占内陆水资源的百分比）	*5,975.0*	..	8,935.0
获得改善的水资源的人口（占总人口的百分比）	95	99	*100*
获得改善的卫生设施的人口（占总人口的百分比）	99	99	*99*
人均能源使用量（千克石油当量）	8,771	8,776	*7,353*
人均二氧化碳排放量（吨）	24.0	27.9	*19.3*
人均用电量（千瓦时）	6,533	8,590	*10,018*
经济			
GDP（10亿美元）	4.2	9.1	32.9
GDP增长率（年度百分比）	4.4	5.3	5.3
GDP隐含价格平减指数（年度增长百分比）	4.8	30.0	1.5
农业增加值（占GDP的百分比）	1	..	..
工业增加值（占GDP的百分比）	46	..	..
服务业增加值（占GDP的百分比）	53	..	..
货物和服务出口（占GDP的百分比）	116	79	*74*
货物和服务进口（占GDP的百分比）	95	57	*48*
资本形成总额（占GDP的百分比）	16	17	*20*
中央政府收入（占GDP的百分比）	..	..	*24.9*
中央政府现金盈余/赤字（占GDP的百分比）	..	..	*-0.5*
政府与市场			
创办企业的时间（天）	..	..	9
总体统计能力水平（0—100）	..	..	..
军费支出（占GDP的百分比）	5.1	3.6	3.8
移动电话用户（每100人）	1.0	30.8	165.9
互联网用户（占总人口的百分比）	0.0	6.2	90.0
金融部门提供的国内信用（占GDP的百分比）	-1.0	33.9	78.4
高科技出口（占制成品出口的百分比）	..	0	*0*
全球联系			
商品贸易（占GDP的百分比）	177	119	107
净易货贸易条件指数（2000年=100）	..	100	122
外债总额（百万美元）	..	..	..
债务还本付息总额（占出口的百分比）	..	..	..
净移民（千人）	*5*	*143*	*22*
获得的侨汇（百万美元）	..	..	..
外国直接投资，净流入额（百万美元）	-183	364	989
获得的净官方发展援助（百万美元）	138	60	..

孟加拉国

南亚 **低收入经济体**

人口（百万）	156.6	人口增长率（百分比）	1.2
陆地面积（千平方公里）	148	每天生活费用不足1.25美元的人口（占人口的百分比）	*43.3*
GNI，图表集法（10亿美元）	158.8	人均GNI，图表集法（美元）	1,010
PPP衡量的GNI（10亿美元）	498.8	PPP衡量的人均GNI（美元）	3,190

	1990	**2000**	**2013**
人口			
最贫困的20%人口占国家消费/收入的份额（百分比）	*9.6*	8.7	*8.9*
出生时的预期寿命（岁）	60	65	71
总生育率（每个女性生育数）	4.6	3.1	2.2
青年女性生育率（每千名15—19岁女性生育数）	164	117	79
避孕普及率（占15—49岁已婚女性的百分比）	*40*	54	62
在熟练医护人员护理下的分娩（占总数的百分比）	..	12	34
5岁以下儿童死亡率（每千人）	144	88	41
儿童营养不良，体重不足（占5岁以下儿童的百分比）	61.5	42.3	31.9
儿童麻疹免疫接种率（占12—23个月年龄组的百分比）	65	74	93
小学毕业率，总数（占适龄年龄组的百分比）	*46*	..	*75*
中学总入学率，总数（占适龄年龄组的百分比）	20	48	*54*
小学和中学中女孩与男孩的比率（百分比）	76	..	*110*
HIV感染率（占15—49岁人口的百分比）	0.1	0.1	0.1
环境			
森林（千平方公里）	15	15	*14*
森林采伐（1990—2000年和2000—2010年，平均年度百分比）		0.2	*0.2*
淡水使用量（占内陆水资源的百分比）	..	..	34.2
获得改善的水资源的人口（占总人口的百分比）	68	76	*85*
获得改善的卫生设施的人口（占总人口的百分比）	33	45	*57*
人均能源使用量（千克石油当量）	119	140	*205*
人均二氧化碳排放量（吨）	0.1	0.2	*0.4*
人均用电量（千瓦时）	48	101	*259*
经济			
GDP（10亿美元）	30.1	47.1	150.0
GDP增长率（年度百分比）	5.9	5.9	6.0
GDP隐含价格平减指数（年度增长百分比）	6.3	1.9	7.2
农业增加值（占GDP的百分比）	30	26	16
工业增加值（占GDP的百分比）	21	25	28
服务业增加值（占GDP的百分比）	48	49	56
货物和服务出口（占GDP的百分比）	6	14	20
货物和服务进口（占GDP的百分比）	14	19	27
资本形成总额（占GDP的百分比）	17	23	28
中央政府收入（占GDP的百分比）	..	*9.8*	*10.5*
中央政府现金盈余/赤字（占GDP的百分比）	..	*-0.7*	*-0.8*
政府与市场			
创办企业的时间（天）	..	*58*	20
总体统计能力水平（0—100）	..	*70.0*	80.0
军费支出（占GDP的百分比）	1.1	1.4	1.2
移动电话用户（每100人）	0.0	0.2	74.4
互联网用户（占总人口的百分比）	0.0	0.1	6.5
金融部门提供的国内信用（占GDP的百分比）	22.4	34.2	57.9
高科技出口（占制成品出口的百分比）	0	0	*0*
全球联系			
商品贸易（占GDP的百分比）	18	32	44
净易货贸易条件指数（2000年=100）	117	100	57
外债总额（10亿美元）	12.3	15.6	27.8
债务还本付息总额（占出口的百分比）	34.6	10.5	5.2
净移民（千人）	*-934*	*-2,000*	*-2,041*
获得的侨汇（10亿美元）	0.8	2.0	13.9
外国直接投资，净流入额（百万美元）	3	280	1,502
获得的净官方发展援助（10亿美元）	2.1	1.2	2.7

巴巴多斯

高收入经济体

人口（千人）	285	人口增长率（百分比）	0.5
陆地面积（平方公里）	430	每天生活费用不足1.25美元的人口（占人口的百分比）	..
GNI，图表集法（10亿美元）	*4.3*	人均GNI，图表集法（美元）	*15,080*
PPP衡量的GNI（10亿美元）	*4.3*	PPP衡量的人均GNI（美元）	*15,090*

	1990	2000	2013
人口			
最贫困的20%人口占国家消费/收入的份额（百分比）	..	..	..
出生时的预期寿命（岁）	71	73	75
总生育率（每个女性生育数）	1.7	1.8	1.8
青年女性生育率（每千名15—19岁女性生育数）	55	51	48
避孕普及率（占15—49岁已婚女性的百分比）	55	55	..
在熟练医护人员护理下的分娩（占总数的百分比）	..	98	*100*
5岁以下儿童死亡率（每千人）	18	16	14
儿童营养不良，体重不足（占5岁以下儿童的百分比）	..	..	3.5
儿童麻疹免疫接种率（占12—23个月年龄组的百分比）	87	94	90
小学毕业率，总数（占适龄年龄组的百分比）	..	99	*104*
中学总入学率，总数（占适龄年龄组的百分比）	86	105	*105*
小学和中学中女孩与男孩的比率（百分比）	94	108	*105*
HIV感染率（占15—49岁人口的百分比）	0.4	0.8	0.9
环境			
森林（平方公里）	84	84	*84*
森林采伐（1990—2000年和2000—2010年，平均年度百分比）		0.0	*0.0*
淡水使用量（占内陆水资源的百分比）	..	*119.6*	126.3
获得改善的水资源的人口（占总人口的百分比）	95	99	*100*
获得改善的卫生设施的人口（占总人口的百分比）	82	90	..
人均能源使用量（千克石油当量）	1,242	..	..
人均二氧化碳排放量（吨）	4.1	4.4	5.4
人均用电量（千瓦时）	..	..	..
经济			
GDP（10亿美元）	2.0	3.1	*4.2*
GDP增长率（年度百分比）	-4.8	2.3	*0.0*
GDP隐含价格平减指数（年度增长百分比）	24.7	0.7	*-3.3*
农业增加值（占GDP的百分比）	4	2	*1*
工业增加值（占GDP的百分比）	21	18	*16*
服务业增加值（占GDP的百分比）	75	80	*83*
货物和服务出口（占GDP的百分比）	43	42	*42*
货物和服务进口（占GDP的百分比）	43	46	*54*
资本形成总额（占GDP的百分比）	14	17	*14*
中央政府收入（占GDP的百分比）	..	..	*27.2*
中央政府现金盈余/赤字（占GDP的百分比）	..	..	*-8.0*
政府与市场			
创办企业的时间（天）	..	..	18
总体统计能力水平（0—100）	..	..	..
军费支出（占GDP的百分比）	..	..	..
移动电话用户（每100人）	0.0	10.7	108.1
互联网用户（占总人口的百分比）	0.0	4.0	75.0
金融部门提供的国内信用（占GDP的百分比）	51.1	58.2	0.0
高科技出口（占制成品出口的百分比）	*20*	23	15
全球联系			
商品贸易（占GDP的百分比）	45	46	55
净易货贸易条件指数（2000年=100）	..	100	113
外债总额（百万美元）	..	..	..
债务还本付息总额（占出口的百分比）	..	..	..
净移民（千人）	*-3.7*	*2.0*	*2.0*
获得的侨汇（百万美元）	38	115	*82*
外国直接投资，净流入额（百万美元）	11	19	376
获得的净官方发展援助（百万美元）	2.6	0.2	*16.2*

白俄罗斯

欧洲和中亚 **中高收入经济体**

人口（百万）	9.5	人口增长率（百分比）	0.0
陆地面积（千平方公里）	208	每天生活费用不足1.25美元的人口（占人口的百分比）	<2
GNI，图表集法（10亿美元）	63.7	人均GNI，图表集法（美元）	6,730
PPP衡量的GNI（10亿美元）	160.5	PPP衡量的人均GNI（美元）	16,950

	1990	2000	2013
人口			
最贫困的20%人口占国家消费/收入的份额（百分比）	*11.1*	8.9	*9.4*
出生时的预期寿命（岁）	71	69	72
总生育率（每个女性生育数）	1.9	1.3	1.6
青年女性生育率（每千名15—19岁女性生育数）	44	28	20
避孕普及率（占15—49岁已婚女性的百分比）	..	..	*63*
在熟练医护人员护理下的分娩（占总数的百分比）	100	100	*100*
5岁以下儿童死亡率（每千人）	17	14	5
儿童营养不良，体重不足（占5岁以下儿童的百分比）	..	..	..
儿童麻疹免疫接种率（占12—23个月年龄组的百分比）	*94*	98	99
小学毕业率，总数（占适龄年龄组的百分比）	94	100	100
中学总入学率，总数（占适龄年龄组的百分比）	97	*85*	105
小学和中学中女孩与男孩的比率（百分比）	..	*101*	99
HIV感染率（占15—49岁人口的百分比）	0.1	0.1	0.5
环境			
森林（千平方公里）	78	83	*87*
森林采伐（1990—2000年和2000—2010年，平均年度百分比）		-0.6	*-0.4*
淡水使用量（占内陆水资源的百分比）	*7.3*	*11.7*	11.7
获得改善的水资源的人口（占总人口的百分比）	100	100	*100*
获得改善的卫生设施的人口（占总人口的百分比）	95	95	*94*
人均能源使用量（千克石油当量）	4,465	2,468	*3,114*
人均二氧化碳排放量（吨）	*8.6*	5.3	*6.6*
人均用电量（千瓦时）	4,381	2,989	*3,628*
经济			
GDP（10亿美元）	17.4	12.7	71.7
GDP增长率（年度百分比）	*-1.2*	5.8	0.9
GDP隐含价格平减指数（年度增长百分比）	*103.6*	185.3	19.0
农业增加值（占GDP的百分比）	24	14	9
工业增加值（占GDP的百分比）	47	39	42
服务业增加值（占GDP的百分比）	29	47	49
货物和服务出口（占GDP的百分比）	46	69	61
货物和服务进口（占GDP的百分比）	44	72	64
资本形成总额（占GDP的百分比）	27	25	39
中央政府收入（占GDP的百分比）	*31.5*	28.7	*30.0*
中央政府现金盈余/赤字（占GDP的百分比）	*-4.8*	0.1	*0.1*
政府与市场			
创办企业的时间（天）	..	*79*	9
总体统计能力水平（0—100）	..	*80.0*	87.8
军费支出（占GDP的百分比）	*1.6*	1.3	1.3
移动电话用户（每100人）	0.0	0.5	118.8
互联网用户（占总人口的百分比）	0.0	1.9	54.2
金融部门提供的国内信用（占GDP的百分比）	0.0	19.2	39.9
高科技出口（占制成品出口的百分比）	..	4	4
全球联系			
商品贸易（占GDP的百分比）	..	125	112
净易货贸易条件指数（2000年=100）	..	100	104
外债总额（10亿美元）	*1.0*	2.6	39.1
债务还本付息总额（占出口的百分比）	*0.6*	4.9	10.3
净移民（千人）	*-63.1*	*-6.4*	*-10.0*
获得的侨汇（百万美元）	*0*	139	1,214
外国直接投资，净流入额（百万美元）	7	119	2,246
获得的净官方发展援助（百万美元）	..	..	105

比利时

高收入经济体

人口（百万）	11.2	人口增长率（百分比）	0.5
陆地面积（千平方公里）	31	每天生活费用不足1.25美元的人口（占人口的百分比）	..
GNI，图表集法（10亿美元）	518.2	人均GNI，图表集法（美元）	46,340
PPP衡量的GNI（10亿美元）	460.2	PPP衡量的人均GNI（美元）	41,160

	1990	2000	2013
人口			
最贫困的20%人口占国家消费/收入的份额（百分比）	*9.5*	8.4	..
出生时的预期寿命（岁）	76	78	80
总生育率（每个女性生育数）	1.6	1.7	1.8
青年女性生育率（每千名15—19岁女性生育数）	11	11	6
避孕普及率（占15—49岁已婚女性的百分比）	*78*	*76*	*70*
在熟练医护人员护理下的分娩（占总数的百分比）	..	99	..
5岁以下儿童死亡率（每千人）	10	6	4
儿童营养不良，体重不足（占5岁以下儿童的百分比）	..	..	..
儿童麻疹免疫接种率（占12—23个月年龄组的百分比）	85	82	92
小学毕业率，总数（占适龄年龄组的百分比）	*79*	..	*90*
中学总入学率，总数（占适龄年龄组的百分比）	103	145	*107*
小学和中学中女孩与男孩的比率（百分比）	101	105	*98*
HIV感染率（占15—49岁人口的百分比）	..	..	..
环境			
森林（千平方公里）	6.8	6.7	*6.8*
森林采伐（1990—2000年和2000—2010年，平均年度百分比）		0.2	*-0.2*
淡水使用量（占内陆水资源的百分比）	..	*62.8*	51.8
获得改善的水资源的人口（占总人口的百分比）	100	100	*100*
获得改善的卫生设施的人口（占总人口的百分比）	100	100	*100*
人均能源使用量（千克石油当量）	4,844	5,707	*5,148*
人均二氧化碳排放量（吨）	10.9	11.3	*10.0*
人均用电量（千瓦时）	6,380	8,248	*8,021*
经济			
GDP（10亿美元）	206	237	525
GDP增长率（年度百分比）	3.1	3.6	0.3
GDP隐含价格平减指数（年度增长百分比）	2.8	2.1	1.5
农业增加值（占GDP的百分比）	..	1	1
工业增加值（占GDP的百分比）	..	28	22
服务业增加值（占GDP的百分比）	..	71	77
货物和服务出口（占GDP的百分比）	61	72	83
货物和服务进口（占GDP的百分比）	60	69	81
资本形成总额（占GDP的百分比）	24	24	23
中央政府收入（占GDP的百分比）	..	42.0	*41.4*
中央政府现金盈余/赤字（占GDP的百分比）	..	0.0	*-3.5*
政府与市场			
创办企业的时间（天）	..	56	4
总体统计能力水平（0—100）	..	..	..
军费支出（占GDP的百分比）	2.3	1.3	1.0
移动电话用户（每100人）	0.4	54.8	110.9
互联网用户（占总人口的百分比）	0.0	29.4	82.2
金融部门提供的国内信用（占GDP的百分比）	69.9	123.0	111.2
高科技出口（占制成品出口的百分比）	..	11	*11*
全球联系			
商品贸易（占GDP的百分比）	115	154	175
净易货贸易条件指数（2000年=100）	..	100	94
外债总额（百万美元）	..	..	..
债务还本付息总额（占出口的百分比）	..	..	..
净移民（千人）	*115*	*197*	*150*
获得的侨汇（10亿美元）	3.6	4.0	11.1
外国直接投资，净流入额（10亿美元）	..	*18.1*	-3.3
获得的净官方发展援助（百万美元）	..	..	..

伯利兹

拉丁美洲和加勒比地区		中高收入经济体	
人口（千人）	332	人口增长率（百分比）	2.4
陆地面积（千平方公里）	23	每天生活费用不足1.25美元的人口（占人口的百分比）	*12.2*
GNI，图表集法（10亿美元）	1.5	人均GNI，图表集法（美元）	4,510
PPP衡量的GNI（10亿美元）	2.6	PPP衡量的人均GNI（美元）	7,870

	1990	2000	2013
人口			
最贫困的20%人口占国家消费/收入的份额（百分比）	*3.0*	*3.2*	..
出生时的预期寿命（岁）	71	71	74
总生育率（每个女性生育数）	4.5	3.6	2.7
青年女性生育率（每千名15—19岁女性生育数）	126	97	70
避孕普及率（占15—49岁已婚女性的百分比）	*47*	*56*	*55*
在熟练医护人员护理下的分娩（占总数的百分比）	*77*	100	*96*
5岁以下儿童死亡率（每千人）	40	25	17
儿童营养不良，体重不足（占5岁以下儿童的百分比）	*5.4*	..	*6.2*
儿童麻疹免疫接种率（占12—23个月年龄组的百分比）	86	96	99
小学毕业率，总数（占适龄年龄组的百分比）	*94*	101	109
中学总入学率，总数（占适龄年龄组的百分比）	*61*	68	86
小学和中学中女孩与男孩的比率（百分比）	*98*	99	100
HIV感染率（占15—49岁人口的百分比）	0.1	1.8	1.5
环境			
森林（千平方公里）	16	15	*14*
森林采伐（1990—2000年和2000—2010年，平均年度百分比）		0.6	*0.7*
淡水使用量（占内陆水资源的百分比）	..	*0.7*	0.7
获得改善的水资源的人口（占总人口的百分比）	73	85	*99*
获得改善的卫生设施的人口（占总人口的百分比）	76	83	*91*
人均能源使用量（千克石油当量）	566	..	..
人均二氧化碳排放量（吨）	1.7	2.9	*1.4*
人均用电量（千瓦时）	..	..	..
经济			
GDP（百万美元）	413	832	1,624
GDP增长率（年度百分比）	10.6	13.0	1.5
GDP隐含价格平减指数（年度增长百分比）	2.8	0.4	1.7
农业增加值（占GDP的百分比）	20	17	15
工业增加值（占GDP的百分比）	22	21	19
服务业增加值（占GDP的百分比）	58	62	66
货物和服务出口（占GDP的百分比）	62	53	61
货物和服务进口（占GDP的百分比）	60	74	66
资本形成总额（占GDP的百分比）	26	29	18
中央政府收入（占GDP的百分比）	25.4	20.4	*26.1*
中央政府现金盈余/赤字（占GDP的百分比）	-0.6	-5.7	*-0.2*
政府与市场			
创办企业的时间（天）	..	..	43
总体统计能力水平（0—100）	..	..	55.6
军费支出（占GDP的百分比）	1.2	0.8	1.0
移动电话用户（每100人）	0.0	7.0	52.6
互联网用户（占总人口的百分比）	0.0	6.0	31.7
金融部门提供的国内信用（占GDP的百分比）	26.7	43.5	58.3
高科技出口（占制成品出口的百分比）	*0*	0	0
全球联系			
商品贸易（占GDP的百分比）	83	89	95
净易货贸易条件指数（2000年=100）	..	100	99
外债总额（百万美元）	143	528	1,249
债务还本付息总额（占出口的百分比）	7.2	15.3	12.7
净移民（千人）	*-9.0*	*4.5*	*7.6*
获得的侨汇（百万美元）	18.5	26.4	74.4
外国直接投资，净流入额（百万美元）	17.2	23.3	89.3
获得的净官方发展援助（百万美元）	30.3	14.7	49.6

贝宁

撒哈拉以南非洲地区		低收入经济体	
人口（百万）	10.3	人口增长率（百分比）	2.7
陆地面积（千平方公里）	115	每天生活费用不足1.25美元的人口（占人口的百分比）	*51.6*
GNI，图表集法（10亿美元）	8.2	人均GNI，图表集法（美元）	790
PPP衡量的GNI（10亿美元）	18.4	PPP衡量的人均GNI（美元）	1,780

	1990	2000	2013
人口			
最贫困的20%人口占国家消费/收入的份额（百分比）	..	*7.0*	*6.1*
出生时的预期寿命（岁）	53	55	59
总生育率（每个女性生育数）	6.7	6.0	4.8
青年女性生育率（每千名15—19岁女性生育数）	125	119	88
避孕普及率（占15—49岁已婚女性的百分比）	..	*19*	*13*
在熟练医护人员护理下的分娩（占总数的百分比）	..	*66*	*81*
5岁以下儿童死亡率（每千人）	179	146	85
儿童营养不良，体重不足（占5岁以下儿童的百分比）	..	*21.5*	*20.2*
儿童麻疹免疫接种率（占12—23个月年龄组的百分比）	79	70	63
小学毕业率，总数（占适龄年龄组的百分比）	19	37	76
中学总入学率，总数（占适龄年龄组的百分比）	..	22	54
小学和中学中女孩与男孩的比率（百分比）	..	62	82
HIV感染率（占15—49岁人口的百分比）	0.2	1.5	1.1
环境			
森林（千平方公里）	58	51	*45*
森林采伐（1990—2000年和2000—2010年，平均年度百分比）		1.3	*1.0*
淡水使用量（占内陆水资源的百分比）	..	*1.3*	1.3
获得改善的水资源的人口（占总人口的百分比）	57	66	*76*
获得改善的卫生设施的人口（占总人口的百分比）	5	9	*14*
人均能源使用量（千克石油当量）	332	285	*385*
人均二氧化碳排放量（吨）	0.1	0.2	*0.5*
人均用电量（千瓦时）	..	57	..
经济			
GDP（10亿美元）	2.0	2.4	8.3
GDP增长率（年度百分比）	9.0	4.9	5.6
GDP隐含价格平减指数（年度增长百分比）	2.2	4.5	0.9
农业增加值（占GDP的百分比）	35	35	37
工业增加值（占GDP的百分比）	12	13	14
服务业增加值（占GDP的百分比）	53	52	49
货物和服务出口（占GDP的百分比）	19	25	18
货物和服务进口（占GDP的百分比）	27	30	34
资本形成总额（占GDP的百分比）	14	19	27
中央政府收入（占GDP的百分比）	..	*15.6*	*17.0*
中央政府现金盈余/赤字（占GDP的百分比）	..	*0.6*	*1.7*
政府与市场			
创办企业的时间（天）	..	*35*	12
总体统计能力水平（0—100）	..	*53.3*	65.6
军费支出（占GDP的百分比）	1.7	0.6	1.0
移动电话用户（每100人）	0.0	0.8	93.3
互联网用户（占总人口的百分比）	0.0	0.2	4.9
金融部门提供的国内信用（占GDP的百分比）	21.1	8.0	21.5
高科技出口（占制成品出口的百分比）	..	0	1
全球联系			
商品贸易（占GDP的百分比）	28	43	47
净易货贸易条件指数（2000年=100）	107	100	117
外债总额（10亿美元）	1.1	1.4	2.4
债务还本付息总额（占出口的百分比）	9.9	13.6	*4.3*
净移民（千人）	*105*	99	*-10*
获得的侨汇（百万美元）	101	87	*208*
外国直接投资，净流入额（百万美元）	62	60	320
获得的净官方发展援助（百万美元）	267	243	653

百慕大

高收入经济体

人口（千人）	65	人口增长率（百分比）	0.3
陆地面积（平方公里）	50	每天生活费用不足1.25美元的人口（占人口的百分比）	..
GNI，图表集法（10亿美元）	*6.8*	人均GNI，图表集法（美元）	*104,610*
PPP衡量的GNI（10亿美元）	*4.3*	PPP衡量的人均GNI（美元）	*66,430*

	1990	2000	2013
人口			
最贫困的20%人口占国家消费/收入的份额（百分比）	..	..	..
出生时的预期寿命（岁）	*74*	78	81
总生育率（每个女性生育数）	..	1.7	1.6
青年女性生育率（每千名15—19岁女性生育数）	..	..	..
避孕普及率（占15—49岁已婚女性的百分比）	..	..	..
在熟练医护人员护理下的分娩（占总数的百分比）	..	..	..
5岁以下儿童死亡率（每千人）	..	..	..
儿童营养不良，体重不足（占5岁以下儿童的百分比）	..	..	..
儿童麻疹免疫接种率（占12—23个月年龄组的百分比）	..	..	..
小学毕业率，总数（占适龄年龄组的百分比）	..	*97*	*88*
中学总入学率，总数（占适龄年龄组的百分比）	..	*79*	*75*
小学和中学中女孩与男孩的比率（百分比）	..	*104*	*106*
HIV感染率（占15—49岁人口的百分比）	..	..	..
环境			
森林（平方公里）	10.0	10.0	*10.0*
森林采伐（1990—2000年和2000—2010年，平均年度百分比）		0.0	*0.0*
淡水使用量（占内陆水资源的百分比）	..	..	..
获得改善的水资源的人口（占总人口的百分比）	..	..	..
获得改善的卫生设施的人口（占总人口的百分比）	..	..	..
人均能源使用量（千克石油当量）	..	..	..
人均二氧化碳排放量（吨）	10.1	8.0	*7.3*
人均用电量（千瓦时）	..	..	..
经济			
GDP（10亿美元）	1.6	3.5	5.5
GDP增长率（年度百分比）	0.0	9.3	*-4.9*
GDP隐含价格平减指数（年度增长百分比）	6.0	-4.2	*3.7*
农业增加值（占GDP的百分比）	..	1	*1*
工业增加值（占GDP的百分比）	..	12	*6*
服务业增加值（占GDP的百分比）	..	88	*93*
货物和服务出口（占GDP的百分比）	..	..	..
货物和服务进口（占GDP的百分比）	..	..	..
资本形成总额（占GDP的百分比）	..	..	..
中央政府收入（占GDP的百分比）	..	..	..
中央政府现金盈余/赤字（占GDP的百分比）	..	..	..
政府与市场			
创办企业的时间（天）	..	..	..
总体统计能力水平（0—100）	..	..	..
军费支出（占GDP的百分比）	..	..	..
移动电话用户（每100人）	1.9	20.7	144.3
互联网用户（占总人口的百分比）	0.0	42.9	95.3
金融部门提供的国内信用（占GDP的百分比）	0.0	0.0	0.0
高科技出口（占制成品出口的百分比）	..	..	12
全球联系			
商品贸易（占GDP的百分比）	41	22	*17*
净易货贸易条件指数（2000年=100）	..	100	97
外债总额（百万美元）	..	..	..
债务还本付息总额（占出口的百分比）	..	..	..
净移民（千人）	..	..	..
获得的侨汇（百万美元）	..	..	1,225
外国直接投资，净流入额（百万美元）	..	66.9	54.9
获得的净官方发展援助（百万美元）	42.2	..	..

不丹

南亚			中低收入经济体
人口（千人）	754	人口增长率（百分比）	1.6
陆地面积（千平方公里）	38	每天生活费用不足1.25美元的人口（占人口的百分比）	*2.4*
GNI，图表集法（10亿美元）	1.8	人均GNI，图表集法（美元）	2,330
PPP衡量的GNI（10亿美元）	5.2	PPP衡量的人均GNI（美元）	6,920

	1990	2000	2013
人口			
最贫困的20%人口占国家消费/收入的份额（百分比）	..	*5.4*	*6.8*
出生时的预期寿命（岁）	52	60	68
总生育率（每个女性生育数）	5.6	3.6	2.2
青年女性生育率（每千名15—19岁女性生育数）	105	78	40
避孕普及率（占15—49岁已婚女性的百分比）	..	31	*66*
在熟练医护人员护理下的分娩（占总数的百分比）	..	24	*65*
5岁以下儿童死亡率（每千人）	134	79	36
儿童营养不良，体重不足（占5岁以下儿童的百分比）	..	*14.1*	*12.8*
儿童麻疹免疫接种率（占12—23个月年龄组的百分比）	93	78	94
小学毕业率，总数（占适龄年龄组的百分比）	*24*	51	98
中学总入学率，总数（占适龄年龄组的百分比）	..	30	78
小学和中学中女孩与男孩的比率（百分比）	..	85	104
HIV感染率（占15—49岁人口的百分比）	0.1	0.1	0.1
环境			
森林（千平方公里）	30	31	*33*
森林采伐（1990—2000年和2000—2010年，平均年度百分比）		-0.3	*-0.3*
淡水使用量（占内陆水资源的百分比）	..	..	0.4
获得改善的水资源的人口（占总人口的百分比）	..	86	*98*
获得改善的卫生设施的人口（占总人口的百分比）	..	35	*47*
人均能源使用量（千克石油当量）	104	..	..
人均二氧化碳排放量（吨）	0.2	0.7	*0.7*
人均用电量（千瓦时）	..	..	..
经济			
GDP（百万美元）	300	439	1,781
GDP增长率（年度百分比）	10.9	6.9	2.0
GDP隐含价格平减指数（年度增长百分比）	5.7	2.3	5.0
农业增加值（占GDP的百分比）	35	27	17
工业增加值（占GDP的百分比）	25	36	45
服务业增加值（占GDP的百分比）	40	37	38
货物和服务出口（占GDP的百分比）	27	29	41
货物和服务进口（占GDP的百分比）	31	53	63
资本形成总额（占GDP的百分比）	30	48	47
中央政府收入（占GDP的百分比）	17.0	22.9	*22.9*
中央政府现金盈余/赤字（占GDP的百分比）	-5.8	-2.4	*0.5*
政府与市场			
创办企业的时间（天）	..	*64*	17
总体统计能力水平（0—100）	..	..	78.9
军费支出（占GDP的百分比）	..	..	..
移动电话用户（每100人）	0.0	0.0	72.2
互联网用户（占总人口的百分比）	0.0	0.4	29.9
金融部门提供的国内信用（占GDP的百分比）	-1.0	2.9	50.2
高科技出口（占制成品出口的百分比）	..	*0*	*0*
全球联系			
商品贸易（占GDP的百分比）	50	63	87
净易货贸易条件指数（2000年＝100）	..	100	123
外债总额（百万美元）	84	212	1,480
债务还本付息总额（占出口的百分比）	..	..	11.0
净移民（千人）	*-85.9*	*35.0*	*10.0*
获得的侨汇（百万美元）	..	..	11.8
外国直接投资，净流入额（百万美元）	1.6	*1.1*	49.8
获得的净官方发展援助（百万美元）	46	53	135

玻利维亚

拉丁美洲和加勒比地区		中低收入经济体	
人口（百万）	10.7	人口增长率（百分比）	1.7
陆地面积（千平方公里）	1,099	每天生活费用不足1.25美元的人口（占人口的百分比）	*8.0*
GNI，图表集法（10亿美元）	27.2	人均GNI，图表集法（美元）	2,550
PPP衡量的GNI（10亿美元）	61.3	PPP衡量的人均GNI（美元）	5,750

	1990	2000	2013
人口			
最贫困的20%人口占国家消费/收入的份额（百分比）	5.6	0.8	*3.3*
出生时的预期寿命（岁）	59	63	67
总生育率（每个女性生育数）	4.9	4.1	3.2
青年女性生育率（每千名15—19岁女性生育数）	89	85	71
避孕普及率（占15—49岁已婚女性的百分比）	*30*	53	*61*
在熟练医护人员护理下的分娩（占总数的百分比）	*43*	69	*84*
5岁以下儿童死亡率（每千人）	123	77	39
儿童营养不良，体重不足（占5岁以下儿童的百分比）	9.7	*5.9*	*4.5*
儿童麻疹免疫接种率（占12—23个月年龄组的百分比）	53	84	95
小学毕业率，总数（占适龄年龄组的百分比）	70	96	89
中学总入学率，总数（占适龄年龄组的百分比）	..	78	80
小学和中学中女孩与男孩的比率（百分比）	..	97	98
HIV感染率（占15—49岁人口的百分比）	0.3	0.6	0.3
环境			
森林（千平方公里）	628	601	*566*
森林采伐（1990—2000年和2000—2010年，平均年度百分比）		0.4	*0.5*
淡水使用量（占内陆水资源的百分比）	..	..	0.7
获得改善的水资源的人口（占总人口的百分比）	69	79	*88*
获得改善的卫生设施的人口（占总人口的百分比）	28	37	*46*
人均能源使用量（千克石油当量）	384	440	*746*
人均二氧化碳排放量（吨）	0.8	1.2	*1.5*
人均用电量（千瓦时）	269	412	*623*
经济			
GDP（10亿美元）	4.9	8.4	30.6
GDP增长率（年度百分比）	4.6	2.5	6.8
GDP隐含价格平减指数（年度增长百分比）	16.3	5.2	6.0
农业增加值（占GDP的百分比）	17	15	13
工业增加值（占GDP的百分比）	35	30	38
服务业增加值（占GDP的百分比）	48	55	49
货物和服务出口（占GDP的百分比）	23	18	44
货物和服务进口（占GDP的百分比）	24	27	37
资本形成总额（占GDP的百分比）	13	18	19
中央政府收入（占GDP的百分比）	..	*18.4*	..
中央政府现金盈余/赤字（占GDP的百分比）	..	*-8.7*	..
政府与市场			
创办企业的时间（天）	..	*60*	49
总体统计能力水平（0—100）	..	*68.9*	76.7
军费支出（占GDP的百分比）	2.8	2.1	1.5
移动电话用户（每100人）	0.0	6.9	97.7
互联网用户（占总人口的百分比）	0.0	1.4	39.5
金融部门提供的国内信用（占GDP的百分比）	23.0	62.0	50.4
高科技出口（占制成品出口的百分比）	*7*	40	9
全球联系			
商品贸易（占GDP的百分比）	33	36	68
净易货贸易条件指数（2000年=100）	102	100	174
外债总额（10亿美元）	4.4	5.9	7.9
债务还本付息总额（占出口的百分比）	39.4	39.8	4.3
净移民（千人）	*-100*	*-131*	*-125*
获得的侨汇（百万美元）	5	127	1,201
外国直接投资，净流入额（百万美元）	27	736	1,750
获得的净官方发展援助（百万美元）	545	482	699

波斯尼亚和黑塞哥维那

欧洲和中亚			中高收入经济体
人口（百万）	3.8	人口增长率（百分比）	-0.1
陆地面积（千平方公里）	51	每天生活费用不足1.25美元的人口（占人口的百分比）	<2
GNI，图表集法（10亿美元）	18.3	人均GNI，图表集法（美元）	4,780
PPP衡量的GNI（10亿美元）	37.0	PPP衡量的人均GNI（美元）	9,660

	1990	2000	2013
人口			
最贫困的20%人口占国家消费/收入的份额（百分比）	..	*8.8*	*7.5*
出生时的预期寿命（岁）	67	75	76
总生育率（每个女性生育数）	1.7	1.4	1.3
青年女性生育率（每千名15—19岁女性生育数）	36	21	15
避孕普及率（占15—49岁已婚女性的百分比）	..	48	*46*
在熟练医护人员护理下的分娩（占总数的百分比）	97	100	*100*
5岁以下儿童死亡率（每千人）	18	9	7
儿童营养不良，体重不足（占5岁以下儿童的百分比）	..	4.2	*1.5*
儿童麻疹免疫接种率（占12—23个月年龄组的百分比）	*52*	80	94
小学毕业率，总数（占适龄年龄组的百分比）	..	..	..
中学总入学率，总数（占适龄年龄组的百分比）	..	..	..
小学和中学中女孩与男孩的比率（百分比）	..	..	..
HIV感染率（占15—49岁人口的百分比）	..	..	..
环境			
森林（千平方公里）	22	22	*22*
森林采伐（1990—2000年和2000—2010年，平均年度百分比）		0.1	*0.0*
淡水使用量（占内陆水资源的百分比）	..	..	0.9
获得改善的水资源的人口（占总人口的百分比）	97	98	*100*
获得改善的卫生设施的人口（占总人口的百分比）	..	95	95
人均能源使用量（千克石油当量）	1,550	1,133	*1,848*
人均二氧化碳排放量（吨）	*1.0*	6.1	*8.1*
人均用电量（千瓦时）	2,897	1,986	*3,189*
经济			
GDP（10亿美元）	..	5.5	17.9
GDP增长率（年度百分比）	..	5.5	2.5
GDP隐含价格平减指数（年度增长百分比）	..	28.8	-0.3
农业增加值（占GDP的百分比）	..	11	8
工业增加值（占GDP的百分比）	..	23	27
服务业增加值（占GDP的百分比）	..	66	64
货物和服务出口（占GDP的百分比）	..	29	32
货物和服务进口（占GDP的百分比）	..	76	53
资本形成总额（占GDP的百分比）	..	21	18
中央政府收入（占GDP的百分比）	..	*37.1*	*40.2*
中央政府现金盈余/赤字（占GDP的百分比）	..	*0.7*	*-1.6*
政府与市场			
创办企业的时间（天）	..	*68*	37
总体统计能力水平（0—100）	..	*50.0*	72.2
军费支出（占GDP的百分比）	..	*3.6*	1.1
移动电话用户（每100人）	0.0	2.4	91.1
互联网用户（占总人口的百分比）	0.0	1.1	67.9
金融部门提供的国内信用（占GDP的百分比）	0.0	37.4	67.7
高科技出口（占制成品出口的百分比）	..	*2*	2
全球联系			
商品贸易（占GDP的百分比）	..	76	90
净易货贸易条件指数（2000年=100）	..	100	98
外债总额（10亿美元）	..	2.8	11.1
债务还本付息总额（占出口的百分比）	..	14.2	17.8
净移民（千人）	*-1,025*	*38*	*-5*
获得的侨汇（10亿美元）	..	1.6	1.9
外国直接投资，净流入额（百万美元）	..	146	315
获得的净官方发展援助（百万美元）	0	738	550

博茨瓦纳

撒哈拉以南非洲地区 **中高收入经济体**

人口（百万）	2.0	人口增长率（百分比）	0.9
陆地面积（千平方公里）	582	每天生活费用不足1.25美元的人口（占人口的百分比）	*13.4*
GNI，图表集法（10亿美元）	15.7	人均GNI，图表集法（美元）	7,770
PPP衡量的GNI（10亿美元）	31.6	PPP衡量的人均GNI（美元）	15,640

	1990	2000	2013
人口			
最贫困的20%人口占国家消费/收入的份额（百分比）	..	*2.3*	*2.8*
出生时的预期寿命（岁）	63	50	47
总生育率（每个女性生育数）	4.7	3.4	2.6
青年女性生育率（每千名15—19岁女性生育数）	103	66	43
避孕普及率（占15—49岁已婚女性的百分比）	*33*	*44*	*53*
在熟练医护人员护理下的分娩（占总数的百分比）	*78*	94	*95*
5岁以下儿童死亡率（每千人）	50	85	47
儿童营养不良，体重不足（占5岁以下儿童的百分比）	..	10.7	*11.2*
儿童麻疹免疫接种率（占12—23个月年龄组的百分比）	87	91	94
小学毕业率，总数（占适龄年龄组的百分比）	89	89	..
中学总入学率，总数（占适龄年龄组的百分比）	40	75	..
小学和中学中女孩与男孩的比率（百分比）	108	102	..
HIV感染率（占15—49岁人口的百分比）	4.3	27.7	21.9
环境			
森林（千平方公里）	137	125	*111*
森林采伐（1990—2000年和2000—2010年，平均年度百分比）		0.9	*1.0*
淡水使用量（占内陆水资源的百分比）	*4.7*	*8.1*	8.1
获得改善的水资源的人口（占总人口的百分比）	92	95	*97*
获得改善的卫生设施的人口（占总人口的百分比）	39	52	*64*
人均能源使用量（千克石油当量）	911	1,046	*1,115*
人均二氧化碳排放量（吨）	1.6	2.4	*2.7*
人均用电量（千瓦时）	715	907	*1,603*
经济			
GDP（10亿美元）	3.8	5.8	14.8
GDP增长率（年度百分比）	6.8	2.0	5.8
GDP隐含价格平减指数（年度增长百分比）	6.3	14.2	5.9
农业增加值（占GDP的百分比）	5	3	3
工业增加值（占GDP的百分比）	61	51	37
服务业增加值（占GDP的百分比）	34	46	61
货物和服务出口（占GDP的百分比）	55	52	55
货物和服务进口（占GDP的百分比）	50	40	60
资本形成总额（占GDP的百分比）	37	30	34
中央政府收入（占GDP的百分比）	50.8	..	*37.3*
中央政府现金盈余/赤字（占GDP的百分比）	19.1	..	*1.4*
政府与市场			
创办企业的时间（天）	..	*125*	60
总体统计能力水平（0—100）	..	*72.2*	51.1
军费支出（占GDP的百分比）	4.5	3.4	2.0
移动电话用户（每100人）	0.0	12.7	160.6
互联网用户（占总人口的百分比）	0.0	2.9	15.0
金融部门提供的国内信用（占GDP的百分比）	-45.6	-65.7	13.6
高科技出口（占制成品出口的百分比）	..	1	0
全球联系			
商品贸易（占GDP的百分比）	98	82	102
净易货贸易条件指数（2000年=100）	98	100	82
外债总额（百万美元）	553	458	2,430
债务还本付息总额（占出口的百分比）	4.3	2.0	2.2
净移民（千人）	*17.9*	*21.3*	*20.0*
获得的侨汇（百万美元）	85.6	26.2	36.0
外国直接投资，净流入额（百万美元）	96	57	189
获得的净官方发展援助（百万美元）	145	31	108

巴西

拉丁美洲和加勒比地区 | **中高收入经济体**

人口（百万）	200.4	人口增长率（百分比）	0.9
陆地面积（千平方公里）	8,516	每天生活费用不足1.25美元的人口（占人口的百分比）	*3.8*
GNI，图表集法（10亿美元）	2,342.6	人均GNI，图表集法（美元）	11,690
PPP衡量的GNI（10亿美元）	2,956.0	PPP衡量的人均GNI（美元）	14,750

	1990	**2000**	**2013**
人口			
最贫困的20%人口占国家消费/收入的份额（百分比）	2.3	*2.4*	*3.4*
出生时的预期寿命（岁）	67	70	74
总生育率（每个女性生育数）	2.8	2.4	1.8
青年女性生育率（每千名15—19岁女性生育数）	82	87	70
避孕普及率（占15—49岁已婚女性的百分比）	*59*	..	*81*
在熟练医护人员护理下的分娩（占总数的百分比）	*70*	*96*	*98*
5岁以下儿童死亡率（每千人）	62	33	14
儿童营养不良，体重不足（占5岁以下儿童的百分比）	*5.3*	*3.7*	*2.2*
儿童麻疹免疫接种率（占12—23个月年龄组的百分比）	78	99	99
小学毕业率，总数（占适龄年龄组的百分比）	*92*	108	..
中学总入学率，总数（占适龄年龄组的百分比）	..	*110*	..
小学和中学中女孩与男孩的比率（百分比）	..	*103*	..
HIV感染率（占15—49岁人口的百分比）	..	..	0.6

	1990	2000	2013
环境			
森林（千平方公里）	5,748	5,459	*5,151*
森林采伐（1990—2000年和2000—2010年，平均年度百分比）		0.5	*0.5*
淡水使用量（占内陆水资源的百分比）	..	..	1.3
获得改善的水资源的人口（占总人口的百分比）	89	94	*98*
获得改善的卫生设施的人口（占总人口的百分比）	67	75	*81*
人均能源使用量（千克石油当量）	937	1,074	*1,371*
人均二氧化碳排放量（吨）	1.4	1.9	*2.2*
人均用电量（千瓦时）	1,454	1,900	*2,438*

	1990	2000	2013
经济			
GDP（10亿美元）	462	645	2,246
GDP增长率（年度百分比）	-4.3	4.3	2.5
GDP隐含价格平减指数（年度增长百分比）	2,735.5	6.2	7.6
农业增加值（占GDP的百分比）	8	6	6
工业增加值（占GDP的百分比）	39	28	25
服务业增加值（占GDP的百分比）	53	67	69
货物和服务出口（占GDP的百分比）	8	10	13
货物和服务进口（占GDP的百分比）	7	12	15
资本形成总额（占GDP的百分比）	20	18	18
中央政府收入（占GDP的百分比）	22.8	19.9	*26.0*
中央政府现金盈余/赤字（占GDP的百分比）	-3.4	-1.8	*-2.0*

	1990	2000	2013
政府与市场			
创办企业的时间（天）	..	*156*	84
总体统计能力水平（0—100）	..	*83.3*	75.6
军费支出（占GDP的百分比）	6.1	1.8	1.4
移动电话用户（每100人）	0.0	13.3	135.3
互联网用户（占总人口的百分比）	0.0	2.9	51.6
金融部门提供的国内信用（占GDP的百分比）	87.6	71.9	110.1
高科技出口（占制成品出口的百分比）	6	19	10

	1990	2000	2013
全球联系			
商品贸易（占GDP的百分比）	12	18	22
净易货贸易条件指数（2000年=100）	66	100	126
外债总额（10亿美元）	120	243	482
债务还本付息总额（占出口的百分比）	22.6	85.9	28.6
净移民（千人）	*-100*	*-500*	*-190*
获得的侨汇（10亿美元）	0.6	1.6	2.5
外国直接投资，净流入额（10亿美元）	1.0	32.8	80.8
获得的净官方发展援助（百万美元）	151	231	1,150

文莱

高收入经济体

人口（千人）	418	人口增长率（百分比）	1.3
陆地面积（千平方公里）	5.8	每天生活费用不足1.25美元的人口（占人口的百分比）	..
GNI，图表集法（10亿美元）	..	人均GNI，图表集法（美元）	..
PPP衡量的GNI（10亿美元）	..	PPP衡量的人均GNI（美元）	..

	1990	2000	2013
人口			
最贫困的20%人口占国家消费/收入的份额（百分比）	..	..	..
出生时的预期寿命（岁）	74	76	79
总生育率（每个女性生育数）	3.5	2.4	2.0
青年女性生育率（每千名15—19岁女性生育数）	42	27	23
避孕普及率（占15—49岁已婚女性的百分比）	..	..	..
在熟练医护人员护理下的分娩（占总数的百分比）	..	*99*	*100*
5岁以下儿童死亡率（每千人）	12	10	10
儿童营养不良，体重不足（占5岁以下儿童的百分比）	..	..	..
儿童麻疹免疫接种率（占12—23个月年龄组的百分比）	99	99	99
小学毕业率，总数（占适龄年龄组的百分比）	*99*	116	98
中学总入学率，总数（占适龄年龄组的百分比）	*75*	86	106
小学和中学中女孩与男孩的比率（百分比）	*100*	100	100
HIV感染率（占15—49岁人口的百分比）	..	..	..
环境			
森林（千平方公里）	4.1	4.0	*3.8*
森林采伐（1990—2000年和2000—2010年，平均年度百分比）		0.4	*0.4*
淡水使用量（占内陆水资源的百分比）	*0.9*	..	1.1
获得改善的水资源的人口（占总人口的百分比）	..	..	..
获得改善的卫生设施的人口（占总人口的百分比）	..	..	..
人均能源使用量（千克石油当量）	6,721	7,187	*9,427*
人均二氧化碳排放量（吨）	25.0	19.7	*22.9*
人均用电量（千瓦时）	4,355	7,577	*8,507*
经济			
GDP（10亿美元）	3.5	6.0	16.1
GDP增长率（年度百分比）	1.1	2.8	-1.8
GDP隐含价格平减指数（年度增长百分比）	8.4	29.0	-3.2
农业增加值（占GDP的百分比）	1	1	1
工业增加值（占GDP的百分比）	62	64	68
服务业增加值（占GDP的百分比）	37	35	31
货物和服务出口（占GDP的百分比）	62	67	76
货物和服务进口（占GDP的百分比）	37	36	32
资本形成总额（占GDP的百分比）	19	13	15
中央政府收入（占GDP的百分比）	..	..	..
中央政府现金盈余/赤字（占GDP的百分比）	..	..	..
政府与市场			
创办企业的时间（天）	..	..	101
总体统计能力水平（0—100）	..	..	..
军费支出（占GDP的百分比）	6.6	4.1	2.6
移动电话用户（每100人）	0.7	28.6	112.2
互联网用户（占总人口的百分比）	0.0	9.0	64.5
金融部门提供的国内信用（占GDP的百分比）	0.0	38.6	20.8
高科技出口（占制成品出口的百分比）	..	*0*	15
全球联系			
商品贸易（占GDP的百分比）	91	83	93
净易货贸易条件指数（2000年=100）	..	100	217
外债总额（百万美元）	..	..	..
债务还本付息总额（占出口的百分比）	..	..	..
净移民（千人）	*1.1*	3.5	*1.8*
获得的侨汇（百万美元）	..	..	..
外国直接投资，净流入额（百万美元）	..	*61*	895
获得的净官方发展援助（百万美元）	3.9	..	..

保加利亚

欧洲和中亚			中高收入经济体
人口（百万）	7.3	人口增长率（百分比）	-0.6
陆地面积（千平方公里）	111	每天生活费用不足1.25美元的人口（占人口的百分比）	<2
GNI，图表集法（10亿美元）	53.5	人均GNI，图表集法（美元）	7,360
PPP衡量的GNI（10亿美元）	110.5	PPP衡量的人均GNI（美元）	15,210

	1990	2000	2013
人口			
最贫困的20%人口占国家消费/收入的份额（百分比）	*10.5*	*6.6*	*6.4*
出生时的预期寿命（岁）	72	72	74
总生育率（每个女性生育数）	1.8	1.3	1.5
青年女性生育率（每千名15—19岁女性生育数）	70	44	34
避孕普及率（占15—49岁已婚女性的百分比）	..	*63*	*69*
在熟练医护人员护理下的分娩（占总数的百分比）	99	100	*100*
5岁以下儿童死亡率（每千人）	22	21	12
儿童营养不良，体重不足（占5岁以下儿童的百分比）	..	*1.6*	..
儿童麻疹免疫接种率（占12—23个月年龄组的百分比）	99	89	94
小学毕业率，总数（占适龄年龄组的百分比）	99	97	*98*
中学总入学率，总数（占适龄年龄组的百分比）	99	93	*93*
小学和中学中女孩与男孩的比率（百分比）	99	98	*97*
HIV感染率（占15—49岁人口的百分比）	..	..	..
环境			
森林（千平方公里）	33	34	*40*
森林采伐（1990—2000年和2000—2010年，平均年度百分比）		-0.1	*-1.5*
淡水使用量（占内陆水资源的百分比）	*35.7*	*27.1*	29.1
获得改善的水资源的人口（占总人口的百分比）	100	100	*100*
获得改善的卫生设施的人口（占总人口的百分比）	100	100	*100*
人均能源使用量（千克石油当量）	3,236	2,287	*2,615*
人均二氧化碳排放量（吨）	8.7	5.3	*6.0*
人均用电量（千瓦时）	4,759	3,674	*4,864*
经济			
GDP（10亿美元）	20.7	13.4	54.5
GDP增长率（年度百分比）	-9.1	6.0	1.1
GDP隐含价格平减指数（年度增长百分比）	26.2	6.5	-0.8
农业增加值（占GDP的百分比）	17	12	5
工业增加值（占GDP的百分比）	49	25	28
服务业增加值（占GDP的百分比）	34	62	67
货物和服务出口（占GDP的百分比）	33	36	68
货物和服务进口（占GDP的百分比）	37	41	69
资本形成总额（占GDP的百分比）	26	19	22
中央政府收入（占GDP的百分比）	47.1	31.8	*29.0*
中央政府现金盈余/赤字（占GDP的百分比）	-5.0	-0.4	*-0.8*
政府与市场			
创办企业的时间（天）	..	*32*	18
总体统计能力水平（0—100）	..	*86.7*	84.4
军费支出（占GDP的百分比）	3.7	2.6	1.5
移动电话用户（每100人）	0.0	9.2	145.2
互联网用户（占总人口的百分比）	0.0	5.4	53.1
金融部门提供的国内信用（占GDP的百分比）	0.0	16.8	71.1
高科技出口（占制成品出口的百分比）	..	3	8
全球联系			
商品贸易（占GDP的百分比）	49	85	117
净易货贸易条件指数（2000年=100）	..	100	107
外债总额（10亿美元）	10.9	12.0	53.0
债务还本付息总额（占出口的百分比）	19.4	18.2	13.0
净移民（千人）	*-356*	*-83*	*-50*
获得的侨汇（百万美元）	..	58	1,667
外国直接投资，净流入额（10亿美元）	0.0	1.0	1.9
获得的净官方发展援助（百万美元）			

布基纳法索

撒哈拉以南非洲地区 **低收入经济体**

人口（百万）	16.9	人口增长率（百分比）	2.8
陆地面积（千平方公里）	274	每天生活费用不足1.25美元的人口（占人口的百分比）	*44.5*
GNI，图表集法（10亿美元）	12.7	人均GNI，图表集法（美元）	750
PPP衡量的GNI（10亿美元）	28.5	PPP衡量的人均GNI（美元）	1,680

	1990	2000	2013
人口			
最贫困的20%人口占国家消费/收入的份额（百分比）	..	*5.8*	*6.7*
出生时的预期寿命（岁）	49	50	56
总生育率（每个女性生育数）	7.0	6.6	5.6
青年女性生育率（每千名15—19岁女性生育数）	147	139	112
避孕普及率（占15—49岁已婚女性的百分比）	*8*	*12*	*16*
在熟练医护人员护理下的分娩（占总数的百分比）	*42*	*31*	66
5岁以下儿童死亡率（每千人）	202	186	98
儿童营养不良，体重不足（占5岁以下儿童的百分比）	*29.6*	*33.7*	*26.2*
儿童麻疹免疫接种率（占12—23个月年龄组的百分比）	79	48	82
小学毕业率，总数（占适龄年龄组的百分比）	19	25	63
中学总入学率，总数（占适龄年龄组的百分比）	7	10	28
小学和中学中女孩与男孩的比率（百分比）	..	70	94
HIV感染率（占15—49岁人口的百分比）	3.4	2.4	0.9
环境			
森林（千平方公里）	68	62	55
森林采伐（1990—2000年和2000—2010年，平均年度百分比）		0.9	*1.0*
淡水使用量（占内陆水资源的百分比）	*3.0*	*5.7*	6.5
获得改善的水资源的人口（占总人口的百分比）	44	60	*82*
获得改善的卫生设施的人口（占总人口的百分比）	8	12	*19*
人均能源使用量（千克石油当量）	..	..	..
人均二氧化碳排放量（吨）	0.07	0.09	*0.11*
人均用电量（千瓦时）	..	..	..
经济			
GDP（10亿美元）	3.1	2.6	12.9
GDP增长率（年度百分比）	-0.6	1.8	6.6
GDP隐含价格平减指数（年度增长百分比）	1.8	-0.8	0.7
农业增加值（占GDP的百分比）	29	19	23
工业增加值（占GDP的百分比）	21	26	29
服务业增加值（占GDP的百分比）	50	55	48
货物和服务出口（占GDP的百分比）	11	10	25
货物和服务进口（占GDP的百分比）	24	25	32
资本形成总额（占GDP的百分比）	19	20	28
中央政府收入（占GDP的百分比）	..	*11.7*	*16.8*
中央政府现金盈余/赤字（占GDP的百分比）	..	*-4.6*	*-3.0*
政府与市场			
创办企业的时间（天）	..	*40*	13
总体统计能力水平（0—100）	..	*67.8*	71.1
军费支出（占GDP的百分比）	2.3	1.1	1.3
移动电话用户（每100人）	0.0	0.2	66.4
互联网用户（占总人口的百分比）	0.0	0.1	4.4
金融部门提供的国内信用（占GDP的百分比）	12.2	14.3	22.8
高科技出口（占制成品出口的百分比）	..	3	14
全球联系			
商品贸易（占GDP的百分比）	22	31	45
净易货贸易条件指数（2000年=100）	119	100	118
外债总额（10亿美元）	0.8	1.4	2.6
债务还本付息总额（占出口的百分比）	9.4	18.8	*2.0*
净移民（千人）	*-150*	*-125*	*-125*
获得的侨汇（百万美元）	140	67	*120*
外国直接投资，净流入额（百万美元）	0	23	374
获得的净官方发展援助（百万美元）	327	180	1,040

布隆迪

撒哈拉以南非洲地区 | **低收入经济体**

人口（百万）	10.2	人口增长率（百分比）	3.1
陆地面积（千平方公里）	28	每天生活费用不足1.25美元的人口（占人口的百分比）	*81.3*
GNI，图表集法（10亿美元）	2.6	人均GNI，图表集法（美元）	260
PPP衡量的GNI（10亿美元）	7.8	PPP衡量的人均GNI（美元）	770

	1990	2000	2013
人口			
最贫困的20%人口占国家消费/收入的份额（百分比）	*7.9*	*5.1*	*9.0*
出生时的预期寿命（岁）	47	48	54
总生育率（每个女性生育数）	7.5	7.1	6.0
青年女性生育率（每千名15—19岁女性生育数）	49	41	30
避孕普及率（占15—49岁已婚女性的百分比）	..	16	*22*
在熟练医护人员护理下的分娩（占总数的百分比）	..	25	*60*
5岁以下儿童死亡率（每千人）	171	149	83
儿童营养不良，体重不足（占5岁以下儿童的百分比）	..	38.9	*29.1*
儿童麻疹免疫接种率（占12—23个月年龄组的百分比）	74	72	98
小学毕业率，总数（占适龄年龄组的百分比）	41	24	70
中学总入学率，总数（占适龄年龄组的百分比）	5	*10*	33
小学和中学中女孩与男孩的比率（百分比）	79	*79*	95
HIV感染率（占15—49岁人口的百分比）	0.3	2.4	1.0
环境			
森林（千平方公里）	2.9	2.0	*1.7*
森林采伐（1990—2000年和2000—2010年，平均年度百分比）		3.7	*1.4*
淡水使用量（占内陆水资源的百分比）	..	*2.9*	2.9
获得改善的水资源的人口（占总人口的百分比）	69	72	*75*
获得改善的卫生设施的人口（占总人口的百分比）	42	44	*48*
人均能源使用量（千克石油当量）	..	..	..
人均二氧化碳排放量（吨）	0.05	0.05	*0.03*
人均用电量（千瓦时）	..	..	..
经济			
GDP（百万美元）	1,132	870	2,715
GDP增长率（年度百分比）	3.5	-0.9	4.6
GDP隐含价格平减指数（年度增长百分比）	6.0	38.9	13.2
农业增加值（占GDP的百分比）	56	48	40
工业增加值（占GDP的百分比）	19	17	18
服务业增加值（占GDP的百分比）	25	35	42
货物和服务出口（占GDP的百分比）	8	6	7
货物和服务进口（占GDP的百分比）	28	16	34
资本形成总额（占GDP的百分比）	15	3	29
中央政府收入（占GDP的百分比）	*18.2*	*15.8*	..
中央政府现金盈余/赤字（占GDP的百分比）	*-2.3*	*-2.4*	..
政府与市场			
创办企业的时间（天）	..	*13*	5
总体统计能力水平（0—100）	..	*43.3*	54.4
军费支出（占GDP的百分比）	3.5	4.9	2.2
移动电话用户（每100人）	0.0	0.2	25.0
互联网用户（占总人口的百分比）	0.0	0.1	1.3
金融部门提供的国内信用（占GDP的百分比）	16.8	24.9	23.9
高科技出口（占制成品出口的百分比）	*0*	0	*3*
全球联系			
商品贸易（占GDP的百分比）	27	23	34
净易货贸易条件指数（2000年=100）	128	100	131
外债总额（百万美元）	907	1,126	683
债务还本付息总额（占出口的百分比）	43.4	40.9	14.1
净移民（千人）	*-250*	*113*	*-20*
获得的侨汇（百万美元）	..	..	48.6
外国直接投资，净流入额（百万美元）	1.3	11.7	6.9
获得的净官方发展援助（百万美元）	263	93	546

佛得角

撒哈拉以南非洲地区			中低收入经济体
人口（千人）	499	人口增长率（百分比）	0.9
陆地面积（千平方公里）	4.0	每天生活费用不足1.25美元的人口（占人口的百分比）	*13.7*
GNI，图表集法（10亿美元）	1.8	人均GNI，图表集法（美元）	3,620
PPP衡量的GNI（10亿美元）	3.1	PPP衡量的人均GNI（美元）	6,210

	1990	2000	2013
人口			
最贫困的20%人口占国家消费/收入的份额（百分比）	..	*4.5*	*5.8*
出生时的预期寿命（岁）	66	70	75
总生育率（每个女性生育数）	5.3	3.7	2.3
青年女性生育率（每千名15—19岁女性生育数）	109	99	69
避孕普及率（占15—49岁已婚女性的百分比）	*24*	*53*	..
在熟练医护人员护理下的分娩（占总数的百分比）	..	*89*	..
5岁以下儿童死亡率（每千人）	63	35	26
儿童营养不良，体重不足（占5岁以下儿童的百分比）	..	..	..
儿童麻疹免疫接种率（占12—23个月年龄组的百分比）	79	86	91
小学毕业率，总数（占适龄年龄组的百分比）	56	106	95
中学总入学率，总数（占适龄年龄组的百分比）	20	67	93
小学和中学中女孩与男孩的比率（百分比）	99	99	103
HIV感染率（占15—49岁人口的百分比）	0.2	0.5	0.5
环境			
森林（平方公里）	578	821	*857*
森林采伐（1990—2000年和2000—2010年，平均年度百分比）		-3.6	*-0.4*
淡水使用量（占内陆水资源的百分比）	..	*7.3*	7.3
获得改善的水资源的人口（占总人口的百分比）	*80*	83	*89*
获得改善的卫生设施的人口（占总人口的百分比）	*36*	44	*65*
人均能源使用量（千克石油当量）	83	..	..
人均二氧化碳排放量（吨）	0.3	0.4	*0.7*
人均用电量（千瓦时）	..	..	..
经济			
GDP（百万美元）	307	539	1,879
GDP增长率（年度百分比）	0.7	14.3	0.5
GDP隐含价格平减指数（年度增长百分比）	2.3	-7.9	3.0
农业增加值（占GDP的百分比）	14	13	*8*
工业增加值（占GDP的百分比）	30	22	*17*
服务业增加值（占GDP的百分比）	56	65	100
货物和服务出口（占GDP的百分比）	17	27	*35*
货物和服务进口（占GDP的百分比）	69	61	*52*
资本形成总额（占GDP的百分比）	..	..	*36*
中央政府收入（占GDP的百分比）	..	..	*20.8*
中央政府现金盈余/赤字（占GDP的百分比）	..	..	*-10.1*
政府与市场			
创办企业的时间（天）	..	..	10
总体统计能力水平（0—100）	..	..	68.9
军费支出（占GDP的百分比）	*1.0*	1.3	0.5
移动电话用户（每100人）	0.0	4.5	100.1
互联网用户（占总人口的百分比）	0.0	1.8	37.5
金融部门提供的国内信用（占GDP的百分比）	41.6	64.7	82.8
高科技出口（占制成品出口的百分比）	..	1	*1*
全球联系			
商品贸易（占GDP的百分比）	46	45	*47*
净易货贸易条件指数（2000年=100）	100	100	100
外债总额（百万美元）	134	320	1,484
债务还本付息总额（占出口的百分比）	9.1	10.7	4.6
净移民（千人）	*-6.4*	*-10.9*	*-17.2*
获得的侨汇（百万美元）	59	87	176
外国直接投资，净流入额（百万美元）	0.3	33.4	41.3
获得的净官方发展援助（百万美元）	105	94	243

柬埔寨

东亚和太平洋			低收入经济体
人口（百万）	15.1	人口增长率（百分比）	1.8
陆地面积（千平方公里）	181	每天生活费用不足1.25美元的人口（占人口的百分比）	*10.1*
GNI，图表集法（10亿美元）	14.4	人均GNI，图表集法（美元）	950
PPP衡量的GNI（10亿美元）	43.8	PPP衡量的人均GNI（美元）	2,890

	1990	2000	2013
人口			
最贫困的20%人口占国家消费/收入的份额（百分比）	..	*8.0*	*9.0*
出生时的预期寿命（岁）	55	62	72
总生育率（每个女性生育数）	5.6	3.8	2.9
青年女性生育率（每千名15—19岁女性生育数）	75	49	44
避孕普及率（占15—49岁已婚女性的百分比）	..	24	*51*
在熟练医护人员护理下的分娩（占总数的百分比）	..	32	*74*
5岁以下儿童死亡率（每千人）	118	111	38
儿童营养不良，体重不足（占5岁以下儿童的百分比）	..	39.5	*29.0*
儿童麻疹免疫接种率（占12—23个月年龄组的百分比）	34	65	90
小学毕业率，总数（占适龄年龄组的百分比）	..	*51*	97
中学总入学率，总数（占适龄年龄组的百分比）	*28*	17	..
小学和中学中女孩与男孩的比率（百分比）	..	82	..
HIV感染率（占15—49岁人口的百分比）	0.1	1.6	0.7
环境			
森林（千平方公里）	129	115	*98*
森林采伐（1990—2000年和2000—2010年，平均年度百分比）		1.1	*1.3*
淡水使用量（占内陆水资源的百分比）	..	..	1.8
获得改善的水资源的人口（占总人口的百分比）	22	42	*71*
获得改善的卫生设施的人口（占总人口的百分比）	3	16	*37*
人均能源使用量（千克石油当量）	..	279	*365*
人均二氧化碳排放量（吨）	0.05	0.16	*0.29*
人均用电量（千瓦时）	..	33	*164*
经济			
GDP（10亿美元）	*2.5*	3.7	15.2
GDP增长率（年度百分比）	..	8.8	7.4
GDP隐含价格平减指数（年度增长百分比）	..	-3.2	0.8
农业增加值（占GDP的百分比）	*47*	38	34
工业增加值（占GDP的百分比）	*13*	23	26
服务业增加值（占GDP的百分比）	*40*	39	41
货物和服务出口（占GDP的百分比）	*16*	50	66
货物和服务进口（占GDP的百分比）	*33*	62	74
资本形成总额（占GDP的百分比）	*12*	18	19
中央政府收入（占GDP的百分比）	..	*10.3*	*13.2*
中央政府现金盈余/赤字（占GDP的百分比）	..	*-3.4*	*-4.4*
政府与市场			
创办企业的时间（天）	..	*94*	101
总体统计能力水平（0—100）	..	*64.4*	76.7
军费支出（占GDP的百分比）	*1.8*	2.2	1.6
移动电话用户（每100人）	0.0	1.1	133.9
互联网用户（占总人口的百分比）	0.0	0.0	6.0
金融部门提供的国内信用（占GDP的百分比）	0.0	6.4	40.3
高科技出口（占制成品出口的百分比）	..	0	0
全球联系			
商品贸易（占GDP的百分比）	*30*	91	146
净易货贸易条件指数（2000年=100）	..	100	70
外债总额（10亿美元）	1.8	2.6	6.4
债务还本付息总额（占出口的百分比）	*4.1*	1.7	1.5
净移民（千人）	*409*	*-73*	*-175*
获得的侨汇（百万美元）	9	121	176
外国直接投资，净流入额（百万美元）	*33*	149	1,345
获得的净官方发展援助（百万美元）	41	396	805

喀麦隆

撒哈拉以南非洲地区			中低收入经济体
人口（百万）	22.3	人口增长率（百分比）	2.5
陆地面积（千平方公里）	475	每天生活费用不足1.25美元的人口（占人口的百分比）	*27.6*
GNI，图表集法（10亿美元）	28.6	人均GNI，图表集法（美元）	1,290
PPP衡量的GNI（10亿美元）	61.7	PPP衡量的人均GNI（美元）	2,770

	1990	2000	2013
人口			
最贫困的20%人口占国家消费/收入的份额（百分比）	..	*6.2*	*6.4*
出生时的预期寿命（岁）	54	52	55
总生育率（每个女性生育数）	6.4	5.6	4.8
青年女性生育率（每千名15—19岁女性生育数）	183	156	113
避孕普及率（占15—49岁已婚女性的百分比）	*16*	26	*23*
在熟练医护人员护理下的分娩（占总数的百分比）	*64*	60	*64*
5岁以下儿童死亡率（每千人）	136	151	95
儿童营养不良，体重不足（占5岁以下儿童的百分比）	*18.0*	*15.1*	*15.1*
儿童麻疹免疫接种率（占12—23个月年龄组的百分比）	56	49	83
小学毕业率，总数（占适龄年龄组的百分比）	56	49	*73*
中学总入学率，总数（占适龄年龄组的百分比）	25	27	*50*
小学和中学中女孩与男孩的比率（百分比）	82	*85*	*87*
HIV感染率（占15—49岁人口的百分比）	1.3	5.1	4.3
环境			
森林（千平方公里）	243	221	*195*
森林采伐（1990—2000年和2000—2010年，平均年度百分比）		0.9	*1.0*
淡水使用量（占内陆水资源的百分比）	*0.1*	*0.4*	0.4
获得改善的水资源的人口（占总人口的百分比）	51	62	*74*
获得改善的卫生设施的人口（占总人口的百分比）	40	42	*45*
人均能源使用量（千克石油当量）	413	396	*318*
人均二氧化碳排放量（吨）	0.1	0.2	*0.4*
人均用电量（千瓦时）	194	171	*256*
经济			
GDP（10亿美元）	11.2	9.3	29.6
GDP增长率（年度百分比）	-6.1	4.2	5.6
GDP隐含价格平减指数（年度增长百分比）	1.6	2.9	2.4
农业增加值（占GDP的百分比）	25	22	23
工业增加值（占GDP的百分比）	29	36	30
服务业增加值（占GDP的百分比）	46	42	47
货物和服务出口（占GDP的百分比）	20	23	21
货物和服务进口（占GDP的百分比）	17	20	29
资本形成总额（占GDP的百分比）	18	17	20
中央政府收入（占GDP的百分比）	14.3	*14.1*	..
中央政府现金盈余/赤字（占GDP的百分比）	-5.6	*0.1*	..
政府与市场			
创办企业的时间（天）	..	*45*	15
总体统计能力水平（0—100）	..	*51.1*	56.7
军费支出（占GDP的百分比）	1.5	1.3	1.3
移动电话用户（每100人）	0.0	0.6	70.4
互联网用户（占总人口的百分比）	0.0	0.3	6.4
金融部门提供的国内信用（占GDP的百分比）	30.9	14.4	15.5
高科技出口（占制成品出口的百分比）	3	1	*4*
全球联系			
商品贸易（占GDP的百分比）	31	36	38
净易货贸易条件指数（2000年=100）	81	100	155
外债总额（10亿美元）	6.6	10.6	4.9
债务还本付息总额（占出口的百分比）	20.5	20.8	2.6
净移民（千人）	*-80.0*	*-80.0*	*-50.0*
获得的侨汇（百万美元）	23	30	244
外国直接投资，净流入额（百万美元）	-113	159	325
获得的净官方发展援助（百万美元）	444	377	737

加拿大

高收入经济体

人口（百万）	35.2	人口增长率（百分比）	1.2
陆地面积（千平方公里）	9,985	每天生活费用不足1.25美元的人口（占人口的百分比）	..
GNI，图表集法（10亿美元）	1,835.4	人均GNI，图表集法（美元）	52,210
PPP衡量的GNI（10亿美元）	1,480.8	PPP衡量的人均GNI（美元）	42,120

	1990	2000	2013
人口			
最贫困的20%人口占国家消费/收入的份额（百分比）	*7.6*	6.9	*7.1*
出生时的预期寿命（岁）	77	79	81
总生育率（每个女性生育数）	1.8	1.5	1.6
青年女性生育率（每千名15—19岁女性生育数）	24	17	14
避孕普及率（占15—49岁已婚女性的百分比）	..	*74*	..
在熟练医护人员护理下的分娩（占总数的百分比）	..	*98*	*100*
5岁以下儿童死亡率（每千人）	8	6	5
儿童营养不良，体重不足（占5岁以下儿童的百分比）	..	..	..
儿童麻疹免疫接种率（占12—23个月年龄组的百分比）	89	96	95
小学毕业率，总数（占适龄年龄组的百分比）	..	97	..
中学总入学率，总数（占适龄年龄组的百分比）	99	102	*103*
小学和中学中女孩与男孩的比率（百分比）	100	101	*99*
HIV感染率（占15—49岁人口的百分比）	..	..	..
环境			
森林（千平方公里）	3,101	3,101	*3,101*
森林采伐（1990—2000年和2000—2010年，平均年度百分比）		0.0	*0.0*
淡水使用量（占内陆水资源的百分比）	..	..	1.5
获得改善的水资源的人口（占总人口的百分比）	100	100	*100*
获得改善的卫生设施的人口（占总人口的百分比）	100	100	*100*
人均能源使用量（千克石油当量）	7,505	8,172	*7,270*
人均二氧化碳排放量（吨）	16.2	17.4	*14.7*
人均用电量（千瓦时）	16,109	16,991	*16,473*
经济			
GDP（10亿美元）	592	739	1,827
GDP增长率（年度百分比）	0.1	5.1	2.0
GDP隐含价格平减指数（年度增长百分比）	3.4	4.3	1.3
农业增加值（占GDP的百分比）	..	..	*2*
工业增加值（占GDP的百分比）	..	..	*28*
服务业增加值（占GDP的百分比）	..	..	*71*
货物和服务出口（占GDP的百分比）	25	44	30
货物和服务进口（占GDP的百分比）	25	39	32
资本形成总额（占GDP的百分比）	21	21	24
中央政府收入（占GDP的百分比）	*20.6*	21.0	17.2
中央政府现金盈余/赤字（占GDP的百分比）	*-5.0*	2.3	0.0
政府与市场			
创办企业的时间（天）	..	*3*	5
总体统计能力水平（0—100）	..	..	..
军费支出（占GDP的百分比）	2.0	1.1	1.0
移动电话用户（每100人）	2.1	28.4	80.6
互联网用户（占总人口的百分比）	0.4	51.3	85.8
金融部门提供的国内信用（占GDP的百分比）	100.9	111.5	0.0
高科技出口（占制成品出口的百分比）	14	19	14
全球联系			
商品贸易（占GDP的百分比）	42	71	51
净易货贸易条件指数（2000年=100）	..	100	125
外债总额（百万美元）	..	..	..
债务还本付息总额（占出口的百分比）	..	..	..
净移民（千人）	*699*	*1,029*	*1,100*
获得的侨汇（百万美元）	..	..	1,199
外国直接投资，净流入额（10亿美元）	7.6	66.1	70.8
获得的净官方发展援助（百万美元）	..	..	..

开曼群岛

高收入经济体

人口（千人）	58	人口增长率（百分比）	1.5
陆地面积（平方公里）	264	每天生活费用不足1.25美元的人口（占人口的百分比）	..
GNI，图表集法（百万美元）	..	人均GNI，图表集法（美元）	..
PPP衡量的GNI（百万美元）	..	PPP衡量的人均GNI（美元）	..

	1990	2000	2013
人口			
最贫困的20%人口占国家消费/收入的份额（百分比）	..	..	..
出生时的预期寿命（岁）	..	..	..
总生育率（每个女性生育数）	..	..	..
青年女性生育率（每千名15—19岁女性生育数）	..	..	..
避孕普及率（占15—49岁已婚女性的百分比）	..	..	..
在熟练医护人员护理下的分娩（占总数的百分比）	..	..	..
5岁以下儿童死亡率（每千人）	..	..	..
儿童营养不良，体重不足（占5岁以下儿童的百分比）	..	..	..
儿童麻疹免疫接种率（占12—23个月年龄组的百分比）	..	..	..
小学毕业率，总数（占适龄年龄组的百分比）	..	..	..
中学总入学率，总数（占适龄年龄组的百分比）	..	..	..
小学和中学中女孩与男孩的比率（百分比）	..	..	..
HIV感染率（占15—49岁人口的百分比）	..	..	..
环境			
森林（平方公里）	124	124	*127*
森林采伐（1990—2000年和2000—2010年，平均年度百分比）		0.0	*0.0*
淡水使用量（占内陆水资源的百分比）	..	..	..
获得改善的水资源的人口（占总人口的百分比）	*93*	93	*96*
获得改善的卫生设施的人口（占总人口的百分比）	96	96	*96*
人均能源使用量（千克石油当量）	..	..	..
人均二氧化碳排放量（吨）	10.1	10.9	*10.6*
人均用电量（千瓦时）	..	..	..
经济			
GDP（百万美元）	..	..	..
GDP增长率（年度百分比）	..	..	..
GDP隐含价格平减指数（年度增长百分比）	..	..	..
农业增加值（占GDP的百分比）	..	..	..
工业增加值（占GDP的百分比）	..	..	..
服务业增加值（占GDP的百分比）	..	..	..
货物和服务出口（占GDP的百分比）	..	..	..
货物和服务进口（占GDP的百分比）	..	..	..
资本形成总额（占GDP的百分比）	..	..	..
中央政府收入（占GDP的百分比）	..	..	..
中央政府现金盈余/赤字（占GDP的百分比）	..	..	..
政府与市场			
创办企业的时间（天）	..	..	..
总体统计能力水平（0—100）	..	..	..
军费支出（占GDP的百分比）	..	..	..
移动电话用户（每100人）	0.0	25.7	167.8
互联网用户（占总人口的百分比）	0.0	..	74.1
金融部门提供的国内信用（占GDP的百分比）	0.0	0.0	0.0
高科技出口（占制成品出口的百分比）	..	..	..
全球联系			
商品贸易（占GDP的百分比）	..	..	..
净易货贸易条件指数（2000年=100）	..	100	70
外债总额（百万美元）	..	..	..
债务还本付息总额（占出口的百分比）	..	..	..
净移民（千人）	..	..	..
获得的侨汇（百万美元）	..	..	..
外国直接投资，净流入额（10亿美元）	0.0	7.6	10.6
获得的净官方发展援助（百万美元）	3.0	..	..

中非共和国

撒哈拉以南非洲地区			低收入经济体
人口（百万）	4.6	人口增长率（百分比）	2.0
陆地面积（千平方公里）	623	每天生活费用不足1.25美元的人口（占人口的百分比）	*62.8*
GNI，图表集法（10亿美元）	1.5	人均GNI，图表集法（美元）	320
PPP衡量的GNI（10亿美元）	2.8	PPP衡量的人均GNI（美元）	600

	1990	2000	2013
人口			
最贫困的20%人口占国家消费/收入的份额（百分比）	*2.0*	*5.2*	*3.4*
出生时的预期寿命（岁）	46	44	50
总生育率（每个女性生育数）	5.8	5.4	4.4
青年女性生育率（每千名15—19岁女性生育数）	149	127	97
避孕普及率（占15—49岁已婚女性的百分比）	..	28	*15*
在熟练医护人员护理下的分娩（占总数的百分比）	..	44	*54*
5岁以下儿童死亡率（每千人）	177	174	139
儿童营养不良，体重不足（占5岁以下儿童的百分比）	..	21.8	*23.5*
儿童麻疹免疫接种率（占12—23个月年龄组的百分比）	82	36	25
小学毕业率，总数（占适龄年龄组的百分比）	30	..	*45*
中学总入学率，总数（占适龄年龄组的百分比）	11	*12*	*18*
小学和中学中女孩与男孩的比率（百分比）	59	*66*	*70*
HIV感染率（占15—49岁人口的百分比）	3.6	8.9	3.8
环境			
森林（千平方公里）	232	229	*225*
森林采伐（1990—2000年和2000—2010年，平均年度百分比）		0.1	*0.1*
淡水使用量（占内陆水资源的百分比）	..	*0.0*	0.1
获得改善的水资源的人口（占总人口的百分比）	59	63	*68*
获得改善的卫生设施的人口（占总人口的百分比）	15	17	*22*
人均能源使用量（千克石油当量）	..	..	..
人均二氧化碳排放量（吨）	0.07	0.07	*0.06*
人均用电量（千瓦时）	..	..	..
经济			
GDP（百万美元）	1,441	915	1,538
GDP增长率（年度百分比）	-2.1	-2.5	-36.0
GDP隐含价格平减指数（年度增长百分比）	1.8	8.5	7.2
农业增加值（占GDP的百分比）	49	52	*54*
工业增加值（占GDP的百分比）	20	15	*14*
服务业增加值（占GDP的百分比）	30	33	*32*
货物和服务出口（占GDP的百分比）	17	20	*12*
货物和服务进口（占GDP的百分比）	26	25	*22*
资本形成总额（占GDP的百分比）	13	11	*15*
中央政府收入（占GDP的百分比）	..	..	*11.1*
中央政府现金盈余/赤字（占GDP的百分比）	..	..	*0.7*
政府与市场			
创办企业的时间（天）	..	*22*	22
总体统计能力水平（0—100）	..	*40.0*	58.9
军费支出（占GDP的百分比）	*1.6*	*1.1*	2.6
移动电话用户（每100人）	0.0	0.1	29.5
互联网用户（占总人口的百分比）	0.0	0.1	3.5
金融部门提供的国内信用（占GDP的百分比）	13.2	12.0	36.7
高科技出口（占制成品出口的百分比）	*1*	0	*0*
全球联系			
商品贸易（占GDP的百分比）	19	30	26
净易货贸易条件指数（2000年=100）	238	100	68
外债总额（百万美元）	699	872	574
债务还本付息总额（占出口的百分比）	13.2	..	..
净移民（千人）	*37.4*	*-45.0*	*10.0*
获得的侨汇（百万美元）	0.1	..	..
外国直接投资，净流入额（百万美元）	0.7	0.9	0.8
获得的净官方发展援助（百万美元）	249	75	189

乍得

撒哈拉以南非洲地区 **低收入经济体**

人口（百万）	12.8	人口增长率（百分比）	3.0
陆地面积（千平方公里）	1,284	每天生活费用不足1.25美元的人口（占人口的百分比）	36.5
GNI，图表集法（10亿美元）	13.2	人均GNI，图表集法（美元）	1,030
PPP衡量的GNI（10亿美元）	25.7	PPP衡量的人均GNI（美元）	2,010

	1990	2000	2013
人口			
最贫困的20%人口占国家消费/收入的份额（百分比）	..	6.3	4.9
出生时的预期寿命（岁）	46	47	51
总生育率（每个女性生育数）	7.3	7.4	6.3
青年女性生育率（每千名15—19岁女性生育数）	218	212	147
避孕普及率（占15—49岁已婚女性的百分比）	..	8	5
在熟练医护人员护理下的分娩（占总数的百分比）	..	16	23
5岁以下儿童死亡率（每千人）	215	191	148
儿童营养不良，体重不足（占5岁以下儿童的百分比）	..	29.4	30.3
儿童麻疹免疫接种率（占12—23个月年龄组的百分比）	32	28	59
小学毕业率，总数（占适龄年龄组的百分比）	17	22	39
中学总入学率，总数（占适龄年龄组的百分比）	7	11	23
小学和中学中女孩与男孩的比率（百分比）	42	56	70
HIV感染率（占15—49岁人口的百分比）	1.3	3.4	2.5
环境			
森林（千平方公里）	131	123	114
森林采伐（1990—2000年和2000—2010年，平均年度百分比）		0.6	0.7
淡水使用量（占内陆水资源的百分比）	..	5.7	5.9
获得改善的水资源的人口（占总人口的百分比）	40	45	51
获得改善的卫生设施的人口（占总人口的百分比）	8	10	12
人均能源使用量（千克石油当量）	..	..	..
人均二氧化碳排放量（吨）	0.02	0.02	0.04
人均用电量（千瓦时）	..	..	..
经济			
GDP（10亿美元）	1.7	1.4	13.5
GDP增长率（年度百分比）	-4.2	-0.9	4.0
GDP隐含价格平减指数（年度增长百分比）	8.0	5.3	-2.4
农业增加值（占GDP的百分比）	29	42	52
工业增加值（占GDP的百分比）	18	11	15
服务业增加值（占GDP的百分比）	53	46	33
货物和服务出口（占GDP的百分比）	13	17	32
货物和服务进口（占GDP的百分比）	28	35	37
资本形成总额（占GDP的百分比）	7	23	27
中央政府收入（占GDP的百分比）	..	..	..
中央政府现金盈余/赤字（占GDP的百分比）	..	..	..
政府与市场			
创办企业的时间（天）	..	62	60
总体统计能力水平（0—100）	..	60.0	63.3
军费支出（占GDP的百分比）	3.3	1.9	2.0
移动电话用户（每100人）	0.0	0.1	35.6
互联网用户（占总人口的百分比）	0.0	0.0	2.3
金融部门提供的国内信用（占GDP的百分比）	11.5	12.3	7.0
高科技出口（占制成品出口的百分比）	..	..	..
全球联系			
商品贸易（占GDP的百分比）	27	36	52
净易货贸易条件指数（2000年=100）	112	100	214
外债总额（10亿美元）	0.5	1.1	2.2
债务还本付息总额（占出口的百分比）	4.3	..	..
净移民（千人）	-10	219	-120
获得的侨汇（百万美元）	0.8	..	..
外国直接投资，净流入额（百万美元）	9	115	538
获得的净官方发展援助（百万美元）	311	131	399

海峡群岛

高收入经济体

人口（千人）	162	人口增长率（百分比）	0.5
陆地面积（平方公里）	190	每天生活费用不足1.25美元的人口（占人口的百分比）	..
GNI，图表集法（10亿美元）	..	人均GNI，图表集法（美元）	..
PPP衡量的GNI（百万美元）	..	PPP衡量的人均GNI（美元）	..

	1990	2000	2013
人口			
最贫困的20%人口占国家消费/收入的份额（百分比）	..	..	..
出生时的预期寿命（岁）	75	78	80
总生育率（每个女性生育数）	1.5	1.4	1.5
青年女性生育率（每千名15—19岁女性生育数）	17	13	8
避孕普及率（占15—49岁已婚女性的百分比）	..	..	..
在熟练医护人员护理下的分娩（占总数的百分比）	..	..	..
5岁以下儿童死亡率（每千人）	..	..	..
儿童营养不良，体重不足（占5岁以下儿童的百分比）	..	..	..
儿童麻疹免疫接种率（占12—23个月年龄组的百分比）	..	..	..
小学毕业率，总数（占适龄年龄组的百分比）	..	..	..
中学总入学率，总数（占适龄年龄组的百分比）	..	..	..
小学和中学中女孩与男孩的比率（百分比）	..	..	..
HIV感染率（占15—49岁人口的百分比）	..	..	..
环境			
森林（平方公里）	8.0	8.0	*8.0*
森林采伐（1990—2000年和2000—2010年，平均年度百分比）		..	..
淡水使用量（占内陆水资源的百分比）	..	..	..
获得改善的水资源的人口（占总人口的百分比）	..	..	..
获得改善的卫生设施的人口（占总人口的百分比）	..	..	..
人均能源使用量（千克石油当量）	..	..	..
人均二氧化碳排放量（吨）	..	..	..
人均用电量（千瓦时）	..	..	..
经济			
GDP（10亿美元）	..	6.4	..
GDP增长率（年度百分比）	..	5.8	..
GDP隐含价格平减指数（年度增长百分比）	..	3.9	..
农业增加值（占GDP的百分比）	..	..	..
工业增加值（占GDP的百分比）	..	..	..
服务业增加值（占GDP的百分比）	..	..	..
货物和服务出口（占GDP的百分比）	..	..	..
货物和服务进口（占GDP的百分比）	..	..	..
资本形成总额（占GDP的百分比）	..	..	..
中央政府收入（占GDP的百分比）	..	..	..
中央政府现金盈余/赤字（占GDP的百分比）	..	..	..
政府与市场			
创办企业的时间（天）	..	..	..
总体统计能力水平（0—100）	..	..	..
军费支出（占GDP的百分比）	..	..	..
移动电话用户（每100人）	..	..	..
互联网用户（占总人口的百分比）	..	..	..
金融部门提供的国内信用（占GDP的百分比）	0.0	0.0	0.0
高科技出口（占制成品出口的百分比）	..	..	..
全球联系			
商品贸易（占GDP的百分比）	..	..	..
净易货贸易条件指数（2000年=100）	..	..	..
外债总额（百万美元）	..	..	..
债务还本付息总额（占出口的百分比）	..	..	..
净移民（千人）	*2.1*	*4.6*	*3.7*
获得的侨汇（百万美元）	..	..	..
外国直接投资，净流入额（百万美元）	..	..	..
获得的净官方发展援助（百万美元）	..	..	..

智利

高收入经济体

人口（百万）	17.6	人口增长率（百分比）	0.9
陆地面积（千平方公里）	756	每天生活费用不足1.25美元的人口（占人口的百分比）	<2
GNI，图表集法（10亿美元）	268.3	人均GNI，图表集法（美元）	15,230
PPP衡量的GNI（10亿美元）	371.1	PPP衡量的人均GNI（美元）	21,060

	1990	**2000**	**2013**
人口			
最贫困的20%人口占国家消费/收入的份额（百分比）	3.4	3.7	*4.5*
出生时的预期寿命（岁）	74	77	80
总生育率（每个女性生育数）	2.6	2.1	1.8
青年女性生育率（每千名15—19岁女性生育数）	66	64	55
避孕普及率（占15—49岁已婚女性的百分比）	56	*61*	*58*
在熟练医护人员护理下的分娩（占总数的百分比）	*99*	*100*	*100*
5岁以下儿童死亡率（每千人）	19	11	8
儿童营养不良，体重不足（占5岁以下儿童的百分比）	..	*0.7*	0.5
儿童麻疹免疫接种率（占12—23个月年龄组的百分比）	97	97	90
小学毕业率，总数（占适龄年龄组的百分比）	..	..	*97*
中学总入学率，总数（占适龄年龄组的百分比）	78	82	*89*
小学和中学中女孩与男孩的比率（百分比）	101	100	*100*
HIV感染率（占15—49岁人口的百分比）	0.1	0.4	0.3
环境			
森林（千平方公里）	153	158	*163*
森林采伐（1990—2000年和2000—2010年，平均年度百分比）		-0.4	*-0.2*
淡水使用量（占内陆水资源的百分比）	*2.3*	*2.8*	4.0
获得改善的水资源的人口（占总人口的百分比）	90	95	*99*
获得改善的卫生设施的人口（占总人口的百分比）	85	92	*99*
人均能源使用量（千克石油当量）	1,060	1,629	*1,874*
人均二氧化碳排放量（吨）	2.6	3.8	*4.2*
人均用电量（千瓦时）	1,243	2,481	*3,568*
经济			
GDP（10亿美元）	32	79	277
GDP增长率（年度百分比）	3.7	4.5	4.1
GDP隐含价格平减指数（年度增长百分比）	22.5	10.3	1.7
农业增加值（占GDP的百分比）	9	6	3
工业增加值（占GDP的百分比）	41	32	35
服务业增加值（占GDP的百分比）	50	62	61
货物和服务出口（占GDP的百分比）	34	29	33
货物和服务进口（占GDP的百分比）	31	29	33
资本形成总额（占GDP的百分比）	25	23	24
中央政府收入（占GDP的百分比）	..	*20.0*	*22.2*
中央政府现金盈余/赤字（占GDP的百分比）	..	*-1.2*	*0.5*
政府与市场			
创办企业的时间（天）	..	*42*	6
总体统计能力水平（0—100）	..	*91.1*	95.6
军费支出（占GDP的百分比）	3.3	2.7	2.0
移动电话用户（每100人）	0.1	22.0	134.3
互联网用户（占总人口的百分比）	0.0	16.6	66.5
金融部门提供的国内信用（占GDP的百分比）	70.2	78.1	115.5
高科技出口（占制成品出口的百分比）	5	3	5
全球联系			
商品贸易（占GDP的百分比）	51	48	56
净易货贸易条件指数（2000年=100）	114	100	188
外债总额（10亿美元）	..	..	..
债务还本付息总额（占出口的百分比）	..	..	..
净移民（千人）	*90.0*	*30.0*	*30.0*
获得的侨汇（百万美元）	0.4	13.3	0.3
外国直接投资，净流入额（10亿美元）	0.7	4.9	20.3
获得的净官方发展援助（百万美元）	104	49	79

中国

东亚和太平洋地区 　　　　　　　　　　　　　　　　　　**中高收入经济体**

人口（百万）	1,357.4	人口增长率（百分比）	0.5
陆地面积（千平方公里）	9,563	每天生活费用不足1.25美元的人口（占人口的百分比）	*6.3*
GNI，图表集法（10亿美元）	8,905.3	人均GNI，图表集法（美元）	6,560
PPP衡量的GNI（10亿美元）	16,084.5	PPP衡量的人均GNI（美元）	11,850

	1990	2000	2013
人口			
最贫困的20%人口占国家消费/收入的份额（百分比）	8.0	*6.4*	*4.7*
出生时的预期寿命（岁）	69	72	75
总生育率（每个女性生育数）	2.5	1.5	1.7
青年女性生育率（每千名15—19岁女性生育数）	13	7	9
避孕普及率（占15—49岁已婚女性的百分比）	*85*	84	*88*
在熟练医护人员护理下的分娩（占总数的百分比）	94	97	*100*
5岁以下儿童死亡率（每千人）	54	37	13
儿童营养不良，体重不足（占5岁以下儿童的百分比）	12.6	7.4	*3.4*
儿童麻疹免疫接种率（占12—23个月年龄组的百分比）	98	84	99
小学毕业率，总数（占适龄年龄组的百分比）	106	..	..
中学总入学率，总数（占适龄年龄组的百分比）	38	58	*89*
小学和中学中女孩与男孩的比率（百分比）	85	*98*	*101*
HIV感染率（占15—49岁人口的百分比）	..	..	..
环境			
森林（千平方公里）	1,571	1,770	*2,124*
森林采伐（1990—2000年和2000—2010年，平均年度百分比）		-1.2	*-1.6*
淡水使用量（占内陆水资源的百分比）	*17.8*	..	19.7
获得改善的水资源的人口（占总人口的百分比）	67	80	*92*
获得改善的卫生设施的人口（占总人口的百分比）	24	45	*65*
人均能源使用量（千克石油当量）	767	920	*2,029*
人均二氧化碳排放量（吨）	2.2	2.7	*6.2*
人均用电量（千瓦时）	511	993	*3,298*
经济			
GDP（10亿美元）	357	1,198	9,240
GDP增长率（年度百分比）	3.8	8.4	7.7
GDP隐含价格平减指数（年度增长百分比）	5.8	2.0	1.7
农业增加值（占GDP的百分比）	27	15	10
工业增加值（占GDP的百分比）	41	46	44
服务业增加值（占GDP的百分比）	32	39	46
货物和服务出口（占GDP的百分比）	15	23	26
货物和服务进口（占GDP的百分比）	12	21	24
资本形成总额（占GDP的百分比）	36	35	49
中央政府收入（占GDP的百分比）	..	..	*11.6*
中央政府现金盈余/赤字（占GDP的百分比）	..	..	..
政府与市场			
创办企业的时间（天）	..	*48*	31
总体统计能力水平（0—100）	..	*64.4*	70.0
军费支出（占GDP的百分比）	2.6	1.9[d]	2.1[d]
移动电话用户（每100人）	0.0	6.7	88.7
互联网用户（占总人口的百分比）	0.0	1.8	45.8
金融部门提供的国内信用（占GDP的百分比）	89.4	119.7	163.0
高科技出口（占制成品出口的百分比）	6	19	27
全球联系			
商品贸易（占GDP的百分比）	32	40	45
净易货贸易条件指数（2000年=100）	102	100	75
外债总额（10亿美元）	55	146	874
债务还本付息总额（占出口的百分比）	11.7	9.1	1.5
净移民（千人）	*-824*	*-2,298*	*-1,500*
获得的侨汇（10亿美元）	0.2	4.8	38.8
外国直接投资，净流入额（10亿美元）	3	38	348
获得的净官方发展援助（10亿美元）	2.0	1.7	-0.7

哥伦比亚

拉丁美洲和加勒比地区 **中高收入经济体**

人口（百万）	48.3	人口增长率（百分比）	1.3
陆地面积（千平方公里）	1,142	每天生活费用不足1.25美元的人口（占人口的百分比）	5.6
GNI，图表集法（10亿美元）	366.6	人均GNI，图表集法（美元）	7,590
PPP衡量的GNI（10亿美元）	577.8	PPP衡量的人均GNI（美元）	11,960

	1990	2000	2013
人口			
最贫困的20%人口占国家消费/收入的份额（百分比）	*3.6*	1.9	*3.3*
出生时的预期寿命（岁）	68	71	74
总生育率（每个女性生育数）	3.1	2.6	2.3
青年女性生育率（每千名15—19岁女性生育数）	83	94	68
避孕普及率（占15—49岁已婚女性的百分比）	66	77	*79*
在熟练医护人员护理下的分娩（占总数的百分比）	81	86	99
5岁以下儿童死亡率（每千人）	35	25	17
儿童营养不良，体重不足（占5岁以下儿童的百分比）	*8.8*	4.9	*3.4*
儿童麻疹免疫接种率（占12—23个月年龄组的百分比）	82	88	92
小学毕业率，总数（占适龄年龄组的百分比）	74	95	*113*
中学总入学率，总数（占适龄年龄组的百分比）	*52*	72	93
小学和中学中女孩与男孩的比率（百分比）	*108*	104	*104*
HIV感染率（占15—49岁人口的百分比）	0.1	0.6	0.5
环境			
森林（千平方公里）	625	615	*603*
森林采伐（1990—2000年和2000—2010年，平均年度百分比）		0.2	*0.2*
淡水使用量（占内陆水资源的百分比）	..	*0.3*	0.5
获得改善的水资源的人口（占总人口的百分比）	88	90	*91*
获得改善的卫生设施的人口（占总人口的百分比）	69	75	*80*
人均能源使用量（千克石油当量）	727	647	*671*
人均二氧化碳排放量（吨）	1.7	1.5	*1.6*
人均用电量（千瓦时）	866	840	*1,123*
经济			
GDP（10亿美元）	40	100	378
GDP增长率（年度百分比）	6.0	4.4	4.7
GDP隐含价格平减指数（年度增长百分比）	26.1	31.8	1.5
农业增加值（占GDP的百分比）	17	9	6
工业增加值（占GDP的百分比）	38	29	37
服务业增加值（占GDP的百分比）	45	62	57
货物和服务出口（占GDP的百分比）	21	16	18
货物和服务进口（占GDP的百分比）	15	17	20
资本形成总额（占GDP的百分比）	19	15	25
中央政府收入（占GDP的百分比）	..	*22.8*	*26.4*
中央政府现金盈余/赤字（占GDP的百分比）	..	*-5.0*	*2.8*
政府与市场			
创办企业的时间（天）	..	*43*	11
总体统计能力水平（0—100）	..	*86.7*	81.1
军费支出（占GDP的百分比）	2.2	3.0	3.4
移动电话用户（每100人）	0.0	5.7	104.1
互联网用户（占总人口的百分比）	0.0	2.2	51.7
金融部门提供的国内信用（占GDP的百分比）	36.4	30.4	70.1
高科技出口（占制成品出口的百分比）	5	8	7
全球联系			
商品贸易（占GDP的百分比）	31	25	31
净易货贸易条件指数（2000年=100）	81	100	144
外债总额（10亿美元）	17.4	33.2	92.0
债务还本付息总额（占出口的百分比）	43.3	29.7	14.1
净移民（千人）	*-250*	*-120*	*-120*
获得的侨汇（10亿美元）	0.5	1.6	4.1
外国直接投资，净流入额（10亿美元）	0.5	2.4	16.2
获得的净官方发展援助（百万美元）	89	186	852

科摩罗

撒哈拉以南非洲地区		低收入经济体	
人口（千人）	735	人口增长率（百分比）	2.4
陆地面积（千平方公里）	1.9	每天生活费用不足1.25美元的人口（占人口的百分比）	*46.1*
GNI，图表集法（百万美元）	615.0	人均GNI，图表集法（美元）	840
PPP衡量的GNI（百万美元）	1,095.7	PPP衡量的人均GNI（美元）	1,490

	1990	2000	2013
人口			
最贫困的20%人口占国家消费/收入的份额（百分比）	..	*2.6*	..
出生时的预期寿命（岁）	56	58	61
总生育率（每个女性生育数）	5.6	5.3	4.7
青年女性生育率（每千名15—19岁女性生育数）	73	65	50
避孕普及率（占15—49岁已婚女性的百分比）	..	26	*19*
在熟练医护人员护理下的分娩（占总数的百分比）	..	62	*82*
5岁以下儿童死亡率（每千人）	125	101	78
儿童营养不良，体重不足（占5岁以下儿童的百分比）	*16.2*	25.0	*16.9*
儿童麻疹免疫接种率（占12—23个月年龄组的百分比）	87	70	82
小学毕业率，总数（占适龄年龄组的百分比）	*44*	*53*	74
中学总入学率，总数（占适龄年龄组的百分比）	*24*	*33*	64
小学和中学中女孩与男孩的比率（百分比）	..	*84*	98
HIV感染率（占15—49岁人口的百分比）	..	..	..
环境			
森林（平方公里）	120	80	*22*
森林采伐（1990—2000年和2000—2010年，平均年度百分比）		4.0	*9.3*
淡水使用量（占内陆水资源的百分比）	..	*0.8*	0.8
获得改善的水资源的人口（占总人口的百分比）	87	92	*95*
获得改善的卫生设施的人口（占总人口的百分比）	18	28	*35*
人均能源使用量（千克石油当量）	43	..	..
人均二氧化碳排放量（吨）	0.2	0.2	*0.2*
人均用电量（千瓦时）	..	..	..
经济			
GDP（百万美元）	250	202	599
GDP增长率（年度百分比）	5.1	1.4	3.5
GDP隐含价格平减指数（年度增长百分比）	2.2	3.4	1.7
农业增加值（占GDP的百分比）	41	49	37
工业增加值（占GDP的百分比）	8	12	13
服务业增加值（占GDP的百分比）	50	40	50
货物和服务出口（占GDP的百分比）	14	17	16
货物和服务进口（占GDP的百分比）	37	33	62
资本形成总额（占GDP的百分比）	20	10	22
中央政府收入（占GDP的百分比）	..	..	..
中央政府现金盈余/赤字（占GDP的百分比）	..	..	..
政府与市场			
创办企业的时间（天）	..	..	15
总体统计能力水平（0—100）	..	..	40.0
军费支出（占GDP的百分比）	..	..	..
移动电话用户（每100人）	0.0	0.0	47.3
互联网用户（占总人口的百分比）	0.0	0.3	6.5
金融部门提供的国内信用（占GDP的百分比）	20.6	14.3	26.9
高科技出口（占制成品出口的百分比）	..	0	..
全球联系			
商品贸易（占GDP的百分比）	28	28	51
净易货贸易条件指数（2000年=100）	86	100	83
外债总额（百万美元）	185	227	146
债务还本付息总额（占出口的百分比）	2.9	*6.4*	*12.8*
净移民（千人）	*-3.0*	*-10.0*	*-10.0*
获得的侨汇（百万美元）	10	..	*110*
外国直接投资，净流入额（百万美元）	0.4	0.1	13.9
获得的净官方发展援助（百万美元）	44.9	18.7	81.9

刚果民主共和国

撒哈拉以南非洲地区 **低收入经济体**

人口（百万）	67.5	人口增长率（百分比）	2.7
陆地面积（千平方公里）	2,345	每天生活费用不足1.25美元的人口（占人口的百分比）	*87.7*
GNI，图表集法（10亿美元）	29.1	人均GNI，图表集法（美元）	430
PPP衡量的GNI（10亿美元）	49.9	PPP衡量的人均GNI（美元）	740

	1990	**2000**	**2013**
人口			
最贫困的20%人口占国家消费/收入的份额（百分比）	..	..	..
出生时的预期寿命（岁）	47	46	50
总生育率（每个女性生育数）	7.1	7.1	5.9
青年女性生育率（每千名15—19岁女性生育数）	137	131	134
避孕普及率（占15—49岁已婚女性的百分比）	*8*	*31*	*17*
在熟练医护人员护理下的分娩（占总数的百分比）	..	*61*	*80*
5岁以下儿童死亡率（每千人）	176	176	119
儿童营养不良，体重不足（占5岁以下儿童的百分比）	..	*33.6*	23.4
儿童麻疹免疫接种率（占12—23个月年龄组的百分比）	38	46	73
小学毕业率，总数（占适龄年龄组的百分比）	*52*	*35*	*73*
中学总入学率，总数（占适龄年龄组的百分比）	*23*	..	*43*
小学和中学中女孩与男孩的比率（百分比）	*70*	..	*80*
HIV感染率（占15—49岁人口的百分比）	1.3	1.5	1.1
环境			
森林（千平方公里）	1,604	1,572	*1,535*
森林采伐（1990—2000年和2000—2010年，平均年度百分比）		0.2	*0.2*
淡水使用量（占内陆水资源的百分比）	..	*0.1*	0.1
获得改善的水资源的人口（占总人口的百分比）	43	44	*47*
获得改善的卫生设施的人口（占总人口的百分比）	17	23	*31*
人均能源使用量（千克石油当量）	338	355	*383*
人均二氧化碳排放量（吨）	0.12	0.04	*0.05*
人均用电量（千瓦时）	130	97	*105*
经济			
GDP（10亿美元）	9.3	19.1	32.7
GDP增长率（年度百分比）	-6.6	-6.9	8.5
GDP隐含价格平减指数（年度增长百分比）	109.0	2,630.1	2.8
农业增加值（占GDP的百分比）	31	32	21
工业增加值（占GDP的百分比）	29	23	38
服务业增加值（占GDP的百分比）	40	45	41
货物和服务出口（占GDP的百分比）	30	11	34
货物和服务进口（占GDP的百分比）	29	16	40
资本形成总额（占GDP的百分比）	9	14	21
中央政府收入（占GDP的百分比）	10.1	0.8	*14.3*
中央政府现金盈余/赤字（占GDP的百分比）	-6.5	-0.9	*2.3*
政府与市场			
创办企业的时间（天）	..	*166*	16
总体统计能力水平（0—100）	..	*32.2*	56.7
军费支出（占GDP的百分比）	..	0.2	1.3
移动电话用户（每100人）	0.0	0.0	41.8
互联网用户（占总人口的百分比）	0.0	0.0	2.2
金融部门提供的国内信用（占GDP的百分比）	25.3	1.3	7.3
高科技出口（占制成品出口的百分比）	..	..	..
全球联系			
商品贸易（占GDP的百分比）	43	8	39
净易货贸易条件指数（2000年=100）	86	100	129
外债总额（10亿美元）	10.3	11.8	6.1
债务还本付息总额（占出口的百分比）	..	..	3.0
净移民（千人）	*1,202*	*-242*	*-75*
获得的侨汇（百万美元）	..	..	33.1
外国直接投资，净流入额（百万美元）	-14	72	1,698
获得的净官方发展援助（百万美元）	896	177	2,572

刚果共和国

撒哈拉以南非洲地区		中低收入经济体	
人口（百万）	4.4	人口增长率（百分比）	2.5
陆地面积（千平方公里）	342	每天生活费用不足1.25美元的人口（占人口的百分比）	*32.8*
GNI，图表集法（10亿美元）	11.5	人均GNI，图表集法（美元）	2,590
PPP衡量的GNI（10亿美元）	20.5	PPP衡量的人均GNI（美元）	4,600

	1990	2000	2013
人口			
最贫困的20%人口占国家消费/收入的份额（百分比）	..	..	*5.6*
出生时的预期寿命（岁）	55	52	59
总生育率（每个女性生育数）	5.3	5.1	5.0
青年女性生育率（每千名15—19岁女性生育数）	132	136	125
避孕普及率（占15—49岁已婚女性的百分比）	..	..	*45*
在熟练医护人员护理下的分娩（占总数的百分比）	..	..	*93*
5岁以下儿童死亡率（每千人）	92	121	49
儿童营养不良，体重不足（占5岁以下儿童的百分比）	..	..	*11.8*
儿童麻疹免疫接种率（占12—23个月年龄组的百分比）	75	34	65
小学毕业率，总数（占适龄年龄组的百分比）	61	*57*	*73*
中学总入学率，总数（占适龄年龄组的百分比）	49	*39*	*54*
小学和中学中女孩与男孩的比率（百分比）	89	*89*	*100*
HIV感染率（占15—49岁人口的百分比）	4.4	5.2	2.5
环境			
森林（千平方公里）	227	226	*224*
森林采伐（1990—2000年和2000—2010年，平均年度百分比）		0.1	*0.1*
淡水使用量（占内陆水资源的百分比）	..	*0.0*	0.0
获得改善的水资源的人口（占总人口的百分比）	..	69	*75*
获得改善的卫生设施的人口（占总人口的百分比）	..	13	*15*
人均能源使用量（千克石油当量）	325	260	*393*
人均二氧化碳排放量（吨）	0.5	0.3	*0.5*
人均用电量（千瓦时）	172	96	*172*
经济			
GDP（10亿美元）	2.8	3.2	14.1
GDP增长率（年度百分比）	1.0	7.6	3.4
GDP隐含价格平减指数（年度增长百分比）	-1.0	47.0	-3.7
农业增加值（占GDP的百分比）	13	5	4
工业增加值（占GDP的百分比）	41	72	72
服务业增加值（占GDP的百分比）	46	23	24
货物和服务出口（占GDP的百分比）	52	80	77
货物和服务进口（占GDP的百分比）	19	44	66
资本形成总额（占GDP的百分比）	16	23	31
中央政府收入（占GDP的百分比）	..	*32.3*	..
中央政府现金盈余/赤字（占GDP的百分比）	..	*-1.3*	..
政府与市场			
创办企业的时间（天）	..	*37*	53
总体统计能力水平（0—100）	..	*42.2*	47.8
军费支出（占GDP的百分比）	..	*1.4*	*1.1*
移动电话用户（每100人）	0.0	2.2	104.8
互联网用户（占总人口的百分比）	0.0	0.0	6.6
金融部门提供的国内信用（占GDP的百分比）	29.1	8.7	-7.2
高科技出口（占制成品出口的百分比）	5	..	2
全球联系			
商品贸易（占GDP的百分比）	57	92	109
净易货贸易条件指数（2000年=100）	63	100	227
外债总额（10亿美元）	4.9	4.9	3.5
债务还本付息总额（占出口的百分比）	34.6	1.7	..
净移民（千人）	*15.5*	*-13.3*	*-45.4*
获得的侨汇（百万美元）	4.4	10.4	..
外国直接投资，净流入额（百万美元）	23	166	2,038
获得的净官方发展援助（百万美元）	217	32	150

哥斯达黎加

拉丁美洲和加勒比地区 **中高收入经济体**

人口（百万）	4.9	人口增长率（百分比）	1.4
陆地面积（千平方公里）	51	每天生活费用不足1.25美元的人口（占人口的百分比）	<2
GNI，图表集法（10亿美元）	46.5	人均GNI，图表集法（美元）	9,550
PPP衡量的GNI（10亿美元）	66.1	PPP衡量的人均GNI（美元）	13,570

	1990	2000	2013
人口			
最贫困的20%人口占国家消费/收入的份额（百分比）	3.8	3.9	*4.2*
出生时的预期寿命（岁）	76	78	80
总生育率（每个女性生育数）	3.2	2.4	1.8
青年女性生育率（每千名15—19岁女性生育数）	96	81	60
避孕普及率（占15—49岁已婚女性的百分比）	*75*	*80*	*76*
在熟练医护人员护理下的分娩（占总数的百分比）	*98*	*98*	*99*
5岁以下儿童死亡率（每千人）	17	13	10
儿童营养不良，体重不足（占5岁以下儿童的百分比）	2.5	..	*1.1*
儿童麻疹免疫接种率（占12—23个月年龄组的百分比）	90	82	91
小学毕业率，总数（占适龄年龄组的百分比）	75	87	90
中学总入学率，总数（占适龄年龄组的百分比）	43	61	109
小学和中学中女孩与男孩的比率（百分比）	100	101	103
HIV感染率（占15—49岁人口的百分比）	0.1	0.3	0.2
环境			
森林（千平方公里）	26	24	*27*
森林采伐（1990—2000年和2000—2010年，平均年度百分比）		0.8	*-0.9*
淡水使用量（占内陆水资源的百分比）	..	..	2.1
获得改善的水资源的人口（占总人口的百分比）	93	95	*97*
获得改善的卫生设施的人口（占总人口的百分比）	89	91	*94*
人均能源使用量（千克石油当量）	545	731	*983*
人均二氧化碳排放量（吨）	1.0	1.4	*1.7*
人均用电量（千瓦时）	1,086	1,519	*1,844*
经济			
GDP（10亿美元）	7.4	15.9	49.6
GDP增长率（年度百分比）	3.9	1.8	3.5
GDP隐含价格平减指数（年度增长百分比）	17.1	7.0	5.0
农业增加值（占GDP的百分比）	12	9	6
工业增加值（占GDP的百分比）	30	32	25
服务业增加值（占GDP的百分比）	58	58	69
货物和服务出口（占GDP的百分比）	30	49	35
货物和服务进口（占GDP的百分比）	36	46	39
资本形成总额（占GDP的百分比）	18	17	21
中央政府收入（占GDP的百分比）	..	..	*24.3*
中央政府现金盈余/赤字（占GDP的百分比）	..	..	*-4.0*
政府与市场			
创办企业的时间（天）	..	*77*	24
总体统计能力水平（0—100）	..	*82.2*	77.8
军费支出（占GDP的百分比）	..	..	..
移动电话用户（每100人）	0.0	5.4	146.0
互联网用户（占总人口的百分比）	0.0	5.8	46.0
金融部门提供的国内信用（占GDP的百分比）	23.7	32.4	56.5
高科技出口（占制成品出口的百分比）	..	52	43
全球联系			
商品贸易（占GDP的百分比）	46	77	60
净易货贸易条件指数（2000年=100）	75	100	78
外债总额（10亿美元）	3.8	4.7	17.4
债务还本付息总额（占出口的百分比）	24.5	8.2	22.3
净移民（千人）	*62.4*	*84.0*	*64.3*
获得的侨汇（百万美元）	12	136	596
外国直接投资，净流入额（百万美元）	163	409	3,234
获得的净官方发展援助（百万美元）	227	10	38

科特迪瓦

撒哈拉以南非洲地区		中低收入经济体	
人口（百万）	20.3	人口增长率（百分比）	2.4
陆地面积（千平方公里）	322	每天生活费用不足1.25美元的人口（占人口的百分比）	*35.0*
GNI，图表集法（10亿美元）	29.5	人均GNI，图表集法（美元）	1,450
PPP衡量的GNI（10亿美元）	62.7	PPP衡量的人均GNI（美元）	3,090

	1990	2000	2013
人口			
最贫困的20%人口占国家消费/收入的份额（百分比）	*6.0*	*6.2*	*5.2*
出生时的预期寿命（岁）	53	46	51
总生育率（每个女性生育数）	6.4	5.4	4.9
青年女性生育率（每千名15—19岁女性生育数）	149	126	126
避孕普及率（占15—49岁已婚女性的百分比）	..	*15*	*18*
在熟练医护人员护理下的分娩（占总数的百分比）	..	63	59
5岁以下儿童死亡率（每千人）	152	146	100
儿童营养不良，体重不足（占5岁以下儿童的百分比）	..	*18.2*	*15.7*
儿童麻疹免疫接种率（占12—23个月年龄组的百分比）	56	68	74
小学毕业率，总数（占适龄年龄组的百分比）	42	45	60
中学总入学率，总数（占适龄年龄组的百分比）	..	*24*	39
小学和中学中女孩与男孩的比率（百分比）	..	*69*	81
HIV感染率（占15—49岁人口的百分比）	3.4	6.8	2.7
环境			
森林（千平方公里）	102	103	*104*
森林采伐（1990—2000年和2000—2010年，平均年度百分比）		-0.1	*-0.2*
淡水使用量（占内陆水资源的百分比）	*1.4*	*1.8*	2.0
获得改善的水资源的人口（占总人口的百分比）	76	78	*80*
获得改善的卫生设施的人口（占总人口的百分比）	15	18	*22*
人均能源使用量（千克石油当量）	357	417	*579*
人均二氧化碳排放量（吨）	0.5	0.4	*0.3*
人均用电量（千瓦时）	158	177	*212*
经济			
GDP（10亿美元）	10.8	10.4	31.1
GDP增长率（年度百分比）	-1.1	-3.7	8.7
GDP隐含价格平减指数（年度增长百分比）	-4.5	-0.4	2.0
农业增加值（占GDP的百分比）	32	24	22
工业增加值（占GDP的百分比）	26	25	22
服务业增加值（占GDP的百分比）	44	51	34
货物和服务出口（占GDP的百分比）	32	40	45
货物和服务进口（占GDP的百分比）	27	33	46
资本形成总额（占GDP的百分比）	7	11	17
中央政府收入（占GDP的百分比）	..	*15.6*	*16.2*
中央政府现金盈余/赤字（占GDP的百分比）	..	*-2.4*	*-2.8*
政府与市场			
创办企业的时间（天）	..	*62*	7
总体统计能力水平（0—100）	..	*80.0*	46.7
军费支出（占GDP的百分比）	1.3	*1.6*	*1.5*
移动电话用户（每100人）	0.0	2.9	95.4
互联网用户（占总人口的百分比）	0.0	0.2	2.6
金融部门提供的国内信用（占GDP的百分比）	44.5	23.0	26.9
高科技出口（占制成品出口的百分比）	..	3	1
全球联系			
商品贸易（占GDP的百分比）	48	61	84
净易货贸易条件指数（2000年=100）	143	100	142
外债总额（10亿美元）	17.3	12.2	11.3
债务还本付息总额（占出口的百分比）	35.4	22.7	5.2
净移民（千人）	*375*	*-420*	*50*
获得的侨汇（百万美元）	44	119	*373*
外国直接投资，净流入额（百万美元）	48	235	371
获得的净官方发展援助（百万美元）	686	351	1,262

克罗地亚

高收入经济体

人口（百万）	4.3	人口增长率（百分比）	-0.3
陆地面积（千平方公里）	57	每天生活费用不足1.25美元的人口（占人口的百分比）	<2
GNI，图表集法（10亿美元）	57.1	人均GNI，图表集法（美元）	13,420
PPP衡量的GNI（10亿美元）	88.6	PPP衡量的人均GNI（美元）	20,810

	1990	2000	2013
人口			
最贫困的20%人口占国家消费/收入的份额（百分比）	*10.3*	8.3	*8.0*
出生时的预期寿命（岁）	72	73	77
总生育率（每个女性生育数）	1.6	1.4	1.5
青年女性生育率（每千名15—19岁女性生育数）	19	16	13
避孕普及率（占15—49岁已婚女性的百分比）	..	69	..
在熟练医护人员护理下的分娩（占总数的百分比）	100	100	*100*
5岁以下儿童死亡率（每千人）	13	8	5
儿童营养不良，体重不足（占5岁以下儿童的百分比）	..	..	..
儿童麻疹免疫接种率（占12—23个月年龄组的百分比）	*90*	93	94
小学毕业率，总数（占适龄年龄组的百分比）	..	93	*93*
中学总入学率，总数（占适龄年龄组的百分比）	*79*	86	*98*
小学和中学中女孩与男孩的比率（百分比）	*102*	101	*103*
HIV感染率（占15—49岁人口的百分比）	..	..	..
环境			
森林（千平方公里）	19	19	*19*
森林采伐（1990—2000年和2000—2010年，平均年度百分比）		-0.2	*-0.2*
淡水使用量（占内陆水资源的百分比）	..	..	1.7
获得改善的水资源的人口（占总人口的百分比）	98	99	*99*
获得改善的卫生设施的人口（占总人口的百分比）	98	98	*98*
人均能源使用量（千克石油当量）	1,888	1,760	*1,971*
人均二氧化碳排放量（吨）	*3.8*	4.4	*4.7*
人均用电量（千瓦时）	2,965	2,856	*3,901*
经济			
GDP（10亿美元）	..	21.8	57.9
GDP增长率（年度百分比）	..	3.8	-0.9
GDP隐含价格平减指数（年度增长百分比）	..	4.4	0.9
农业增加值（占GDP的百分比）	..	6	4
工业增加值（占GDP的百分比）	..	29	27
服务业增加值（占GDP的百分比）	..	64	69
货物和服务出口（占GDP的百分比）	..	37	43
货物和服务进口（占GDP的百分比）	..	40	42
资本形成总额（占GDP的百分比）	..	20	19
中央政府收入（占GDP的百分比）	..	35.3	*33.9*
中央政府现金盈余/赤字（占GDP的百分比）	..	-5.2	*-3.4*
政府与市场			
创办企业的时间（天）	..	*29*	15
总体统计能力水平（0—100）	..	*95.6*	83.3
军费支出（占GDP的百分比）	..	3.0	1.7
移动电话用户（每100人）	0.0	23.1	114.5
互联网用户（占总人口的百分比）	0.0	6.6	66.7
金融部门提供的国内信用（占GDP的百分比）	0.0	40.0	94.1
高科技出口（占制成品出口的百分比）	*6*	9	9
全球联系			
商品贸易（占GDP的百分比）	..	57	57
净易货贸易条件指数（2000年=100）	..	100	98
外债总额（百万美元）	..	..	..
债务还本付息总额（占出口的百分比）	..	..	..
净移民（千人）	*-93.4*	*-30.0*	*-20.0*
获得的侨汇（百万美元）	*230*	641	1,497
外国直接投资，净流入额（10亿美元）	*0.0*	1.1	0.6
获得的净官方发展援助（百万美元）	*0*	66	*151*

古巴

拉丁美洲和加勒比地区		中高收入经济体	
人口（百万）	11.3	人口增长率（百分比）	0.0
陆地面积（千平方公里）	110	每天生活费用不足1.25美元的人口（占人口的百分比）	..
GNI，图表集法（10亿美元）	*66.4*	人均GNI，图表集法（美元）	*5,890*
PPP衡量的GNI（10亿美元）	*208.9*	PPP衡量的人均GNI（美元）	*18,520*

	1990	2000	2013
人口			
最贫困的20%人口占国家消费/收入的份额（百分比）	..	..	..
出生时的预期寿命（岁）	75	77	79
总生育率（每个女性生育数）	1.8	1.6	1.4
青年女性生育率（每千名15—19岁女性生育数）	76	57	43
避孕普及率（占15—49岁已婚女性的百分比）	..	73	*74*
在熟练医护人员护理下的分娩（占总数的百分比）	*100*	*100*	*100*
5岁以下儿童死亡率（每千人）	13	8	6
儿童营养不良，体重不足（占5岁以下儿童的百分比）	..	3.4	..
儿童麻疹免疫接种率（占12—23个月年龄组的百分比）	94	94	99
小学毕业率，总数（占适龄年龄组的百分比）	94	96	93
中学总入学率，总数（占适龄年龄组的百分比）	89	82	92
小学和中学中女孩与男孩的比率（百分比）	105	100	99
HIV感染率（占15—49岁人口的百分比）	0.1	0.1	0.2
环境			
森林（千平方公里）	21	24	*29*
森林采伐（1990—2000年和2000—2010年，平均年度百分比）		-1.7	*-1.7*
淡水使用量（占内陆水资源的百分比）	..	..	11.6
获得改善的水资源的人口（占总人口的百分比）	..	91	*94*
获得改善的卫生设施的人口（占总人口的百分比）	82	87	*93*
人均能源使用量（千克石油当量）	1,669	1,154	*992*
人均二氧化碳排放量（吨）	3.1	2.3	*3.4*
人均用电量（千瓦时）	1,212	1,137	*1,327*
经济			
GDP（10亿美元）	28.6	30.6	*68.2*
GDP增长率（年度百分比）	-2.9	5.9	*2.7*
GDP隐含价格平减指数（年度增长百分比）	5.3	1.7	*3.3*
农业增加值（占GDP的百分比）	14	8	*5*
工业增加值（占GDP的百分比）	19	28	*21*
服务业增加值（占GDP的百分比）	67	64	*74*
货物和服务出口（占GDP的百分比）	30	14	*20*
货物和服务进口（占GDP的百分比）	41	17	*19*
资本形成总额（占GDP的百分比）	25	13	*12*
中央政府收入（占GDP的百分比）	..	..	..
中央政府现金盈余/赤字（占GDP的百分比）	..	..	..
政府与市场			
创办企业的时间（天）	..	..	..
总体统计能力水平（0—100）	..	..	..
军费支出（占GDP的百分比）	6.4	*3.5*	*3.3*
移动电话用户（每100人）	0.0	0.1	17.7
互联网用户（占总人口的百分比）	0.0	0.5	25.7
金融部门提供的国内信用（占GDP的百分比）	0.0	0.0	0.0
高科技出口（占制成品出口的百分比）	..	21	..
全球联系			
商品贸易（占GDP的百分比）	34	21	*30*
净易货贸易条件指数（2000年=100）	..	100	140
外债总额（百万美元）	..	..	..
债务还本付息总额（占出口的百分比）	..	..	..
净移民（千人）	*-114*	*-143*	*-140*
获得的侨汇（百万美元）	..	..	..
外国直接投资，净流入额（百万美元）	..	..	..
获得的净官方发展援助（百万美元）	52	44	101

库拉索

高收入经济体

人口（千人）	154	人口增长率（百分比）	1.1
陆地面积（平方公里）	444	每天生活费用不足1.25美元的人口（占人口的百分比）	..
GNI，图表集法（百万美元）	..	人均GNI，图表集法（美元）	..
PPP衡量的GNI（百万美元）	..	PPP衡量的人均GNI（美元）	..

	1990	2000	2013
人口			
最贫困的20%人口占国家消费/收入的份额（百分比）	..	..	..
出生时的预期寿命（岁）	..	..	77
总生育率（每个女性生育数）	..	..	2.2
青年女性生育率（每千名15—19岁女性生育数）	52	39	27
避孕普及率（占15—49岁已婚女性的百分比）	..	..	..
在熟练医护人员护理下的分娩（占总数的百分比）	..	..	..
5岁以下儿童死亡率（每千人）	..	..	..
儿童营养不良，体重不足（占5岁以下儿童的百分比）	..	..	..
儿童麻疹免疫接种率（占12—23个月年龄组的百分比）	..	..	..
小学毕业率，总数（占适龄年龄组的百分比）	..	..	..
中学总入学率，总数（占适龄年龄组的百分比）	..	..	..
小学和中学中女孩与男孩的比率（百分比）	..	..	..
HIV感染率（占15—49岁人口的百分比）	..	..	..
环境			
森林（平方公里）	..	..	..
森林采伐（1990—2000年和2000—2010年，平均年度百分比）		..	..
淡水使用量（占内陆水资源的百分比）	..	..	..
获得改善的水资源的人口（占总人口的百分比）	..	..	..
获得改善的卫生设施的人口（占总人口的百分比）	..	..	..
人均能源使用量（千克石油当量）	..	..	..
人均二氧化碳排放量（吨）	..	..	..
人均用电量（千瓦时）	..	..	..
经济			
GDP（百万美元）	..	..	..
GDP增长率（年度百分比）	..	..	..
GDP隐含价格平减指数（年度增长百分比）	..	..	..
农业增加值（占GDP的百分比）	..	..	..
工业增加值（占GDP的百分比）	..	..	..
服务业增加值（占GDP的百分比）	..	..	..
货物和服务出口（占GDP的百分比）	..	..	..
货物和服务进口（占GDP的百分比）	..	..	..
资本形成总额（占GDP的百分比）	..	..	..
中央政府收入（占GDP的百分比）	..	..	..
中央政府现金盈余/赤字（占GDP的百分比）	..	..	..
政府与市场			
创办企业的时间（天）	..	..	..
总体统计能力水平（0—100）	..	..	..
军费支出（占GDP的百分比）	..	..	..
移动电话用户（每100人）	..	..	128.2
互联网用户（占总人口的百分比）	..	..	..
金融部门提供的国内信用（占GDP的百分比）	0.0	0.0	0.0
高科技出口（占制成品出口的百分比）	..	..	..
全球联系			
商品贸易（占GDP的百分比）	..	..	..
净易货贸易条件指数（2000年=100）	..	..	..
外债总额（百万美元）	..	..	..
债务还本付息总额（占出口的百分比）	..	..	..
净移民（千人）	*-11.5*	*-6.1*	*14.1*
获得的侨汇（百万美元）	..	..	33.3
外国直接投资，净流入额（百万美元）	..	..	17.5
获得的净官方发展援助（百万美元）	..	..	..

塞浦路斯

高收入经济体

人口（百万）	1.1	人口增长率（百分比）	1.1
陆地面积（千平方公里）	9.3	每天生活费用不足1.25美元的人口（占人口的百分比）	..
GNI，图表集法（10亿美元）	21.9	人均GNI，图表集法（美元）	25,210
PPP衡量的GNI（10亿美元）	24.0	PPP衡量的人均GNI（美元）	27,630

	1990	2000	2013
人口			
最贫困的20%人口占国家消费/收入的份额（百分比）	..	..	..
出生时的预期寿命（岁）	77	78	80
总生育率（每个女性生育数）	2.4	1.7	1.5
青年女性生育率（每千名15—19岁女性生育数）	28	10	5
避孕普及率（占15—49岁已婚女性的百分比）	..	..	..
在熟练医护人员护理下的分娩（占总数的百分比）	..	*99*	..
5岁以下儿童死亡率（每千人）	11	7	4
儿童营养不良，体重不足（占5岁以下儿童的百分比）	..	..	..
儿童麻疹免疫接种率（占12—23个月年龄组的百分比）	77	86	86
小学毕业率，总数（占适龄年龄组的百分比）	79	98	*100*
中学总入学率，总数（占适龄年龄组的百分比）	64	93	*95*
小学和中学中女孩与男孩的比率（百分比）	101	101	*101*
HIV感染率（占15—49岁人口的百分比）	0.1	0.1	0.1
环境			
森林（千平方公里）	1.6	1.7	*1.7*
森林采伐（1990—2000年和2000—2010年，平均年度百分比）		-0.6	*-0.1*
淡水使用量（占内陆水资源的百分比）	*29.0*	*27.0*	23.6
获得改善的水资源的人口（占总人口的百分比）	100	100	*100*
获得改善的卫生设施的人口（占总人口的百分比）	100	100	*100*
人均能源使用量（千克石油当量）	1,781	2,265	*2,121*
人均二氧化碳排放量（吨）	6.1	7.3	*7.0*
人均用电量（千瓦时）	2,430	3,373	*4,271*
经济			
GDP（10亿美元）	5.6	9.3	21.9
GDP增长率（年度百分比）	7.4	5.0	-5.4
GDP隐含价格平减指数（年度增长百分比）	5.4	3.8	-1.5
农业增加值（占GDP的百分比）	7	4	..
工业增加值（占GDP的百分比）	26	19	..
服务业增加值（占GDP的百分比）	67	77	..
货物和服务出口（占GDP的百分比）	52	55	*40*
货物和服务进口（占GDP的百分比）	57	55	*47*
资本形成总额（占GDP的百分比）	27	18	*18*
中央政府收入（占GDP的百分比）	..	..	*39.1*
中央政府现金盈余/赤字（占GDP的百分比）	..	..	*-6.4*
政府与市场			
创办企业的时间（天）	..	..	8
总体统计能力水平（0—100）	..	..	..
军费支出（占GDP的百分比）	7.4	3.0	2.1
移动电话用户（每100人）	0.4	23.1	96.4
互联网用户（占总人口的百分比）	0.0	15.3	65.5
金融部门提供的国内信用（占GDP的百分比）	113.5	234.7	335.8
高科技出口（占制成品出口的百分比）	4	2	7
全球联系			
商品贸易（占GDP的百分比）	63	51	38
净易货贸易条件指数（2000年=100）	..	100	92
外债总额（百万美元）	..	..	..
债务还本付息总额（占出口的百分比）	..	..	..
净移民（千人）	*43.2*	*61.8*	*35.0*
获得的侨汇（百万美元）	78.6	64.3	82.9
外国直接投资，净流入额（百万美元）	127	855	607
获得的净官方发展援助（百万美元）	38.4	..	..

捷克

高收入经济体

人口（百万）	10.5	人口增长率（百分比）	0.0
陆地面积（千平方公里）	79	每天生活费用不足1.25美元的人口（占人口的百分比）	<2
GNI，图表集法（10亿美元）	199.4	人均GNI，图表集法（美元）	18,970
PPP衡量的GNI（10亿美元）	283.6	PPP衡量的人均GNI（美元）	26,970

	1990	2000	2013
人口			
最贫困的20%人口占国家消费/收入的份额（百分比）	*10.4*	..	*9.3*
出生时的预期寿命（岁）	71	75	78
总生育率（每个女性生育数）	1.9	1.2	1.5
青年女性生育率（每千名15—19岁女性生育数）	45	13	5
避孕普及率（占15—49岁已婚女性的百分比）	*78*	..	*86*
在熟练医护人员护理下的分娩（占总数的百分比）	100	100	*100*
5岁以下儿童死亡率（每千人）	15	7	4
儿童营养不良，体重不足（占5岁以下儿童的百分比）	*0.9*	*2.1*	..
儿童麻疹免疫接种率（占12—23个月年龄组的百分比）	*98*	97	99
小学毕业率，总数（占适龄年龄组的百分比）	*98*	99	*102*
中学总入学率，总数（占适龄年龄组的百分比）	91	89	*97*
小学和中学中女孩与男孩的比率（百分比）	94	101	*100*
HIV感染率（占15—49岁人口的百分比）	0.1	0.1	0.1
环境			
森林（千平方公里）	26	26	*27*
森林采伐（1990—2000年和2000—2010年，平均年度百分比）		0.0	*-0.1*
淡水使用量（占内陆水资源的百分比）	..	*13.3*	12.9
获得改善的水资源的人口（占总人口的百分比）	100	100	*100*
获得改善的卫生设施的人口（占总人口的百分比）	100	100	*100*
人均能源使用量（千克石油当量）	4,797	3,997	*4,074*
人均二氧化碳排放量（吨）	*13.5*	12.2	*10.7*
人均用电量（千瓦时）	5,600	5,704	*6,289*
经济			
GDP（10亿美元）	40	61	209
GDP增长率（年度百分比）	*-11.6*	4.3	-0.7
GDP隐含价格平减指数（年度增长百分比）	*36.2*	1.7	1.7
农业增加值（占GDP的百分比）	5	3	3
工业增加值（占GDP的百分比）	*39*	37	37
服务业增加值（占GDP的百分比）	*56*	59	61
货物和服务出口（占GDP的百分比）	33	48	77
货物和服务进口（占GDP的百分比）	31	50	71
资本形成总额（占GDP的百分比）	24	32	25
中央政府收入（占GDP的百分比）	*32.6*	28.1	*28.2*
中央政府现金盈余/赤字（占GDP的百分比）	*0.1*	-3.3	*-2.3*
政府与市场			
创办企业的时间（天）	..	*40*	19
总体统计能力水平（0—100）	..	..	..
军费支出（占GDP的百分比）	*2.0*	1.9	1.0
移动电话用户（每100人）	0.0	42.4	127.7
互联网用户（占总人口的百分比）	0.0	9.8	74.1
金融部门提供的国内信用（占GDP的百分比）	0.0	45.6	67.0
高科技出口（占制成品出口的百分比）	*4*	8	15
全球联系			
商品贸易（占GDP的百分比）	*73*	99	146
净易货贸易条件指数（2000年=100）	..	100	102
外债总额（百万美元）	..	..	..
债务还本付息总额（占出口的百分比）	..	..	..
净移民（千人）	*30*	*67*	*200*
获得的侨汇（百万美元）	*138*	297	2,270
外国直接投资，净流入额（10亿美元）	*0.7*	5.0	5.0
获得的净官方发展援助（百万美元）	..	..	..

丹 麦

高收入经济体

人口（百万）	5.6	人口增长率（百分比）	0.4
陆地面积（千平方公里）	43	每天生活费用不足1.25美元的人口（占人口的百分比）	..
GNI，图表集法（10亿美元）	346.3	人均GNI，图表集法（美元）	61,670
PPP衡量的GNI（10亿美元）	254.3	PPP衡量的人均GNI（美元）	45,300

	1990	2000	2013
人口			
最贫困的20%人口占国家消费/收入的份额（百分比）	*9.4*	10.2	*9.1*
出生时的预期寿命（岁）	75	77	80
总生育率（每个女性生育数）	1.7	1.8	1.7
青年女性生育率（每千名15—19岁女性生育数）	9	7	5
避孕普及率（占15—49岁已婚女性的百分比）	*78*	..	..
在熟练医护人员护理下的分娩（占总数的百分比）	..	..	..
5岁以下儿童死亡率（每千人）	9	6	4
儿童营养不良，体重不足（占5岁以下儿童的百分比）	..	..	..
儿童麻疹免疫接种率（占12—23个月年龄组的百分比）	84	99	89
小学毕业率，总数（占适龄年龄组的百分比）	95	100	*99*
中学总入学率，总数（占适龄年龄组的百分比）	110	127	*125*
小学和中学中女孩与男孩的比率（百分比）	101	102	*100*
HIV感染率（占15—49岁人口的百分比）	0.1	0.1	0.2
环境			
森林（千平方公里）	4.5	4.9	5.5
森林采伐（1990—2000年和2000—2010年，平均年度百分比）		-0.9	*-1.1*
淡水使用量（占内陆水资源的百分比）	*18.9*	*11.4*	11.0
获得改善的水资源的人口（占总人口的百分比）	100	100	*100*
获得改善的卫生设施的人口（占总人口的百分比）	100	100	*100*
人均能源使用量（千克石油当量）	3,377	3,490	*3,048*
人均二氧化碳排放量（吨）	9.7	8.9	*8.3*
人均用电量（千瓦时）	5,945	6,482	*6,122*
经济			
GDP（10亿美元）	138	164	336
GDP增长率（年度百分比）	1.6	3.7	-0.5
GDP隐含价格平减指数（年度增长百分比）	2.8	3.0	1.5
农业增加值（占GDP的百分比）	4	2	1
工业增加值（占GDP的百分比）	26	27	23
服务业增加值（占GDP的百分比）	70	70	76
货物和服务出口（占GDP的百分比）	36	45	54
货物和服务进口（占GDP的百分比）	31	38	49
资本形成总额（占GDP的百分比）	21	22	19
中央政府收入（占GDP的百分比）	..	34.4	*39.4*
中央政府现金盈余/赤字（占GDP的百分比）	..	1.5	*-3.8*
政府与市场			
创办企业的时间（天）	..	*7*	6
总体统计能力水平（0—100）	..	..	..
军费支出（占GDP的百分比）	1.9	1.5	1.4
移动电话用户（每100人）	2.9	63.0	127.1
互联网用户（占总人口的百分比）	0.1	39.2	94.6
金融部门提供的国内信用（占GDP的百分比）	60.9	141.2	199.6
高科技出口（占制成品出口的百分比）	16	21	14
全球联系			
商品贸易（占GDP的百分比）	51	59	62
净易货贸易条件指数（2000年=100）	..	100	100
外债总额（百万美元）	..	..	..
债务还本付息总额（占出口的百分比）	..	..	..
净移民（千人）	*65.5*	*46.3*	*75.0*
获得的侨汇（百万美元）	*464*	667	1,459
外国直接投资，净流入额（10亿美元）	1.1	36.0	1.6
获得的净官方发展援助（百万美元）	..	..	..

吉布提

中东和北非			中低收入经济体
人口（千人）	873	人口增长率（百分比）	1.5
陆地面积（千平方公里）	23	每天生活费用不足1.25美元的人口（占人口的百分比）	*18.8*
GNI，图表集法（百万美元）	..	人均GNI，图表集法（美元）	..
PPP衡量的GNI（百万美元）	..	PPP衡量的人均GNI（美元）	..

	1990	2000	2013
人口			
最贫困的20%人口占国家消费/收入的份额（百分比）	..	*6.0*	..
出生时的预期寿命（岁）	57	57	62
总生育率（每个女性生育数）	6.1	4.5	3.4
青年女性生育率（每千名15—19岁女性生育数）	68	28	18
避孕普及率（占15—49岁已婚女性的百分比）	..	*9*	*19*
在熟练医护人员护理下的分娩（占总数的百分比）	..	*61*	*87*
5岁以下儿童死亡率（每千人）	119	101	70
儿童营养不良，体重不足（占5岁以下儿童的百分比）	*20.2*	*25.4*	*29.8*
儿童麻疹免疫接种率（占12—23个月年龄组的百分比）	85	50	80
小学毕业率，总数（占适龄年龄组的百分比）	28	26	*61*
中学总入学率，总数（占适龄年龄组的百分比）	10	14	*48*
小学和中学中女孩与男孩的比率（百分比）	*72*	71	*84*
HIV感染率（占15—49岁人口的百分比）	0.1	2.2	0.9
环境			
森林（平方公里）	56	56	*56*
森林采伐（1990—2000年和2000—2010年，平均年度百分比）		0.0	*0.0*
淡水使用量（占内陆水资源的百分比）	..	*6.3*	6.3
获得改善的水资源的人口（占总人口的百分比）	77	82	*92*
获得改善的卫生设施的人口（占总人口的百分比）	62	62	*61*
人均能源使用量（千克石油当量）	220	..	..
人均二氧化碳排放量（吨）	0.7	0.6	*0.6*
人均用电量（千瓦时）	..	..	..
经济			
GDP（百万美元）	452	551	1,456
GDP增长率（年度百分比）	*-4.3*	0.4	5.0
GDP隐含价格平减指数（年度增长百分比）	*6.8*	2.4	2.5
农业增加值（占GDP的百分比）	3	4	..
工业增加值（占GDP的百分比）	22	15	..
服务业增加值（占GDP的百分比）	75	81	..
货物和服务出口（占GDP的百分比）	54	35	..
货物和服务进口（占GDP的百分比）	78	50	..
资本形成总额（占GDP的百分比）	14	9	..
中央政府收入（占GDP的百分比）	..	..	..
中央政府现金盈余/赤字（占GDP的百分比）	..	..	..
政府与市场			
创办企业的时间（天）	..	..	14
总体统计能力水平（0—100）	..	..	45.6
军费支出（占GDP的百分比）	6.9	4.7	..
移动电话用户（每100人）	0.0	0.0	28.0
互联网用户（占总人口的百分比）	0.0	0.2	9.5
金融部门提供的国内信用（占GDP的百分比）	40.6	36.1	33.9
高科技出口（占制成品出口的百分比）	..	..	..
全球联系			
商品贸易（占GDP的百分比）	53	43	58
净易货贸易条件指数（2000年=100）	..	100	86
外债总额（百万美元）	155	299	833
债务还本付息总额（占出口的百分比）	*4.7*	6.9	8.2
净移民（千人）	*-15.0*	*-18.2*	*-16.0*
获得的侨汇（百万美元）	*13.1*	12.3	35.6
外国直接投资，净流入额（百万美元）	*2*	3	286
获得的净官方发展援助（百万美元）	207	72	153

多米尼克

拉丁美洲和加勒比地区 | **中高收入经济体**

人口（千人）	72	人口增长率（百分比）	0.4
陆地面积（平方公里）	750	每天生活费用不足1.25美元的人口（占人口的百分比）	..
GNI，图表集法（百万美元）	499.2	人均GNI，图表集法（美元）	6,930
PPP衡量的GNI（百万美元）	724.5	PPP衡量的人均GNI（美元）	10,060

	1990	2000	2013
人口			
最贫困的20%人口占国家消费/收入的份额（百分比）	..	..	..
出生时的预期寿命（岁）			..
总生育率（每个女性生育数）			..
青年女性生育率（每千名15—19岁女性生育数）	..	..	..
避孕普及率（占15—49岁已婚女性的百分比）	..		..
在熟练医护人员护理下的分娩（占总数的百分比）	..	100	
5岁以下儿童死亡率（每千人）	17	16	11
儿童营养不良，体重不足（占5岁以下儿童的百分比）	..	..	..
儿童麻疹免疫接种率（占12—23个月年龄组的百分比）	88	99	93
小学毕业率，总数（占适龄年龄组的百分比）		119	103
中学总入学率，总数（占适龄年龄组的百分比）	70	106	
小学和中学中女孩与男孩的比率（百分比）	102	106	
HIV感染率（占15—49岁人口的百分比）	..	..	..
环境			
森林（平方公里）	500	473	
森林采伐（1990—2000年和2000—2010年，平均年度百分比）		0.6	
淡水使用量（占内陆水资源的百分比）	..	..	..
获得改善的水资源的人口（占总人口的百分比）	..	95	..
获得改善的卫生设施的人口（占总人口的百分比）	..	81	..
人均能源使用量（千克石油当量）	298	..	..
人均二氧化碳排放量（吨）	0.8	1.5	
人均用电量（千瓦时）	..	..	..
经济			
GDP（百万美元）	166	336	517
GDP增长率（年度百分比）	5.3	0.4	-0.9
GDP隐含价格平减指数（年度增长百分比）	3.0	25.0	1.3
农业增加值（占GDP的百分比）	25	13	17
工业增加值（占GDP的百分比）	19	18	14
服务业增加值（占GDP的百分比）	56	69	69
货物和服务出口（占GDP的百分比）	55	43	33
货物和服务进口（占GDP的百分比）	81	55	48
资本形成总额（占GDP的百分比）	41	20	12
中央政府收入（占GDP的百分比）	..	23.6	
中央政府现金盈余/赤字（占GDP的百分比）	..	-5.2	
政府与市场			
创办企业的时间（天）	..	..	12
总体统计能力水平（0—100）	..	..	55.6
军费支出（占GDP的百分比）	..	..	..
移动电话用户（每100人）	0.0	1.7	130.0
互联网用户（占总人口的百分比）	0.0	8.8	59.0
金融部门提供的国内信用（占GDP的百分比）	59.6	61.2	61.9
高科技出口（占制成品出口的百分比）		7	
全球联系			
商品贸易（占GDP的百分比）	104	60	47
净易货贸易条件指数（2000年=100）	..	100	101
外债总额（百万美元）	91	183	293
债务还本付息总额（占出口的百分比）	6.6	7.4	10.7
净移民（千人）	..	..	..
获得的侨汇（百万美元）	13.9	16.3	23.6
外国直接投资，净流入额（百万美元）	12.9	17.6	17.9
获得的净官方发展援助（百万美元）	19.6	15.2	19.9

多米尼加共和国

拉丁美洲和加勒比地区 **中高收入经济体**

人口（百万）	10.4	人口增长率（百分比）	1.2
陆地面积（千平方公里）	49	每天生活费用不足1.25美元的人口（占人口的百分比）	2.3
GNI，图表集法（10亿美元）	60.0	人均GNI，图表集法（美元）	5,770
PPP衡量的GNI（10亿美元）	121.0	PPP衡量的人均GNI（美元）	11,630

	1990	2000	2013
人口			
最贫困的20%人口占国家消费/收入的份额（百分比）	4.2	3.7	5.0
出生时的预期寿命（岁）	68	71	73
总生育率（每个女性生育数）	3.5	2.9	2.5
青年女性生育率（每千名15—19岁女性生育数）	113	110	98
避孕普及率（占15—49岁已婚女性的百分比）	56	65	72
在熟练医护人员护理下的分娩（占总数的百分比）	92	98	99
5岁以下儿童死亡率（每千人）	60	41	28
儿童营养不良，体重不足（占5岁以下儿童的百分比）	8.4	3.5	4.0
儿童麻疹免疫接种率（占12—23个月年龄组的百分比）	70	85	79
小学毕业率，总数（占适龄年龄组的百分比）	..	77	90
中学总入学率，总数（占适龄年龄组的百分比）	..	59	76
小学和中学中女孩与男孩的比率（百分比）	..	104	99
HIV感染率（占15—49岁人口的百分比）	0.4	1.5	0.7
环境			
森林（千平方公里）	20	20	20
森林采伐（1990—2000年和2000—2010年，平均年度百分比）		0.0	0.0
淡水使用量（占内陆水资源的百分比）	..	16.6	26.1
获得改善的水资源的人口（占总人口的百分比）	89	86	81
获得改善的卫生设施的人口（占总人口的百分比）	73	77	82
人均能源使用量（千克石油当量）	563	866	727
人均二氧化碳排放量（吨）	1.3	2.3	2.1
人均用电量（千瓦时）	385	722	893
经济			
GDP（10亿美元）	7.1	24.0	61.2
GDP增长率（年度百分比）	-5.5	5.7	4.6
GDP隐含价格平减指数（年度增长百分比）	50.5	6.9	3.1
农业增加值（占GDP的百分比）	15	7	6
工业增加值（占GDP的百分比）	34	33	27
服务业增加值（占GDP的百分比）	52	59	67
货物和服务出口（占GDP的百分比）	34	37	26
货物和服务进口（占GDP的百分比）	44	46	31
资本形成总额（占GDP的百分比）	25	23	22
中央政府收入（占GDP的百分比）	..	..	13.7
中央政府现金盈余/赤字（占GDP的百分比）	..	..	-2.5
政府与市场			
创办企业的时间（天）	..	79	20
总体统计能力水平（0—100）	..	71.1	78.9
军费支出（占GDP的百分比）	0.7	1.0	0.6
移动电话用户（每100人）	0.0	8.1	88.4
互联网用户（占总人口的百分比）	0.0	3.7	45.9
金融部门提供的国内信用（占GDP的百分比）	31.5	31.9	47.7
高科技出口（占制成品出口的百分比）	..	1	3
全球联系			
商品贸易（占GDP的百分比）	73	63	43
净易货贸易条件指数（2000年=100）	96	100	93
外债总额（10亿美元）	4.5	4.7	23.8
债务还本付息总额（占出口的百分比）	12.5	5.7	16.8
净移民（千人）	-129	-148	-140
获得的侨汇（10亿美元）	0.3	1.8	4.5
外国直接投资，净流入额（百万美元）	133	953	1,600
获得的净官方发展援助（百万美元）	102	56	148

厄瓜多尔

拉丁美洲和加勒比地区 **中高收入经济体**

人口（百万）	15.7	人口增长率（百分比）	1.6
陆地面积（千平方公里）	256	每天生活费用不足1.25美元的人口（占人口的百分比）	*4.0*
GNI，图表集法（10亿美元）	90.6	人均GNI，图表集法（美元）	5,760
PPP衡量的GNI（10亿美元）	168.8	PPP衡量的人均GNI（美元）	10,720

	1990	2000	2013
人口			
最贫困的20%人口占国家消费/收入的份额（百分比）	..	3.0	*4.3*
出生时的预期寿命（岁）	69	73	76
总生育率（每个女性生育数）	3.8	3.1	2.6
青年女性生育率（每千名15—19岁女性生育数）	87	85	76
避孕普及率（占15—49岁已婚女性的百分比）	*53*	*66*	..
在熟练医护人员护理下的分娩（占总数的百分比）	..	*99*	*91*
5岁以下儿童死亡率（每千人）	57	34	23
儿童营养不良，体重不足（占5岁以下儿童的百分比）	..	*6.2*	*6.4*
儿童麻疹免疫接种率（占12—23个月年龄组的百分比）	60	99	97
小学毕业率，总数（占适龄年龄组的百分比）	*96*	98	111
中学总入学率，总数（占适龄年龄组的百分比）	59	59	103
小学和中学中女孩与男孩的比率（百分比）	*100*	100	102
HIV感染率（占15—49岁人口的百分比）	0.1	0.4	0.4
环境			
森林（千平方公里）	138	118	*95*
森林采伐（1990—2000年和2000—2010年，平均年度百分比）		1.5	*1.8*
淡水使用量（占内陆水资源的百分比）	..	*2.1*	2.2
获得改善的水资源的人口（占总人口的百分比）	74	80	*86*
获得改善的卫生设施的人口（占总人口的百分比）	57	70	*83*
人均能源使用量（千克石油当量）	577	624	*849*
人均二氧化碳排放量（吨）	1.7	1.7	*2.2*
人均用电量（千瓦时）	486	642	*1,192*
经济			
GDP（10亿美元）	15.2	18.3	94.5
GDP增长率（年度百分比）	3.7	1.1	4.6
GDP隐含价格平减指数（年度增长百分比）	5.8	-7.7	3.0
农业增加值（占GDP的百分比）	21	16	9
工业增加值（占GDP的百分比）	30	36	39
服务业增加值（占GDP的百分比）	49	48	52
货物和服务出口（占GDP的百分比）	23	32	29
货物和服务进口（占GDP的百分比）	22	27	32
资本形成总额（占GDP的百分比）	24	21	29
中央政府收入（占GDP的百分比）	9.8	..	..
中央政府现金盈余/赤字（占GDP的百分比）	2.0	..	..
政府与市场			
创办企业的时间（天）	..	*92*	56
总体统计能力水平（0—100）	..	*82.2*	70.0
军费支出（占GDP的百分比）	1.3	1.5	3.0
移动电话用户（每100人）	0.0	3.8	111.5
互联网用户（占总人口的百分比）	0.0	1.5	40.4
金融部门提供的国内信用（占GDP的百分比）	10.5	30.6	29.6
高科技出口（占制成品出口的百分比）	0	6	4
全球联系			
商品贸易（占GDP的百分比）	30	47	55
净易货贸易条件指数（2000年=100）	114	100	134
外债总额（10亿美元）	12.2	13.3	20.3
债务还本付息总额（占出口的百分比）	33.2	30.6	11.2
净移民（千人）	*-17.7*	*-43.5*	*-30.0*
获得的侨汇（10亿美元）	0.1	1.3	2.5
外国直接投资，净流入额（百万美元）	126	-23	725
获得的净官方发展援助（百万美元）	159	146	148

埃及

中东和北非			中低收入经济体
人口（百万）	82.1	人口增长率（百分比）	1.6
陆地面积（千平方公里）	1,001	每天生活费用不足1.25美元的人口（占人口的百分比）	<2
GNI，图表集法（10亿美元）	257.4	人均GNI，图表集法（美元）	3,140
PPP衡量的GNI（10亿美元）	885.1	PPP衡量的人均GNI（美元）	10,790

	1990	2000	2013
人口			
最贫困的20%人口占国家消费/收入的份额（百分比）	8.7	9.0	*9.3*
出生时的预期寿命（岁）	65	69	71
总生育率（每个女性生育数）	4.4	3.3	2.8
青年女性生育率（每千名15—19岁女性生育数）	77	55	42
避孕普及率（占15—49岁已婚女性的百分比）	*48*	56	*60*
在熟练医护人员护理下的分娩（占总数的百分比）	*37*	61	*79*
5岁以下儿童死亡率（每千人）	85	45	22
儿童营养不良，体重不足（占5岁以下儿童的百分比）	*10.5*	4.3	*6.8*
儿童麻疹免疫接种率（占12—23个月年龄组的百分比）	86	98	96
小学毕业率，总数（占适龄年龄组的百分比）	..	97	*107*
中学总入学率，总数（占适龄年龄组的百分比）	73	86	*86*
小学和中学中女孩与男孩的比率（百分比）	81	92	*97*
HIV感染率（占15—49岁人口的百分比）	0.1	0.1	0.1
环境			
森林（平方公里）	440	590	*712*
森林采伐（1990—2000年和2000—2010年，平均年度百分比）		-3.0	*-1.7*
淡水使用量（占内陆水资源的百分比）	..	*3,794.4*	3,794.4
获得改善的水资源的人口（占总人口的百分比）	93	96	*99*
获得改善的卫生设施的人口（占总人口的百分比）	72	86	*96*
人均能源使用量（千克石油当量）	574	615	*978*
人均二氧化碳排放量（吨）	1.3	2.1	*2.6*
人均用电量（千瓦时）	675	1,017	*1,743*
经济			
GDP（10亿美元）	43	100	272
GDP增长率（年度百分比）	5.7	5.4	2.1
GDP隐含价格平减指数（年度增长百分比）	18.4	4.9	9.0
农业增加值（占GDP的百分比）	19	17	15
工业增加值（占GDP的百分比）	29	33	39
服务业增加值（占GDP的百分比）	52	50	46
货物和服务出口（占GDP的百分比）	20	16	18
货物和服务进口（占GDP的百分比）	33	23	25
资本形成总额（占GDP的百分比）	29	20	14
中央政府收入（占GDP的百分比）	23.0	*24.3*	*21.5*
中央政府现金盈余/赤字（占GDP的百分比）	-2.0	-6.7	*-10.6*
政府与市场			
创办企业的时间（天）	..	*38*	8
总体统计能力水平（0—100）	..	*77.8*	90.0
军费支出（占GDP的百分比）	5.2	3.4	1.7
移动电话用户（每100人）	0.0	2.1	121.5
互联网用户（占总人口的百分比）	0.0	0.6	49.6
金融部门提供的国内信用（占GDP的百分比）	99.8	89.0	86.2
高科技出口（占制成品出口的百分比）	..	0	1
全球联系			
商品贸易（占GDP的百分比）	37	20	32
净易货贸易条件指数（2000年=100）	101	100	153
外债总额（10亿美元）	33.0	29.2	44.4
债务还本付息总额（占出口的百分比）	28.6	9.8	*6.6*
净移民（千人）	*-1,109*	*-371*	*-216*
获得的侨汇（10亿美元）	4.3	2.9	*19.2*
外国直接投资，净流入额（10亿美元）	0.7	1.2	5.6
获得的净官方发展援助（10亿美元）	6.1	1.4	5.5

萨尔瓦多

拉丁美洲和加勒比地区		中低收入经济体	
人口（百万）	6.3	人口增长率（百分比）	0.7
陆地面积（千平方公里）	21	每天生活费用不足1.25美元的人口（占人口的百分比）	*2.5*
GNI，图表集法（10亿美元）	23.6	人均GNI，图表集法（美元）	3,720
PPP衡量的GNI（10亿美元）	47.5	PPP衡量的人均GNI（美元）	7,490

	1990	2000	2013
人口			
最贫困的20%人口占国家消费/收入的份额（百分比）	*2.6*	2.5	*5.7*
出生时的预期寿命（岁）	66	70	72
总生育率（每个女性生育数）	4.0	2.9	2.2
青年女性生育率（每千名15—19岁女性生育数）	122	100	75
避孕普及率（占15—49岁已婚女性的百分比）	*53*	*67*	*73*
在熟练医护人员护理下的分娩（占总数的百分比）	*87*	*92*	100
5岁以下儿童死亡率（每千人）	60	32	16
儿童营养不良，体重不足（占5岁以下儿童的百分比）	*7.2*	*6.1*	*6.6*
儿童麻疹免疫接种率（占12—23个月年龄组的百分比）	98	97	94
小学毕业率，总数（占适龄年龄组的百分比）	*63*	83	101
中学总入学率，总数（占适龄年龄组的百分比）	*38*	54	70
小学和中学中女孩与男孩的比率（百分比）	*102*	97	98
HIV感染率（占15—49岁人口的百分比）	0.2	0.6	0.5
环境			
森林（千平方公里）	3.8	3.3	*2.8*
森林采伐（1990—2000年和2000—2010年，平均年度百分比）		1.3	*1.5*
淡水使用量（占内陆水资源的百分比）	*4.7*	*8.8*	13.6
获得改善的水资源的人口（占总人口的百分比）	75	84	*90*
获得改善的卫生设施的人口（占总人口的百分比）	50	61	*71*
人均能源使用量（千克石油当量）	462	666	*690*
人均二氧化碳排放量（吨）	0.5	1.0	*1.0*
人均用电量（千瓦时）	347	608	*830*
经济			
GDP（10亿美元）	4.8	13.1	24.3
GDP增长率（年度百分比）	4.8	2.2	1.7
GDP隐含价格平减指数（年度增长百分比）	4.7	3.1	0.2
农业增加值（占GDP的百分比）	17	10	11
工业增加值（占GDP的百分比）	27	31	27
服务业增加值（占GDP的百分比）	55	58	62
货物和服务出口（占GDP的百分比）	19	27	26
货物和服务进口（占GDP的百分比）	31	42	46
资本形成总额（占GDP的百分比）	14	17	15
中央政府收入（占GDP的百分比）	..	*16.0*	*20.3*
中央政府现金盈余/赤字（占GDP的百分比）	..	*-4.7*	*-0.8*
政府与市场			
创办企业的时间（天）	..	*115*	17
总体统计能力水平（0—100）	..	*71.1*	91.1
军费支出（占GDP的百分比）	4.2	1.3	1.1
移动电话用户（每100人）	0.0	12.5	136.2
互联网用户（占总人口的百分比）	0.0	1.2	23.1
金融部门提供的国内信用（占GDP的百分比）	24.1	52.8	72.1
高科技出口（占制成品出口的百分比）	..	3	4
全球联系			
商品贸易（占GDP的百分比）	38	60	67
净易货贸易条件指数（2000年=100）	84	100	88
外债总额（10亿美元）	2.2	4.5	13.4
债务还本付息总额（占出口的百分比）	21.7	9.9	17.1
净移民（千人）	*-255*	*-356*	*-225*
获得的侨汇（10亿美元）	0.4	1.8	4.0
外国直接投资，净流入额（百万美元）	2	173	197
获得的净官方发展援助（百万美元）	347	180	171

赤道几内亚

高收入经济体

人口（千人）	757	人口增长率（百分比）	2.8
陆地面积（千平方公里）	28	每天生活费用不足1.25美元的人口（占人口的百分比）	..
GNI，图表集法（10亿美元）	10.8	人均GNI，图表集法（美元）	14,320
PPP衡量的GNI（10亿美元）	17.6	PPP衡量的人均GNI（美元）	23,270

	1990	2000	2013
人口			
最贫困的20%人口占国家消费/收入的份额（百分比）	..	..	..
出生时的预期寿命（岁）	47	48	53
总生育率（每个女性生育数）	5.9	5.8	4.8
青年女性生育率（每千名15—19岁女性生育数）	134	131	111
避孕普及率（占15—49岁已婚女性的百分比）	..	10	*13*
在熟练医护人员护理下的分娩（占总数的百分比）	..	65	*68*
5岁以下儿童死亡率（每千人）	184	142	96
儿童营养不良，体重不足（占5岁以下儿童的百分比）	..	15.7	*5.6*
儿童麻疹免疫接种率（占12—23个月年龄组的百分比）	88	51	42
小学毕业率，总数（占适龄年龄组的百分比）	..	48	*55*
中学总入学率，总数（占适龄年龄组的百分比）	*42*	31	..
小学和中学中女孩与男孩的比率（百分比）	*82*	72	..
HIV感染率（占15—49岁人口的百分比）	..	..	..
环境			
森林（千平方公里）	19	17	*16*
森林采伐（1990—2000年和2000—2010年，平均年度百分比）		0.7	*0.7*
淡水使用量（占内陆水资源的百分比）	..	*0.1*	0.1
获得改善的水资源的人口（占总人口的百分比）	..	51	..
获得改善的卫生设施的人口（占总人口的百分比）	..	89	..
人均能源使用量（千克石油当量）	..	..	..
人均二氧化碳排放量（吨）	0.3	0.9	*6.7*
人均用电量（千瓦时）	..	..	..
经济			
GDP（10亿美元）	0.1	1.0	15.6
GDP增长率（年度百分比）	-1.8	18.2	-4.8
GDP隐含价格平减指数（年度增长百分比）	10.4	64.7	-4.0
农业增加值（占GDP的百分比）	..	..	..
工业增加值（占GDP的百分比）	..	..	..
服务业增加值（占GDP的百分比）	..	..	6
货物和服务出口（占GDP的百分比）	39	122	88
货物和服务进口（占GDP的百分比）	164	212	68
资本形成总额（占GDP的百分比）	118	131	58
中央政府收入（占GDP的百分比）	..	..	*53.6*
中央政府现金盈余/赤字（占GDP的百分比）	..	..	*-10.4*
政府与市场			
创办企业的时间（天）	..	..	135
总体统计能力水平（0—100）	..	..	34.4
军费支出（占GDP的百分比）	..	..	..
移动电话用户（每100人）	0.0	1.0	67.5
互联网用户（占总人口的百分比）	0.0	0.1	16.4
金融部门提供的国内信用（占GDP的百分比）	36.8	4.7	-3.5
高科技出口（占制成品出口的百分比）	..	..	..
全球联系			
商品贸易（占GDP的百分比）	112	148	138
净易货贸易条件指数（2000年=100）	38	100	231
外债总额（百万美元）	..	..	..
债务还本付息总额（占出口的百分比）	..	..	..
净移民（千人）	*15.0*	*25.0*	*20.0*
获得的侨汇（百万美元）	*1.3*	..	..
外国直接投资，净流入额（百万美元）	11	154	1,914
获得的净官方发展援助（百万美元）	60.2	21.3	5.7

厄立特里亚

撒哈拉以南非洲地区			低收入经济体
人口（百万）	6.3	人口增长率（百分比）	3.2
陆地面积（千平方公里）	118	每天生活费用不足1.25美元的人口（占人口的百分比）	..
GNI，图表集法（10亿美元）	3.1	人均GNI，图表集法（美元）	490
PPP衡量的GNI（10亿美元）	7.5	PPP衡量的人均GNI（美元）	1,180

	1990	2000	2013
人口			
最贫困的20%人口占国家消费/收入的份额（百分比）	..	..	..
出生时的预期寿命（岁）	48	56	63
总生育率（每个女性生育数）	6.5	5.9	4.7
青年女性生育率（每千名15—19岁女性生育数）	119	98	63
避孕普及率（占15—49岁已婚女性的百分比）	..	*8*	*8*
在熟练医护人员护理下的分娩（占总数的百分比）	..	*28*	*34*
5岁以下儿童死亡率（每千人）	151	89	50
儿童营养不良，体重不足（占5岁以下儿童的百分比）	*36.9*	*34.5*	*38.8*
儿童麻疹免疫接种率（占12—23个月年龄组的百分比）	*34*	76	96
小学毕业率，总数（占适龄年龄组的百分比）	..	..	..
中学总入学率，总数（占适龄年龄组的百分比）	..	..	..
小学和中学中女孩与男孩的比率（百分比）	..	..	..
HIV感染率（占15—49岁人口的百分比）	0.5	2.2	0.6
环境			
森林（千平方公里）	16	16	*15*
森林采伐（1990—2000年和2000—2010年，平均年度百分比）		0.3	*0.3*
淡水使用量（占内陆水资源的百分比）	..	*14.8*	20.8
获得改善的水资源的人口（占总人口的百分比）	43	54	..
获得改善的卫生设施的人口（占总人口的百分比）	9	11	..
人均能源使用量（千克石油当量）	*263*	180	*129*
人均二氧化碳排放量（吨）	..	0.15	*0.09*
人均用电量（千瓦时）	*37*	44	*49*
经济			
GDP（百万美元）	*477*	706	3,444
GDP增长率（年度百分比）	*13.5*	-3.1	1.3
GDP隐含价格平减指数（年度增长百分比）	*-1.4*	25.0	9.9
农业增加值（占GDP的百分比）	*31*	13	..
工业增加值（占GDP的百分比）	*12*	20	..
服务业增加值（占GDP的百分比）	*57*	66	..
货物和服务出口（占GDP的百分比）	*11*	10	*14*
货物和服务进口（占GDP的百分比）	*45*	58	*23*
资本形成总额（占GDP的百分比）	*8*	22	*10*
中央政府收入（占GDP的百分比）	..	..	..
中央政府现金盈余/赤字（占GDP的百分比）	..	..	..
政府与市场			
创办企业的时间（天）	..	..	84
总体统计能力水平（0—100）	..	*37.8*	31.1
军费支出（占GDP的百分比）	*22.0*	32.7	..
移动电话用户（每100人）	0.0	0.0	5.6
互联网用户（占总人口的百分比）	0.0	0.1	0.9
金融部门提供的国内信用（占GDP的百分比）	0.0	150.5	0.0
高科技出口（占制成品出口的百分比）	..	0	..
全球联系			
商品贸易（占GDP的百分比）	*77*	72	39
净易货贸易条件指数（2000年=100）	99	100	85
外债总额（百万美元）	..	330	946
债务还本付息总额（占出口的百分比）	..	4.3	..
净移民（千人）	*-359*	*229*	*55*
获得的侨汇（百万美元）	..	3.3	..
外国直接投资，净流入额（百万美元）	..	27.9	43.9
获得的净官方发展援助（百万美元）	5	177	84

爱沙尼亚

高收入经济体

人口（百万）	1.3	人口增长率（百分比）	-0.4
陆地面积（千平方公里）	45	每天生活费用不足1.25美元的人口（占人口的百分比）	<2
GNI，图表集法（10亿美元）	23.4	人均GNI，图表集法（美元）	17,780
PPP衡量的GNI（10亿美元）	32.8	PPP衡量的人均GNI（美元）	24,920

	1990	2000	2013
人口			
最贫困的20%人口占国家消费/收入的份额（百分比）	*6.4*	6.9	*7.2*
出生时的预期寿命（岁）	69	70	76
总生育率（每个女性生育数）	2.1	1.4	1.6
青年女性生育率（每千名15—19岁女性生育数）	46	25	16
避孕普及率（占15—49岁已婚女性的百分比）	..	..	..
在熟练医护人员护理下的分娩（占总数的百分比）	99	100	*100*
5岁以下儿童死亡率（每千人）	20	11	3
儿童营养不良，体重不足（占5岁以下儿童的百分比）	..	..	..
儿童麻疹免疫接种率（占12—23个月年龄组的百分比）	*74*	93	94
小学毕业率，总数（占适龄年龄组的百分比）	..	94	*96*
中学总入学率，总数（占适龄年龄组的百分比）	105	93	*107*
小学和中学中女孩与男孩的比率（百分比）	*103*	100	*100*
HIV感染率（占15—49岁人口的百分比）	0.1	0.5	1.3
环境			
森林（千平方公里）	21	22	*22*
森林采伐（1990—2000年和2000—2010年，平均年度百分比）		-0.7	*0.1*
淡水使用量（占内陆水资源的百分比）	..	*11.5*	14.1
获得改善的水资源的人口（占总人口的百分比）	99	99	*99*
获得改善的卫生设施的人口（占总人口的百分比）	95	95	*95*
人均能源使用量（千克石油当量）	6,316	3,375	*4,325*
人均二氧化碳排放量（吨）	*15.0*	10.9	*13.8*
人均用电量（千瓦时）	5,890	4,538	*6,314*
经济			
GDP（10亿美元）	..	5.7	24.9
GDP增长率（年度百分比）	..	9.7	1.6
GDP隐含价格平减指数（年度增长百分比）	..	4.8	4.5
农业增加值（占GDP的百分比）	..	5	4
工业增加值（占GDP的百分比）	..	28	29
服务业增加值（占GDP的百分比）	..	67	67
货物和服务出口（占GDP的百分比）	..	62	86
货物和服务进口（占GDP的百分比）	..	65	85
资本形成总额（占GDP的百分比）	..	29	27
中央政府收入（占GDP的百分比）	..	29.3	*32.9*
中央政府现金盈余/赤字（占GDP的百分比）	..	0.2	*-0.1*
政府与市场			
创办企业的时间（天）	..	*72*	5
总体统计能力水平（0—100）	..	*85.6*	86.7
军费支出（占GDP的百分比）	..	1.4	1.9
移动电话用户（每100人）	0.0	40.8	159.7
互联网用户（占总人口的百分比）	0.0	28.6	80.0
金融部门提供的国内信用（占GDP的百分比）	0.0	34.5	71.6
高科技出口（占制成品出口的百分比）	..	30	11
全球联系			
商品贸易（占GDP的百分比）	..	156	138
净易货贸易条件指数（2000年=100）	..	100	94
外债总额（百万美元）	..	..	..
债务还本付息总额（占出口的百分比）	..	..	..
净移民（千人）	*-112*	*-14*	*0*
获得的侨汇（百万美元）	..	4	429
外国直接投资，净流入额（百万美元）	*82*	387	965
获得的净官方发展援助（百万美元）	..	..	..

埃塞俄比亚

撒哈拉以南非洲地区		低收入经济体	
人口（百万）	94.1	人口增长率（百分比）	2.6
陆地面积（千平方公里）	1,104	每天生活费用不足1.25美元的人口（占人口的百分比）	*36.8*
GNI，图表集法（10亿美元）	44.5	人均GNI，图表集法（美元）	470
PPP衡量的GNI（10亿美元）	129.6	PPP衡量的人均GNI（美元）	1,380

	1990	2000	2013
人口			
最贫困的20%人口占国家消费/收入的份额（百分比）	..	*9.2*	*8.0*
出生时的预期寿命（岁）	47	52	64
总生育率（每个女性生育数）	7.2	6.5	4.5
青年女性生育率（每千名15—19岁女性生育数）	118	110	76
避孕普及率（占15—49岁已婚女性的百分比）	5	8	*29*
在熟练医护人员护理下的分娩（占总数的百分比）	..	6	23
5岁以下儿童死亡率（每千人）	205	146	64
儿童营养不良，体重不足（占5岁以下儿童的百分比）	*43.3*	42.0	*29.2*
儿童麻疹免疫接种率（占12—23个月年龄组的百分比）	38	36	62
小学毕业率，总数（占适龄年龄组的百分比）	*23*	22	..
中学总入学率，总数（占适龄年龄组的百分比）	*14*	14	..
小学和中学中女孩与男孩的比率（百分比）	*69*	65	..
HIV感染率（占15—49岁人口的百分比）	1.0	4.1	1.2
环境			
森林（千平方公里）	167	137	*120*
森林采伐（1990—2000年和2000—2010年，平均年度百分比）		1.0	*1.1*
淡水使用量（占内陆水资源的百分比）	..	*4.6*	4.6
获得改善的水资源的人口（占总人口的百分比）	13	29	*52*
获得改善的卫生设施的人口（占总人口的百分比）	2	8	*24*
人均能源使用量（千克石油当量）	411	382	*381*
人均二氧化碳排放量（吨）	0.06	0.09	*0.07*
人均用电量（千瓦时）	23	23	*52*
经济			
GDP（10亿美元）	12.2	8.2	47.5
GDP增长率（年度百分比）	2.7	6.1	10.5
GDP隐含价格平减指数（年度增长百分比）	3.3	9.5	4.7
农业增加值（占GDP的百分比）	52	48	45
工业增加值（占GDP的百分比）	10	12	12
服务业增加值（占GDP的百分比）	38	40	43
货物和服务出口（占GDP的百分比）	6	12	12
货物和服务进口（占GDP的百分比）	9	24	29
资本形成总额（占GDP的百分比）	17	27	36
中央政府收入（占GDP的百分比）	12.3	*11.8*	*10.9*
中央政府现金盈余/赤字（占GDP的百分比）	-6.6	*-4.2*	*-1.3*
政府与市场			
创办企业的时间（天）	..	*46*	15
总体统计能力水平（0—100）	..	*66.7*	61.1
军费支出（占GDP的百分比）	6.0	4.9	0.8
移动电话用户（每100人）	0.0	0.0	27.3
互联网用户（占总人口的百分比）	0.0	0.0	1.9
金融部门提供的国内信用（占GDP的百分比）	39.2	48.6	0.0
高科技出口（占制成品出口的百分比）	..	0	2
全球联系			
商品贸易（占GDP的百分比）	11	21	31
净易货贸易条件指数（2000年=100）	121	100	124
外债总额（10亿美元）	8.6	5.5	12.6
债务还本付息总额（占出口的百分比）	39.0	13.7	*7.2*
净移民（千人）	*1,295*	*-83*	*-60*
获得的侨汇（百万美元）	5	53	*624*
外国直接投资，净流入额（百万美元）	*0*	135	953
获得的净官方发展援助（10亿美元）	1.0	0.7	3.8

法罗群岛

高收入经济体

人口（千人）	49	人口增长率（百分比）	-0.1
陆地面积（千平方公里）	1.4	每天生活费用不足1.25美元的人口（占人口的百分比）	..
GNI，图表集法（百万美元）	..	人均GNI，图表集法（美元）	..
PPP衡量的GNI（百万美元）	..	PPP衡量的人均GNI（美元）	..

	1990	2000	2013
人口			
最贫困的20%人口占国家消费/收入的份额（百分比）	..	..	..
出生时的预期寿命（岁）	76	78	81
总生育率（每个女性生育数）	..	..	..
青年女性生育率（每千名15—19岁女性生育数）	..	..	..
避孕普及率（占15—49岁已婚女性的百分比）	..	..	..
在熟练医护人员护理下的分娩（占总数的百分比）	..	..	..
5岁以下儿童死亡率（每千人）	..	..	..
儿童营养不良，体重不足（占5岁以下儿童的百分比）	..	..	..
儿童麻疹免疫接种率（占12—23个月年龄组的百分比）	..	..	..
小学毕业率，总数（占适龄年龄组的百分比）	..	..	..
中学总入学率，总数（占适龄年龄组的百分比）	..	..	..
小学和中学中女孩与男孩的比率（百分比）	..	..	..
HIV感染率（占15—49岁人口的百分比）	..	..	..
环境			
森林（平方公里）	1.0	1.0	*1.0*
森林采伐（1990—2000年和2000—2010年，平均年度百分比）		0.0	*0.0*
淡水使用量（占内陆水资源的百分比）	..	..	..
获得改善的水资源的人口（占总人口的百分比）	..	..	..
获得改善的卫生设施的人口（占总人口的百分比）	..	..	..
人均能源使用量（千克石油当量）	..	..	..
人均二氧化碳排放量（吨）	13.0	15.3	*14.3*
人均用电量（千瓦时）	..	..	..
经济			
GDP（百万美元）	..	1,062	..
GDP增长率（年度百分比）	..	..	..
GDP隐含价格平减指数（年度增长百分比）	..	..	..
农业增加值（占GDP的百分比）	..	..	..
工业增加值（占GDP的百分比）	..	..	..
服务业增加值（占GDP的百分比）	..	..	..
货物和服务出口（占GDP的百分比）	..	..	..
货物和服务进口（占GDP的百分比）	..	..	..
资本形成总额（占GDP的百分比）	..	..	..
中央政府收入（占GDP的百分比）	..	..	..
中央政府现金盈余/赤字（占GDP的百分比）	..	..	..
政府与市场			
创办企业的时间（天）	..	..	..
总体统计能力水平（0—100）	..	..	..
军费支出（占GDP的百分比）	..	..	..
移动电话用户（每100人）	0.0	36.5	120.7
互联网用户（占总人口的百分比）	0.0	32.9	90.0
金融部门提供的国内信用（占GDP的百分比）	0.0	0.0	0.0
高科技出口（占制成品出口的百分比）	0	0	..
全球联系			
商品贸易（占GDP的百分比）	..	95	..
净易货贸易条件指数（2000年=100）	..	100	96
外债总额（百万美元）	..	..	..
债务还本付息总额（占出口的百分比）	..	..	..
净移民（千人）	..	..	..
获得的侨汇（百万美元）	..	43	*158*
外国直接投资，净流入额（百万美元）	..	..	..
获得的净官方发展援助（百万美元）	..	..	..

斐济

东亚和太平洋地区 **中高收入经济体**

人口（千人）	881	人口增长率（百分比）	0.7
陆地面积（千平方公里）	18	每天生活费用不足1.25美元的人口（占人口的百分比）	5.9
GNI，图表集法（10亿美元）	3.9	人均GNI，图表集法（美元）	4,370
PPP衡量的GNI（10亿美元）	6.7	PPP衡量的人均GNI（美元）	7,590

	1990	2000	2013
人口			
最贫困的20%人口占国家消费/收入的份额（百分比）	..	*4.1*	*6.2*
出生时的预期寿命（岁）	66	68	70
总生育率（每个女性生育数）	3.4	3.1	2.6
青年女性生育率（每千名15—19岁女性生育数）	63	43	42
避孕普及率（占15—49岁已婚女性的百分比）	..	44	*44*
在熟练医护人员护理下的分娩（占总数的百分比）	..	99	100
5岁以下儿童死亡率（每千人）	30	24	24
儿童营养不良，体重不足（占5岁以下儿童的百分比）	*6.9*	*5.3*	..
儿童麻疹免疫接种率（占12—23个月年龄组的百分比）	84	81	94
小学毕业率，总数（占适龄年龄组的百分比）	*105*	95	*104*
中学总入学率，总数（占适龄年龄组的百分比）	*77*	78	*88*
小学和中学中女孩与男孩的比率（百分比）	*98*	103	*106*
HIV感染率（占15—49岁人口的百分比）	0.1	0.1	0.1
环境			
森林（千平方公里）	10	10	*10*
森林采伐（1990—2000年和2000—2010年，平均年度百分比）		-0.3	*-0.3*
淡水使用量（占内陆水资源的百分比）	..	*0.3*	0.3
获得改善的水资源的人口（占总人口的百分比）	85	91	*96*
获得改善的卫生设施的人口（占总人口的百分比）	57	74	*87*
人均能源使用量（千克石油当量）	392	..	..
人均二氧化碳排放量（吨）	1.1	1.1	*1.5*
人均用电量（千瓦时）	..	..	..
经济			
GDP（百万美元）	1,337	1,684	3,855
GDP增长率（年度百分比）	5.8	-1.7	3.5
GDP隐含价格平减指数（年度增长百分比）	6.7	-4.7	-0.4
农业增加值（占GDP的百分比）	20	17	12
工业增加值（占GDP的百分比）	24	22	20
服务业增加值（占GDP的百分比）	56	61	68
货物和服务出口（占GDP的百分比）	62	65	59
货物和服务进口（占GDP的百分比）	67	70	78
资本形成总额（占GDP的百分比）	14	17	..
中央政府收入（占GDP的百分比）	26.8	..	..
中央政府现金盈余/赤字（占GDP的百分比）	0.9	..	..
政府与市场			
创办企业的时间（天）	..	*31*	59
总体统计能力水平（0—100）	..	..	71.1
军费支出（占GDP的百分比）	2.3	1.9	1.4
移动电话用户（每100人）	0.0	6.8	105.6
互联网用户（占总人口的百分比）	0.0	1.5	37.1
金融部门提供的国内信用（占GDP的百分比）	38.5	37.9	121.8
高科技出口（占制成品出口的百分比）	12	0	2
全球联系			
商品贸易（占GDP的百分比）	94	84	103
净易货贸易条件指数（2000年=100）	*142*	100	108
外债总额（百万美元）	308	182	797
债务还本付息总额（占出口的百分比）	9.1	2.4	1.9
净移民（千人）	*-35.8*	*-61.8*	*-28.7*
获得的侨汇（百万美元）	22	44	204
外国直接投资，净流入额（百万美元）	92	1	158
获得的净官方发展援助（百万美元）	49.6	29.1	90.9

芬兰

高收入经济体

人口（百万）	5.4	人口增长率（百分比）	0.5
陆地面积（千平方公里）	338	每天生活费用不足1.25美元的人口（占人口的百分比）	..
GNI，图表集法（10亿美元）	265.5	人均GNI，图表集法（美元）	48,820
PPP衡量的GNI（10亿美元）	216.8	PPP衡量的人均GNI（美元）	39,860

	1990	2000	2013
人口			
最贫困的20%人口占国家消费/收入的份额（百分比）	*10.7*	9.6	*9.2*
出生时的预期寿命（岁）	75	77	81
总生育率（每个女性生育数）	1.8	1.7	1.8
青年女性生育率（每千名15—19岁女性生育数）	12	10	9
避孕普及率（占15—49岁已婚女性的百分比）	*77*	..	..
在熟练医护人员护理下的分娩（占总数的百分比）	*100*	*100*	..
5岁以下儿童死亡率（每千人）	7	4	3
儿童营养不良，体重不足（占5岁以下儿童的百分比）	..	..	..
儿童麻疹免疫接种率（占12—23个月年龄组的百分比）	97	96	97
小学毕业率，总数（占适龄年龄组的百分比）	102	96	*99*
中学总入学率，总数（占适龄年龄组的百分比）	115	125	*108*
小学和中学中女孩与男孩的比率（百分比）	109	105	*102*
HIV感染率（占15—49岁人口的百分比）	..	..	..
环境			
森林（千平方公里）	219	225	*222*
森林采伐（1990—2000年和2000—2010年，平均年度百分比）		-0.3	*0.1*
淡水使用量（占内陆水资源的百分比）	*2.2*	*2.1*	1.5
获得改善的水资源的人口（占总人口的百分比）	100	100	*100*
获得改善的卫生设施的人口（占总人口的百分比）	100	100	*100*
人均能源使用量（千克石油当量）	5,692	6,227	*6,183*
人均二氧化碳排放量（吨）	10.4	10.1	*11.5*
人均用电量（千瓦时）	12,486	15,304	*15,738*
经济			
GDP（10亿美元）	142	126	267
GDP增长率（年度百分比）	0.7	5.6	-1.2
GDP隐含价格平减指数（年度增长百分比）	5.2	1.6	2.4
农业增加值（占GDP的百分比）	6	3	3
工业增加值（占GDP的百分比）	34	36	27
服务业增加值（占GDP的百分比）	60	60	70
货物和服务出口（占GDP的百分比）	22	42	38
货物和服务进口（占GDP的百分比）	24	33	39
资本形成总额（占GDP的百分比）	30	24	21
中央政府收入（占GDP的百分比）	..	39.9	*37.4*
中央政府现金盈余/赤字（占GDP的百分比）	..	6.6	*-1.0*
政府与市场			
创办企业的时间（天）	..	*31*	14
总体统计能力水平（0—100）	..	..	..
军费支出（占GDP的百分比）	1.5	1.2	1.2
移动电话用户（每100人）	5.2	72.0	171.6
互联网用户（占总人口的百分比）	0.4	37.2	91.5
金融部门提供的国内信用（占GDP的百分比）	80.3	54.0	104.9
高科技出口（占制成品出口的百分比）	8	27	7
全球联系			
商品贸易（占GDP的百分比）	38	64	57
净易货贸易条件指数（2000年=100）	..	100	88
外债总额（百万美元）	..	..	..
债务还本付息总额（占出口的百分比）	..	..	..
净移民（千人）	*47.2*	*31.9*	*50.0*
获得的侨汇（百万美元）	63	473	1,066
外国直接投资，净流入额（10亿美元）	0.8	9.1	-5.3
获得的净官方发展援助（百万美元）	..	..	..

法 国

高收入经济体

人口（百万）	65.9	人口增长率（百分比）	0.4
陆地面积（千平方公里）	549	每天生活费用不足1.25美元的人口（占人口的百分比）	..
GNI，图表集法（10亿美元）	2,869.8	人均GNI，图表集法（美元）	43,520
PPP衡量的GNI（10亿美元）	2,517.8	PPP衡量的人均GNI（美元）	38,180

	1990	2000	2013
人口			
最贫困的20%人口占国家消费/收入的份额（百分比）	*7.0*	8.1	..
出生时的预期寿命（岁）[e]	77	79	82
总生育率（每个女性生育数）[e]	1.8	1.9	2.0
青年女性生育率（每千名15—19岁女性生育数）[e]	12	10	6
避孕普及率（占15—49岁已婚女性的百分比）	*81*	82	*76*
在熟练医护人员护理下的分娩（占总数的百分比）	*99*	..	..
5岁以下儿童死亡率（每千人）[e]	9	5	4
儿童营养不良，体重不足（占5岁以下儿童的百分比）	..	..	..
儿童麻疹免疫接种率（占12—23个月年龄组的百分比）	71	84	89
小学毕业率，总数（占适龄年龄组的百分比）	111	97	..
中学总入学率，总数（占适龄年龄组的百分比）	96	106	*110*
小学和中学中女孩与男孩的比率（百分比）	103	100	*100*
HIV感染率（占15—49岁人口的百分比）	..	..	..
环境			
森林（千平方公里）	145	154	*161*
森林采伐（1990—2000年和2000—2010年，平均年度百分比）		-0.6	*-0.4*
淡水使用量（占内陆水资源的百分比）	*18.8*	*16.2*	15.8
获得改善的水资源的人口（占总人口的百分比）	100	100	*100*
获得改善的卫生设施的人口（占总人口的百分比）	100	100	*100*
人均能源使用量（千克石油当量）	3,835	4,137	*3,834*
人均二氧化碳排放量（吨）	6.8	6.0	*5.6*
人均用电量（千瓦时）	5,951	7,238	*7,292*
经济			
GDP（10亿美元）	1,275	1,368	2,806
GDP增长率（年度百分比）	2.9	3.9	0.3
GDP隐含价格平减指数（年度增长百分比）	2.7	1.5	0.8
农业增加值（占GDP的百分比）	4	2	2
工业增加值（占GDP的百分比）	27	23	20
服务业增加值（占GDP的百分比）	70	74	78
货物和服务出口（占GDP的百分比）	21	28	28
货物和服务进口（占GDP的百分比）	22	27	30
资本形成总额（占GDP的百分比）	24	22	22
中央政府收入（占GDP的百分比）	..	41.9	*42.4*
中央政府现金盈余/赤字（占GDP的百分比）	..	-1.6	*-4.6*
政府与市场			
创办企业的时间（天）	..	*41*	5
总体统计能力水平（0—100）	..	..	..
军费支出（占GDP的百分比）	3.3	2.5	2.2
移动电话用户（每100人）	0.5	49.1	98.5
互联网用户（占总人口的百分比）	0.1	14.3	81.9
金融部门提供的国内信用（占GDP的百分比）	99.5	100.3	130.8
高科技出口（占制成品出口的百分比）	17	25	26
全球联系			
商品贸易（占GDP的百分比）	35	49	45
净易货贸易条件指数（2000年=100）	..	100	88
外债总额（百万美元）	..	..	..
债务还本付息总额（占出口的百分比）	..	..	..
净移民（千人）	*138*	*1,078*	*650*
获得的侨汇（10亿美元）	4.0	8.6	23.3
外国直接投资，净流入额（10亿美元）	13.2	42.4	6.5
获得的净官方发展援助（百万美元）	..	..	..

法属波利尼西亚

高收入经济体

人口（千人）	277	人口增长率（百分比）	1.1
陆地面积（千平方公里）	4.0	每天生活费用不足1.25美元的人口（占人口的百分比）	..
GNI，图表集法（10亿美元）	..	人均GNI，图表集法（美元）	..
PPP衡量的GNI（百万美元）	..	PPP衡量的人均GNI（美元）	..

	1990	2000	2013
人口			
最贫困的20%人口占国家消费/收入的份额（百分比）	..	..	..
出生时的预期寿命（岁）	69	72	76
总生育率（每个女性生育数）	3.4	2.5	2.1
青年女性生育率（每千名15—19岁女性生育数）	63	47	38
避孕普及率（占15—49岁已婚女性的百分比）	..	..	..
在熟练医护人员护理下的分娩（占总数的百分比）	..	99	..
5岁以下儿童死亡率（每千人）	..	..	..
儿童营养不良，体重不足（占5岁以下儿童的百分比）	..	..	..
儿童麻疹免疫接种率（占12—23个月年龄组的百分比）	..	..	..
小学毕业率，总数（占适龄年龄组的百分比）	..	..	..
中学总入学率，总数（占适龄年龄组的百分比）	67	..	..
小学和中学中女孩与男孩的比率（百分比）	111	..	..
HIV感染率（占15—49岁人口的百分比）	..	..	..
环境			
森林（千平方公里）	0.6	1.1	*1.7*
森林采伐（1990—2000年和2000—2010年，平均年度百分比）		-6.7	*-4.0*
淡水使用量（占内陆水资源的百分比）	..	..	..
获得改善的水资源的人口（占总人口的百分比）	100	100	*100*
获得改善的卫生设施的人口（占总人口的百分比）	99	98	*97*
人均能源使用量（千克石油当量）	..	..	..
人均二氧化碳排放量（吨）	3.2	2.7	*3.3*
人均用电量（千瓦时）	..	..	..
经济			
GDP（10亿美元）	3.2	3.4	..
GDP增长率（年度百分比）	2.2	4.0	..
GDP隐含价格平减指数（年度增长百分比）	0.8	1.0	..
农业增加值（占GDP的百分比）	1	5	..
工业增加值（占GDP的百分比）	..	..	..
服务业增加值（占GDP的百分比）	..	..	..
货物和服务出口（占GDP的百分比）	*1*	5	..
货物和服务进口（占GDP的百分比）	*28*	24	..
资本形成总额（占GDP的百分比）	..	..	..
中央政府收入（占GDP的百分比）	..	..	..
中央政府现金盈余/赤字（占GDP的百分比）	..	..	..
政府与市场			
创办企业的时间（天）	..	..	..
总体统计能力水平（0—100）	..	..	..
军费支出（占GDP的百分比）	..	..	..
移动电话用户（每100人）	0.0	16.8	85.6
互联网用户（占总人口的百分比）	0.0	6.4	56.8
金融部门提供的国内信用（占GDP的百分比）	0.0	0.0	0.0
高科技出口（占制成品出口的百分比）	..	8	8
全球联系			
商品贸易（占GDP的百分比）	33	35	..
净易货贸易条件指数（2000年=100）	..	100	79
外债总额（百万美元）	..	..	..
债务还本付息总额（占出口的百分比）	..	..	..
净移民（千人）	*-4.3*	*0.1*	*-0.5*
获得的侨汇（百万美元）	..	*408*	669
外国直接投资，净流入额（百万美元）	..	*11*	119
获得的净官方发展援助（百万美元）	260	*352*	..

加蓬

撒哈拉以南非洲地区		中高收入经济体	
人口（百万）	1.7	人口增长率（百分比）	2.4
陆地面积（千平方公里）	268	每天生活费用不足1.25美元的人口（占人口的百分比）	*6.1*
GNI，图表集法（10亿美元）	17.8	人均GNI，图表集法（美元）	10,650
PPP衡量的GNI（10亿美元）	28.8	PPP衡量的人均GNI（美元）	17,230

	1990	2000	2013
人口			
最贫困的20%人口占国家消费/收入的份额（百分比）	..	..	..
出生时的预期寿命（岁）	61	60	63
总生育率（每个女性生育数）	5.4	4.6	4.1
青年女性生育率（每千名15—19岁女性生育数）	160	133	99
避孕普及率（占15—49岁已婚女性的百分比）	..	33	*31*
在熟练医护人员护理下的分娩（占总数的百分比）	..	86	*89*
5岁以下儿童死亡率（每千人）	93	85	56
儿童营养不良，体重不足（占5岁以下儿童的百分比）	..	8.8	6.5
儿童麻疹免疫接种率（占12—23个月年龄组的百分比）	76	55	70
小学毕业率，总数（占适龄年龄组的百分比）	*67*	*74*	..
中学总入学率，总数（占适龄年龄组的百分比）	*37*	*53*	..
小学和中学中女孩与男孩的比率（百分比）	*97*	*97*	..
HIV感染率（占15—49岁人口的百分比）	0.8	5.4	3.9
环境			
森林（千平方公里）	220	220	*220*
森林采伐（1990—2000年和2000—2010年，平均年度百分比）		0.0	*0.0*
淡水使用量（占内陆水资源的百分比）	..	*0.1*	0.1
获得改善的水资源的人口（占总人口的百分比）	..	84	*92*
获得改善的卫生设施的人口（占总人口的百分比）	..	39	*41*
人均能源使用量（千克石油当量）	1,248	1,194	*1,253*
人均二氧化碳排放量（吨）	5.1	0.9	*1.7*
人均用电量（千瓦时）	922	882	*907*
经济			
GDP（10亿美元）	6.0	5.1	19.3
GDP增长率（年度百分比）	5.2	-1.9	5.9
GDP隐含价格平减指数（年度增长百分比）	15.4	28.1	-0.9
农业增加值（占GDP的百分比）	7	6	*4*
工业增加值（占GDP的百分比）	43	56	*64*
服务业增加值（占GDP的百分比）	50	38	*32*
货物和服务出口（占GDP的百分比）	46	69	59
货物和服务进口（占GDP的百分比）	31	33	35
资本形成总额（占GDP的百分比）	22	22	33
中央政府收入（占GDP的百分比）	..	..	..
中央政府现金盈余/赤字（占GDP的百分比）	..	..	..
政府与市场			
创办企业的时间（天）	..	..	50
总体统计能力水平（0—100）	..	*44.4*	42.2
军费支出（占GDP的百分比）	..	1.8	1.3
移动电话用户（每100人）	0.0	9.8	214.8
互联网用户（占总人口的百分比）	0.0	1.2	9.2
金融部门提供的国内信用（占GDP的百分比）	20.0	12.5	11.7
高科技出口（占制成品出口的百分比）	*45*	5	..
全球联系			
商品贸易（占GDP的百分比）	52	70	69
净易货贸易条件指数（2000年=100）	157	100	226
外债总额（10亿美元）	4.0	3.9	4.3
债务还本付息总额（占出口的百分比）	6.4	9.9	..
净移民（千人）	*5.0*	*9.6*	*5.0*
获得的侨汇（百万美元）	0.9	6.1	..
外国直接投资，净流入额（百万美元）	73	-43	856
获得的净官方发展援助（百万美元）	131	12	91

冈比亚

撒哈拉以南非洲地区 **低收入经济体**

人口（百万）	1.8	人口增长率（百分比）	3.2
陆地面积（千平方公里）	11	每天生活费用不足1.25美元的人口（占人口的百分比）	*33.6*
GNI，图表集法（百万美元）	932.7	人均GNI，图表集法（美元）	500
PPP衡量的GNI（百万美元）	2,978.1	PPP衡量的人均GNI（美元）	1,610

	1990	2000	2013
人口			
最贫困的20%人口占国家消费/收入的份额（百分比）	..	*4.8*	..
出生时的预期寿命（岁）	52	55	59
总生育率（每个女性生育数）	6.1	5.9	5.8
青年女性生育率（每千名15—19岁女性生育数）	164	124	114
避孕普及率（占15—49岁已婚女性的百分比）	12	10	*13*
在熟练医护人员护理下的分娩（占总数的百分比）	44	55	57
5岁以下儿童死亡率（每千人）	170	119	74
儿童营养不良，体重不足（占5岁以下儿童的百分比）	..	15.4	*17.4*
儿童麻疹免疫接种率（占12—23个月年龄组的百分比）	86	89	96
小学毕业率，总数（占适龄年龄组的百分比）	*44*	72	71
中学总入学率，总数（占适龄年龄组的百分比）	17	..	*57*
小学和中学中女孩与男孩的比率（百分比）	*58*	..	*100*
HIV感染率（占15—49岁人口的百分比）	0.1	0.8	1.2
环境			
森林（千平方公里）	4.4	4.6	*4.8*
森林采伐（1990—2000年和2000—2010年，平均年度百分比）		-0.4	*-0.4*
淡水使用量（占内陆水资源的百分比）	..	*3.0*	3.0
获得改善的水资源的人口（占总人口的百分比）	76	83	*90*
获得改善的卫生设施的人口（占总人口的百分比）	*61*	61	*60*
人均能源使用量（千克石油当量）	67	..	..
人均二氧化碳排放量（吨）	0.2	0.2	*0.3*
人均用电量（千瓦时）	..	..	..
经济			
GDP（百万美元）	317	783	903
GDP增长率（年度百分比）	3.6	5.5	4.8
GDP隐含价格平减指数（年度增长百分比）	12.0	2.2	4.5
农业增加值（占GDP的百分比）	..	..	..
工业增加值（占GDP的百分比）	..	..	..
服务业增加值（占GDP的百分比）	..	..	..
货物和服务出口（占GDP的百分比）	60	26	37
货物和服务进口（占GDP的百分比）	72	31	51
资本形成总额（占GDP的百分比）	22	5	21
中央政府收入（占GDP的百分比）	19.4	*5.5*	*16.2*
中央政府现金盈余/赤字（占GDP的百分比）	0.1	*-6.8*	*-4.7*
政府与市场			
创办企业的时间（天）	..	..	26
总体统计能力水平（0—100）	..	*63.3*	66.7
军费支出（占GDP的百分比）	1.2	0.4	..
移动电话用户（每100人）	0.0	0.5	100.0
互联网用户（占总人口的百分比）	0.0	0.9	14.0
金融部门提供的国内信用（占GDP的百分比）	3.4	7.4	50.1
高科技出口（占制成品出口的百分比）	..	0	7
全球联系			
商品贸易（占GDP的百分比）	69	26	49
净易货贸易条件指数（2000年=100）	100	100	97
外债总额（百万美元）	369	490	523
债务还本付息总额（占出口的百分比）	22.2	*14.8*	*7.1*
净移民（千人）	*-14.8*	*-13.7*	*-13.5*
获得的侨汇（百万美元）	..	*56*	*141*
外国直接投资，净流入额（百万美元）	14.1	*18.3*	25.3
获得的净官方发展援助（百万美元）	97	50	111

格鲁吉亚

欧洲和中亚		中低收入经济体	
人口（百万）	4.5	人口增长率（百分比）	-0.1
陆地面积（千平方公里）	70	每天生活费用不足1.25美元的人口（占人口的百分比）	*14.1*
GNI，图表集法（10亿美元）	16.0	人均GNI，图表集法（美元）	3,560
PPP衡量的GNI（10亿美元）	31.5	PPP衡量的人均GNI（美元）	7,020

	1990	2000	2013
人口			
最贫困的20%人口占国家消费/收入的份额（百分比）	..	5.4	*5.3*
出生时的预期寿命（岁）	70	72	74
总生育率（每个女性生育数）	2.2	1.6	1.8
青年女性生育率（每千名15—19岁女性生育数）	72	53	46
避孕普及率（占15—49岁已婚女性的百分比）	..	41	*53*
在熟练医护人员护理下的分娩（占总数的百分比）	97	96	100
5岁以下儿童死亡率（每千人）	47	36	13
儿童营养不良，体重不足（占5岁以下儿童的百分比）	..	*2.7*	*1.1*
儿童麻疹免疫接种率（占12—23个月年龄组的百分比）	*16*	73	96
小学毕业率，总数（占适龄年龄组的百分比）	..	98	109
中学总入学率，总数（占适龄年龄组的百分比）	*95*	79	101
小学和中学中女孩与男孩的比率（百分比）	*98*	98	101
HIV感染率（占15—49岁人口的百分比）	0.1	0.1	0.3
环境			
森林（千平方公里）	28	28	*27*
森林采伐（1990—2000年和2000—2010年，平均年度百分比）		0.0	*0.1*
淡水使用量（占内陆水资源的百分比）	..	..	3.1
获得改善的水资源的人口（占总人口的百分比）	85	89	*99*
获得改善的卫生设施的人口（占总人口的百分比）	97	95	*93*
人均能源使用量（千克石油当量）	2,586	649	*790*
人均二氧化碳排放量（吨）	*3.1*	1.0	*1.4*
人均用电量（千瓦时）	3,039	1,453	*1,918*
经济			
GDP（10亿美元）	7.8	3.1	16.1
GDP增长率（年度百分比）	-14.8	1.8	3.3
GDP隐含价格平减指数（年度增长百分比）	22.2	4.7	-0.7
农业增加值（占GDP的百分比）	32	22	9
工业增加值（占GDP的百分比）	33	22	24
服务业增加值（占GDP的百分比）	35	56	67
货物和服务出口（占GDP的百分比）	40	23	45
货物和服务进口（占GDP的百分比）	45	40	58
资本形成总额（占GDP的百分比）	31	27	25
中央政府收入（占GDP的百分比）	..	10.4	*25.7*
中央政府现金盈余/赤字（占GDP的百分比）	..	-1.6	*-0.5*
政府与市场			
创办企业的时间（天）	..	*25*	2
总体统计能力水平（0—100）	..	*76.7*	82.2
军费支出（占GDP的百分比）	..	0.6	2.7
移动电话用户（每100人）	0.0	4.1	115.0
互联网用户（占总人口的百分比）	0.0	0.5	43.1
金融部门提供的国内信用（占GDP的百分比）	0.0	21.5	42.9
高科技出口（占制成品出口的百分比）	..	11	2
全球联系			
商品贸易（占GDP的百分比）	..	34	67
净易货贸易条件指数（2000年=100）	..	100	133
外债总额（10亿美元）	*0.1*	1.8	13.7
债务还本付息总额（占出口的百分比）	..	12.5	22.0
净移民（千人）	*-544*	*-309*	*-125*
获得的侨汇（百万美元）	..	274	1,945
外国直接投资，净流入额（百万美元）	..	131	956
获得的净官方发展援助（百万美元）	*0*	169	653

德国

高收入经济体

人口（百万）	80.7	人口增长率（百分比）	0.3
陆地面积（千平方公里）	357	每天生活费用不足1.25美元的人口（占人口的百分比）	..
GNI，图表集法（10亿美元）	3,810.6	人均GNI，图表集法（美元）	47,250
PPP衡量的GNI（10亿美元）	3,630.5	PPP衡量的人均GNI（美元）	45,010

	1990	2000	2013
人口			
最贫困的20%人口占国家消费/收入的份额（百分比）	*8.9*	8.7	*8.3*
出生时的预期寿命（岁）	75	78	81
总生育率（每个女性生育数）	1.5	1.4	1.4
青年女性生育率（每千名15—19岁女性生育数）	16	13	3
避孕普及率（占15—49岁已婚女性的百分比）	*70*	..	..
在熟练医护人员护理下的分娩（占总数的百分比）	..	..	*100*
5岁以下儿童死亡率（每千人）	9	5	4
儿童营养不良，体重不足（占5岁以下儿童的百分比）	..	..	..
儿童麻疹免疫接种率（占12—23个月年龄组的百分比）	75	92	97
小学毕业率，总数（占适龄年龄组的百分比）	*96*	102	*98*
中学总入学率，总数（占适龄年龄组的百分比）	*98*	96	*101*
小学和中学中女孩与男孩的比率（百分比）	*99*	99	*96*
HIV感染率（占15—49岁人口的百分比）	0.1	0.1	*0.2*
环境			
森林（千平方公里）	107	111	*111*
森林采伐（1990—2000年和2000—2010年，平均年度百分比）		-0.3	*0.0*
淡水使用量（占内陆水资源的百分比）	..	*36.6*	30.2
获得改善的水资源的人口（占总人口的百分比）	100	100	*100*
获得改善的卫生设施的人口（占总人口的百分比）	100	100	*100*
人均能源使用量（千克石油当量）	4,421	4,094	*3,822*
人均二氧化碳排放量（吨）	*11.6*	10.1	*9.1*
人均用电量（千瓦时）	6,640	6,635	*7,081*
经济			
GDP（10亿美元）	1,765	1,947	3,730
GDP增长率（年度百分比）	5.3	3.0	0.1
GDP隐含价格平减指数（年度增长百分比）	3.4	-0.5	2.1
农业增加值（占GDP的百分比）	*1*	1	1
工业增加值（占GDP的百分比）	*37*	31	31
服务业增加值（占GDP的百分比）	*62*	68	68
货物和服务出口（占GDP的百分比）	23	31	46
货物和服务进口（占GDP的百分比）	23	31	40
资本形成总额（占GDP的百分比）	25	24	19
中央政府收入（占GDP的百分比）	..	29.4	*28.2*
中央政府现金盈余/赤字（占GDP的百分比）	..	1.3	*0.1*
政府与市场			
创办企业的时间（天）	..	*45*	15
总体统计能力水平（0—100）	..	..	..
军费支出（占GDP的百分比）	2.4	1.4	1.3
移动电话用户（每100人）	0.3	57.7	120.9
互联网用户（占总人口的百分比）	0.1	30.2	84.0
金融部门提供的国内信用（占GDP的百分比）	98.9	141.9	113.5
高科技出口（占制成品出口的百分比）	12	19	16
全球联系			
商品贸易（占GDP的百分比）	44	54	71
净易货贸易条件指数（2000年=100）	..	100	96
外债总额（百万美元）	..	..	..
债务还本付息总额（占出口的百分比）	..	..	..
净移民（千人）	*3,233*	*937*	*550*
获得的侨汇（10亿美元）	4.9	3.6	15.8
外国直接投资，净流入额（10亿美元）	3	210	51
获得的净官方发展援助（百万美元）	..	..	..

加纳

撒哈拉以南非洲地区		中低收入经济体	
人口（百万）	25.9	人口增长率（百分比）	2.1
陆地面积（千平方公里）	239	每天生活费用不足1.25美元的人口（占人口的百分比）	28.6
GNI，图表集法（10亿美元）	45.8	人均GNI，图表集法（美元）	1,770
PPP衡量的GNI（10亿美元）	101.0	PPP衡量的人均GNI（美元）	3,900

	1990	2000	2013
人口			
最贫困的20%人口占国家消费/收入的份额（百分比）	6.7	5.6	..
出生时的预期寿命（岁）	57	57	61
总生育率（每个女性生育数）	5.6	4.7	3.9
青年女性生育率（每千名15—19岁女性生育数）	110	81	57
避孕普及率（占15—49岁已婚女性的百分比）	*17*	*22*	*34*
在熟练医护人员护理下的分娩（占总数的百分比）	*44*	*47*	*68*
5岁以下儿童死亡率（每千人）	128	101	78
儿童营养不良，体重不足（占5岁以下儿童的百分比）	*25.1*	*20.3*	*13.4*
儿童麻疹免疫接种率（占12—23个月年龄组的百分比）	61	90	89
小学毕业率，总数（占适龄年龄组的百分比）	*66*	72	*97*
中学总入学率，总数（占适龄年龄组的百分比）	36	41	*67*
小学和中学中女孩与男孩的比率（百分比）	78	90	*98*
HIV感染率（占15—49岁人口的百分比）	0.8	2.3	1.3
环境			
森林（千平方公里）	74	61	*47*
森林采伐（1990—2000年和2000—2010年，平均年度百分比）		2.0	*2.1*
淡水使用量（占内陆水资源的百分比）	..	*3.2*	3.2
获得改善的水资源的人口（占总人口的百分比）	54	71	*87*
获得改善的卫生设施的人口（占总人口的百分比）	7	10	*14*
人均能源使用量（千克石油当量）	362	411	*425*
人均二氧化碳排放量（吨）	0.3	0.3	*0.4*
人均用电量（千瓦时）	327	346	*344*
经济			
GDP（10亿美元）	5.9	5.0	48.1
GDP增长率（年度百分比）	3.3	3.7	7.6
GDP隐含价格平减指数（年度增长百分比）	31.2	27.2	16.4
农业增加值（占GDP的百分比）	45	39	22
工业增加值（占GDP的百分比）	17	28	29
服务业增加值（占GDP的百分比）	38	32	50
货物和服务出口（占GDP的百分比）	17	49	42
货物和服务进口（占GDP的百分比）	26	67	47
资本形成总额（占GDP的百分比）	14	24	24
中央政府收入（占GDP的百分比）	12.5	*18.1*	*19.4*
中央政府现金盈余/赤字（占GDP的百分比）	..	*-6.5*	*-3.9*
政府与市场			
创办企业的时间（天）	..	*21*	14
总体统计能力水平（0—100）	..	*51.1*	62.2
军费支出（占GDP的百分比）	0.5	1.0	0.5
移动电话用户（每100人）	0.0	0.7	108.2
互联网用户（占总人口的百分比）	0.0	0.2	12.3
金融部门提供的国内信用（占GDP的百分比）	17.5	39.3	34.8
高科技出口（占制成品出口的百分比）	*2*	2	6
全球联系			
商品贸易（占GDP的百分比）	36	93	65
净易货贸易条件指数（2000年=100）	100	100	178
外债总额（10亿美元）	3.7	6.3	15.8
债务还本付息总额（占出口的百分比）	38.4	16.0	5.6
净移民（千人）	*-16*	*166*	*-100*
获得的侨汇（百万美元）	6	32	119
外国直接投资，净流入额（百万美元）	15	166	3,227
获得的净官方发展援助（百万美元）	560	598	1,331

希腊

高收入经济体

人口（百万）	11.0	人口增长率（百分比）	-0.6
陆地面积（千平方公里）	132	每天生活费用不足1.25美元的人口（占人口的百分比）	..
GNI，图表集法（10亿美元）	250.3	人均GNI，图表集法（美元）	22,690
PPP衡量的GNI（10亿美元）	283.0	PPP衡量的人均GNI（美元）	25,660

	1990	2000	2013
人口			
最贫困的20%人口占国家消费/收入的份额（百分比）	..	6.7	*6.5*
出生时的预期寿命（岁）	77	78	81
总生育率（每个女性生育数）	1.4	1.3	1.3
青年女性生育率（每千名15—19岁女性生育数）	22	11	11
避孕普及率（占15—49岁已婚女性的百分比）	..	*76*	..
在熟练医护人员护理下的分娩（占总数的百分比）	..	..	..
5岁以下儿童死亡率（每千人）	13	8	4
儿童营养不良，体重不足（占5岁以下儿童的百分比）	..	..	..
儿童麻疹免疫接种率（占12—23个月年龄组的百分比）	76	89	99
小学毕业率，总数（占适龄年龄组的百分比）	*98*	..	*101*
中学总入学率，总数（占适龄年龄组的百分比）	94	89	*109*
小学和中学中女孩与男孩的比率（百分比）	99	103	*99*
HIV感染率（占15—49岁人口的百分比）	..	..	..
环境			
森林（千平方公里）	33	36	*40*
森林采伐（1990—2000年和2000—2010年，平均年度百分比）		-0.9	*-0.8*
淡水使用量（占内陆水资源的百分比）	*12.1*	*16.0*	16.3
获得改善的水资源的人口（占总人口的百分比）	96	99	*100*
获得改善的卫生设施的人口（占总人口的百分比）	97	98	*99*
人均能源使用量（千克石油当量）	2,111	2,481	*2,343*
人均二氧化碳排放量（吨）	7.2	8.4	*7.8*
人均用电量（千瓦时）	3,234	4,539	*5,380*
经济			
GDP（10亿美元）	98	131	242
GDP增长率（年度百分比）	0.0	4.0	-3.3
GDP隐含价格平减指数（年度增长百分比）	20.7	1.6	-2.8
农业增加值（占GDP的百分比）	..	6	4
工业增加值（占GDP的百分比）	..	21	14
服务业增加值（占GDP的百分比）	..	73	82
货物和服务出口（占GDP的百分比）	15	24	30
货物和服务进口（占GDP的百分比）	25	35	33
资本形成总额（占GDP的百分比）	28	26	12
中央政府收入（占GDP的百分比）	..	40.0	*42.7*
中央政府现金盈余/赤字（占GDP的百分比）	..	-3.6	*-9.4*
政府与市场			
创办企业的时间（天）	..	*38*	13
总体统计能力水平（0—100）	..	..	..
军费支出（占GDP的百分比）	3.3	3.5	2.5
移动电话用户（每100人）	0.0	54.0	116.8
互联网用户（占总人口的百分比）	0.0	9.1	59.9
金融部门提供的国内信用（占GDP的百分比）	84.9	86.7	134.3
高科技出口（占制成品出口的百分比）	2	14	8
全球联系			
商品贸易（占GDP的百分比）	28	35	41
净易货贸易条件指数（2000年=100）	..	100	88
外债总额（百万美元）	..	..	..
债务还本付息总额（占出口的百分比）	..	..	..
净移民（千人）	*465*	*54*	*50*
获得的侨汇（10亿美元）	1.8	2.2	0.8
外国直接投资，净流入额（10亿美元）	1.0	1.1	2.9
获得的净官方发展援助（百万美元）	..	..	..

格陵兰

高收入经济体

人口（千人）	56	人口增长率（百分比）	-0.6
陆地面积（千平方公里）	410[e]	每天生活费用不足1.25美元的人口（占人口的百分比）	..
GNI，图表集法（10亿美元）	..	人均GNI，图表集法（美元）	..
PPP衡量的GNI（百万美元）	..	PPP衡量的人均GNI（美元）	..

	1990	2000	2013
人口			
最贫困的20%人口占国家消费/收入的份额（百分比）	..	..	..
出生时的预期寿命（岁）	65	67	*71*
总生育率（每个女性生育数）	2.4	2.3	2.1
青年女性生育率（每千名15—19岁女性生育数）	..	..	..
避孕普及率（占15—49岁已婚女性的百分比）	..	..	..
在熟练医护人员护理下的分娩（占总数的百分比）	..	..	..
5岁以下儿童死亡率（每千人）	..	..	..
儿童营养不良，体重不足（占5岁以下儿童的百分比）	..	..	..
儿童麻疹免疫接种率（占12—23个月年龄组的百分比）	..	..	..
小学毕业率，总数（占适龄年龄组的百分比）	..	..	..
中学总入学率，总数（占适龄年龄组的百分比）	..	..	..
小学和中学中女孩与男孩的比率（百分比）	..	..	..
HIV感染率（占15—49岁人口的百分比）	..	..	..
环境			
森林（平方公里）	2.0	2.0	*2.2*
森林采伐（1990—2000年和2000—2010年，平均年度百分比）		0.0	*0.0*
淡水使用量（占内陆水资源的百分比）	..	..	..
获得改善的水资源的人口（占总人口的百分比）	100	100	*100*
获得改善的卫生设施的人口（占总人口的百分比）	100	100	*100*
人均能源使用量（千克石油当量）	..	..	..
人均二氧化碳排放量（吨）	10.0	9.5	*11.1*
人均用电量（千瓦时）	..	..	..
经济			
GDP（百万美元）	1,019	1,068	..
GDP增长率（年度百分比）	-11.7	7.1	..
GDP隐含价格平减指数（年度增长百分比）	5.1	2.1	..
农业增加值（占GDP的百分比）	..	..	..
工业增加值（占GDP的百分比）	..	..	..
服务业增加值（占GDP的百分比）	..	..	..
货物和服务出口（占GDP的百分比）	..	..	..
货物和服务进口（占GDP的百分比）	..	..	..
资本形成总额（占GDP的百分比）	..	..	..
中央政府收入（占GDP的百分比）	..	..	..
中央政府现金盈余/赤字（占GDP的百分比）	..	..	..
政府与市场			
创办企业的时间（天）	..	..	..
总体统计能力水平（0—100）	..	..	..
军费支出（占GDP的百分比）	..	..	..
移动电话用户（每100人）	0.0	26.9	106.0
互联网用户（占总人口的百分比）	0.0	31.7	65.8
金融部门提供的国内信用（占GDP的百分比）	0.0	0.0	0.0
高科技出口（占制成品出口的百分比）	10	37	8
全球联系			
商品贸易（占GDP的百分比）	88	60	..
净易货贸易条件指数（2000年=100）	..	100	76
外债总额（百万美元）	..	..	..
债务还本付息总额（占出口的百分比）	..	..	..
净移民（千人）	..	..	..
获得的侨汇（百万美元）	..	..	..
外国直接投资，净流入额（百万美元）	..	..	..
获得的净官方发展援助（百万美元）	..	..	..

格林纳达

拉丁美洲和加勒比地区 **中高收入经济体**

人口（千人）	106	人口增长率（百分比）	0.4
陆地面积（平方公里）	340	每天生活费用不足1.25美元的人口（占人口的百分比）	..
GNI，图表集法（百万美元）	793.5	人均GNI，图表集法（美元）	7,490
PPP衡量的GNI（百万美元）	1,189.5	PPP衡量的人均GNI（美元）	11,230

	1990	2000	2013
人口			
最贫困的20%人口占国家消费/收入的份额（百分比）	..	..	..
出生时的预期寿命（岁）	68	70	73
总生育率（每个女性生育数）	3.8	2.6	2.2
青年女性生育率（每千名15—19岁女性生育数）	90	55	34
避孕普及率（占15—49岁已婚女性的百分比）	54	*54*	*54*
在熟练医护人员护理下的分娩（占总数的百分比）	..	100	*99*
5岁以下儿童死亡率（每千人）	22	16	12
儿童营养不良，体重不足（占5岁以下儿童的百分比）	..	..	..
儿童麻疹免疫接种率（占12—23个月年龄组的百分比）	85	92	94
小学毕业率，总数（占适龄年龄组的百分比）	..	*93*	*112*
中学总入学率，总数（占适龄年龄组的百分比）	91	*108*	*108*
小学和中学中女孩与男孩的比率（百分比）	*104*	*103*	*99*
HIV感染率（占15—49岁人口的百分比）	..	..	..
环境			
森林（平方公里）	170	170	*170*
森林采伐（1990—2000年和2000—2010年，平均年度百分比）		0.0	*0.0*
淡水使用量（占内陆水资源的百分比）	..	..	..
获得改善的水资源的人口（占总人口的百分比）	97	97	*97*
获得改善的卫生设施的人口（占总人口的百分比）	98	98	*98*
人均能源使用量（千克石油当量）	441	..	..
人均二氧化碳排放量（吨）	1.1	1.9	*2.5*
人均用电量（千瓦时）	..	..	..
经济			
GDP（百万美元）	221	520	836
GDP增长率（年度百分比）	5.2	1.9	2.4
GDP隐含价格平减指数（年度增长百分比）	-1.4	34.5	2.0
农业增加值（占GDP的百分比）	13	6	6
工业增加值（占GDP的百分比）	18	21	15
服务业增加值（占GDP的百分比）	69	73	79
货物和服务出口（占GDP的百分比）	42	45	25
货物和服务进口（占GDP的百分比）	63	60	51
资本形成总额（占GDP的百分比）	38	38	20
中央政府收入（占GDP的百分比）	..	21.6	*19.7*
中央政府现金盈余/赤字（占GDP的百分比）	..	-2.1	*-5.5*
政府与市场			
创办企业的时间（天）	..	..	15
总体统计能力水平（0—100）	..	..	44.4
军费支出（占GDP的百分比）	..	..	..
移动电话用户（每100人）	0.2	4.2	125.6
互联网用户（占总人口的百分比）	0.0	4.1	35.0
金融部门提供的国内信用（占GDP的百分比）	58.8	72.4	80.0
高科技出口（占制成品出口的百分比）	*4*	30	..
全球联系			
商品贸易（占GDP的百分比）	60	55	49
净易货贸易条件指数（2000年=100）	..	100	85
外债总额（百万美元）	112	203	586
债务还本付息总额（占出口的百分比）	4.3	6.0	16.5
净移民（千人）	*-3.9*	*-4.1*	*-4.3*
获得的侨汇（百万美元）	18.0	46.4	29.6
外国直接投资，净流入额（百万美元）	12.9	37.4	74.7
获得的净官方发展援助（百万美元）	13.8	16.5	10.0

关岛

高收入经济体

人口（千人）	165	人口增长率（百分比）	1.4
陆地面积（平方公里）	540	每天生活费用不足1.25美元的人口（占人口的百分比）	..
GNI，图表集法（百万美元）	..	人均GNI，图表集法（美元）	..
PPP衡量的GNI（百万美元）	..	PPP衡量的人均GNI（美元）	..

	1990	2000	2013
人口			
最贫困的20%人口占国家消费/收入的份额（百分比）	..	..	..
出生时的预期寿命（岁）	72	75	79
总生育率（每个女性生育数）	3.0	2.8	2.4
青年女性生育率（每千名15—19岁女性生育数）	80	62	50
避孕普及率（占15—49岁已婚女性的百分比）	..	67	..
在熟练医护人员护理下的分娩（占总数的百分比）	..	99	..
5岁以下儿童死亡率（每千人）	..	..	..
儿童营养不良，体重不足（占5岁以下儿童的百分比）	..	..	..
儿童麻疹免疫接种率（占12—23个月年龄组的百分比）	..	..	..
小学毕业率，总数（占适龄年龄组的百分比）	..	..	..
中学总入学率，总数（占适龄年龄组的百分比）	..	..	..
小学和中学中女孩与男孩的比率（百分比）	..	..	..
HIV感染率（占15—49岁人口的百分比）	..	..	..
环境			
森林（平方公里）	259	259	*259*
森林采伐（1990—2000年和2000—2010年，平均年度百分比）		0.0	*0.0*
淡水使用量（占内陆水资源的百分比）	..	..	..
获得改善的水资源的人口（占总人口的百分比）	100	100	*100*
获得改善的卫生设施的人口（占总人口的百分比）	89	89	*90*
人均能源使用量（千克石油当量）	..	..	..
人均二氧化碳排放量（吨）	..	..	..
人均用电量（千瓦时）	..	..	..
经济			
GDP（百万美元）	..	..	..
GDP增长率（年度百分比）	..	..	..
GDP隐含价格平减指数（年度增长百分比）	..	..	..
农业增加值（占GDP的百分比）	..	..	..
工业增加值（占GDP的百分比）	..	..	..
服务业增加值（占GDP的百分比）	..	..	..
货物和服务出口（占GDP的百分比）	..	..	..
货物和服务进口（占GDP的百分比）	..	..	..
资本形成总额（占GDP的百分比）	..	..	..
中央政府收入（占GDP的百分比）	..	..	..
中央政府现金盈余/赤字（占GDP的百分比）	..	..	..
政府与市场			
创办企业的时间（天）	..	..	..
总体统计能力水平（0—100）	..	..	..
军费支出（占GDP的百分比）	..	..	..
移动电话用户（每100人）	0.0	17.5	..
互联网用户（占总人口的百分比）	0.0	16.1	65.4
金融部门提供的国内信用（占GDP的百分比）	0.0	0.0	0.0
高科技出口（占制成品出口的百分比）	..	..	..
全球联系			
商品贸易（占GDP的百分比）	..	..	..
净易货贸易条件指数（2000年=100）	..	100	77
外债总额（百万美元）	..	..	..
债务还本付息总额（占出口的百分比）	..	..	..
净移民（千人）	*1.7*	*-9.6*	*0.0*
获得的侨汇（百万美元）	..	..	..
外国直接投资，净流入额（百万美元）	..	..	..
获得的净官方发展援助（百万美元）	..	..	..

危地马拉

拉丁美洲和加勒比地区 **中低收入经济体**

人口（百万）	15.5	人口增长率（百分比）	2.5
陆地面积（千平方公里）	109	每天生活费用不足1.25美元的人口（占人口的百分比）	*13.7*
GNI，图表集法（10亿美元）	51.6	人均GNI，图表集法（美元）	3,340
PPP衡量的GNI（10亿美元）	110.3	PPP衡量的人均GNI（美元）	7,130

	1990	2000	2013
人口			
最贫困的20%人口占国家消费/收入的份额（百分比）	*2.2*	3.4	*3.9*
出生时的预期寿命（岁）	62	68	72
总生育率（每个女性生育数）	5.6	4.8	3.8
青年女性生育率（每千名15—19岁女性生育数）	129	118	95
避孕普及率（占15—49岁已婚女性的百分比）	..	*38*	*54*
在熟练医护人员护理下的分娩（占总数的百分比）	..	*41*	*52*
5岁以下儿童死亡率（每千人）	81	51	31
儿童营养不良，体重不足（占5岁以下儿童的百分比）	..	19.6	*13.0*
儿童麻疹免疫接种率（占12—23个月年龄组的百分比）	68	86	85
小学毕业率，总数（占适龄年龄组的百分比）	..	58	*86*
中学总入学率，总数（占适龄年龄组的百分比）	*23*	38	65
小学和中学中女孩与男孩的比率（百分比）	*87*	89	95
HIV感染率（占15—49岁人口的百分比）	0.2	0.4	0.6
环境			
森林（千平方公里）	47	42	*35*
森林采伐（1990—2000年和2000—2010年，平均年度百分比）		1.2	*1.4*
淡水使用量（占内陆水资源的百分比）	..	..	3.0
获得改善的水资源的人口（占总人口的百分比）	81	87	*94*
获得改善的卫生设施的人口（占总人口的百分比）	62	71	*80*
人均能源使用量（千克石油当量）	496	628	*691*
人均二氧化碳排放量（吨）	0.6	0.9	*0.8*
人均用电量（千瓦时）	209	344	*539*
经济			
GDP（10亿美元）	7.7	19.3	53.8
GDP增长率（年度百分比）	3.1	3.6	3.7
GDP隐含价格平减指数（年度增长百分比）	40.5	6.8	3.3
农业增加值（占GDP的百分比）	..	*15*	11
工业增加值（占GDP的百分比）	..	*29*	29
服务业增加值（占GDP的百分比）	..	*56*	60
货物和服务出口（占GDP的百分比）	21	20	24
货物和服务进口（占GDP的百分比）	25	29	35
资本形成总额（占GDP的百分比）	14	18	14
中央政府收入（占GDP的百分比）	7.9	10.2	*11.5*
中央政府现金盈余/赤字（占GDP的百分比）	-1.9	-1.8	*-2.3*
政府与市场			
创办企业的时间（天）	..	*39*	19
总体统计能力水平（0—100）	..	*80.0*	68.9
军费支出（占GDP的百分比）	1.5	0.8	0.5
移动电话用户（每100人）	0.0	7.6	140.4
互联网用户（占总人口的百分比）	0.0	0.7	19.7
金融部门提供的国内信用（占GDP的百分比）	25.9	25.9	40.6
高科技出口（占制成品出口的百分比）	6	8	5
全球联系			
商品贸易（占GDP的百分比）	37	39	51
净易货贸易条件指数（2000年=100）	115	100	84
外债总额（10亿美元）	2.9	3.9	16.8
债务还本付息总额（占出口的百分比）	15.4	9.7	9.5
净移民（千人）	*-360*	*-300*	*-75*
获得的侨汇（百万美元）	119	596	5,371
外国直接投资，净流入额（百万美元）	48	230	1,350
获得的净官方发展援助（百万美元）	201	263	494

几内亚

撒哈拉以南非洲地区			低收入经济体
人口（百万）	11.7	人口增长率（百分比）	2.5
陆地面积（千平方公里）	246	每天生活费用不足1.25美元的人口（占人口的百分比）	*40.9*
GNI，图表集法（10亿美元）	5.4	人均GNI，图表集法（美元）	460
PPP衡量的GNI（10亿美元）	13.6	PPP衡量的人均GNI（美元）	1,160

	1990	2000	2013
人口			
最贫困的20%人口占国家消费/收入的份额（百分比）	*3.1*	*6.4*	*7.6*
出生时的预期寿命（岁）	50	51	56
总生育率（每个女性生育数）	6.6	5.9	4.9
青年女性生育率（每千名15—19岁女性生育数）	181	168	127
避孕普及率（占15—49岁已婚女性的百分比）	*2*	*6*	*6*
在熟练医护人员护理下的分娩（占总数的百分比）	*31*	*35*	*45*
5岁以下儿童死亡率（每千人）	238	170	101
儿童营养不良，体重不足（占5岁以下儿童的百分比）	..	29.1	*16.3*
儿童麻疹免疫接种率（占12—23个月年龄组的百分比）	35	42	62
小学毕业率，总数（占适龄年龄组的百分比）	20	31	*61*
中学总入学率，总数（占适龄年龄组的百分比）	11	*18*	*38*
小学和中学中女孩与男孩的比率（百分比）	42	*62*	*78*
HIV感染率（占15—49岁人口的百分比）	0.2	1.2	1.7
环境			
森林（千平方公里）	73	69	*65*
森林采伐（1990—2000年和2000—2010年，平均年度百分比）		0.5	*0.5*
淡水使用量（占内陆水资源的百分比）	..	*0.2*	0.2
获得改善的水资源的人口（占总人口的百分比）	52	63	*75*
获得改善的卫生设施的人口（占总人口的百分比）	8	13	*19*
人均能源使用量（千克石油当量）	..	..	..
人均二氧化碳排放量（吨）	0.2	0.1	*0.1*
人均用电量（千瓦时）	..	..	..
经济			
GDP（10亿美元）	2.7	3.0	6.1
GDP增长率（年度百分比）	4.3	2.5	2.3
GDP隐含价格平减指数（年度增长百分比）	17.3	6.3	6.3
农业增加值（占GDP的百分比）	24	22	20
工业增加值（占GDP的百分比）	33	33	38
服务业增加值（占GDP的百分比）	43	44	42
货物和服务出口（占GDP的百分比）	31	25	28
货物和服务进口（占GDP的百分比）	33	29	55
资本形成总额（占GDP的百分比）	25	20	15
中央政府收入（占GDP的百分比）	..	*12.0*	..
中央政府现金盈余/赤字（占GDP的百分比）	..	*-2.4*	..
政府与市场			
创办企业的时间（天）	..	*48*	8
总体统计能力水平（0—100）	..	*66.7*	52.2
军费支出（占GDP的百分比）	*2.4*	1.5	..
移动电话用户（每100人）	0.0	0.5	63.3
互联网用户（占总人口的百分比）	0.0	0.1	1.6
金融部门提供的国内信用（占GDP的百分比）	0.0	8.9	0.0
高科技出口（占制成品出口的百分比）	..	0	..
全球联系			
商品贸易（占GDP的百分比）	52	43	55
净易货贸易条件指数（2000年=100）	122	100	98
外债总额（10亿美元）	2.5	3.1	1.2
债务还本付息总额（占出口的百分比）	20.1	20.7	3.0
净移民（千人）	*800*	*-368*	*-10*
获得的侨汇（百万美元）	18.0	1.2	93.0
外国直接投资，净流入额（百万美元）	18	10	135
获得的净官方发展援助（百万美元）	292	153	500

几内亚比绍

撒哈拉以南非洲地区 **低收入经济体**

人口（百万）	1.7	人口增长率（百分比）	2.4
陆地面积（千平方公里）	36	每天生活费用不足1.25美元的人口（占人口的百分比）	*48.9*
GNI，图表集法（百万美元）	1,007.7	人均GNI，图表集法（美元）	590
PPP衡量的GNI（百万美元）	2,395.5	PPP衡量的人均GNI（美元）	1,410

	1990	2000	2013
人口			
最贫困的20%人口占国家消费/收入的份额（百分比）	*2.1*	*7.3*	..
出生时的预期寿命（岁）	49	51	54
总生育率（每个女性生育数）	6.6	5.8	4.9
青年女性生育率（每千名15—19岁女性生育数）	136	131	97
避孕普及率（占15—49岁已婚女性的百分比）	..	8	*14*
在熟练医护人员护理下的分娩（占总数的百分比）	..	35	*43*
5岁以下儿童死亡率（每千人）	225	181	124
儿童营养不良，体重不足（占5岁以下儿童的百分比）	..	21.9	*18.1*
儿童麻疹免疫接种率（占12—23个月年龄组的百分比）	53	71	69
小学毕业率，总数（占适龄年龄组的百分比）	5	29	*64*
中学总入学率，总数（占适龄年龄组的百分比）	5	18	..
小学和中学中女孩与男孩的比率（百分比）	55	65	..
HIV感染率（占15—49岁人口的百分比）	0.6	3.4	3.7
环境			
森林（千平方公里）	22	21	*20*
森林采伐（1990—2000年和2000—2010年，平均年度百分比）		0.4	*0.5*
淡水使用量（占内陆水资源的百分比）	*0.1*	*1.1*	1.1
获得改善的水资源的人口（占总人口的百分比）	36	52	*74*
获得改善的卫生设施的人口（占总人口的百分比）	..	12	*20*
人均能源使用量（千克石油当量）	73	..	..
人均二氧化碳排放量（吨）	0.2	0.1	*0.2*
人均用电量（千瓦时）	..	..	..
经济			
GDP（百万美元）	244	370	961
GDP增长率（年度百分比）	6.1	5.4	0.3
GDP隐含价格平减指数（年度增长百分比）	30.2	80.9	-3.4
农业增加值（占GDP的百分比）	61	43	44
工业增加值（占GDP的百分比）	19	14	14
服务业增加值（占GDP的百分比）	21	43	43
货物和服务出口（占GDP的百分比）	10	*25*	..
货物和服务进口（占GDP的百分比）	37	*43*	..
资本形成总额（占GDP的百分比）	30	*17*	..
中央政府收入（占GDP的百分比）	..	..	..
中央政府现金盈余/赤字（占GDP的百分比）	..	..	..
政府与市场			
创办企业的时间（天）	..	..	9
总体统计能力水平（0—100）	..	*37.8*	43.3
军费支出（占GDP的百分比）	*2.1*	2.6	*1.7*
移动电话用户（每100人）	0.0	0.0	74.1
互联网用户（占总人口的百分比）	0.0	0.2	3.1
金融部门提供的国内信用（占GDP的百分比）	77.5	10.6	18.6
高科技出口（占制成品出口的百分比）	..	..	..
全球联系			
商品贸易（占GDP的百分比）	43	33	45
净易货贸易条件指数（2000年=100）	146	100	80
外债总额（百万美元）	695	948	277
债务还本付息总额（占出口的百分比）	32.3	*7.1*	*4.4*
净移民（千人）	*-30.0*	*-30.0*	*-10.0*
获得的侨汇（百万美元）	1.0	8.0	*45.6*
外国直接投资，净流入额（百万美元）	2.0	0.7	14.5
获得的净官方发展援助（百万美元）	126	81	104

圭亚那

拉丁美洲和加勒比地区 **中低收入经济体**

人口（千人）	800	人口增长率（百分比）	0.5
陆地面积（千平方公里）	215	每天生活费用不足1.25美元的人口（占人口的百分比）	*8.7*
GNI，图表集法（10亿美元）	3.0	人均GNI，图表集法（美元）	3,750
PPP衡量的GNI（10亿美元）	5.3	PPP衡量的人均GNI（美元）	6,610

	1990	2000	2013
人口			
最贫困的20%人口占国家消费/收入的份额（百分比）	*4.3*	*4.5*	..
出生时的预期寿命（岁）	62	63	66
总生育率（每个女性生育数）	2.5	2.6	2.5
青年女性生育率（每千名15—19岁女性生育数）	68	85	87
避孕普及率（占15—49岁已婚女性的百分比）	*38*	37	*43*
在熟练医护人员护理下的分娩（占总数的百分比）	..	86	*92*
5岁以下儿童死亡率（每千人）	61	49	37
儿童营养不良，体重不足（占5岁以下儿童的百分比）	*16.1*	11.9	*11.1*
儿童麻疹免疫接种率（占12—23个月年龄组的百分比）	73	86	99
小学毕业率，总数（占适龄年龄组的百分比）	*97*	102	*85*
中学总入学率，总数（占适龄年龄组的百分比）	..	*97*	*101*
小学和中学中女孩与男孩的比率（百分比）	..	*98*	*114*
HIV感染率（占15—49岁人口的百分比）	0.1	0.7	1.4
环境			
森林（千平方公里）	152	152	*152*
森林采伐（1990—2000年和2000—2010年，平均年度百分比）		0.0	*0.0*
淡水使用量（占内陆水资源的百分比）	*0.6*	*0.7*	0.6
获得改善的水资源的人口（占总人口的百分比）	77	86	*98*
获得改善的卫生设施的人口（占总人口的百分比）	76	79	*84*
人均能源使用量（千克石油当量）	527	..	..
人均二氧化碳排放量（吨）	1.6	2.2	*2.2*
人均用电量（千瓦时）	..	..	..
经济			
GDP（百万美元）	397	713	2,990
GDP增长率（年度百分比）	-3.0	-1.4	5.2
GDP隐含价格平减指数（年度增长百分比）	56.4	6.6	0.2
农业增加值（占GDP的百分比）	38	31	22
工业增加值（占GDP的百分比）	25	29	33
服务业增加值（占GDP的百分比）	37	40	45
货物和服务出口（占GDP的百分比）	63	96	..
货物和服务进口（占GDP的百分比）	80	111	..
资本形成总额（占GDP的百分比）	31	24	19
中央政府收入（占GDP的百分比）	..	..	..
中央政府现金盈余/赤字（占GDP的百分比）	..	..	..
政府与市场			
创办企业的时间（天）	..	..	19
总体统计能力水平（0—100）	..	..	58.9
军费支出（占GDP的百分比）	0.9	1.5	1.1
移动电话用户（每100人）	0.0	5.4	69.4
互联网用户（占总人口的百分比）	0.0	6.6	33.0
金融部门提供的国内信用（占GDP的百分比）	265.9	100.5	55.3
高科技出口（占制成品出口的百分比）	..	2	0
全球联系			
商品贸易（占GDP的百分比）	143	150	108
净易货贸易条件指数（2000年=100）	..	100	114
外债总额（10亿美元）	2.0	1.4	2.3
债务还本付息总额（占出口的百分比）	*18.7*	10.2	4.9
净移民（千人）	*-46.5*	*-32.8*	*-32.8*
获得的侨汇（百万美元）	*1*	27	328
外国直接投资，净流入额（百万美元）	8	67	201
获得的净官方发展援助（百万美元）	168	116	102

海地

拉丁美洲和加勒比地区			低收入经济体
人口（百万）	10.3	人口增长率（百分比）	1.4
陆地面积（千平方公里）	28	每天生活费用不足1.25美元的人口（占人口的百分比）	*61.7*
GNI，图表集法（10亿美元）	8.4	人均GNI，图表集法（美元）	810
PPP衡量的GNI（10亿美元）	17.7	PPP衡量的人均GNI（美元）	1,720

	1990	2000	2013
人口			
最贫困的20%人口占国家消费/收入的份额（百分比）	..	*2.4*	..
出生时的预期寿命（岁）	54	57	63
总生育率（每个女性生育数）	5.4	4.3	3.1
青年女性生育率（每千名15—19岁女性生育数）	73	56	41
避孕普及率（占15—49岁已婚女性的百分比）	*10*	28	*35*
在熟练医护人员护理下的分娩（占总数的百分比）	*23*	24	*37*
5岁以下儿童死亡率（每千人）	145	104	73
儿童营养不良，体重不足（占5岁以下儿童的百分比）	23.7	13.9	*11.6*
儿童麻疹免疫接种率（占12—23个月年龄组的百分比）	31	55	65
小学毕业率，总数（占适龄年龄组的百分比）	..	..	..
中学总入学率，总数（占适龄年龄组的百分比）	..	..	..
小学和中学中女孩与男孩的比率（百分比）	..	..	..
HIV感染率（占15—49岁人口的百分比）	3.5	3.1	2.0
环境			
森林（平方公里）	1,160	1,090	*994*
森林采伐（1990—2000年和2000—2010年，平均年度百分比）		0.6	*0.8*
淡水使用量（占内陆水资源的百分比）	*7.5*	*9.2*	9.2
获得改善的水资源的人口（占总人口的百分比）	61	61	*62*
获得改善的卫生设施的人口（占总人口的百分比）	19	21	*24*
人均能源使用量（千克石油当量）	219	234	*320*
人均二氧化碳排放量（吨）	0.1	0.2	*0.2*
人均用电量（千瓦时）	58	35	*32*
经济			
GDP（10亿美元）	*3.5*	3.7	8.5
GDP增长率（年度百分比）	..	0.9	4.3
GDP隐含价格平减指数（年度增长百分比）	..	11.1	6.6
农业增加值（占GDP的百分比）	..	..	..
工业增加值（占GDP的百分比）	..	..	..
服务业增加值（占GDP的百分比）	..	..	..
货物和服务出口（占GDP的百分比）	*10*	13	18
货物和服务进口（占GDP的百分比）	*29*	33	53
资本形成总额（占GDP的百分比）	*24*	27	30
中央政府收入（占GDP的百分比）	..	..	..
中央政府现金盈余/赤字（占GDP的百分比）	..	..	..
政府与市场			
创办企业的时间（天）	..	*260*	97
总体统计能力水平（0—100）	..	*37.8*	47.8
军费支出（占GDP的百分比）	*0.1*	..	..
移动电话用户（每100人）	0.0	0.6	69.4
互联网用户（占总人口的百分比）	0.0	0.2	10.6
金融部门提供的国内信用（占GDP的百分比）	0.0	34.3	20.4
高科技出口（占制成品出口的百分比）	14	..	..
全球联系			
商品贸易（占GDP的百分比）	*16*	37	54
净易货贸易条件指数（2000年=100）	132	100	72
外债总额（百万美元）	0.9	1.2	1.3
债务还本付息总额（占出口的百分比）	11.9	9.2	0.6
净移民（千人）	*-133*	*-170*	*-175*
获得的侨汇（百万美元）	*123*	578	1,781
外国直接投资，净流入额（百万美元）	8	13	186
获得的净官方发展援助（百万美元）	167	208	1,171

洪都拉斯

拉丁美洲和加勒比地区			中低收入经济体
人口（百万）	8.1	人口增长率（百分比）	2.0
陆地面积（千平方公里）	112	每天生活费用不足1.25美元的人口（占人口的百分比）	*16.5*
GNI，图表集法（10亿美元）	17.7	人均GNI，图表集法（美元）	2,180
PPP衡量的GNI（10亿美元）	34.6	PPP衡量的人均GNI（美元）	4,270

	1990	2000	2013
人口			
最贫困的20%人口占国家消费/收入的份额（百分比）	2.8	*2.7*	*2.6*
出生时的预期寿命（岁）	67	70	74
总生育率（每个女性生育数）	5.1	4.0	3.0
青年女性生育率（每千名15—19岁女性生育数）	129	107	82
避孕普及率（占15—49岁已婚女性的百分比）	*47*	*62*	*73*
在熟练医护人员护理下的分娩（占总数的百分比）	*47*	*56*	*83*
5岁以下儿童死亡率（每千人）	59	38	22
儿童营养不良，体重不足（占5岁以下儿童的百分比）	*15.8*	*12.5*	*7.1*
儿童麻疹免疫接种率（占12—23个月年龄组的百分比）	90	98	89
小学毕业率，总数（占适龄年龄组的百分比）	*64*	*80*	93
中学总入学率，总数（占适龄年龄组的百分比）	*33*	..	71
小学和中学中女孩与男孩的比率（百分比）	*104*	..	106
HIV感染率（占15—49岁人口的百分比）	0.8	1.3	0.5
环境			
森林（千平方公里）	81	64	*50*
森林采伐（1990—2000年和2000—2010年，平均年度百分比）		2.4	*2.1*
淡水使用量（占内陆水资源的百分比）	..	..	1.8
获得改善的水资源的人口（占总人口的百分比）	73	81	*90*
获得改善的卫生设施的人口（占总人口的百分比）	48	63	*80*
人均能源使用量（千克石油当量）	485	479	*609*
人均二氧化碳排放量（吨）	0.5	0.8	*1.1*
人均用电量（千瓦时）	372	515	*708*
经济			
GDP（10亿美元）	3.0	7.1	18.6
GDP增长率（年度百分比）	0.1	5.7	2.6
GDP隐含价格平减指数（年度增长百分比）	21.2	30.8	1.7
农业增加值（占GDP的百分比）	22	16	13
工业增加值（占GDP的百分比）	26	32	27
服务业增加值（占GDP的百分比）	51	52	59
货物和服务出口（占GDP的百分比）	37	54	48
货物和服务进口（占GDP的百分比）	40	66	70
资本形成总额（占GDP的百分比）	23	28	24
中央政府收入（占GDP的百分比）	..	*20.0*	*21.1*
中央政府现金盈余/赤字（占GDP的百分比）	..	*-3.0*	*-3.2*
政府与市场			
创办企业的时间（天）	..	*61*	14
总体统计能力水平（0—100）	..	*62.2*	73.3
军费支出（占GDP的百分比）	..	0.7	1.2
移动电话用户（每100人）	0.0	2.5	95.9
互联网用户（占总人口的百分比）	0.0	1.2	17.8
金融部门提供的国内信用（占GDP的百分比）	40.9	23.5	57.3
高科技出口（占制成品出口的百分比）	*1*	0	*2*
全球联系			
商品贸易（占GDP的百分比）	61	103	102
净易货贸易条件指数（2000年=100）	78	100	72
外债总额（10亿美元）	3.8	5.5	6.8
债务还本付息总额（占出口的百分比）	38.3	9.9	14.4
净移民（千人）	*-120*	*-150*	*-50*
获得的侨汇（百万美元）	63	484	3,136
外国直接投资，净流入额（百万美元）	44	382	1,069
获得的净官方发展援助（百万美元）	448	448	628

中国香港

高收入经济体

人口（百万）	7.2	人口增长率（百分比）	0.5
陆地面积（千平方公里）	1.1	每天生活费用不足1.25美元的人口（占人口的百分比）	..
GNI，图表集法（10亿美元）	276.1	人均GNI，图表集法（美元）	38,420
PPP衡量的GNI（10亿美元）	390.1	PPP衡量的人均GNI（美元）	54,270

	1990	**2000**	**2013**
人口			
最贫困的20%人口占国家消费/收入的份额（百分比）	..	..	..
出生时的预期寿命（岁）	77	81	84
总生育率（每个女性生育数）	1.3	1.0	1.1
青年女性生育率（每千名15—19岁女性生育数）	7	4	3
避孕普及率（占15—49岁已婚女性的百分比）	*86*	*86*	*80*
在熟练医护人员护理下的分娩（占总数的百分比）	..	..	..
5岁以下儿童死亡率（每千人）	..	..	..
儿童营养不良，体重不足（占5岁以下儿童的百分比）	..	..	..
儿童麻疹免疫接种率（占12—23个月年龄组的百分比）	..	..	..
小学毕业率，总数（占适龄年龄组的百分比）	102	..	96
中学总入学率，总数（占适龄年龄组的百分比）	*76*	*76*	99
小学和中学中女孩与男孩的比率（百分比）	*102*	..	98
HIV感染率（占15—49岁人口的百分比）	..	..	..
环境			
森林（平方公里）	..	..	..
森林采伐（1990—2000年和2000—2010年，平均年度百分比）		..	..
淡水使用量（占内陆水资源的百分比）	..	..	..
获得改善的水资源的人口（占总人口的百分比）	..	..	..
获得改善的卫生设施的人口（占总人口的百分比）	..	..	..
人均能源使用量（千克石油当量）	1,518	2,009	*2,106*
人均二氧化碳排放量（吨）	4.8	6.1	*5.2*
人均用电量（千瓦时）	4,178	5,447	*5,949*
经济			
GDP（10亿美元）	77	172	274
GDP增长率（年度百分比）	3.8	7.7	2.9
GDP隐含价格平减指数（年度增长百分比）	7.6	-3.4	1.4
农业增加值（占GDP的百分比）	..	0	0
工业增加值（占GDP的百分比）	..	12	7
服务业增加值（占GDP的百分比）	..	88	93
货物和服务出口（占GDP的百分比）	131	142	230
货物和服务进口（占GDP的百分比）	122	137	229
资本形成总额（占GDP的百分比）	27	28	24
中央政府收入（占GDP的百分比）	..	*14.7*	*20.2*
中央政府现金盈余/赤字（占GDP的百分比）	..	*-6.7*	*1.1*
政府与市场			
创办企业的时间（天）	..	*11*	3
总体统计能力水平（0—100）	..	..	..
军费支出（占GDP的百分比）	..	..	..
移动电话用户（每100人）	2.3	79.7	237.4
互联网用户（占总人口的百分比）	0.0	27.8	74.2
金融部门提供的国内信用（占GDP的百分比）	151.9	134.0	224.0
高科技出口（占制成品出口的百分比）	*17*	23	*16*
全球联系			
商品贸易（占GDP的百分比）	217	243	423
净易货贸易条件指数（2000年=100）	100	100	96
外债总额（百万美元）	..	..	..
债务还本付息总额（占出口的百分比）	..	..	..
净移民（千人）	*156*	*-41*	*150*
获得的侨汇（百万美元）	..	136	360
外国直接投资，净流入额（10亿美元）	..	61.9	76.6
获得的净官方发展援助（百万美元）	38.2	..	..

匈牙利

欧洲和中亚			中高收入经济体
人口（百万）	9.9	人口增长率（百分比）	-0.3
陆地面积（千平方公里）	93	每天生活费用不足1.25美元的人口（占人口的百分比）	<2
GNI，图表集法（10亿美元）	131.2	人均GNI，图表集法（美元）	13,260
PPP衡量的GNI（10亿美元）	224.2	PPP衡量的人均GNI（美元）	22,660

	1990	2000	2013
人口			
最贫困的20%人口占国家消费/收入的份额（百分比）	*10.4*	9.6	*8.3*
出生时的预期寿命（岁）	69	71	75
总生育率（每个女性生育数）	1.9	1.3	1.3
青年女性生育率（每千名15—19岁女性生育数）	41	23	12
避孕普及率（占15—49岁已婚女性的百分比）	*81*	..	..
在熟练医护人员护理下的分娩（占总数的百分比）	99	100	*99*
5岁以下儿童死亡率（每千人）	19	11	6
儿童营养不良，体重不足（占5岁以下儿童的百分比）	..	..	..
儿童麻疹免疫接种率（占12—23个月年龄组的百分比）	99	99	99
小学毕业率，总数（占适龄年龄组的百分比）	82	96	*99*
中学总入学率，总数（占适龄年龄组的百分比）	87	96	*102*
小学和中学中女孩与男孩的比率（百分比）	100	100	*98*
HIV感染率（占15—49岁人口的百分比）	..	..	..
环境			
森林（千平方公里）	18	19	*20*
森林采伐（1990—2000年和2000—2010年，平均年度百分比）		-0.6	*-0.6*
淡水使用量（占内陆水资源的百分比）	..	*96.7*	93.1
获得改善的水资源的人口（占总人口的百分比）	96	99	*100*
获得改善的卫生设施的人口（占总人口的百分比）	100	100	*100*
人均能源使用量（千克石油当量）	2,772	2,448	*2,369*
人均二氧化碳排放量（吨）	6.1	5.6	*5.1*
人均用电量（千瓦时）	3,427	3,309	*3,895*
经济			
GDP（10亿美元）	*34.6*	47.1	133.4
GDP增长率（年度百分比）	*-3.1*	4.2	1.5
GDP隐含价格平减指数（年度增长百分比）	*21.5*	9.8	3.0
农业增加值（占GDP的百分比）	..	6	4
工业增加值（占GDP的百分比）	..	32	30
服务业增加值（占GDP的百分比）	..	63	65
货物和服务出口（占GDP的百分比）	*29*	67	89
货物和服务进口（占GDP的百分比）	*30*	71	81
资本形成总额（占GDP的百分比）	*21*	28	20
中央政府收入（占GDP的百分比）	..	37.9	*40.1*
中央政府现金盈余/赤字（占GDP的百分比）	..	-2.8	*-2.6*
政府与市场			
创办企业的时间（天）	..	*52*	5
总体统计能力水平（0—100）	..	*90.0*	85.6
军费支出（占GDP的百分比）	*2.4*	1.7	0.9
移动电话用户（每100人）	0.0	30.1	116.4
互联网用户（占总人口的百分比）	0.0	7.0	72.6
金融部门提供的国内信用（占GDP的百分比）	0.0	54.5	64.7
高科技出口（占制成品出口的百分比）	*4*	27	16
全球联系			
商品贸易（占GDP的百分比）	*62*	128	156
净易货贸易条件指数（2000年=100）	..	100	95
外债总额（百万美元）	21	31	197
债务还本付息总额（占出口的百分比）	..	..	95.5
净移民（千人）	*96.8*	*66.2*	*75.0*
获得的侨汇（百万美元）	..	281	4,325
外国直接投资，净流入额（10亿美元）	0.6	2.8	-4.3
获得的净官方发展援助（百万美元）	..	..	..

冰岛

高收入经济体

人口（千人）	324	人口增长率（百分比）	0.9
陆地面积（千平方公里）	103	每天生活费用不足1.25美元的人口（占人口的百分比）	..
GNI，图表集法（10亿美元）	15.0	人均GNI，图表集法（美元）	46,290
PPP衡量的GNI（10亿美元）	13.3	PPP衡量的人均GNI（美元）	41,090

	1990	2000	2013
人口			
最贫困的20%人口占国家消费/收入的份额（百分比）	..	*9.5*	*9.6*
出生时的预期寿命（岁）	78	80	83
总生育率（每个女性生育数）	2.3	2.1	2.0
青年女性生育率（每千名15—19岁女性生育数）	28	20	11
避孕普及率（占15—49岁已婚女性的百分比）	..	..	..
在熟练医护人员护理下的分娩（占总数的百分比）	..	..	..
5岁以下儿童死亡率（每千人）	6	4	2
儿童营养不良，体重不足（占5岁以下儿童的百分比）	..	..	..
儿童麻疹免疫接种率（占12—23个月年龄组的百分比）	99	91	91
小学毕业率，总数（占适龄年龄组的百分比）	..	98	*97*
中学总入学率，总数（占适龄年龄组的百分比）	98	107	*112*
小学和中学中女孩与男孩的比率（百分比）	*98*	102	*100*
HIV感染率（占15—49岁人口的百分比）	..	..	..
环境			
森林（平方公里）	87	184	*317*
森林采伐（1990—2000年和2000—2010年，平均年度百分比）		-7.8	-5.0
淡水使用量（占内陆水资源的百分比）	*0.1*	*0.1*	0.1
获得改善的水资源的人口（占总人口的百分比）	100	100	*100*
获得改善的卫生设施的人口（占总人口的百分比）	100	100	*100*
人均能源使用量（千克石油当量）	8,196	11,023	*18,775*
人均二氧化碳排放量（吨）	7.8	7.7	*6.2*
人均用电量（千瓦时）	16,148	26,202	*52,374*
经济			
GDP（10亿美元）	6.5	8.9	15.3
GDP增长率（年度百分比）	1.2	4.7	3.5
GDP隐含价格平减指数（年度增长百分比）	15.2	3.7	2.1
农业增加值（占GDP的百分比）	..	8	*8*
工业增加值（占GDP的百分比）	..	27	*24*
服务业增加值（占GDP的百分比）	..	64	68
货物和服务出口（占GDP的百分比）	33	32	56
货物和服务进口（占GDP的百分比）	32	39	47
资本形成总额（占GDP的百分比）	21	25	15
中央政府收入（占GDP的百分比）	..	32.4	*30.2*
中央政府现金盈余/赤字（占GDP的百分比）	..	2.6	*-3.3*
政府与市场			
创办企业的时间（天）	..	..	4
总体统计能力水平（0—100）	..	..	..
军费支出（占GDP的百分比）	..	..	*0.1*
移动电话用户（每100人）	3.9	76.4	108.1
互联网用户（占总人口的百分比）	0.0	44.5	96.5
金融部门提供的国内信用（占GDP的百分比）	48.1	95.4	130.9
高科技出口（占制成品出口的百分比）	10	13	15
全球联系			
商品贸易（占GDP的百分比）	50	50	64
净易货贸易条件指数（2000年=100）	..	100	85
外债总额（百万美元）	..	..	..
债务还本付息总额（占出口的百分比）	..	..	..
净移民（千人）	*-1.1*	*3.9*	*5.4*
获得的侨汇（百万美元）	62	88	176
外国直接投资，净流入额（百万美元）	22	155	469
获得的净官方发展援助（百万美元）	..	..	..

印度

南亚			中低收入经济体
人口（百万）	1,252.1	人口增长率（百分比）	1.2
陆地面积（千平方公里）	3,287	每天生活费用不足1.25美元的人口（占人口的百分比）	*23.6*
GNI，图表集法（10亿美元）	1,961.6	人均GNI，图表集法（美元）	1,570
PPP衡量的GNI（10亿美元）	6,700.1	PPP衡量的人均GNI（美元）	5,350

	1990	2000	2013
人口			
最贫困的20%人口占国家消费/收入的份额（百分比）	*9.1*	*8.6*	*8.5*
出生时的预期寿命（岁）	59	62	66
总生育率（每个女性生育数）	3.9	3.1	2.5
青年女性生育率（每千名15—19岁女性生育数）	108	79	32
避孕普及率（占15—49岁已婚女性的百分比）	*41*	47	*55*
在熟练医护人员护理下的分娩（占总数的百分比）	*34*	43	*52*
5岁以下儿童死亡率（每千人）	126	91	53
儿童营养不良，体重不足（占5岁以下儿童的百分比）	*59.5*	*44.4*	*43.5*
儿童麻疹免疫接种率（占12—23个月年龄组的百分比）	56	59	74
小学毕业率，总数（占适龄年龄组的百分比）	*64*	73	*96*
中学总入学率，总数（占适龄年龄组的百分比）	*37*	46	*69*
小学和中学中女孩与男孩的比率（百分比）	*67*	79	*98*
HIV感染率（占15—49岁人口的百分比）	0.1	0.4	0.3
环境			
森林（千平方公里）	639	654	*687*
森林采伐（1990—2000年和2000—2010年，平均年度百分比）		-0.2	*-0.5*
淡水使用量（占内陆水资源的百分比）	*34.6*	*42.2*	52.6
获得改善的水资源的人口（占总人口的百分比）	70	81	*93*
获得改善的卫生设施的人口（占总人口的百分比）	18	26	*36*
人均能源使用量（千克石油当量）	365	439	*614*
人均二氧化碳排放量（吨）	0.8	1.1	*1.7*
人均用电量（千瓦时）	270	391	*684*
经济			
GDP（10亿美元）	327	477	1,875
GDP增长率（年度百分比）	5.5	3.8	6.9
GDP隐含价格平减指数（年度增长百分比）	10.7	3.6	6.3
农业增加值（占GDP的百分比）	29	23	18
工业增加值（占GDP的百分比）	26	26	31
服务业增加值（占GDP的百分比）	44	51	51
货物和服务出口（占GDP的百分比）	7	13	25
货物和服务进口（占GDP的百分比）	8	14	28
资本形成总额（占GDP的百分比）	25	24	33
中央政府收入（占GDP的百分比）	12.2	11.5	*12.5*
中央政府现金盈余/赤字（占GDP的百分比）	-3.3	-3.7	*-3.8*
政府与市场			
创办企业的时间（天）	..	*80*	28
总体统计能力水平（0—100）	..	*78.9*	81.1
军费支出（占GDP的百分比）	3.2	3.0	2.4
移动电话用户（每100人）	0.0	0.3	70.8
互联网用户（占总人口的百分比）	0.0	0.5	15.1
金融部门提供的国内信用（占GDP的百分比）	50.0	51.2	77.2
高科技出口（占制成品出口的百分比）	4	6	8
全球联系			
商品贸易（占GDP的百分比）	13	20	42
净易货贸易条件指数（2000年=100）	86	100	131
外债总额（10亿美元）	86	101	428
债务还本付息总额（占出口的百分比）	34.9	17.5	8.6
净移民（千人）	*-127*	*-1,923*	*-2,294*
获得的侨汇（10亿美元）	2.4	12.9	70.0
外国直接投资，净流入额（10亿美元）	0.2	3.6	28.2
获得的净官方发展援助（10亿美元）	1.4	1.4	2.4

印度尼西亚

东亚和太平洋地区 | **中低收入经济体**

人口（百万）	249.9	人口增长率（百分比）	1.2
陆地面积（千平方公里）	1,911	每天生活费用不足1.25美元的人口（占人口的百分比）	*16.2*
GNI，图表集法（10亿美元）	895.0	人均GNI，图表集法（美元）	3,580
PPP衡量的GNI（10亿美元）	2,315.1	PPP衡量的人均GNI（美元）	9,270

	1990	2000	2013
人口			
最贫困的20%人口占国家消费/收入的份额（百分比）	9.4	*9.6*	*7.6*
出生时的预期寿命（岁）	63	67	71
总生育率（每个女性生育数）	3.1	2.5	2.3
青年女性生育率（每千名15—19岁女性生育数）	67	50	48
避孕普及率（占15—49岁已婚女性的百分比）	*50*	55	*62*
在熟练医护人员护理下的分娩（占总数的百分比）	41	67	*83*
5岁以下儿童死亡率（每千人）	84	52	29
儿童营养不良，体重不足（占5岁以下儿童的百分比）	*31.0*	24.8	19.9
儿童麻疹免疫接种率（占12—23个月年龄组的百分比）	58	76	84
小学毕业率，总数（占适龄年龄组的百分比）	95	*95*	*105*
中学总入学率，总数（占适龄年龄组的百分比）	47	56	*83*
小学和中学中女孩与男孩的比率（百分比）	92	97	*101*
HIV感染率（占15—49岁人口的百分比）	0.1	0.1	0.5
环境			
森林（千平方公里）	1,185	994	*931*
森林采伐（1990—2000年和2000—2010年，平均年度百分比）		1.8	*0.5*
淡水使用量（占内陆水资源的百分比）	*3.7*	*5.6*	5.6
获得改善的水资源的人口（占总人口的百分比）	70	78	*85*
获得改善的卫生设施的人口（占总人口的百分比）	35	47	*59*
人均能源使用量（千克石油当量）	552	741	*857*
人均二氧化碳排放量（吨）	0.8	1.3	*1.8*
人均用电量（千瓦时）	165	395	*680*
经济			
GDP（10亿美元）	114	165	868
GDP增长率（年度百分比）	9.0	4.9	5.8
GDP隐含价格平减指数（年度增长百分比）	7.7	20.4	4.4
农业增加值（占GDP的百分比）	19	16	14
工业增加值（占GDP的百分比）	39	46	46
服务业增加值（占GDP的百分比）	41	38	40
货物和服务出口（占GDP的百分比）	25	41	24
货物和服务进口（占GDP的百分比）	24	30	26
资本形成总额（占GDP的百分比）	31	22	34
中央政府收入（占GDP的百分比）	*16.6*	*18.3*	*15.4*
中央政府现金盈余/赤字（占GDP的百分比）	*0.7*	*-3.7*	*-1.7*
政府与市场			
创办企业的时间（天）	..	*168*	53
总体统计能力水平（0—100）	..	*86.7*	83.3
军费支出（占GDP的百分比）	0.9	*0.5*	0.9
移动电话用户（每100人）	0.0	1.8	125.4
互联网用户（占总人口的百分比）	0.0	0.9	15.8
金融部门提供的国内信用（占GDP的百分比）	46.7	60.7	45.6
高科技出口（占制成品出口的百分比）	2	16	7
全球联系			
商品贸易（占GDP的百分比）	42	66	43
净易货贸易条件指数（2000年=100）	95	100	122
外债总额（10亿美元）	70	144	259
债务还本付息总额（占出口的百分比）	33.5	22.8	19.4
净移民（千人）	*-347*	*-526*	*-700*
获得的侨汇（10亿美元）	0.2	1.2	7.6
外国直接投资，净流入额（10亿美元）	1.1	-4.6	23.3
获得的净官方发展援助（10亿美元）	1.7	1.7	0.1

伊朗

中东和北非 **中高收入经济体**

人口（百万）	77.4	人口增长率（百分比）	1.3
陆地面积（千平方公里）	1,745	每天生活费用不足1.25美元的人口（占人口的百分比）	<2
GNI，图表集法（10亿美元）	447.5	人均GNI，图表集法（美元）	5,780
PPP衡量的GNI（10亿美元）	1,208.6	PPP衡量的人均GNI（美元）	15,610

	1990	2000	2013
人口			
最贫困的20%人口占国家消费/收入的份额（百分比）	5.2	5.2	..
出生时的预期寿命（岁）	63	70	74
总生育率（每个女性生育数）	4.8	2.2	1.9
青年女性生育率（每千名15—19岁女性生育数）	90	39	31
避孕普及率（占15—49岁已婚女性的百分比）	49	74	77
在熟练医护人员护理下的分娩（占总数的百分比）	..	90	96
5岁以下儿童死亡率（每千人）	57	35	17
儿童营养不良，体重不足（占5岁以下儿童的百分比）	..	4.6	..
儿童麻疹免疫接种率（占12—23个月年龄组的百分比）	85	99	98
小学毕业率，总数（占适龄年龄组的百分比）	85	93	104
中学总入学率，总数（占适龄年龄组的百分比）	53	79	86
小学和中学中女孩与男孩的比率（百分比）	82	94	96
HIV感染率（占15—49岁人口的百分比）	0.1	0.1	0.1
环境			
森林（千平方公里）	111	111	111
森林采伐（1990—2000年和2000—2010年，平均年度百分比）		0.0	0.0
淡水使用量（占内陆水资源的百分比）	..	69.8	72.6
获得改善的水资源的人口（占总人口的百分比）	92	94	96
获得改善的卫生设施的人口（占总人口的百分比）	71	79	89
人均能源使用量（千克石油当量）	1,230	1,866	2,813
人均二氧化碳排放量（吨）	3.7	5.7	7.7
人均用电量（千瓦时）	941	1,540	2,649
经济			
GDP（10亿美元）	116	101	369
GDP增长率（年度百分比）	13.7	5.1	-5.8
GDP隐含价格平减指数（年度增长百分比）	20.6	26.4	17.8
农业增加值（占GDP的百分比）	19	14	..
工业增加值（占GDP的百分比）	29	37	..
服务业增加值（占GDP的百分比）	52	50	..
货物和服务出口（占GDP的百分比）	15	23	..
货物和服务进口（占GDP的百分比）	23	17	..
资本形成总额（占GDP的百分比）	37	33	..
中央政府收入（占GDP的百分比）	18.7	23.4	29.1
中央政府现金盈余/赤字（占GDP的百分比）	-1.9	1.8	0.5
政府与市场			
创办企业的时间（天）	..	28	12
总体统计能力水平（0—100）	..	64.4	73.3
军费支出（占GDP的百分比）	2.1	4.2	2.1
移动电话用户（每100人）	0.0	1.5	84.2
互联网用户（占总人口的百分比）	0.0	0.9	31.4
金融部门提供的国内信用（占GDP的百分比）	64.4	36.4	0.0
高科技出口（占制成品出口的百分比）	..	1	4
全球联系			
商品贸易（占GDP的百分比）	34	42	36
净易货贸易条件指数（2000年=100）	..	100	190
外债总额（10亿美元）	9.0	8.0	7.6
债务还本付息总额（占出口的百分比）	3.2	9.7	0.4
净移民（千人）	-2,276	-70	-300
获得的侨汇（百万美元）	1,200	536	1,330
外国直接投资，净流入额（百万美元）	-362	39	3,050
获得的净官方发展援助（百万美元）	106	130	131

伊拉克

中东和北非 **中高收入经济体**

人口（百万）	33.4	人口增长率（百分比）	2.5
陆地面积（千平方公里）	435	每天生活费用不足1.25美元的人口（占人口的百分比）	*3.9*
GNI，图表集法（10亿美元）	224.6	人均GNI，图表集法（美元）	6,720
PPP衡量的GNI（10亿美元）	499.0	PPP衡量的人均GNI（美元）	14,930

	1990	2000	2013
人口			
最贫困的20%人口占国家消费/收入的份额（百分比）	..	..	*8.8*
出生时的预期寿命（岁）	68	71	69
总生育率（每个女性生育数）	5.9	5.0	4.0
青年女性生育率（每千名15—19岁女性生育数）	70	66	68
避孕普及率（占15—49岁已婚女性的百分比）	*14*	44	*53*
在熟练医护人员护理下的分娩（占总数的百分比）	*54*	72	*91*
5岁以下儿童死亡率（每千人）	53	45	34
儿童营养不良，体重不足（占5岁以下儿童的百分比）	*10.4*	12.9	*8.5*
儿童麻疹免疫接种率（占12—23个月年龄组的百分比）	75	86	63
小学毕业率，总数（占适龄年龄组的百分比）	59	56	..
中学总入学率，总数（占适龄年龄组的百分比）	*47*	37	..
小学和中学中女孩与男孩的比率（百分比）	*77*	77	..
HIV感染率（占15—49岁人口的百分比）	..	..	..
环境			
森林（千平方公里）	8.0	8.2	*8.3*
森林采伐（1990—2000年和2000—2010年，平均年度百分比）		-0.2	*-0.1*
淡水使用量（占内陆水资源的百分比）	*121.6*	*187.5*	187.5
获得改善的水资源的人口（占总人口的百分比）	78	80	*85*
获得改善的卫生设施的人口（占总人口的百分比）	*72*	75	*85*
人均能源使用量（千克石油当量）	1,125	1,090	*1,266*
人均二氧化碳排放量（吨）	3.0	3.0	*3.7*
人均用电量（千瓦时）	1,302	1,225	*1,343*
经济			
GDP（10亿美元）	180	..	229
GDP增长率（年度百分比）	57.8	1.4	4.2
GDP隐含价格平减指数（年度增长百分比）	73.6	43.7	1.9
农业增加值（占GDP的百分比）	..	..	..
工业增加值（占GDP的百分比）	..	..	..
服务业增加值（占GDP的百分比）	..	..	..
货物和服务出口（占GDP的百分比）	..	76	34
货物和服务进口（占GDP的百分比）	..	50	33
资本形成总额（占GDP的百分比）	..	29	18
中央政府收入（占GDP的百分比）	..	..	..
中央政府现金盈余/赤字（占GDP的百分比）	..	..	..
政府与市场			
创办企业的时间（天）	..	..	29
总体统计能力水平（0—100）	..	*32.2*	46.7
军费支出（占GDP的百分比）	..	..	3.4
移动电话用户（每100人）	0.0	0.0	96.1
互联网用户（占总人口的百分比）	0.0	*0.1*	9.2
金融部门提供的国内信用（占GDP的百分比）	0.0	0.0	-1.4
高科技出口（占制成品出口的百分比）	..	..	..
全球联系			
商品贸易（占GDP的百分比）	11	..	66
净易货贸易条件指数（2000年=100）	..	100	222
外债总额（百万美元）	..	..	..
债务还本付息总额（占出口的百分比）	..	..	..
净移民（千人）	*-154*	*-266*	*450*
获得的侨汇（百万美元）	..	..	*271*
外国直接投资，净流入额（百万美元）	0	-3	2,852
获得的净官方发展援助（百万美元）	63	102	1,541

爱尔兰

高收入经济体

人口（百万）	4.6	人口增长率（百分比）	0.2
陆地面积（千平方公里）	70	每天生活费用不足1.25美元的人口（占人口的百分比）	..
GNI，图表集法（10亿美元）	198.1	人均GNI，图表集法（美元）	43,090
PPP衡量的GNI（10亿美元）	178.7	PPP衡量的人均GNI（美元）	38,870

	1990	2000	2013
人口			
最贫困的20%人口占国家消费/收入的份额（百分比）	..	7.6	*7.6*
出生时的预期寿命（岁）	75	77	81
总生育率（每个女性生育数）	2.1	1.9	2.0
青年女性生育率（每千名15—19岁女性生育数）	16	19	8
避孕普及率（占15—49岁已婚女性的百分比）	..	*75*	..
在熟练医护人员护理下的分娩（占总数的百分比）	..	*100*	..
5岁以下儿童死亡率（每千人）	9	7	4
儿童营养不良，体重不足（占5岁以下儿童的百分比）	..	..	..
儿童麻疹免疫接种率（占12—23个月年龄组的百分比）	78	79	93
小学毕业率，总数（占适龄年龄组的百分比）	*103*	95	..
中学总入学率，总数（占适龄年龄组的百分比）	99	105	*119*
小学和中学中女孩与男孩的比率（百分比）	105	103	*101*
HIV感染率（占15—49岁人口的百分比）	..	..	..
环境			
森林（千平方公里）	4.7	6.4	*7.6*
森林采伐（1990—2000年和2000—2010年，平均年度百分比）		-3.2	*-1.5*
淡水使用量（占内陆水资源的百分比）	..	..	1.6
获得改善的水资源的人口（占总人口的百分比）	100	100	*100*
获得改善的卫生设施的人口（占总人口的百分比）	99	99	*99*
人均能源使用量（千克石油当量）	2,809	3,567	*2,910*
人均二氧化碳排放量（吨）	8.9	10.9	*8.8*
人均用电量（千瓦时）	3,768	5,796	*5,701*
经济			
GDP（10亿美元）	49	99	232
GDP增长率（年度百分比）	8.5	9.5	0.2
GDP隐含价格平减指数（年度增长百分比）	-0.7	6.4	1.0
农业增加值（占GDP的百分比）	..	3	2
工业增加值（占GDP的百分比）	..	35	24
服务业增加值（占GDP的百分比）	..	62	74
货物和服务出口（占GDP的百分比）	55	96	105
货物和服务进口（占GDP的百分比）	50	82	84
资本形成总额（占GDP的百分比）	22	25	16
中央政府收入（占GDP的百分比）	..	32.4	*30.4*
中央政府现金盈余/赤字（占GDP的百分比）	..	4.8	*-7.6*
政府与市场			
创办企业的时间（天）	..	*18*	6
总体统计能力水平（0—100）	..	..	..
军费支出（占GDP的百分比）	1.2	0.7	0.5
移动电话用户（每100人）	0.7	64.7	102.8
互联网用户（占总人口的百分比）	0.0	17.9	78.2
金融部门提供的国内信用（占GDP的百分比）	53.0	104.1	186.1
高科技出口（占制成品出口的百分比）	41	48	22
全球联系			
商品贸易（占GDP的百分比）	90	129	77
净易货贸易条件指数（2000年=100）	..	100	95
外债总额（百万美元）	..	..	..
债务还本付息总额（占出口的百分比）	..	..	..
净移民（千人）	*-11*	*200*	*50*
获得的侨汇（百万美元）	286	252	718
外国直接投资，净流入额（10亿美元）	0.6	25.5	50.0
获得的净官方发展援助（百万美元）	..	..	..

马恩岛

高收入经济体

人口（千人）	86	人口增长率（百分比）	0.7
陆地面积（平方公里）	570	每天生活费用不足1.25美元的人口（占人口的百分比）	..
GNI，图表集法（10亿美元）	..	人均GNI，图表集法（美元）	..
PPP衡量的GNI（百万美元）	..	PPP衡量的人均GNI（美元）	..

	1990	2000	2013
人口			
最贫困的20%人口占国家消费/收入的份额（百分比）	..	..	..
出生时的预期寿命（岁）	..	*78*	..
总生育率（每个女性生育数）	..	*1.7*	..
青年女性生育率（每千名15—19岁女性生育数）	..	..	..
避孕普及率（占15—49岁已婚女性的百分比）	..	..	..
在熟练医护人员护理下的分娩（占总数的百分比）	..	..	..
5岁以下儿童死亡率（每千人）	..	..	..
儿童营养不良，体重不足（占5岁以下儿童的百分比）	..	..	..
儿童麻疹免疫接种率（占12—23个月年龄组的百分比）	..	..	..
小学毕业率，总数（占适龄年龄组的百分比）	..	..	..
中学总入学率，总数（占适龄年龄组的百分比）	..	..	..
小学和中学中女孩与男孩的比率（百分比）	..	..	..
HIV感染率（占15—49岁人口的百分比）	..	..	..
环境			
森林（平方公里）	35	35	*35*
森林采伐（1990—2000年和2000—2010年，平均年度百分比）		0.0	*0.0*
淡水使用量（占内陆水资源的百分比）	..	..	..
获得改善的水资源的人口（占总人口的百分比）	..	..	..
获得改善的卫生设施的人口（占总人口的百分比）	..	..	..
人均能源使用量（千克石油当量）	..	..	..
人均二氧化碳排放量（吨）	..	..	..
人均用电量（千瓦时）	..	..	..
经济			
GDP（百万美元）	..	1,564	..
GDP增长率（年度百分比）	4.2	5.3	..
GDP隐含价格平减指数（年度增长百分比）	9.0	3.3	..
农业增加值（占GDP的百分比）	..	..	..
工业增加值（占GDP的百分比）	..	..	..
服务业增加值（占GDP的百分比）	..	..	..
货物和服务出口（占GDP的百分比）	..	..	..
货物和服务进口（占GDP的百分比）	..	..	..
资本形成总额（占GDP的百分比）	..	..	..
中央政府收入（占GDP的百分比）	..	..	..
中央政府现金盈余/赤字（占GDP的百分比）	..	..	..
政府与市场			
创办企业的时间（天）	..	..	..
总体统计能力水平（0—100）	..	..	..
军费支出（占GDP的百分比）	..	..	..
移动电话用户（每100人）	..	..	..
互联网用户（占总人口的百分比）	..	..	..
金融部门提供的国内信用（占GDP的百分比）	0.0	0.0	0.0
高科技出口（占制成品出口的百分比）	..	..	..
全球联系			
商品贸易（占GDP的百分比）	..	..	..
净易货贸易条件指数（2000年=100）	..	..	..
外债总额（百万美元）	..	..	..
债务还本付息总额（占出口的百分比）	..	..	..
净移民（千人）	..	..	..
获得的侨汇（百万美元）	..	..	..
外国直接投资，净流入额（百万美元）	..	..	..
获得的净官方发展援助（百万美元）	..	..	..

以色列

高收入经济体

人口（百万）	8.1	人口增长率（百分比）	1.9
陆地面积（千平方公里）	22	每天生活费用不足1.25美元的人口（占人口的百分比）	..
GNI，图表集法（10亿美元）	273.5	人均GNI，图表集法（美元）	33,930
PPP衡量的GNI（10亿美元）	256.2	PPP衡量的人均GNI（美元）	31,780

	1990	2000	2013
人口			
最贫困的20%人口占国家消费/收入的份额（百分比）	*6.9*	5.7	*4.6*
出生时的预期寿命（岁）	77	79	82
总生育率（每个女性生育数）	2.8	3.0	3.0
青年女性生育率（每千名15—19岁女性生育数）	20	17	7
避孕普及率（占15—49岁已婚女性的百分比）	*68*	..	..
在熟练医护人员护理下的分娩（占总数的百分比）	..	..	..
5岁以下儿童死亡率（每千人）	12	7	4
儿童营养不良，体重不足（占5岁以下儿童的百分比）	..	..	..
儿童麻疹免疫接种率（占12—23个月年龄组的百分比）	91	97	97
小学毕业率，总数（占适龄年龄组的百分比）	..	*104*	*106*
中学总入学率，总数（占适龄年龄组的百分比）	89	103	*101*
小学和中学中女孩与男孩的比率（百分比）	104	100	*101*
HIV感染率（占15—49岁人口的百分比）	..	..	..
环境			
森林（千平方公里）	1.3	1.5	*1.5*
森林采伐（1990—2000年和2000—2010年，平均年度百分比）		-1.5	*-0.1*
淡水使用量（占内陆水资源的百分比）	*240.5*	*244.1*	260.5
获得改善的水资源的人口（占总人口的百分比）	100	100	*100*
获得改善的卫生设施的人口（占总人口的百分比）	100	100	*100*
人均能源使用量（千克石油当量）	2,460	2,899	*3,044*
人均二氧化碳排放量（吨）	7.2	10.0	*9.3*
人均用电量（千瓦时）	4,176	6,323	*6,926*
经济			
GDP（10亿美元）	52	131	291
GDP增长率（年度百分比）	6.8	8.9	3.2
GDP隐含价格平减指数（年度增长百分比）	15.9	2.2	2.5
农业增加值（占GDP的百分比）	..	..	..
工业增加值（占GDP的百分比）	..	..	..
服务业增加值（占GDP的百分比）	..	..	..
货物和服务出口（占GDP的百分比）	35	36	33
货物和服务进口（占GDP的百分比）	45	36	32
资本形成总额（占GDP的百分比）	25	22	20
中央政府收入（占GDP的百分比）	..	38.6	*31.7*
中央政府现金盈余/赤字（占GDP的百分比）	..	-3.4	*-5.4*
政府与市场			
创办企业的时间（天）	..	*19*	13
总体统计能力水平（0—100）	..	..	..
军费支出（占GDP的百分比）	15.4	7.6	5.6
移动电话用户（每100人）	0.3	73.2	122.8
互联网用户（占总人口的百分比）	0.1	20.9	70.8
金融部门提供的国内信用（占GDP的百分比）	106.2	72.7	0.0
高科技出口（占制成品出口的百分比）	11	19	16
全球联系			
商品贸易（占GDP的百分比）	55	53	49
净易货贸易条件指数（2000年=100）	..	100	101
外债总额（百万美元）	..	..	..
债务还本付息总额（占出口的百分比）	..	..	..
净移民（千人）	*457*	*103*	*-76*
获得的侨汇（百万美元）	812	400	765
外国直接投资，净流入额（10亿美元）	0.2	8.0	11.8
获得的净官方发展援助（10亿美元）	1.4	..	..

意大利

高收入经济体

人口（百万）	60.2	人口增长率（百分比）	1.2
陆地面积（千平方公里）	301	每天生活费用不足1.25美元的人口（占人口的百分比）	..
GNI，图表集法（10亿美元）	2,145.3	人均GNI，图表集法（美元）	35,620
PPP衡量的GNI（10亿美元）	2,121.5	PPP衡量的人均GNI（美元）	35,220

	1990	2000	2013
人口			
最贫困的20%人口占国家消费/收入的份额（百分比）	*7.7*	6.1	*6.1*
出生时的预期寿命（岁）	77	80	82
总生育率（每个女性生育数）	1.3	1.3	1.4
青年女性生育率（每千名15—19岁女性生育数）	9	7	4
避孕普及率（占15—49岁已婚女性的百分比）	..	..	..
在熟练医护人员护理下的分娩（占总数的百分比）	..	*99*	..
5岁以下儿童死亡率（每千人）	10	6	4
儿童营养不良，体重不足（占5岁以下儿童的百分比）	..	..	..
儿童麻疹免疫接种率（占12—23个月年龄组的百分比）	43	74	90
小学毕业率，总数（占适龄年龄组的百分比）	100	102	*99*
中学总入学率，总数（占适龄年龄组的百分比）	79	93	*99*
小学和中学中女孩与男孩的比率（百分比）	100	98	*99*
HIV感染率（占15—49岁人口的百分比）	0.3	0.3	0.3
环境			
森林（千平方公里）	76	84	*93*
森林采伐（1990—2000年和2000—2010年，平均年度百分比）		-1.0	*-0.9*
淡水使用量（占内陆水资源的百分比）	..	*24.9*	24.9
获得改善的水资源的人口（占总人口的百分比）	100	100	*100*
获得改善的卫生设施的人口（占总人口的百分比）	..	..	..
人均能源使用量（千克石油当量）	2,584	3,012	*2,664*
人均二氧化碳排放量（吨）	7.4	7.9	*6.9*
人均用电量（千瓦时）	4,145	5,300	*5,515*
经济			
GDP（10亿美元）	1,178	1,142	2,149
GDP增长率（年度百分比）	2.0	3.7	-1.9
GDP隐含价格平减指数（年度增长百分比）	8.9	2.0	1.4
农业增加值（占GDP的百分比）	3	3	2
工业增加值（占GDP的百分比）	31	27	23
服务业增加值（占GDP的百分比）	66	70	74
货物和服务出口（占GDP的百分比）	18	26	29
货物和服务进口（占GDP的百分比）	18	25	26
资本形成总额（占GDP的百分比）	22	21	18
中央政府收入（占GDP的百分比）	..	35.7	*37.1*
中央政府现金盈余/赤字（占GDP的百分比）	..	-0.8	*-3.0*
政府与市场			
创办企业的时间（天）	..	*23*	5
总体统计能力水平（0—100）	..	..	..
军费支出（占GDP的百分比）	2.0	2.0	1.5
移动电话用户（每100人）	0.5	74.1	158.8
互联网用户（占总人口的百分比）	0.0	23.1	58.5
金融部门提供的国内信用（占GDP的百分比）	83.7	92.6	161.8
高科技出口（占制成品出口的百分比）	8	9	7
全球联系			
商品贸易（占GDP的百分比）	30	42	46
净易货贸易条件指数（2000年=100）	..	100	98
外债总额（百万美元）	..	..	..
债务还本付息总额（占出口的百分比）	..	..	..
净移民（千人）	*153*	*1,853*	*900*
获得的侨汇（10亿美元）	5.1	1.9	7.5
外国直接投资，净流入额（10亿美元）	6.4	13.2	13.1
获得的净官方发展援助（百万美元）	..	..	..

牙买加

拉丁美洲和加勒比地区		中高收入经济体	
人口（百万）	2.7	人口增长率（百分比）	0.3
陆地面积（千平方公里）	11	每天生活费用不足1.25美元的人口（占人口的百分比）	<2
GNI，图表集法（10亿美元）	14.2	人均GNI，图表集法（美元）	5,220
PPP衡量的GNI（10亿美元）	23.0	PPP衡量的人均GNI（美元）	8,490

	1990	2000	2013
人口			
最贫困的20%人口占国家消费/收入的份额（百分比）	5.9	*0.0*	..
出生时的预期寿命（岁）	71	70	73
总生育率（每个女性生育数）	2.9	2.6	2.3
青年女性生育率（每千名15—19岁女性生育数）	107	89	69
避孕普及率（占15—49岁已婚女性的百分比）	55	*69*	*72*
在熟练医护人员护理下的分娩（占总数的百分比）	*92*	96	*99*
5岁以下儿童死亡率（每千人）	30	24	17
儿童营养不良，体重不足（占5岁以下儿童的百分比）	*4.0*	3.8	*3.2*
儿童麻疹免疫接种率（占12—23个月年龄组的百分比）	74	88	94
小学毕业率，总数（占适龄年龄组的百分比）	97	88	86
中学总入学率，总数（占适龄年龄组的百分比）	*70*	87	78
小学和中学中女孩与男孩的比率（百分比）	*102*	100	99
HIV感染率（占15—49岁人口的百分比）	1.1	2.5	1.8
环境			
森林（千平方公里）	3.4	3.4	*3.4*
森林采伐（1990—2000年和2000—2010年，平均年度百分比）		0.1	*0.1*
淡水使用量（占内陆水资源的百分比）	..	..	9.9
获得改善的水资源的人口（占总人口的百分比）	93	93	*93*
获得改善的卫生设施的人口（占总人口的百分比）	80	80	*80*
人均能源使用量（千克石油当量）	1,165	1,479	*1,135*
人均二氧化碳排放量（吨）	3.3	4.0	*2.7*
人均用电量（千瓦时）	879	2,334	*1,553*
经济			
GDP（10亿美元）	4.6	9.0	14.4
GDP增长率（年度百分比）	4.2	0.9	1.3
GDP隐含价格平减指数（年度增长百分比）	25.1	10.6	8.3
农业增加值（占GDP的百分比）	*8*	7	*7*
工业增加值（占GDP的百分比）	*37*	26	*21*
服务业增加值（占GDP的百分比）	55	67	*72*
货物和服务出口（占GDP的百分比）	48	*33*	*30*
货物和服务进口（占GDP的百分比）	52	*49*	*53*
资本形成总额（占GDP的百分比）	26	*27*	*20*
中央政府收入（占GDP的百分比）	..	*31.8*	*31.8*
中央政府现金盈余/赤字（占GDP的百分比）	..	*-2.4*	*-4.0*
政府与市场			
创办企业的时间（天）	..	*31*	15
总体统计能力水平（0—100）	..	*76.7*	78.9
军费支出（占GDP的百分比）	0.6	0.5	0.8
移动电话用户（每100人）	0.0	14.2	102.2
互联网用户（占总人口的百分比）	0.0	3.1	37.8
金融部门提供的国内信用（占GDP的百分比）	45.8	46.5	51.4
高科技出口（占制成品出口的百分比）	*0*	0	1
全球联系			
商品贸易（占GDP的百分比）	67	51	54
净易货贸易条件指数（2000年=100）	..	100	82
外债总额（百万美元）	4.7	4.7	13.8
债务还本付息总额（占出口的百分比）	27.8	18.5	25.9
净移民（千人）	*-112*	*-76*	*-80*
获得的侨汇（百万美元）	229	892	2,161
外国直接投资，净流入额（百万美元）	138	468	666
获得的净官方发展援助（百万美元）	271	9	70

日本

高收入经济体

人口（百万）	127.3	人口增长率（百分比）	-0.2
陆地面积（千平方公里）	378	每天生活费用不足1.25美元的人口（占人口的百分比）	..
GNI，图表集法（10亿美元）	5,899.9	人均GNI，图表集法（美元）	46,330
PPP衡量的GNI（10亿美元）	4,782.2	PPP衡量的人均GNI（美元）	37,550

	1990	2000	2013
人口			
最贫困的20%人口占国家消费/收入的份额（百分比）	..	..	*7.4*
出生时的预期寿命（岁）	79	81	83
总生育率（每个女性生育数）	1.5	1.4	1.4
青年女性生育率（每千名15—19岁女性生育数）	4	5	5
避孕普及率（占15—49岁已婚女性的百分比）	58	56	..
在熟练医护人员护理下的分娩（占总数的百分比）	100	*100*	..
5岁以下儿童死亡率（每千人）	6	5	3
儿童营养不良，体重不足（占5岁以下儿童的百分比）	..	..	..
儿童麻疹免疫接种率（占12—23个月年龄组的百分比）	73	96	95
小学毕业率，总数（占适龄年龄组的百分比）	103	102	*102*
中学总入学率，总数（占适龄年龄组的百分比）	96	102	*102*
小学和中学中女孩与男孩的比率（百分比）	101	101	*100*
HIV感染率（占15—49岁人口的百分比）	..	..	..
环境			
森林（千平方公里）	250	249	*250*
森林采伐（1990—2000年和2000—2010年，平均年度百分比）		0.0	*0.0*
淡水使用量（占内陆水资源的百分比）	*21.3*	*20.9*	20.9
获得改善的水资源的人口（占总人口的百分比）	100	100	*100*
获得改善的卫生设施的人口（占总人口的百分比）	100	100	*100*
人均能源使用量（千克石油当量）	3,556	4,091	*3,539*
人均二氧化碳排放量（吨）	8.9	9.6	*9.1*
人均用电量（千瓦时）	6,486	7,975	*7,848*
经济			
GDP（10亿美元）	3,104	4,731	4,920
GDP增长率（年度百分比）	5.6	2.3	1.6
GDP隐含价格平减指数（年度增长百分比）	2.3	-1.2	-0.5
农业增加值（占GDP的百分比）	2	2	*1*
工业增加值（占GDP的百分比）	38	31	*26*
服务业增加值（占GDP的百分比）	60	67	*73*
货物和服务出口（占GDP的百分比）	10	11	16
货物和服务进口（占GDP的百分比）	9	9	19
资本形成总额（占GDP的百分比）	32	25	21
中央政府收入（占GDP的百分比）	..	..	*11.2*
中央政府现金盈余/赤字（占GDP的百分比）	..	..	*-8.0*
政府与市场			
创办企业的时间（天）	..	*31*	11
总体统计能力水平（0—100）	..	..	..
军费支出（占GDP的百分比）	0.8	1.0	1.0
移动电话用户（每100人）	0.7	53.1	117.6
互联网用户（占总人口的百分比）	0.0	30.0	86.3
金融部门提供的国内信用（占GDP的百分比）	255.3	304.7	366.5
高科技出口（占制成品出口的百分比）	24	29	17
全球联系			
商品贸易（占GDP的百分比）	17	18	31
净易货贸易条件指数（2000年=100）	..	100	59
外债总额（百万美元）	..	..	..
债务还本付息总额（占出口的百分比）	..	..	..
净移民（千人）	*451*	*622*	*350*
获得的侨汇（10亿美元）	*0.5*	1.4	2.4
外国直接投资，净流入额（10亿美元）	1.8	8.2	3.7
获得的净官方发展援助（百万美元）	..	..	..

约 旦

中东和北非			中高收入经济体
人口（百万）	6.5	人口增长率（百分比）	2.2
陆地面积（千平方公里）	89	每天生活费用不足1.25美元的人口（占人口的百分比）	<2
GNI，图表集法（10亿美元）	32.0	人均GNI，图表集法（美元）	4,950
PPP衡量的GNI（10亿美元）	75.3	PPP衡量的人均GNI（美元）	11,660

	1990	2000	2013
人口			
最贫困的20%人口占国家消费/收入的份额（百分比）	*6.0*	*6.7*	*8.2*
出生时的预期寿命（岁）	70	72	74
总生育率（每个女性生育数）	5.5	4.1	3.2
青年女性生育率（每千名15—19岁女性生育数）	52	36	26
避孕普及率（占15—49岁已婚女性的百分比）	40	*56*	*61*
在熟练医护人员护理下的分娩（占总数的百分比）	87	*100*	*100*
5岁以下儿童死亡率（每千人）	37	28	19
儿童营养不良，体重不足（占5岁以下儿童的百分比）	4.8	*3.6*	*3.0*
儿童麻疹免疫接种率（占12—23个月年龄组的百分比）	87	94	97
小学毕业率，总数（占适龄年龄组的百分比）	96	101	*93*
中学总入学率，总数（占适龄年龄组的百分比）	76	86	*88*
小学和中学中女孩与男孩的比率（百分比）	102	103	*100*
HIV感染率（占15—49岁人口的百分比）	..	..	..
环境			
森林（平方公里）	975	975	*975*
森林采伐（1990—2000年和2000—2010年，平均年度百分比）		0.0	*0.0*
淡水使用量（占内陆水资源的百分比）	*144.3*	..	138.0
获得改善的水资源的人口（占总人口的百分比）	97	97	*96*
获得改善的卫生设施的人口（占总人口的百分比）	97	98	*98*
人均能源使用量（千克石油当量）	1,033	1,014	*1,143*
人均二氧化碳排放量（吨）	3.3	3.2	*3.4*
人均用电量（千瓦时）	1,050	1,377	*2,289*
经济			
GDP（10亿美元）	4.2	8.5	33.7
GDP增长率（年度百分比）	1.0	4.2	2.8
GDP隐含价格平减指数（年度增长百分比）	12.7	-0.4	5.6
农业增加值（占GDP的百分比）	8	2	3
工业增加值（占GDP的百分比）	26	26	30
服务业增加值（占GDP的百分比）	66	72	67
货物和服务出口（占GDP的百分比）	60	42	42
货物和服务进口（占GDP的百分比）	90	69	71
资本形成总额（占GDP的百分比）	31	22	28
中央政府收入（占GDP的百分比）	25.3	25.1	*21.5*
中央政府现金盈余/赤字（占GDP的百分比）	-3.4	-2.0	*-8.3*
政府与市场			
创办企业的时间（天）	..	*79*	12
总体统计能力水平（0—100）	..	*68.9*	74.4
军费支出（占GDP的百分比）	7.8	6.3	3.6
移动电话用户（每100人）	0.0	8.2	141.8
互联网用户（占总人口的百分比）	0.0	2.6	44.2
金融部门提供的国内信用（占GDP的百分比）	106.3	78.8	111.9
高科技出口（占制成品出口的百分比）	2	8	2
全球联系			
商品贸易（占GDP的百分比）	88	77	88
净易货贸易条件指数（2000年=100）	94	100	76
外债总额（10亿美元）	8.3	11.1	24.0
债务还本付息总额（占出口的百分比）	24.4	20.1	6.7
净移民（千人）	*401*	*-184*	*400*
获得的侨汇（10亿美元）	0.5	1.8	3.6
外国直接投资，净流入额（百万美元）	38	913	1,798
获得的净官方发展援助（百万美元）	952	553	1,408

哈萨克斯坦

欧洲和中亚 **中高收入经济体**

人口（百万）	17.0	人口增长率（百分比）	1.4
陆地面积（千平方公里）	2,725	每天生活费用不足1.25美元的人口（占人口的百分比）	<2
GNI，图表集法（10亿美元）	196.8	人均GNI，图表集法（美元）	11,550
PPP衡量的GNI（10亿美元）	352.3	PPP衡量的人均GNI（美元）	20,680

	1990	2000	2013
人口			
最贫困的20%人口占国家消费/收入的份额（百分比）	*7.5*	*7.3*	*9.5*
出生时的预期寿命（岁）	68	66	70
总生育率（每个女性生育数）	2.7	1.8	2.6
青年女性生育率（每千名15—19岁女性生育数）	51	34	29
避孕普及率（占15—49岁已婚女性的百分比）	..	*66*	*51*
在熟练医护人员护理下的分娩（占总数的百分比）	99	98	*100*
5岁以下儿童死亡率（每千人）	53	44	16
儿童营养不良，体重不足（占5岁以下儿童的百分比）	..	*3.8*	*3.7*
儿童麻疹免疫接种率（占12—23个月年龄组的百分比）	89	99	99
小学毕业率，总数（占适龄年龄组的百分比）	..	95	102
中学总入学率，总数（占适龄年龄组的百分比）	102	96	*98*
小学和中学中女孩与男孩的比率（百分比）	*104*	102	*98*
HIV感染率（占15—49岁人口的百分比）	..	..	..
环境			
森林（千平方公里）	34	34	*33*
森林采伐（1990—2000年和2000—2010年，平均年度百分比）		0.2	*0.2*
淡水使用量（占内陆水资源的百分比）	..	*30.6*	32.9
获得改善的水资源的人口（占总人口的百分比）	94	94	93
获得改善的卫生设施的人口（占总人口的百分比）	96	97	*98*
人均能源使用量（千克石油当量）	4,493	2,397	*4,717*
人均二氧化碳排放量（吨）	*15.9*	8.6	*15.2*
人均用电量（千瓦时）	5,905	3,170	*4,893*
经济			
GDP（10亿美元）	27	18	232
GDP增长率（年度百分比）	*-11.0*	9.8	6.0
GDP隐含价格平减指数（年度增长百分比）	*96.4*	17.4	9.7
农业增加值（占GDP的百分比）	*27*	9	5
工业增加值（占GDP的百分比）	*45*	40	37
服务业增加值（占GDP的百分比）	*29*	51	58
货物和服务出口（占GDP的百分比）	*74*	57	38
货物和服务进口（占GDP的百分比）	*75*	49	27
资本形成总额（占GDP的百分比）	*32*	18	24
中央政府收入（占GDP的百分比）	..	11.3	..
中央政府现金盈余/赤字（占GDP的百分比）	..	0.1	..
政府与市场			
创办企业的时间（天）	..	*26*	10
总体统计能力水平（0—100）	..	*86.7*	88.9
军费支出（占GDP的百分比）	*1.0*	0.8	1.2
移动电话用户（每100人）	0.0	1.4	184.7
互联网用户（占总人口的百分比）	0.0	0.7	54.0
金融部门提供的国内信用（占GDP的百分比）	0.0	12.3	39.1
高科技出口（占制成品出口的百分比）	..	4	37
全球联系			
商品贸易（占GDP的百分比）	..	76	57
净易货贸易条件指数（2000年=100）	..	100	230
外债总额（10亿美元）	*0*	13	148
债务还本付息总额（占出口的百分比）	..	32.4	34.0
净移民（千人）	*-1,512*	*45*	*0*
获得的侨汇（百万美元）	..	122	207
外国直接投资，净流入额（10亿美元）	*0.1*	1.3	9.7
获得的净官方发展援助（百万美元）	*112*	189	91

肯尼亚

撒哈拉以南非洲地区 **低收入经济体**

人口（百万）	44.4	人口增长率（百分比）	2.7
陆地面积（千平方公里）	580	每天生活费用不足1.25美元的人口（占人口的百分比）	*43.4*
GNI，图表集法（10亿美元）	51.6	人均GNI，图表集法（美元）	1,160
PPP衡量的GNI（10亿美元）	123.3	PPP衡量的人均GNI（美元）	2,780

	1990	2000	2013
人口			
最贫困的20%人口占国家消费/收入的份额（百分比）	*3.4*	..	..
出生时的预期寿命（岁）	59	53	62
总生育率（每个女性生育数）	6.0	5.0	4.4
青年女性生育率（每千名15—19岁女性生育数）	127	105	92
避孕普及率（占15—49岁已婚女性的百分比）	*27*	*39*	*46*
在熟练医护人员护理下的分娩（占总数的百分比）	*50*	*42*	*44*
5岁以下儿童死亡率（每千人）	99	111	71
儿童营养不良，体重不足（占5岁以下儿童的百分比）	*20.1*	17.5	*16.4*
儿童麻疹免疫接种率（占12—23个月年龄组的百分比）	78	78	93
小学毕业率，总数（占适龄年龄组的百分比）	..	..	..
中学总入学率，总数（占适龄年龄组的百分比）	*40*	39	*67*
小学和中学中女孩与男孩的比率（百分比）	*92*	98	*98*
HIV感染率（占15—49岁人口的百分比）	2.5	9.3	6.0
环境			
森林（千平方公里）	37	36	*34*
森林采伐（1990—2000年和2000—2010年，平均年度百分比）		0.4	*0.3*
淡水使用量（占内陆水资源的百分比）	*9.9*	..	13.2
获得改善的水资源的人口（占总人口的百分比）	43	52	*62*
获得改善的卫生设施的人口（占总人口的百分比）	25	27	*30*
人均能源使用量（千克石油当量）	455	449	*480*
人均二氧化碳排放量（吨）	0.2	0.3	*0.3*
人均用电量（千瓦时）	125	113	*155*
经济			
GDP（10亿美元）	8.6	12.7	55.2
GDP增长率（年度百分比）	4.2	0.6	5.7
GDP隐含价格平减指数（年度增长百分比）	10.6	6.1	5.7
农业增加值（占GDP的百分比）	30	32	30
工业增加值（占GDP的百分比）	19	17	20
服务业增加值（占GDP的百分比）	51	51	51
货物和服务出口（占GDP的百分比）	26	22	18
货物和服务进口（占GDP的百分比）	31	32	33
资本形成总额（占GDP的百分比）	24	17	20
中央政府收入（占GDP的百分比）	*19.5*	19.7	*17.6*
中央政府现金盈余/赤字（占GDP的百分比）	*-2.8*	2.0	*-3.9*
政府与市场			
创办企业的时间（天）	..	*60*	30
总体统计能力水平（0—100）	..	*64.4*	54.4
军费支出（占GDP的百分比）	3.0	1.5	1.6
移动电话用户（每100人）	0.0	0.4	71.8
互联网用户（占总人口的百分比）	0.0	0.3	39.0
金融部门提供的国内信用（占GDP的百分比）	51.4	39.2	42.8
高科技出口（占制成品出口的百分比）	4	4	*6*
全球联系			
商品贸易（占GDP的百分比）	38	38	40
净易货贸易条件指数（2000年=100）	70	100	88
外债总额（10亿美元）	7.1	6.2	13.5
债务还本付息总额（占出口的百分比）	35.4	21.0	5.7
净移民（千人）	*222*	*25*	*-50*
获得的侨汇（百万美元）	139	538	*1,214*
外国直接投资，净流入额（百万美元）	57	111	514
获得的净官方发展援助（10亿美元）	1.2	0.5	3.2

基里巴斯

东亚和太平洋地区		中低收入经济体	
人口（千人）	102	人口增长率（百分比）	1.5
陆地面积（平方公里）	810	每天生活费用不足1.25美元的人口（占人口的百分比）	..
GNI，图表集法（百万美元）	267.7	人均GNI，图表集法（美元）	2,620
PPP衡量的GNI（百万美元）	284.4	PPP衡量的人均GNI（美元）	2,780

	1990	2000	2013
人口			
最贫困的20%人口占国家消费/收入的份额（百分比）	..	..	..
出生时的预期寿命（岁）	61	65	69
总生育率（每个女性生育数）	4.6	3.9	3.0
青年女性生育率（每千名15—19岁女性生育数）	47	35	16
避孕普及率（占15—49岁已婚女性的百分比）	..	36	*22*
在熟练医护人员护理下的分娩（占总数的百分比）	..	*89*	*80*
5岁以下儿童死亡率（每千人）	95	71	58
儿童营养不良，体重不足（占5岁以下儿童的百分比）	..	..	*14.9*
儿童麻疹免疫接种率（占12—23个月年龄组的百分比）	75	80	91
小学毕业率，总数（占适龄年龄组的百分比）	103	102	..
中学总入学率，总数（占适龄年龄组的百分比）	38	67	..
小学和中学中女孩与男孩的比率（百分比）	100	106	..
HIV感染率（占15—49岁人口的百分比）	..	..	..
环境			
森林（平方公里）	122	122	*122*
森林采伐（1990—2000年和2000—2010年，平均年度百分比）		0.0	*0.0*
淡水使用量（占内陆水资源的百分比）	..	..	..
获得改善的水资源的人口（占总人口的百分比）	50	59	*67*
获得改善的卫生设施的人口（占总人口的百分比）	28	34	*40*
人均能源使用量（千克石油当量）	100	..	..
人均二氧化碳排放量（吨）	0.3	0.4	*0.6*
人均用电量（千瓦时）	..	..	..
经济			
GDP（百万美元）	28.4	67.5	169.0
GDP增长率（年度百分比）	2.1	9.5	3.0
GDP隐含价格平减指数（年度增长百分比）	-4.7	-2.8	0.6
农业增加值（占GDP的百分比）	19	22	*25*
工业增加值（占GDP的百分比）	8	12	*8*
服务业增加值（占GDP的百分比）	74	66	*67*
货物和服务出口（占GDP的百分比）	12	13	11
货物和服务进口（占GDP的百分比）	147	93	111
资本形成总额（占GDP的百分比）	93	..	..
中央政府收入（占GDP的百分比）	..	..	*66.5*
中央政府现金盈余/赤字（占GDP的百分比）	..	..	*14.8*
政府与市场			
创办企业的时间（天）	..	*21*	31
总体统计能力水平（0—100）	..	..	35.6
军费支出（占GDP的百分比）	..	..	..
移动电话用户（每100人）	0.0	0.4	16.6
互联网用户（占总人口的百分比）	0.0	1.8	11.5
金融部门提供的国内信用（占GDP的百分比）	0.0	0.0	0.0
高科技出口（占制成品出口的百分比）	..	..	*38*
全球联系			
商品贸易（占GDP的百分比）	105	65	71
净易货贸易条件指数（2000年=100）	..	100	85
外债总额（百万美元）	..	..	..
债务还本付息总额（占出口的百分比）	..	..	..
净移民（千人）	*-4.3*	*-0.9*	*-1.0*
获得的侨汇（百万美元）	5.1	..	*12.8*
外国直接投资，净流入额（百万美元）	0.3	0.7	9.0
获得的净官方发展援助（百万美元）	20.2	17.9	64.5

朝鲜

东亚和太平洋地区 **低收入经济体**

人口（百万）	24.9	人口增长率（百分比）	0.5
陆地面积（千平方公里）	121	每天生活费用不足1.25美元的人口（占人口的百分比）	..
GNI，图表集法（百万美元）	..	人均GNI，图表集法（美元）	..
PPP衡量的GNI（百万美元）	..	PPP衡量的人均GNI（美元）	..

	1990	2000	2013
人口			
最贫困的20%人口占国家消费/收入的份额（百分比）	..	..	..
出生时的预期寿命（岁）	69	65	70
总生育率（每个女性生育数）	2.3	2.0	2.0
青年女性生育率（每千名15—19岁女性生育数）	2	1	1
避孕普及率（占15—49岁已婚女性的百分比）	*62*	69	*71*
在熟练医护人员护理下的分娩（占总数的百分比）	..	97	*100*
5岁以下儿童死亡率（每千人）	43	60	27
儿童营养不良，体重不足（占5岁以下儿童的百分比）	..	24.7	*15.2*
儿童麻疹免疫接种率（占12—23个月年龄组的百分比）	98	78	99
小学毕业率，总数（占适龄年龄组的百分比）	..	..	..
中学总入学率，总数（占适龄年龄组的百分比）	..	..	..
小学和中学中女孩与男孩的比率（百分比）	..	..	..
HIV感染率（占15—49岁人口的百分比）	..	..	..
环境			
森林（千平方公里）	82	69	*54*
森林采伐（1990—2000年和2000—2010年，平均年度百分比）		1.7	*2.0*
淡水使用量（占内陆水资源的百分比）	..	..	12.9
获得改善的水资源的人口（占总人口的百分比）	100	100	*98*
获得改善的卫生设施的人口（占总人口的百分比）	53	61	*82*
人均能源使用量（千克石油当量）	1,645	863	*773*
人均二氧化碳排放量（吨）	12.1	3.4	*2.9*
人均用电量（千瓦时）	1,243	715	*739*
经济			
GDP（百万美元）	..	..	..
GDP增长率（年度百分比）	..	..	..
GDP隐含价格平减指数（年度增长百分比）	..	..	..
农业增加值（占GDP的百分比）	..	..	..
工业增加值（占GDP的百分比）	..	..	..
服务业增加值（占GDP的百分比）	..	..	..
货物和服务出口（占GDP的百分比）	..	..	..
货物和服务进口（占GDP的百分比）	..	..	..
资本形成总额（占GDP的百分比）	..	..	..
中央政府收入（占GDP的百分比）	..	..	..
中央政府现金盈余/赤字（占GDP的百分比）	..	..	..
政府与市场			
创办企业的时间（天）	..	..	..
总体统计能力水平（0—100）	..	..	..
军费支出（占GDP的百分比）	..	..	..
移动电话用户（每100人）	0.0	0.0	9.7
互联网用户（占总人口的百分比）	0.0	0.0	*0.0*
金融部门提供的国内信用（占GDP的百分比）	0.0	0.0	0.0
高科技出口（占制成品出口的百分比）	..	..	..
全球联系			
商品贸易（占GDP的百分比）	..	..	..
净易货贸易条件指数（2000年=100）	..	100	71
外债总额（百万美元）	..	..	..
债务还本付息总额（占出口的百分比）	..	..	..
净移民（千人）	*0.0*	*0.0*	*0.0*
获得的侨汇（百万美元）	..	..	..
外国直接投资，净流入额（百万美元）	-61	3	227
获得的净官方发展援助（百万美元）	8	73	109

韩国

高收入经济体

人口（百万）	50.2	人口增长率（百分比）	0.4
陆地面积（千平方公里）	100	每天生活费用不足1.25美元的人口（占人口的百分比）	..
GNI，图表集法（10亿美元）	1,301.6	人均GNI，图表集法（美元）	25,920
PPP衡量的GNI（10亿美元）	1,675.2	PPP衡量的人均GNI（美元）	33,360

	1990	2000	2013
人口			
最贫困的20%人口占国家消费/收入的份额（百分比）	..	..	..
出生时的预期寿命（岁）	71	76	81
总生育率（每个女性生育数）	1.6	1.5	1.2
青年女性生育率（每千名15—19岁女性生育数）	5	3	2
避孕普及率（占15—49岁已婚女性的百分比）	*79*	79	*80*
在熟练医护人员护理下的分娩（占总数的百分比）	98	*100*	..
5岁以下儿童死亡率（每千人）	7	6	4
儿童营养不良，体重不足（占5岁以下儿童的百分比）	..	*0.9*	*0.6*
儿童麻疹免疫接种率（占12—23个月年龄组的百分比）	93	95	99
小学毕业率，总数（占适龄年龄组的百分比）	99	104	*111*
中学总入学率，总数（占适龄年龄组的百分比）	93	99	*97*
小学和中学中女孩与男孩的比率（百分比）	98	100	*99*
HIV感染率（占15—49岁人口的百分比）	..	..	..
环境			
森林（千平方公里）	64	63	*62*
森林采伐（1990—2000年和2000—2010年，平均年度百分比）		0.1	*0.1*
淡水使用量（占内陆水资源的百分比）	..	*39.3*	39.3
获得改善的水资源的人口（占总人口的百分比）	*90*	93	*98*
获得改善的卫生设施的人口（占总人口的百分比）	100	100	*100*
人均能源使用量（千克石油当量）	2,171	4,003	*5,260*
人均二氧化碳排放量（吨）	5.8	9.5	*11.5*
人均用电量（千瓦时）	2,373	5,907	*10,162*
经济			
GDP（10亿美元）	285	562	1,305
GDP增长率（年度百分比）	9.3	8.8	3.0
GDP隐含价格平减指数（年度增长百分比）	10.4	1.0	0.7
农业增加值（占GDP的百分比）	8	4	2
工业增加值（占GDP的百分比）	38	38	39
服务业增加值（占GDP的百分比）	54	58	59
货物和服务出口（占GDP的百分比）	26	35	54
货物和服务进口（占GDP的百分比）	27	33	49
资本形成总额（占GDP的百分比）	35	33	29
中央政府收入（占GDP的百分比）	15.5	21.2	*21.6*
中央政府现金盈余/赤字（占GDP的百分比）	1.5	4.2	*1.7*
政府与市场			
创办企业的时间（天）	..	*17*	4
总体统计能力水平（0—100）	..	..	..
军费支出（占GDP的百分比）	3.6	2.5	2.6
移动电话用户（每100人）	0.2	58.3	111.0
互联网用户（占总人口的百分比）	0.0	44.7	84.8
金融部门提供的国内信用（占GDP的百分比）	48.1	70.9	155.9
高科技出口（占制成品出口的百分比）	18	35	27
全球联系			
商品贸易（占GDP的百分比）	47	59	82
净易货贸易条件指数（2000年=100）	133	100	61
外债总额（百万美元）	..	..	..
债务还本付息总额（占出口的百分比）	..	..	..
净移民（千人）	*-633*	*-98*	*300*
获得的侨汇（10亿美元）	2.4	4.9	6.4
外国直接投资，净流入额（10亿美元）	0.8	9.3	12.2
获得的净官方发展援助（百万美元）	52.0	-55.*1*	..

科索沃

欧洲和中亚		中低收入经济体	
人口（百万）	1.8	人口增长率（百分比）	0.9
陆地面积（千平方公里）	11	每天生活费用不足1.25美元的人口（占人口的百分比）	..
GNI，图表集法（10亿美元）	7.2	人均GNI，图表集法（美元）	3,940
PPP衡量的GNI（10亿美元）	16.6	PPP衡量的人均GNI（美元）	9,090

	1990	2000	2013
人口			
最贫困的20%人口占国家消费/收入的份额（百分比）	..	..	..
出生时的预期寿命（岁）	68	68	71
总生育率（每个女性生育数）	3.9	3.0	2.2
青年女性生育率（每千名15—19岁女性生育数）	..	..	..
避孕普及率（占15—49岁已婚女性的百分比）	..	..	..
在熟练医护人员护理下的分娩（占总数的百分比）	..	..	..
5岁以下儿童死亡率（每千人）	..	..	..
儿童营养不良，体重不足（占5岁以下儿童的百分比）	..	..	..
儿童麻疹免疫接种率（占12—23个月年龄组的百分比）	..	..	..
小学毕业率，总数（占适龄年龄组的百分比）	..	..	..
中学总入学率，总数（占适龄年龄组的百分比）	..	..	..
小学和中学中女孩与男孩的比率（百分比）	..	..	..
HIV感染率（占15—49岁人口的百分比）	..	..	..
环境			
森林（平方公里）	..	..	..
森林采伐（1990—2000年和2000—2010年，平均年度百分比）		..	..
淡水使用量（占内陆水资源的百分比）	..	..	..
获得改善的水资源的人口（占总人口的百分比）	..	..	..
获得改善的卫生设施的人口（占总人口的百分比）	..	..	..
人均能源使用量（千克石油当量）	..	909	*1,411*
人均二氧化碳排放量（吨）	..	..	..
人均用电量（千瓦时）	..	1,557	*2,947*
经济			
GDP（百万美元）	..	1,849	7,072
GDP增长率（年度百分比）	..	*27.0*	3.0
GDP隐含价格平减指数（年度增长百分比）	..	*11.4*	2.2
农业增加值（占GDP的百分比）	..	..	15
工业增加值（占GDP的百分比）	..	..	29
服务业增加值（占GDP的百分比）	..	..	56
货物和服务出口（占GDP的百分比）	..	..	17
货物和服务进口（占GDP的百分比）	..	..	49
资本形成总额（占GDP的百分比）	..	..	28
中央政府收入（占GDP的百分比）	..	..	..
中央政府现金盈余/赤字（占GDP的百分比）	..	..	..
政府与市场			
创办企业的时间（天）	..	..	11
总体统计能力水平（0—100）	..	..	33.3
军费支出（占GDP的百分比）	..	..	..
移动电话用户（每100人）	..	..	..
互联网用户（占总人口的百分比）	..	..	..
金融部门提供的国内信用（占GDP的百分比）	0.0	0.0	23.3
高科技出口（占制成品出口的百分比）	..	..	..
全球联系			
商品贸易（占GDP的百分比）	..	..	..
净易货贸易条件指数（2000年=100）	..	..	..
外债总额（百万美元）	..	..	2,199
债务还本付息总额（占出口的百分比）	..	..	3.7
净移民（千人）	..	..	..
获得的侨汇（百万美元）	..	..	1,122
外国直接投资，净流入额（百万美元）	..	..	343
获得的净官方发展援助（百万美元）	..	..	533

科威特

高收入经济体

人口（百万）	3.4	人口增长率（百分比）	3.6
陆地面积（千平方公里）	18	每天生活费用不足1.25美元的人口（占人口的百分比）	..
GNI，图表集法（10亿美元）	*141.0*	人均GNI，图表集法（美元）	*45,130*
PPP衡量的GNI（10亿美元）	*265.0*	PPP衡量的人均GNI（美元）	*84,800*

	1990	2000	2013
人口			
最贫困的20%人口占国家消费/收入的份额（百分比）	..	..	..
出生时的预期寿命（岁）	72	73	74
总生育率（每个女性生育数）	2.4	2.9	2.6
青年女性生育率（每千名15—19岁女性生育数）	24	22	14
避孕普及率（占15—49岁已婚女性的百分比）	..	*52*	..
在熟练医护人员护理下的分娩（占总数的百分比）	..	*100*	*100*
5岁以下儿童死亡率（每千人）	17	13	10
儿童营养不良，体重不足（占5岁以下儿童的百分比）	..	*2.2*	*2.2*
儿童麻疹免疫接种率（占12—23个月年龄组的百分比）	66	99	99
小学毕业率，总数（占适龄年龄组的百分比）	57	115	..
中学总入学率，总数（占适龄年龄组的百分比）	77	114	..
小学和中学中女孩与男孩的比率（百分比）	93	100	..
HIV感染率（占15—49岁人口的百分比）	..	..	..
环境			
森林（平方公里）	35	49	*65*
森林采伐（1990—2000年和2000—2010年，平均年度百分比）		-3.5	-2.6
淡水使用量（占内陆水资源的百分比）	..	..	..
获得改善的水资源的人口（占总人口的百分比）	99	99	*99*
获得改善的卫生设施的人口（占总人口的百分比）	100	100	*100*
人均能源使用量（千克石油当量）	4,423	9,865	*10,408*
人均二氧化碳排放量（吨）	23.5	28.9	*31.3*
人均用电量（千瓦时）	8,365	15,091	*16,122*
经济			
GDP（10亿美元）	18.4	37.7	175.8
GDP增长率（年度百分比）	*25.9*	4.7	*8.3*
GDP隐含价格平减指数（年度增长百分比）	*-1.7*	20.5	5.8
农业增加值（占GDP的百分比）	..	..	0
工业增加值（占GDP的百分比）	..	..	73
服务业增加值（占GDP的百分比）	..	..	35
货物和服务出口（占GDP的百分比）	45	56	72
货物和服务进口（占GDP的百分比）	58	30	27
资本形成总额（占GDP的百分比）	18	11	14
中央政府收入（占GDP的百分比）	58.7	*48.3*	*65.0*
中央政府现金盈余/赤字（占GDP的百分比）	6.1	*4.9*	*29.3*
政府与市场			
创办企业的时间（天）	..	*35*	31
总体统计能力水平（0—100）	..	..	..
军费支出（占GDP的百分比）	85.3	6.1	3.3
移动电话用户（每100人）	1.0	25.0	190.3
互联网用户（占总人口的百分比）	0.0	6.7	75.5
金融部门提供的国内信用（占GDP的百分比）	0.0	70.4	52.8
高科技出口（占制成品出口的百分比）	3	0	1
全球联系			
商品贸易（占GDP的百分比）	60	71	82
净易货贸易条件指数（2000年=100）	..	100	223
外债总额（百万美元）	..	..	..
债务还本付息总额（占出口的百分比）	..	..	..
净移民（千人）	*-602*	*200*	*300*
获得的侨汇（百万美元）	..	..	4.1
外国直接投资，净流入额（百万美元）	6	16	1,843
获得的净官方发展援助（百万美元）	12.9	..	..

吉尔吉斯共和国

欧洲和中亚 **中低收入经济体**

人口（百万）	5.7	人口增长率（百分比）	2.0
陆地面积（千平方公里）	200	每天生活费用不足1.25美元的人口（占人口的百分比）	*5.1*
GNI，图表集法（10亿美元）	6.9	人均GNI，图表集法（美元）	1,210
PPP衡量的GNI（10亿美元）	17.6	PPP衡量的人均GNI（美元）	3,080

	1990	2000	2013
人口			
最贫困的20%人口占国家消费/收入的份额（百分比）	*2.5*	8.7	*7.7*
出生时的预期寿命（岁）	68	69	70
总生育率（每个女性生育数）	3.7	2.4	3.2
青年女性生育率（每千名15—19岁女性生育数）	61	46	28
避孕普及率（占15—49岁已婚女性的百分比）	..	..	*36*
在熟练医护人员护理下的分娩（占总数的百分比）	99	99	*99*
5岁以下儿童死亡率（每千人）	66	49	24
儿童营养不良，体重不足（占5岁以下儿童的百分比）	..	..	*3.7*
儿童麻疹免疫接种率（占12—23个月年龄组的百分比）	*94*	98	99
小学毕业率，总数（占适龄年龄组的百分比）	..	93	*98*
中学总入学率，总数（占适龄年龄组的百分比）	102	84	*88*
小学和中学中女孩与男孩的比率（百分比）	100	101	*99*
HIV感染率（占15—49岁人口的百分比）	0.1	0.1	0.2
环境			
森林（千平方公里）	8.4	8.6	*9.9*
森林采伐（1990—2000年和2000—2010年，平均年度百分比）		-0.3	*-1.1*
淡水使用量（占内陆水资源的百分比）	..	*20.6*	16.4
获得改善的水资源的人口（占总人口的百分比）	73	79	*88*
获得改善的卫生设施的人口（占总人口的百分比）	91	92	*92*
人均能源使用量（千克石油当量）	1,705	473	*562*
人均二氧化碳排放量（吨）	*2.4*	0.9	*1.2*
人均用电量（千瓦时）	2,331	1,696	*1,642*
经济			
GDP（10亿美元）	2.7	1.4	7.2
GDP增长率（年度百分比）	5.7	5.4	10.5
GDP隐含价格平减指数（年度增长百分比）	7.9	27.2	2.0
农业增加值（占GDP的百分比）	34	37	18
工业增加值（占GDP的百分比）	35	31	27
服务业增加值（占GDP的百分比）	31	32	56
货物和服务出口（占GDP的百分比）	29	42	47
货物和服务进口（占GDP的百分比）	50	48	96
资本形成总额（占GDP的百分比）	24	20	34
中央政府收入（占GDP的百分比）	*15.5*	14.2	*23.2*
中央政府现金盈余/赤字（占GDP的百分比）	..	-2.9	*-6.5*
政府与市场			
创办企业的时间（天）	..	*21*	8
总体统计能力水平（0—100）	..	*87.8*	86.7
军费支出（占GDP的百分比）	*1.6*	2.9	3.2
移动电话用户（每100人）	0.0	0.2	121.4
互联网用户（占总人口的百分比）	0.0	1.0	23.4
金融部门提供的国内信用（占GDP的百分比）	0.0	12.2	0.0
高科技出口（占制成品出口的百分比）	..	15	5
全球联系			
商品贸易（占GDP的百分比）	..	77	109
净易货贸易条件指数（2000年=100）	..	100	109
外债总额（10亿美元）	*0.0*	1.9	6.8
债务还本付息总额（占出口的百分比）	*0.4*	30.2	12.4
净移民（千人）	*-272*	*-242*	*-175*
获得的侨汇（百万美元）	*2*	9	2,278
外国直接投资，净流入额（百万美元）	*10*	-2	758
获得的净官方发展援助（百万美元）	*21*	215	537

老挝

东亚和太平洋地区		中低收入经济体	
人口（百万）	6.8	人口增长率（百分比）	1.8
陆地面积（千平方公里）	237	每天生活费用不足1.25美元的人口（占人口的百分比）	*30.3*
GNI，图表集法（10亿美元）	9.8	人均GNI，图表集法（美元）	1,450
PPP衡量的GNI（10亿美元）	30.8	PPP衡量的人均GNI（美元）	4,550

	1990	2000	2013
人口			
最贫困的20%人口占国家消费/收入的份额（百分比）	*9.3*	*8.6*	*7.6*
出生时的预期寿命（岁）	54	62	68
总生育率（每个女性生育数）	6.2	4.2	3.0
青年女性生育率（每千名15—19岁女性生育数）	107	77	64
避孕普及率（占15—49岁已婚女性的百分比）	*19*	32	50
在熟练医护人员护理下的分娩（占总数的百分比）	..	19	*42*
5岁以下儿童死亡率（每千人）	162	117	71
儿童营养不良，体重不足（占5岁以下儿童的百分比）	*39.8*	36.4	*26.5*
儿童麻疹免疫接种率（占12—23个月年龄组的百分比）	32	42	82
小学毕业率，总数（占适龄年龄组的百分比）	43	67	101
中学总入学率，总数（占适龄年龄组的百分比）	23	34	50
小学和中学中女孩与男孩的比率（百分比）	77	81	93
HIV感染率（占15—49岁人口的百分比）	0.1	0.1	0.2
环境			
森林（千平方公里）	173	165	*156*
森林采伐（1990—2000年和2000—2010年，平均年度百分比）		0.5	*0.5*
淡水使用量（占内陆水资源的百分比）	..	..	1.8
获得改善的水资源的人口（占总人口的百分比）	..	46	*72*
获得改善的卫生设施的人口（占总人口的百分比）	..	28	*65*
人均能源使用量（千克石油当量）	..	..	..
人均二氧化碳排放量（吨）	0.06	0.18	*0.29*
人均用电量（千瓦时）	..	..	..
经济			
GDP（百万美元）	0.9	1.7	11.2
GDP增长率（年度百分比）	6.7	5.8	8.5
GDP隐含价格平减指数（年度增长百分比）	37.9	24.8	8.1
农业增加值（占GDP的百分比）	61	45	27
工业增加值（占GDP的百分比）	15	17	33
服务业增加值（占GDP的百分比）	24	38	40
货物和服务出口（占GDP的百分比）	11	30	37
货物和服务进口（占GDP的百分比）	25	44	46
资本形成总额（占GDP的百分比）	*14*	14	29
中央政府收入（占GDP的百分比）	..	..	*16.6*
中央政府现金盈余/赤字（占GDP的百分比）	..	..	*-0.8*
政府与市场			
创办企业的时间（天）	..	*153*	92
总体统计能力水平（0—100）	..	*68.9*	73.3
军费支出（占GDP的百分比）	*9.0*	0.8	*0.2*
移动电话用户（每100人）	0.0	0.2	68.1
互联网用户（占总人口的百分比）	0.0	0.1	12.5
金融部门提供的国内信用（占GDP的百分比）	5.0	9.0	0.0
高科技出口（占制成品出口的百分比）	..	..	..
全球联系			
商品贸易（占GDP的百分比）	31	50	47
净易货贸易条件指数（2000年=100）	..	100	107
外债总额（10亿美元）	1.8	2.5	8.6
债务还本付息总额（占出口的百分比）	8.5	8.0	9.7
净移民（千人）	*-45*	*-173*	*-75*
获得的侨汇（百万美元）	10.9	0.7	59.6
外国直接投资，净流入额（百万美元）	6	34	427
获得的净官方发展援助（百万美元）	149	281	421

拉脱维亚

高收入经济体

人口（百万）	2.0	人口增长率（百分比）	-1.1
陆地面积（千平方公里）	64	每天生活费用不足1.25美元的人口（占人口的百分比）	<2
GNI，图表集法（10亿美元）	30.8	人均GNI，图表集法（美元）	15,290
PPP衡量的GNI（10亿美元）	45.3	PPP衡量的人均GNI（美元）	22,510

	1990	2000	2013
人口			
最贫困的20%人口占国家消费/收入的份额（百分比）	9.6	7.1	6.2
出生时的预期寿命（岁）	69	70	74
总生育率（每个女性生育数）	2.0	1.3	1.4
青年女性生育率（每千名15—19岁女性生育数）	44	19	13
避孕普及率（占15—49岁已婚女性的百分比）	..	..	..
在熟练医护人员护理下的分娩（占总数的百分比）	100	100	100
5岁以下儿童死亡率（每千人）	20	17	8
儿童营养不良，体重不足（占5岁以下儿童的百分比）	..	..	..
儿童麻疹免疫接种率（占12—23个月年龄组的百分比）	95	97	96
小学毕业率，总数（占适龄年龄组的百分比）	..	96	103
中学总入学率，总数（占适龄年龄组的百分比）	95	91	98
小学和中学中女孩与男孩的比率（百分比）	101	101	98
HIV感染率（占15—49岁人口的百分比）	..	..	..
环境			
森林（千平方公里）	32	32	34
森林采伐（1990—2000年和2000—2010年，平均年度百分比）		-0.2	-0.3
淡水使用量（占内陆水资源的百分比）	..	2.5	2.5
获得改善的水资源的人口（占总人口的百分比）	99	98	98
获得改善的卫生设施的人口（占总人口的百分比）	..	79	..
人均能源使用量（千克石油当量）	2,949	1,618	2,122
人均二氧化碳排放量（吨）	5.2	2.6	3.6
人均用电量（千瓦时）	3,397	2,082	3,264
经济			
GDP（10亿美元）	7.4	7.8	31.0
GDP增长率（年度百分比）	-7.9	6.9	4.1
GDP隐含价格平减指数（年度增长百分比）	24.1	4.2	1.4
农业增加值（占GDP的百分比）	22	5	4
工业增加值（占GDP的百分比）	46	24	22
服务业增加值（占GDP的百分比）	32	72	74
货物和服务出口（占GDP的百分比）	48	42	59
货物和服务进口（占GDP的百分比）	49	49	63
资本形成总额（占GDP的百分比）	40	24	26
中央政府收入（占GDP的百分比）	..	26.1	25.5
中央政府现金盈余/赤字（占GDP的百分比）	..	-2.2	0.5
政府与市场			
创办企业的时间（天）	..	16	13
总体统计能力水平（0—100）	..	95.6	86.7
军费支出（占GDP的百分比）	0.8	0.9	1.0
移动电话用户（每100人）	0.0	16.9	228.4
互联网用户（占总人口的百分比）	0.0	6.3	75.2
金融部门提供的国内信用（占GDP的百分比）	0.0	23.3	58.6
高科技出口（占制成品出口的百分比）	..	4	13
全球联系			
商品贸易（占GDP的百分比）	..	65	104
净易货贸易条件指数（2000年=100）	..	100	104
外债总额（10亿美元）	..	..	..
债务还本付息总额（占出口的百分比）	..	..	..
净移民（千人）	-136	-83	-10
获得的侨汇（百万美元）	..	72	762
外国直接投资，净流入额（百万美元）	29	413	881
获得的净官方发展援助（百万美元）	..	..	..

黎巴嫩

中东和北非		中高收入经济体	
人口（百万）	4.5	人口增长率（百分比）	1.0
陆地面积（千平方公里）	10	每天生活费用不足1.25美元的人口（占人口的百分比）	..
GNI，图表集法（10亿美元）	44.1	人均GNI，图表集法（美元）	9,870
PPP衡量的GNI（10亿美元）	77.7	PPP衡量的人均GNI（美元）	17,400

	1990	2000	2013
人口			
最贫困的20%人口占国家消费/收入的份额（百分比）	..	..	..
出生时的预期寿命（岁）	70	74	80
总生育率（每个女性生育数）	3.0	2.2	1.5
青年女性生育率（每千名15—19岁女性生育数）	44	23	12
避孕普及率（占15—49岁已婚女性的百分比）	..	63	*54*
在熟练医护人员护理下的分娩（占总数的百分比）	..	*98*	..
5岁以下儿童死亡率（每千人）	32	20	9
儿童营养不良，体重不足（占5岁以下儿童的百分比）	..	*4.2*	..
儿童麻疹免疫接种率（占12—23个月年龄组的百分比）	61	71	79
小学毕业率，总数（占适龄年龄组的百分比）	..	115	89
中学总入学率，总数（占适龄年龄组的百分比）	*69*	93	75
小学和中学中女孩与男孩的比率（百分比）	*105*	104	95
HIV感染率（占15—49岁人口的百分比）	..	..	..
环境			
森林（千平方公里）	1.3	1.3	*1.4*
森林采伐（1990—2000年和2000—2010年，平均年度百分比）		0.0	*-0.4*
淡水使用量（占内陆水资源的百分比）	..	*29.9*	27.3
获得改善的水资源的人口（占总人口的百分比）	100	100	*100*
获得改善的卫生设施的人口（占总人口的百分比）	*98*	98	..
人均能源使用量（千克石油当量）	723	1,517	*1,449*
人均二氧化碳排放量（吨）	3.4	4.7	*4.7*
人均用电量（千瓦时）	518	3,019	*3,499*
经济			
GDP（10亿美元）	2.8	17.3	44.4
GDP增长率（年度百分比）	26.5	1.3	0.9
GDP隐含价格平减指数（年度增长百分比）	15.5	-2.1	1.7
农业增加值（占GDP的百分比）	..	7	7
工业增加值（占GDP的百分比）	..	23	20
服务业增加值（占GDP的百分比）	..	70	73
货物和服务出口（占GDP的百分比）	18	14	63
货物和服务进口（占GDP的百分比）	100	36	76
资本形成总额（占GDP的百分比）	18	20	28
中央政府收入（占GDP的百分比）	..	16.0	*20.3*
中央政府现金盈余/赤字（占GDP的百分比）	..	-18.4	*-8.8*
政府与市场			
创办企业的时间（天）	..	*46*	9
总体统计能力水平（0—100）	..	*42.2*	62.2
军费支出（占GDP的百分比）	7.6	5.4	4.4
移动电话用户（每100人）	0.0	23.0	80.6
互联网用户（占总人口的百分比）	0.0	8.0	70.5
金融部门提供的国内信用（占GDP的百分比）	132.6	175.1	187.6
高科技出口（占制成品出口的百分比）	..	2	2
全球联系			
商品贸易（占GDP的百分比）	107	40	*64*
净易货贸易条件指数（2000年=100）	..	100	98
外债总额（10亿美元）	1.8	10.2	30.9
债务还本付息总额（占出口的百分比）	..	*35.6*	16.7
净移民（千人）	*90*	*550*	*500*
获得的侨汇（百万美元）	..	*2,544*	7,864
外国直接投资，净流入额（百万美元）	..	*1,336*	3,029
获得的净官方发展援助（百万美元）	286	200	626

莱索托

撒哈拉以南非洲地区 | **中低收入经济体**

人口（百万）	2.1	人口增长率（百分比）	1.1
陆地面积（千平方公里）	30	每天生活费用不足1.25美元的人口（占人口的百分比）	*56.2*
GNI，图表集法（10亿美元）	3.1	人均GNI，图表集法（美元）	1,500
PPP衡量的GNI（10亿美元）	6.5	PPP衡量的人均GNI（美元）	3,160

	1990	2000	2013
人口			
最贫困的20%人口占国家消费/收入的份额（百分比）	*2.6*	*3.0*	*2.8*
出生时的预期寿命（岁）	59	47	49
总生育率（每个女性生育数）	4.9	4.1	3.0
青年女性生育率（每千名15—19岁女性生育数）	83	91	86
避孕普及率（占15—49岁已婚女性的百分比）	*23*	30	*47*
在熟练医护人员护理下的分娩（占总数的百分比）	*61*	60	*62*
5岁以下儿童死亡率（每千人）	86	115	98
儿童营养不良，体重不足（占5岁以下儿童的百分比）	*13.8*	15.0	*13.5*
儿童麻疹免疫接种率（占12—23个月年龄组的百分比）	80	74	92
小学毕业率，总数（占适龄年龄组的百分比）	60	64	74
中学总入学率，总数（占适龄年龄组的百分比）	25	32	*53*
小学和中学中女孩与男孩的比率（百分比）	129	110	*107*
HIV感染率（占15—49岁人口的百分比）	0.7	21.6	22.9
环境			
森林（平方公里）	400	420	*444*
森林采伐（1990—2000年和2000—2010年，平均年度百分比）		-0.5	*-0.5*
淡水使用量（占内陆水资源的百分比）	..	*0.8*	0.8
获得改善的水资源的人口（占总人口的百分比）	78	79	*81*
获得改善的卫生设施的人口（占总人口的百分比）	..	24	*30*
人均能源使用量（千克石油当量）	..	..	..
人均二氧化碳排放量（吨）	..	..	*0.01*
人均用电量（千瓦时）	..	..	..
经济			
GDP（百万美元）	545	771	2,335
GDP增长率（年度百分比）	5.6	5.1	5.5
GDP隐含价格平减指数（年度增长百分比）	12.6	4.0	11.9
农业增加值（占GDP的百分比）	25	12	*8*
工业增加值（占GDP的百分比）	34	31	*32*
服务业增加值（占GDP的百分比）	41	57	*60*
货物和服务出口（占GDP的百分比）	18	35	*45*
货物和服务进口（占GDP的百分比）	122	135	*106*
资本形成总额（占GDP的百分比）	56	41	*37*
中央政府收入（占GDP的百分比）	44.5	49.0	..
中央政府现金盈余/赤字（占GDP的百分比）	-0.6	-2.8	..
政府与市场			
创办企业的时间（天）	..	*138*	29
总体统计能力水平（0—100）	..	*71.1*	72.2
军费支出（占GDP的百分比）	5.0	3.9	2.1
移动电话用户（每100人）	0.0	1.2	86.3
互联网用户（占总人口的百分比）	0.0	0.2	5.0
金融部门提供的国内信用（占GDP的百分比）	33.5	3.6	1.7
高科技出口（占制成品出口的百分比）	..	0	..
全球联系			
商品贸易（占GDP的百分比）	135	133	130
净易货贸易条件指数（2000年=100）	100	100	72
外债总额（百万美元）	396	677	885
债务还本付息总额（占出口的百分比）	4.2	7.5	2.8
净移民（千人）	*-46.3*	*-34.5*	*-20.0*
获得的侨汇（百万美元）	428	478	462
外国直接投资，净流入额（百万美元）	17.1	32.4	44.9
获得的净官方发展援助（百万美元）	139	37	320

利比里亚

撒哈拉以南非洲地区			低收入经济体
人口（百万）	4.3	人口增长率（百分比）	2.4
陆地面积（千平方公里）	111	每天生活费用不足1.25美元的人口（占人口的百分比）	*83.8*
GNI，图表集法（10亿美元）	1.7	人均GNI，图表集法（美元）	410
PPP衡量的GNI（10亿美元）	3.4	PPP衡量的人均GNI（美元）	790

	1990	2000	2013
人口			
最贫困的20%人口占国家消费/收入的份额（百分比）	..	..	*6.4*
出生时的预期寿命（岁）	47	52	61
总生育率（每个女性生育数）	6.5	5.9	4.8
青年女性生育率（每千名15—19岁女性生育数）	170	149	114
避孕普及率（占15—49岁已婚女性的百分比）	..	10	20
在熟练医护人员护理下的分娩（占总数的百分比）	..	51	61
5岁以下儿童死亡率（每千人）	248	175	71
儿童营养不良，体重不足（占5岁以下儿童的百分比）	..	22.8	15.3
儿童麻疹免疫接种率（占12—23个月年龄组的百分比）	..	63	74
小学毕业率，总数（占适龄年龄组的百分比）	..	..	*59*
中学总入学率，总数（占适龄年龄组的百分比）	..	35	*38*
小学和中学中女孩与男孩的比率（百分比）	..	73	*88*
HIV感染率（占15—49岁人口的百分比）	0.8	3.1	1.1
环境			
森林（千平方公里）	49	46	*43*
森林采伐（1990—2000年和2000—2010年，平均年度百分比）		0.6	*0.7*
淡水使用量（占内陆水资源的百分比）	..	*0.1*	0.1
获得改善的水资源的人口（占总人口的百分比）	..	61	*75*
获得改善的卫生设施的人口（占总人口的百分比）	..	14	*17*
人均能源使用量（千克石油当量）	..	..	..
人均二氧化碳排放量（吨）	0.2	0.2	*0.2*
人均用电量（千瓦时）	..	..	..
经济			
GDP（百万美元）	384	529	1,951
GDP增长率（年度百分比）	-51.0	25.7	11.3
GDP隐含价格平减指数（年度增长百分比）	-0.2	-6.9	3.8
农业增加值（占GDP的百分比）	54	76	*39*
工业增加值（占GDP的百分比）	17	4	*16*
服务业增加值（占GDP的百分比）	29	20	*45*
货物和服务出口（占GDP的百分比）	..	26	*32*
货物和服务进口（占GDP的百分比）	..	27	*90*
资本形成总额（占GDP的百分比）	..	8	25
中央政府收入（占GDP的百分比）	..	..	*24.8*
中央政府现金盈余/赤字（占GDP的百分比）	..	..	*-2.6*
政府与市场			
创办企业的时间（天）	..	..	5
总体统计能力水平（0—100）	..	*16.7*	46.7
军费支出（占GDP的百分比）	7.4	*0.2*	0.7
移动电话用户（每100人）	0.0	0.1	59.4
互联网用户（占总人口的百分比）	0.0	0.0	4.6
金融部门提供的国内信用（占GDP的百分比）	0.0	174.5	38.7
高科技出口（占制成品出口的百分比）	..	..	..
全球联系			
商品贸易（占GDP的百分比）	374	188	*88*
净易货贸易条件指数（2000年=100）	..	100	149
外债总额（10亿美元）	2.1	2.8	0.5
债务还本付息总额（占出口的百分比）	..	..	0.7
净移民（千人）	*-300*	*-50*	*-20*
获得的侨汇（百万美元）	..	..	383
外国直接投资，净流入额（百万美元）	225	21	700
获得的净官方发展援助（百万美元）	114	67	534

利比亚

中东和北非			中高收入经济体
人口（百万）	6.2	人口增长率（百分比）	0.8
陆地面积（千平方公里）	1,760	每天生活费用不足1.25美元的人口（占人口的百分比）	..
GNI，图表集法（10亿美元）	..	人均GNI，图表集法（美元）	..
PPP衡量的GNI（10亿美元）	..	PPP衡量的人均GNI（美元）	..

	1990	2000	2013
人口			
最贫困的20%人口占国家消费/收入的份额（百分比）	..	..	..
出生时的预期寿命（岁）	69	72	75
总生育率（每个女性生育数）	5.0	3.1	2.4
青年女性生育率（每千名15—19岁女性生育数）	9	4	2
避孕普及率（占15—49岁已婚女性的百分比）	..	..	*42*
在熟练医护人员护理下的分娩（占总数的百分比）	..	*99*	*100*
5岁以下儿童死亡率（每千人）	42	28	15
儿童营养不良，体重不足（占5岁以下儿童的百分比）	..	..	5.6
儿童麻疹免疫接种率（占12—23个月年龄组的百分比）	89	93	98
小学毕业率，总数（占适龄年龄组的百分比）	..	..	..
中学总入学率，总数（占适龄年龄组的百分比）	..	*113*	..
小学和中学中女孩与男孩的比率（百分比）	..	*103*	..
HIV感染率（占15—49岁人口的百分比）	..	..	..
环境			
森林（千平方公里）	2.2	2.2	*2.2*
森林采伐（1990—2000年和2000—2010年，平均年度百分比）		0.0	*0.0*
淡水使用量（占内陆水资源的百分比）	*680.0*	*618.0*	618.0
获得改善的水资源的人口（占总人口的百分比）	54	54	..
获得改善的卫生设施的人口（占总人口的百分比）	97	97	*97*
人均能源使用量（千克石油当量）	2,622	3,072	*2,186*
人均二氧化碳排放量（吨）	8.6	9.1	*9.8*
人均用电量（千瓦时）	1,642	2,300	*3,926*
经济			
GDP（10亿美元）	28.9	33.9	74.2
GDP增长率（年度百分比）	..	3.7	-10.9
GDP隐含价格平减指数（年度增长百分比）	..	18.4	2.6
农业增加值（占GDP的百分比）	..	5	..
工业增加值（占GDP的百分比）	..	66	..
服务业增加值（占GDP的百分比）	..	*29*	..
货物和服务出口（占GDP的百分比）	40	36	..
货物和服务进口（占GDP的百分比）	31	15	..
资本形成总额（占GDP的百分比）	19	13	..
中央政府收入（占GDP的百分比）	..	..	..
中央政府现金盈余/赤字（占GDP的百分比）	..	..	..
政府与市场			
创办企业的时间（天）	..	..	35
总体统计能力水平（0—100）	..	*28.9*	28.9
军费支出（占GDP的百分比）	..	3.2	*3.6*
移动电话用户（每100人）	0.0	0.8	165.0
互联网用户（占总人口的百分比）	0.0	0.2	16.5
金融部门提供的国内信用（占GDP的百分比）	103.5	57.2	-51.1
高科技出口（占制成品出口的百分比）	..	..	..
全球联系			
商品贸易（占GDP的百分比）	64	50	95
净易货贸易条件指数（2000年=100）	..	100	200
外债总额（百万美元）	..	..	..
债务还本付息总额（占出口的百分比）	..	..	..
净移民（千人）	*4*	*-75*	*-239*
获得的侨汇（百万美元）	..	9.0	..
外国直接投资，净流入额（百万美元）	159	141	702
获得的净官方发展援助（百万美元）	8	5	129

列支敦士登

高收入经济体

人口（千人）	37	人口增长率（百分比）	0.7
陆地面积（平方公里）	160	每天生活费用不足1.25美元的人口（占人口的百分比）	..
GNI，图表集法（10亿美元）	..	人均GNI，图表集法（美元）	..
PPP衡量的GNI（百万美元）	..	PPP衡量的人均GNI（美元）	..

	1990	2000	2013
人口			
最贫困的20%人口占国家消费/收入的份额（百分比）	..	..	..
出生时的预期寿命（岁）	..	77	82
总生育率（每个女性生育数）	..	1.6	1.5
青年女性生育率（每千名15—19岁女性生育数）	..	..	..
避孕普及率（占15—49岁已婚女性的百分比）	..	..	..
在熟练医护人员护理下的分娩（占总数的百分比）	..	..	..
5岁以下儿童死亡率（每千人）	..	..	..
儿童营养不良，体重不足（占5岁以下儿童的百分比）	..	..	..
儿童麻疹免疫接种率（占12—23个月年龄组的百分比）	..	..	..
小学毕业率，总数（占适龄年龄组的百分比）	..	*90*	*102*
中学总入学率，总数（占适龄年龄组的百分比）	..	*112*	*110*
小学和中学中女孩与男孩的比率（百分比）	..	*92*	*91*
HIV感染率（占15—49岁人口的百分比）	..	..	..
环境			
森林（平方公里）	65	69	*69*
森林采伐（1990—2000年和2000—2010年，平均年度百分比）		-0.6	*0.0*
淡水使用量（占内陆水资源的百分比）	..	..	..
获得改善的水资源的人口（占总人口的百分比）	..	..	..
获得改善的卫生设施的人口（占总人口的百分比）	..	..	..
人均能源使用量（千克石油当量）	..	..	..
人均二氧化碳排放量（吨）	..	..	..
人均用电量（千瓦时）	..	..	..
经济			
GDP（10亿美元）	1.4	2.5	..
GDP增长率（年度百分比）	2.3	3.2	..
GDP隐含价格平减指数（年度增长百分比）	5.4	1.6	..
农业增加值（占GDP的百分比）	..	..	..
工业增加值（占GDP的百分比）	..	..	..
服务业增加值（占GDP的百分比）	..	..	..
货物和服务出口（占GDP的百分比）	..	..	..
货物和服务进口（占GDP的百分比）	..	..	..
资本形成总额（占GDP的百分比）	..	..	..
中央政府收入（占GDP的百分比）	..	..	..
中央政府现金盈余/赤字（占GDP的百分比）	..	..	..
政府与市场			
创办企业的时间（天）	..	..	..
总体统计能力水平（0—100）	..	..	..
军费支出（占GDP的百分比）	..	..	..
移动电话用户（每100人）	0.0	30.2	104.1
互联网用户（占总人口的百分比）	0.0	36.5	93.8
金融部门提供的国内信用（占GDP的百分比）	0.0	0.0	0.0
高科技出口（占制成品出口的百分比）	..	..	..
全球联系			
商品贸易（占GDP的百分比）	..	..	..
净易货贸易条件指数（2000年=100）	..	..	..
外债总额（百万美元）	..	..	..
债务还本付息总额（占出口的百分比）	..	..	..
净移民（千人）	..	..	..
获得的侨汇（百万美元）	..	..	..
外国直接投资，净流入额（百万美元）	..	..	..
获得的净官方发展援助（百万美元）	..	..	..

立陶宛

高收入经济体

人口（百万）	3.0	人口增长率（百分比）	-1.0
陆地面积（千平方公里）	65	每天生活费用不足1.25美元的人口（占人口的百分比）	<2
GNI，图表集法（10亿美元）	44.1	人均GNI，图表集法（美元）	14,900
PPP衡量的GNI（10亿美元）	72.6	PPP衡量的人均GNI（美元）	24,530

	1990	2000	2013
人口			
最贫困的20%人口占国家消费/收入的份额（百分比）	*8.0*	7.9	*7.0*
出生时的预期寿命（岁）	71	72	74
总生育率（每个女性生育数）	2.0	1.4	1.6
青年女性生育率（每千名15—19岁女性生育数）	39	25	10
避孕普及率（占15—49岁已婚女性的百分比）	..	..	*63*
在熟练医护人员护理下的分娩（占总数的百分比）	100	100	*100*
5岁以下儿童死亡率（每千人）	17	12	5
儿童营养不良，体重不足（占5岁以下儿童的百分比）	..	..	..
儿童麻疹免疫接种率（占12—23个月年龄组的百分比）	*89*	97	93
小学毕业率，总数（占适龄年龄组的百分比）	..	98	*98*
中学总入学率，总数（占适龄年龄组的百分比）	95	97	*106*
小学和中学中女孩与男孩的比率（百分比）	*96*	99	*97*
HIV感染率（占15—49岁人口的百分比）	..	..	..
环境			
森林（千平方公里）	19	20	*22*
森林采伐（1990—2000年和2000—2010年，平均年度百分比）		-0.4	*-0.7*
淡水使用量（占内陆水资源的百分比）	..	*18.0*	15.3
获得改善的水资源的人口（占总人口的百分比）	87	91	*96*
获得改善的卫生设施的人口（占总人口的百分比）	84	89	*94*
人均能源使用量（千克石油当量）	4,344	2,038	*2,406*
人均二氧化碳排放量（吨）	*6.0*	3.5	*4.4*
人均用电量（千瓦时）	4,023	2,517	*3,530*
经济			
GDP（10亿美元）	10.5	11.4	45.9
GDP增长率（年度百分比）	*-5.7*	3.3	3.3
GDP隐含价格平减指数（年度增长百分比）	*228.3*	0.9	1.7
农业增加值（占GDP的百分比）	27	6	*3*
工业增加值（占GDP的百分比）	31	30	*28*
服务业增加值（占GDP的百分比）	42	64	*69*
货物和服务出口（占GDP的百分比）	52	45	*77*
货物和服务进口（占GDP的百分比）	61	51	*79*
资本形成总额（占GDP的百分比）	33	19	*19*
中央政府收入（占GDP的百分比）	..	25.9	*26.8*
中央政府现金盈余/赤字（占GDP的百分比）	..	-3.9	*-3.1*
政府与市场			
创办企业的时间（天）	..	*26*	4
总体统计能力水平（0—100）	..	*85.6*	83.3
军费支出（占GDP的百分比）	*0.8*	1.2	0.8
移动电话用户（每100人）	0.0	15.0	151.3
互联网用户（占总人口的百分比）	0.0	6.4	68.5
金融部门提供的国内信用（占GDP的百分比）	0.0	15.2	51.0
高科技出口（占制成品出口的百分比）	*0*	4	10
全球联系			
商品贸易（占GDP的百分比）	..	81	148
净易货贸易条件指数（2000年=100）	..	100	93
外债总额（10亿美元）	..	..	..
债务还本付息总额（占出口的百分比）	..	..	..
净移民（千人）	*-100*	*-155*	*-28*
获得的侨汇（百万美元）	*0*	50	2,060
外国直接投资，净流入额（百万美元）	*30*	379	712
获得的净官方发展援助（百万美元）	..	..	..

卢森堡

高收入经济体

人口（千人）	543	人口增长率（百分比）	2.3
陆地面积（千平方公里）	2.6	每天生活费用不足1.25美元的人口（占人口的百分比）	..
GNI，图表集法（10亿美元）	38.0	人均GNI，图表集法（美元）	69,880
PPP衡量的GNI（10亿美元）	31.4	PPP衡量的人均GNI（美元）	57,830

	1990	2000	2013
人口			
最贫困的20%人口占国家消费/收入的份额（百分比）	..	..	..
出生时的预期寿命（岁）	75	78	82
总生育率（每个女性生育数）	1.6	1.8	1.6
青年女性生育率（每千名15—19岁女性生育数）	12	11	8
避孕普及率（占15—49岁已婚女性的百分比）	..	..	..
在熟练医护人员护理下的分娩（占总数的百分比）	..	*100*	..
5岁以下儿童死亡率（每千人）	9	5	2
儿童营养不良，体重不足（占5岁以下儿童的百分比）	..	..	..
儿童麻疹免疫接种率（占12—23个月年龄组的百分比）	80	91	95
小学毕业率，总数（占适龄年龄组的百分比）	..	..	*85*
中学总入学率，总数（占适龄年龄组的百分比）	69	97	*100*
小学和中学中女孩与男孩的比率（百分比）	*102*	103	*102*
HIV感染率（占15—49岁人口的百分比）	..	..	..
环境			
森林（平方公里）	860	868	*868*
森林采伐（1990—2000年和2000—2010年，平均年度百分比）		-0.1	*0.0*
淡水使用量（占内陆水资源的百分比）	5.9	*6.0*	6.0
获得改善的水资源的人口（占总人口的百分比）	100	100	*100*
获得改善的卫生设施的人口（占总人口的百分比）	100	100	*100*
人均能源使用量（千克石油当量）	8,874	7,644	*7,684*
人均二氧化碳排放量（吨）	26.2	18.9	*21.4*
人均用电量（千瓦时）	13,668	15,668	*15,530*
经济			
GDP（10亿美元）	13.3	21.3	60.1
GDP增长率（年度百分比）	5.3	8.4	2.0
GDP隐含价格平减指数（年度增长百分比）	2.5	2.0	1.4
农业增加值（占GDP的百分比）	..	1	0
工业增加值（占GDP的百分比）	..	18	12
服务业增加值（占GDP的百分比）	..	81	87
货物和服务出口（占GDP的百分比）	100	148	203
货物和服务进口（占GDP的百分比）	83	122	168
资本形成总额（占GDP的百分比）	22	22	16
中央政府收入（占GDP的百分比）	..	37.9	*40.1*
中央政府现金盈余/赤字（占GDP的百分比）	..	5.2	*-0.6*
政府与市场			
创办企业的时间（天）	..	..	19
总体统计能力水平（0—100）	..	..	..
军费支出（占GDP的百分比）	0.7	0.6	0.5
移动电话用户（每100人）	0.2	69.5	148.6
互联网用户（占总人口的百分比）	0.0	22.9	93.8
金融部门提供的国内信用（占GDP的百分比）	100.7	85.6	163.9
高科技出口（占制成品出口的百分比）	..	17	*8*
全球联系			
商品贸易（占GDP的百分比）	..	92	75
净易货贸易条件指数（2000年=100）	..	100	78
外债总额（百万美元）	..	..	..
债务还本付息总额（占出口的百分比）	..	..	..
净移民（千人）	*20.0*	*14.5*	*25.6*
获得的侨汇（百万美元）	..	579	1,818
外国直接投资，净流入额（10亿美元）	..	*4.1*	30.1
获得的净官方发展援助（百万美元）	..	..	..

中国澳门

高收入经济体

人口（千人）	566	人口增长率（百分比）	1.7
陆地面积（平方公里）	30	每天生活费用不足1.25美元的人口（占人口的百分比）	..
GNI，图表集法（10亿美元）	*35.7*	人均GNI，图表集法（美元）	*64,050*
PPP衡量的GNI（10亿美元）	*62.5*	PPP衡量的人均GNI（美元）	*112,230*

	1990	2000	2013
人口			
最贫困的20%人口占国家消费/收入的份额（百分比）	..	..	..
出生时的预期寿命（岁）	75	78	80
总生育率（每个女性生育数）	1.7	0.9	1.1
青年女性生育率（每千名15—19岁女性生育数）	7	5	4
避孕普及率（占15—49岁已婚女性的百分比）	..	..	..
在熟练医护人员护理下的分娩（占总数的百分比）	..	*100*	..
5岁以下儿童死亡率（每千人）	..	..	..
儿童营养不良，体重不足（占5岁以下儿童的百分比）	..	..	..
儿童麻疹免疫接种率（占12—23个月年龄组的百分比）	..	..	..
小学毕业率，总数（占适龄年龄组的百分比）	97	*100*	..
中学总入学率，总数（占适龄年龄组的百分比）	61	83	96
小学和中学中女孩与男孩的比率（百分比）	99	*101*	..
HIV感染率（占15—49岁人口的百分比）	..	..	..
环境			
森林（平方公里）	..	..	..
森林采伐（1990—2000年和2000—2010年，平均年度百分比）		..	..
淡水使用量（占内陆水资源的百分比）	..	..	..
获得改善的水资源的人口（占总人口的百分比）	..	..	..
获得改善的卫生设施的人口（占总人口的百分比）	..	..	..
人均能源使用量（千克石油当量）	..	..	..
人均二氧化碳排放量（吨）	2.9	3.8	*1.9*
人均用电量（千瓦时）	..	..	..
经济			
GDP（10亿美元）	3.0	6.1	51.8
GDP增长率（年度百分比）	8.0	5.7	11.9
GDP隐含价格平减指数（年度增长百分比）	11.5	-2.0	7.6
农业增加值（占GDP的百分比）	*0*	0	*0*
工业增加值（占GDP的百分比）	*21*	15	*6*
服务业增加值（占GDP的百分比）	*79*	85	*94*
货物和服务出口（占GDP的百分比）	110	100	107
货物和服务进口（占GDP的百分比）	84	65	46
资本形成总额（占GDP的百分比）	25	12	14
中央政府收入（占GDP的百分比）	..	19.9	*39.1*
中央政府现金盈余/赤字（占GDP的百分比）	..	1.6	*24.1*
政府与市场			
创办企业的时间（天）	..	..	..
总体统计能力水平（0—100）	..	..	..
军费支出（占GDP的百分比）	..	..	..
移动电话用户（每100人）	0.6	32.7	304.1
互联网用户（占总人口的百分比）	0.0	13.6	65.8
金融部门提供的国内信用（占GDP的百分比）	64.1	42.0	-10.7
高科技出口（占制成品出口的百分比）	2	1	*0*
全球联系			
商品贸易（占GDP的百分比）	108	85	22
净易货贸易条件指数（2000年=100）	..	100	85
外债总额（百万美元）	..	..	..
债务还本付息总额（占出口的百分比）	..	..	..
净移民（千人）	*18.8*	*29.9*	*35.0*
获得的侨汇（百万美元）	..	*208*	49
外国直接投资，净流入额（百万美元）	0	-1	3,708
获得的净官方发展援助（百万美元）	0.2	*0.3*	..

前南马其顿

欧洲和中亚 **中高收入经济体**

人口（百万）	2.1	人口增长率（百分比）	0.1
陆地面积（千平方公里）	26	每天生活费用不足1.25美元的人口（占人口的百分比）	<2
GNI，图表集法（10亿美元）	10.3	人均GNI，图表集法（美元）	4,870
PPP衡量的GNI（10亿美元）	24.3	PPP衡量的人均GNI（美元）	11,520

	1990	2000	2013
人口			
最贫困的20%人口占国家消费/收入的份额（百分比）	..	6.5	*5.4*
出生时的预期寿命（岁）	71	73	75
总生育率（每个女性生育数）	2.2	1.7	1.4
青年女性生育率（每千名15—19岁女性生育数）	41	29	18
避孕普及率（占15—49岁已婚女性的百分比）	..	..	*40*
在熟练医护人员护理下的分娩（占总数的百分比）	89	98	*98*
5岁以下儿童死亡率（每千人）	37	16	7
儿童营养不良，体重不足（占5岁以下儿童的百分比）	..	*1.9*	*1.3*
儿童麻疹免疫接种率（占12—23个月年龄组的百分比）	*98*	97	96
小学毕业率，总数（占适龄年龄组的百分比）	*96*	95	..
中学总入学率，总数（占适龄年龄组的百分比）	*74*	83	*83*
小学和中学中女孩与男孩的比率（百分比）	*98*	97	*99*
HIV感染率（占15—49岁人口的百分比）	0.1	0.1	0.1
环境			
森林（千平方公里）	9	10	*10*
森林采伐（1990—2000年和2000—2010年，平均年度百分比）		-0.5	*-0.4*
淡水使用量（占内陆水资源的百分比）	..	*11.0*	19.0
获得改善的水资源的人口（占总人口的百分比）	99	99	*99*
获得改善的卫生设施的人口（占总人口的百分比）	..	90	*91*
人均能源使用量（千克石油当量）	1,233	1,300	*1,484*
人均二氧化碳排放量（吨）	*5.4*	5.9	*5.2*
人均用电量（千瓦时）	2,650	2,871	*3,881*
经济			
GDP（10亿美元）	4.5	3.6	10.2
GDP增长率（年度百分比）	*-6.2*	4.5	3.1
GDP隐含价格平减指数（年度增长百分比）	*93.7*	8.2	0.0
农业增加值（占GDP的百分比）	9	12	10
工业增加值（占GDP的百分比）	44	34	26
服务业增加值（占GDP的百分比）	47	54	63
货物和服务出口（占GDP的百分比）	26	49	54
货物和服务进口（占GDP的百分比）	36	64	73
资本形成总额（占GDP的百分比）	19	22	30
中央政府收入（占GDP的百分比）	..	..	*28.3*
中央政府现金盈余/赤字（占GDP的百分比）	..	..	*-4.0*
政府与市场			
创办企业的时间（天）	..	*48*	2
总体统计能力水平（0—100）	..	*76.7*	84.4
军费支出（占GDP的百分比）	..	1.9	1.2
移动电话用户（每100人）	0.0	5.6	106.2
互联网用户（占总人口的百分比）	0.0	2.5	61.2
金融部门提供的国内信用（占GDP的百分比）	0.0	14.4	52.4
高科技出口（占制成品出口的百分比）	..	1	4
全球联系			
商品贸易（占GDP的百分比）	*104*	95	107
净易货贸易条件指数（2000年=100）	..	100	89
外债总额（10亿美元）	*1.0*	1.5	6.9
债务还本付息总额（占出口的百分比）	..	8.3	18.9
净移民（千人）	*-130*	*4*	*-5*
获得的侨汇（百万美元）	..	81	376
外国直接投资，净流入额（百万美元）	..	215	413
获得的净官方发展援助（百万美元）	*3*	250	252

马达加斯加

撒哈拉以南非洲地区			低收入经济体
人口（百万）	22.9	人口增长率（百分比）	2.8
陆地面积（千平方公里）	587	每天生活费用不足1.25美元的人口（占人口的百分比）	*87.7*
GNI，图表集法（10亿美元）	10.2	人均GNI，图表集法（美元）	440
PPP衡量的GNI（10亿美元）	31.4	PPP衡量的人均GNI（美元）	1,370

	1990	2000	2013
人口			
最贫困的20%人口占国家消费/收入的份额（百分比）	*5.1*	*4.9*	*6.5*
出生时的预期寿命（岁）	51	58	65
总生育率（每个女性生育数）	6.3	5.5	4.5
青年女性生育率（每千名15—19岁女性生育数）	150	152	121
避孕普及率（占15—49岁已婚女性的百分比）	*17*	19	40
在熟练医护人员护理下的分娩（占总数的百分比）	57	46	44
5岁以下儿童死亡率（每千人）	161	111	56
儿童营养不良，体重不足（占5岁以下儿童的百分比）	*35.5*	*36.8*	..
儿童麻疹免疫接种率（占12—23个月年龄组的百分比）	47	57	63
小学毕业率，总数（占适龄年龄组的百分比）	35	36	68
中学总入学率，总数（占适龄年龄组的百分比）	18	..	38
小学和中学中女孩与男孩的比率（百分比）	96	..	98
HIV感染率（占15—49岁人口的百分比）	0.2	0.7	0.4
环境			
森林（千平方公里）	137	131	*124*
森林采伐（1990—2000年和2000—2010年，平均年度百分比）		0.4	*0.4*
淡水使用量（占内陆水资源的百分比）	..	*4.9*	4.9
获得改善的水资源的人口（占总人口的百分比）	29	38	*50*
获得改善的卫生设施的人口（占总人口的百分比）	8	11	*14*
人均能源使用量（千克石油当量）	..	..	..
人均二氧化碳排放量（吨）	0.09	0.12	*0.10*
人均用电量（千瓦时）	..	..	..
经济			
GDP（10亿美元）	3.1	3.9	10.6
GDP增长率（年度百分比）	3.1	4.8	2.4
GDP隐含价格平减指数（年度增长百分比）	11.5	7.2	5.0
农业增加值（占GDP的百分比）	29	29	26
工业增加值（占GDP的百分比）	13	14	16
服务业增加值（占GDP的百分比）	59	57	57
货物和服务出口（占GDP的百分比）	17	31	30
货物和服务进口（占GDP的百分比）	28	38	43
资本形成总额（占GDP的百分比）	17	15	16
中央政府收入（占GDP的百分比）	..	11.7	*10.3*
中央政府现金盈余/赤字（占GDP的百分比）	..	-2.0	*-1.7*
政府与市场			
创办企业的时间（天）	..	*67*	8
总体统计能力水平（0—100）	..	*63.3*	62.2
军费支出（占GDP的百分比）	1.2	1.2	0.5
移动电话用户（每100人）	0.0	0.4	36.9
互联网用户（占总人口的百分比）	0.0	0.2	2.2
金融部门提供的国内信用（占GDP的百分比）	22.2	15.2	15.6
高科技出口（占制成品出口的百分比）	8	1	1
全球联系			
商品贸易（占GDP的百分比）	31	50	48
净易货贸易条件指数（2000年=100）	81	100	81
外债总额（10亿美元）	3.7	4.7	2.8
债务还本付息总额（占出口的百分比）	45.9	9.7	*2.1*
净移民（千人）	*-7.0*	*-5.0*	*-5.0*
获得的侨汇（百万美元）	7.9	11.3	..
外国直接投资，净流入额（百万美元）	22	83	838
获得的净官方发展援助（百万美元）	397	320	500

马拉维

撒哈拉以南非洲地区 **低收入经济体**

人口（百万）	16.4	人口增长率（百分比）	2.8
陆地面积（千平方公里）	118	每天生活费用不足1.25美元的人口（占人口的百分比）	72.2
GNI，图表集法（10亿美元）	4.4	人均GNI，图表集法（美元）	270
PPP衡量的GNI（10亿美元）	12.3	PPP衡量的人均GNI（美元）	750

	1990	2000	2013
人口			
最贫困的20%人口占国家消费/收入的份额（百分比）	..	6.9	5.4
出生时的预期寿命（岁）	47	46	55
总生育率（每个女性生育数）	7.0	6.3	5.4
青年女性生育率（每千名15—19岁女性生育数）	156	161	143
避孕普及率（占15—49岁已婚女性的百分比）	13	31	46
在熟练医护人员护理下的分娩（占总数的百分比）	55	56	71
5岁以下儿童死亡率（每千人）	245	174	68
儿童营养不良，体重不足（占5岁以下儿童的百分比）	24.4	21.5	13.8
儿童麻疹免疫接种率（占12—23个月年龄组的百分比）	81	73	88
小学毕业率，总数（占适龄年龄组的百分比）	28	65	75
中学总入学率，总数（占适龄年龄组的百分比）	16	32	37
小学和中学中女孩与男孩的比率（百分比）	81	93	101
HIV感染率（占15—49岁人口的百分比）	12.9	17.5	10.3
环境			
森林（千平方公里）	39	36	32
森林采伐（1990—2000年和2000—2010年，平均年度百分比）		0.9	1.0
淡水使用量（占内陆水资源的百分比）	..	8.2	8.4
获得改善的水资源的人口（占总人口的百分比）	42	63	85
获得改善的卫生设施的人口（占总人口的百分比）	10	10	10
人均能源使用量（千克石油当量）	..	..	..
人均二氧化碳排放量（吨）	0.06	0.08	0.08
人均用电量（千瓦时）	..	..	..
经济			
GDP（百万美元）	1,881	1,744	3,705
GDP增长率（年度百分比）	5.7	1.6	5.0
GDP隐含价格平减指数（年度增长百分比）	10.7	30.5	21.8
农业增加值（占GDP的百分比）	45	40	27
工业增加值（占GDP的百分比）	29	18	19
服务业增加值（占GDP的百分比）	26	43	54
货物和服务出口（占GDP的百分比）	24	26	46
货物和服务进口（占GDP的百分比）	33	35	64
资本形成总额（占GDP的百分比）	23	14	22
中央政府收入（占GDP的百分比）	..	..	..
中央政府现金盈余/赤字（占GDP的百分比）	..	..	..
政府与市场			
创办企业的时间（天）	..	43	38
总体统计能力水平（0—100）	..	67.8	75.6
军费支出（占GDP的百分比）	1.3	0.7	1.4
移动电话用户（每100人）	0.0	0.4	32.3
互联网用户（占总人口的百分比）	0.0	0.1	5.4
金融部门提供的国内信用（占GDP的百分比）	19.7	12.5	31.2
高科技出口（占制成品出口的百分比）	0	2	6
全球联系			
商品贸易（占GDP的百分比）	53	52	109
净易货贸易条件指数（2000年=100）	148	100	98
外债总额（10亿美元）	1.6	2.7	1.6
债务还本付息总额（占出口的百分比）	29.3	13.5	2.0
净移民（千人）	-933	-22	0
获得的侨汇（百万美元）	..	0.7	28.3
外国直接投资，净流入额（百万美元）	23	26	118
获得的净官方发展援助（百万美元）	500	446	1,126

马来西亚

东亚和太平洋地区			中高收入经济体
人口（百万）	29.7	人口增长率（百分比）	1.6
陆地面积（千平方公里）	331	每天生活费用不足1.25美元的人口（占人口的百分比）	<2
GNI，图表集法（10亿美元）	309.9	人均GNI，图表集法（美元）	10,430
PPP衡量的GNI（10亿美元）	669.5	PPP衡量的人均GNI（美元）	22,530

	1990	2000	2013
人口			
最贫困的20%人口占国家消费/收入的份额（百分比）	*5.1*	*6.5*	*4.5*
出生时的预期寿命（岁）	71	73	75
总生育率（每个女性生育数）	3.5	2.8	2.0
青年女性生育率（每千名15—19岁女性生育数）	19	14	6
避孕普及率（占15—49岁已婚女性的百分比）	*50*	*49*	..
在熟练医护人员护理下的分娩（占总数的百分比）	93	97	*99*
5岁以下儿童死亡率（每千人）	17	10	9
儿童营养不良，体重不足（占5岁以下儿童的百分比）	22.1	*16.7*	*12.9*
儿童麻疹免疫接种率（占12—23个月年龄组的百分比）	70	96	95
小学毕业率，总数（占适龄年龄组的百分比）	88	*95*	..
中学总入学率，总数（占适龄年龄组的百分比）	55	66	*71*
小学和中学中女孩与男孩的比率（百分比）	102	104	..
HIV感染率（占15—49岁人口的百分比）	0.1	0.4	0.4
环境			
森林（千平方公里）	224	216	*203*
森林采伐（1990—2000年和2000—2010年，平均年度百分比）		0.4	*0.5*
淡水使用量（占内陆水资源的百分比）	*1.7*	*1.6*	1.9
获得改善的水资源的人口（占总人口的百分比）	88	96	*100*
获得改善的卫生设施的人口（占总人口的百分比）	84	92	*96*
人均能源使用量（千克石油当量）	1,183	2,011	*2,639*
人均二氧化碳排放量（吨）	3.1	5.4	*7.7*
人均用电量（千瓦时）	1,146	2,720	*4,246*
经济			
GDP（10亿美元）	44	94	313
GDP增长率（年度百分比）	9.0	8.9	4.7
GDP隐含价格平减指数（年度增长百分比）	3.8	8.9	0.0
农业增加值（占GDP的百分比）	15	9	9
工业增加值（占GDP的百分比）	42	48	41
服务业增加值（占GDP的百分比）	43	43	50
货物和服务出口（占GDP的百分比）	74	120	82
货物和服务进口（占GDP的百分比）	72	101	72
资本形成总额（占GDP的百分比）	32	27	26
中央政府收入（占GDP的百分比）	..	17.5	*22.1*
中央政府现金盈余/赤字（占GDP的百分比）	..	-4.1	*-4.5*
政府与市场			
创办企业的时间（天）	..	*37*	6
总体统计能力水平（0—100）	..	*75.6*	74.4
军费支出（占GDP的百分比）	2.6	1.6	1.5
移动电话用户（每100人）	0.5	21.9	144.7
互联网用户（占总人口的百分比）	0.0	21.4	67.0
金融部门提供的国内信用（占GDP的百分比）	72.7	138.4	142.6
高科技出口（占制成品出口的百分比）	38	60	44
全球联系			
商品贸易（占GDP的百分比）	133	192	139
净易货贸易条件指数（2000年=100）	103	100	101
外债总额（10亿美元）	15	42	213
债务还本付息总额（占出口的百分比）	12.6	5.6	3.5
净移民（千人）	*299*	*491*	*450*
获得的侨汇（百万美元）	185	342	1,396
外国直接投资，净流入额（10亿美元）	2.3	3.8	11.6
获得的净官方发展援助（百万美元）	468	46	-119

马尔代夫

南亚 **中高收入经济体**

人口（千人）	345	人口增长率（百分比）	1.9
陆地面积（平方公里）	300	每天生活费用不足1.25美元的人口（占人口的百分比）	<2
GNI，图表集法（10亿美元）	1.9	人均GNI，图表集法（美元）	5,600
PPP衡量的GNI（10亿美元）	3.4	PPP衡量的人均GNI（美元）	9,900

	1990	2000	2013
人口			
最贫困的20%人口占国家消费/收入的份额（百分比）	..	*6.5*	..
出生时的预期寿命（岁）	61	69	78
总生育率（每个女性生育数）	6.1	3.3	2.3
青年女性生育率（每千名15—19岁女性生育数）	136	38	4
避孕普及率（占15—49岁已婚女性的百分比）	*29*	*42*	*35*
在熟练医护人员护理下的分娩（占总数的百分比）	..	*70*	*99*
5岁以下儿童死亡率（每千人）	94	44	10
儿童营养不良，体重不足（占5岁以下儿童的百分比）	..	*25.7*	*17.8*
儿童麻疹免疫接种率（占12—23个月年龄组的百分比）	96	99	99
小学毕业率，总数（占适龄年龄组的百分比）	..	*184*	..
中学总入学率，总数（占适龄年龄组的百分比）	..	54	..
小学和中学中女孩与男孩的比率（百分比）	..	101	..
HIV感染率（占15—49岁人口的百分比）	0.1	0.1	0.1
环境			
森林（平方公里）	9.0	9.0	*9.0*
森林采伐（1990—2000年和2000—2010年，平均年度百分比）		0.0	*0.0*
淡水使用量（占内陆水资源的百分比）	..	..	19.7
获得改善的水资源的人口（占总人口的百分比）	93	95	*99*
获得改善的卫生设施的人口（占总人口的百分比）	68	79	*99*
人均能源使用量（千克石油当量）	236	..	..
人均二氧化碳排放量（吨）	0.7	1.8	*3.3*
人均用电量（千瓦时）	..	..	..
经济			
GDP（百万美元）	215	624	2,300
GDP增长率（年度百分比）	..	*6.1*	3.7
GDP隐含价格平减指数（年度增长百分比）	..	*1.7*	4.9
农业增加值（占GDP的百分比）	..	9	*4*
工业增加值（占GDP的百分比）	..	15	*23*
服务业增加值（占GDP的百分比）	..	76	*73*
货物和服务出口（占GDP的百分比）	85	89	*111*
货物和服务进口（占GDP的百分比）	83	72	*112*
资本形成总额（占GDP的百分比）	..	26	..
中央政府收入（占GDP的百分比）	22.1	30.0	*27.3*
中央政府现金盈余/赤字（占GDP的百分比）	-7.5	-5.0	*-8.7*
政府与市场			
创办企业的时间（天）	..	9	9
总体统计能力水平（0—100）	..	..	66.7
军费支出（占GDP的百分比）	..	..	..
移动电话用户（每100人）	0.0	2.8	181.2
互联网用户（占总人口的百分比）	0.0	2.2	44.1
金融部门提供的国内信用（占GDP的百分比）	33.0	34.8	86.9
高科技出口（占制成品出口的百分比）	..	..	..
全球联系			
商品贸易（占GDP的百分比）	100	80	90
净易货贸易条件指数（2000年=100）	..	100	89
外债总额（百万美元）	78	206	821
债务还本付息总额（占出口的百分比）	4.8	4.2	2.5
净移民（千人）	*-3.1*	*-0.1*	*-0.1*
获得的侨汇（百万美元）	1.7	2.2	3.3
外国直接投资，净流入额（百万美元）	6	22	361
获得的净官方发展援助（百万美元）	20.9	19.2	22.9

马里

撒哈拉以南非洲地区		低收入经济体	
人口（百万）	15.3	人口增长率（百分比）	3.0
陆地面积（千平方公里）	1,240	每天生活费用不足1.25美元的人口（占人口的百分比）	*50.6*
GNI，图表集法（10亿美元）	10.2	人均GNI，图表集法（美元）	670
PPP衡量的GNI（10亿美元）	23.6	PPP衡量的人均GNI（美元）	1,540

	1990	2000	2013
人口			
最贫困的20%人口占国家消费/收入的份额（百分比）	..	*6.1*	*8.0*
出生时的预期寿命（岁）	46	49	55
总生育率（每个女性生育数）	7.1	6.8	6.8
青年女性生育率（每千名15—19岁女性生育数）	193	187	174
避孕普及率（占15—49岁已婚女性的百分比）	..	*8*	*10*
在熟练医护人员护理下的分娩（占总数的百分比）	..	*41*	59
5岁以下儿童死亡率（每千人）	254	220	123
儿童营养不良，体重不足（占5岁以下儿童的百分比）	..	*30.1*	*27.9*
儿童麻疹免疫接种率（占12—23个月年龄组的百分比）	43	49	72
小学毕业率，总数（占适龄年龄组的百分比）	*10*	33	59
中学总入学率，总数（占适龄年龄组的百分比）	7	19	45
小学和中学中女孩与男孩的比率（百分比）	59	71	*83*
HIV感染率（占15—49岁人口的百分比）	0.3	1.6	0.9
环境			
森林（千平方公里）	141	133	*123*
森林采伐（1990—2000年和2000—2010年，平均年度百分比）		0.6	*0.6*
淡水使用量（占内陆水资源的百分比）	..	..	8.6
获得改善的水资源的人口（占总人口的百分比）	28	46	*67*
获得改善的卫生设施的人口（占总人口的百分比）	15	18	*22*
人均能源使用量（千克石油当量）	..	..	..
人均二氧化碳排放量（吨）	0.05	0.05	*0.04*
人均用电量（千瓦时）	..	..	..
经济			
GDP（10亿美元）	2.4	2.4	10.9
GDP增长率（年度百分比）	-1.9	3.2	2.1
GDP隐含价格平减指数（年度增长百分比）	4.9	5.6	0.2
农业增加值（占GDP的百分比）	46	42	*42*
工业增加值（占GDP的百分比）	16	21	*23*
服务业增加值（占GDP的百分比）	39	38	*35*
货物和服务出口（占GDP的百分比）	17	27	*31*
货物和服务进口（占GDP的百分比）	34	39	*38*
资本形成总额（占GDP的百分比）	23	25	*16*
中央政府收入（占GDP的百分比）	..	13.4	17.8
中央政府现金盈余/赤字（占GDP的百分比）	..	-3.4	-1.4
政府与市场			
创办企业的时间（天）	..	*33*	11
总体统计能力水平（0—100）	..	55.6	66.7
军费支出（占GDP的百分比）	2.2	1.8	1.4
移动电话用户（每100人）	0.0	0.1	129.1
互联网用户（占总人口的百分比）	0.0	0.1	2.3
金融部门提供的国内信用（占GDP的百分比）	13.7	14.3	20.9
高科技出口（占制成品出口的百分比）	..	15	*1*
全球联系			
商品贸易（占GDP的百分比）	40	56	57
净易货贸易条件指数（2000年=100）	135	100	149
外债总额（10亿美元）	2.5	3.0	3.4
债务还本付息总额（占出口的百分比）	15.3	14.1	*1.5*
净移民（千人）	*-173*	*-67*	*-302*
获得的侨汇（百万美元）	107	73	*784*
外国直接投资，净流入额（百万美元）	6	82	410
获得的净官方发展援助（百万美元）	479	288	1,391

马耳他

高收入经济体

人口（千人）	423	人口增长率（百分比）	0.9
陆地面积（平方公里）	320	每天生活费用不足1.25美元的人口（占人口的百分比）	..
GNI，图表集法（10亿美元）	8.9	人均GNI，图表集法（美元）	20,980
PPP衡量的GNI（10亿美元）	11.4	PPP衡量的人均GNI（美元）	27,020

	1990	2000	2013
人口			
最贫困的20%人口占国家消费/收入的份额（百分比）	..	..	..
出生时的预期寿命（岁）	75	78	81
总生育率（每个女性生育数）	2.0	1.7	1.4
青年女性生育率（每千名15—19岁女性生育数）	12	16	18
避孕普及率（占15—49岁已婚女性的百分比）	*86*	..	..
在熟练医护人员护理下的分娩（占总数的百分比）	*98*	..	*100*
5岁以下儿童死亡率（每千人）	11	8	6
儿童营养不良，体重不足（占5岁以下儿童的百分比）	..	..	..
儿童麻疹免疫接种率（占12—23个月年龄组的百分比）	80	74	99
小学毕业率，总数（占适龄年龄组的百分比）	94	94	*88*
中学总入学率，总数（占适龄年龄组的百分比）	82	80	*86*
小学和中学中女孩与男孩的比率（百分比）	95	99	*102*
HIV感染率（占15—49岁人口的百分比）	..	..	..
环境			
森林（平方公里）	3.0	3.0	*3.0*
森林采伐（1990—2000年和2000—2010年，平均年度百分比）		0.0	*0.0*
淡水使用量（占内陆水资源的百分比）	..	*106.7*	106.7
获得改善的水资源的人口（占总人口的百分比）	100	100	*100*
获得改善的卫生设施的人口（占总人口的百分比）	100	100	*100*
人均能源使用量（千克石油当量）	1,963	1,773	*2,060*
人均二氧化碳排放量（吨）	6.2	5.4	*6.2*
人均用电量（千瓦时）	2,824	4,410	*4,689*
经济			
GDP（10亿美元）	2.5	4.0	9.6
GDP增长率（年度百分比）	6.3	6.8	2.9
GDP隐含价格平减指数（年度增长百分比）	3.2	4.2	2.1
农业增加值（占GDP的百分比）	3	2	*2*
工业增加值（占GDP的百分比）	56	51	*33*
服务业增加值（占GDP的百分比）	41	47	*65*
货物和服务出口（占GDP的百分比）	76	91	*94*
货物和服务进口（占GDP的百分比）	89	98	*89*
资本形成总额（占GDP的百分比）	31	25	*12*
中央政府收入（占GDP的百分比）	..	*84.7*	*37.1*
中央政府现金盈余/赤字（占GDP的百分比）	..	*-22.3*	*-3.2*
政府与市场			
创办企业的时间（天）	..	..	35
总体统计能力水平（0—100）	..	..	..
军费支出（占GDP的百分比）	0.8	0.6	0.6
移动电话用户（每100人）	0.0	28.1	129.8
互联网用户（占总人口的百分比）	0.0	13.1	68.9
金融部门提供的国内信用（占GDP的百分比）	82.3	128.5	146.7
高科技出口（占制成品出口的百分比）	45	72	39
全球联系			
商品贸易（占GDP的百分比）	122	148	97
净易货贸易条件指数（2000年=100）	..	100	125
外债总额（百万美元）	..	..	..
债务还本付息总额（占出口的百分比）	..	..	..
净移民（千人）	*5.8*	*3.5*	*4.5*
获得的侨汇（百万美元）	58.2	20.0	33.9
外国直接投资，净流入额（百万美元）	46	601	-1,869
获得的净官方发展援助（百万美元）	5.3	21.2	..

马绍尔群岛

东亚和太平洋地区			中高收入经济体
人口（千人）	53	人口增长率（百分比）	0.2
陆地面积（平方公里）	180	每天生活费用不足1.25美元的人口（占人口的百分比）	..
GNI，图表集法（百万美元）	226.7	人均GNI，图表集法（美元）	4,310
PPP衡量的GNI（百万美元）	243.6	PPP衡量的人均GNI（美元）	4,630

	1990	2000	2013
人口			
最贫困的20%人口占国家消费/收入的份额（百分比）	..	*1.1*	..
出生时的预期寿命（岁）	..	65	..
总生育率（每个女性生育数）	..	*5.7*	*4.1*
青年女性生育率（每千名15—19岁女性生育数）	..	..	..
避孕普及率（占15—49岁已婚女性的百分比）	..	*34*	*45*
在熟练医护人员护理下的分娩（占总数的百分比）	..	*95*	*99*
5岁以下儿童死亡率（每千人）	50	42	38
儿童营养不良，体重不足（占5岁以下儿童的百分比）	..	..	..
儿童麻疹免疫接种率（占12—23个月年龄组的百分比）	52	94	70
小学毕业率，总数（占适龄年龄组的百分比）	..	*93*	*100*
中学总入学率，总数（占适龄年龄组的百分比）	..	*68*	..
小学和中学中女孩与男孩的比率（百分比）	..	*102*	..
HIV感染率（占15—49岁人口的百分比）	..	..	..
环境			
森林（平方公里）	130	126	*126*
森林采伐（1990—2000年和2000—2010年，平均年度百分比）		0.0	*0.0*
淡水使用量（占内陆水资源的百分比）	..	..	..
获得改善的水资源的人口（占总人口的百分比）	92	93	*95*
获得改善的卫生设施的人口（占总人口的百分比）	65	70	*76*
人均能源使用量（千克石油当量）	..	..	..
人均二氧化碳排放量（吨）	1.0	1.5	*2.0*
人均用电量（千瓦时）	..	..	..
经济			
GDP（百万美元）	78.5	110.9	190.9
GDP增长率（年度百分比）	2.7	5.9	3.0
GDP隐含价格平减指数（年度增长百分比）	5.0	-3.0	0.6
农业增加值（占GDP的百分比）	..	..	..
工业增加值（占GDP的百分比）	..	..	..
服务业增加值（占GDP的百分比）	..	..	..
货物和服务出口（占GDP的百分比）	..	..	..
货物和服务进口（占GDP的百分比）	..	..	..
资本形成总额（占GDP的百分比）	..	..	..
中央政府收入（占GDP的百分比）	..	..	..
中央政府现金盈余/赤字（占GDP的百分比）	..	..	..
政府与市场			
创办企业的时间（天）	..	*22*	17
总体统计能力水平（0—100）	..	..	46.7
军费支出（占GDP的百分比）	..	..	..
移动电话用户（每100人）	0.0	0.9	..
互联网用户（占总人口的百分比）	0.0	1.5	11.7
金融部门提供的国内信用（占GDP的百分比）	0.0	0.0	0.0
高科技出口（占制成品出口的百分比）	..	..	..
全球联系			
商品贸易（占GDP的百分比）	..	58	105
净易货贸易条件指数（2000年=100）	..	100	98
外债总额（百万美元）	..	..	..
债务还本付息总额（占出口的百分比）	..	..	..
净移民（千人）	..	..	..
获得的侨汇（百万美元）	..	..	*22.0*
外国直接投资，净流入额（百万美元）	0.0	0.0	22.6
获得的净官方发展援助（百万美元）	*0.3*	57.2	93.8

毛里塔尼亚

撒哈拉以南非洲地区 | **中低收入经济体**

人口（百万）	3.9	人口增长率（百分比）	2.4
陆地面积（千平方公里）	1,031	每天生活费用不足1.25美元的人口（占人口的百分比）	*23.4*
GNI，图表集法（10亿美元）	4.1	人均GNI，图表集法（美元）	1,060
PPP衡量的GNI（10亿美元）	11.1	PPP衡量的人均GNI（美元）	2,850

	1990	2000	2013
人口			
最贫困的20%人口占国家消费/收入的份额（百分比）	5.2	6.2	*6.0*
出生时的预期寿命（岁）	58	60	62
总生育率（每个女性生育数）	6.0	5.4	4.7
青年女性生育率（每千名15—19岁女性生育数）	109	96	72
避孕普及率（占15—49岁已婚女性的百分比）	*4*	*8*	*11*
在熟练医护人员护理下的分娩（占总数的百分比）	*40*	*57*	*65*
5岁以下儿童死亡率（每千人）	118	113	90
儿童营养不良，体重不足（占5岁以下儿童的百分比）	43.3	30.4	*19.5*
儿童麻疹免疫接种率（占12—23个月年龄组的百分比）	38	46	80
小学毕业率，总数（占适龄年龄组的百分比）	29	*45*	71
中学总入学率，总数（占适龄年龄组的百分比）	13	18	30
小学和中学中女孩与男孩的比率（百分比）	67	93	102
HIV感染率（占15—49岁人口的百分比）	..	..	..
环境			
森林（千平方公里）	4.2	3.2	*2.3*
森林采伐（1990—2000年和2000—2010年，平均年度百分比）		2.7	*2.7*
淡水使用量（占内陆水资源的百分比）	..	*400.3*	337.5
获得改善的水资源的人口（占总人口的百分比）	30	40	*50*
获得改善的卫生设施的人口（占总人口的百分比）	16	21	*27*
人均能源使用量（千克石油当量）	..	..	..
人均二氧化碳排放量（吨）	1.3	0.5	*0.6*
人均用电量（千瓦时）	..	..	..
经济			
GDP（百万美元）	1,020	1,081	4,158
GDP增长率（年度百分比）	-1.8	1.9	6.7
GDP隐含价格平减指数（年度增长百分比）	2.6	1.3	-0.3
农业增加值（占GDP的百分比）	30	28	15
工业增加值（占GDP的百分比）	29	30	42
服务业增加值（占GDP的百分比）	42	43	43
货物和服务出口（占GDP的百分比）	46	43	67
货物和服务进口（占GDP的百分比）	61	55	67
资本形成总额（占GDP的百分比）	20	19	38
中央政府收入（占GDP的百分比）	..	..	..
中央政府现金盈余/赤字（占GDP的百分比）	..	..	..
政府与市场			
创办企业的时间（天）	..	*82*	9
总体统计能力水平（0—100）	..	*55.6*	58.9
军费支出（占GDP的百分比）	3.9	3.5	3.6
移动电话用户（每100人）	0.0	0.6	102.5
互联网用户（占总人口的百分比）	0.0	0.2	6.2
金融部门提供的国内信用（占GDP的百分比）	47.0	0.0	0.0
高科技出口（占制成品出口的百分比）	..	..	..
全球联系			
商品贸易（占GDP的百分比）	84	75	142
净易货贸易条件指数（2000年=100）	97	100	156
外债总额（10亿美元）	2.1	2.4	3.6
债务还本付息总额（占出口的百分比）	30.7	*27.8*	5.6
净移民（千人）	*-14.7*	*30.0*	*-20.0*
获得的侨汇（百万美元）	13.7	*2.2*	..
外国直接投资，净流入额（百万美元）	7	40	1,126
获得的净官方发展援助（百万美元）	236	223	291

毛里求斯

撒哈拉以南非洲地区		中高收入经济体	
人口（百万）	1.3	人口增长率（百分比）	0.2
陆地面积（千平方公里）	2.0	每天生活费用不足1.25美元的人口（占人口的百分比）	<2
GNI，图表集法（10亿美元）	12.0	人均GNI，图表集法（美元）	9,570
PPP衡量的GNI（10亿美元）	22.3	PPP衡量的人均GNI（美元）	17,730

	1990	2000	2013
人口			
最贫困的20%人口占国家消费/收入的份额（百分比）	..	..	*7.4*
出生时的预期寿命（岁）	69	72	74
总生育率（每个女性生育数）	2.3	2.0	1.4
青年女性生育率（每千名15—19岁女性生育数）	43	36	31
避孕普及率（占15—49岁已婚女性的百分比）	*75*	*76*	..
在熟练医护人员护理下的分娩（占总数的百分比）	91	*99*	..
5岁以下儿童死亡率（每千人）	23	19	14
儿童营养不良，体重不足（占5岁以下儿童的百分比）	..	..	..
儿童麻疹免疫接种率（占12—23个月年龄组的百分比）	76	84	99
小学毕业率，总数（占适龄年龄组的百分比）	114	103	102
中学总入学率，总数（占适龄年龄组的百分比）	52	77	96
小学和中学中女孩与男孩的比率（百分比）	100	98	*102*
HIV感染率（占15—49岁人口的百分比）	0.1	0.7	1.1
环境			
森林（平方公里）	388	387	*350*
森林采伐（1990—2000年和2000—2010年，平均年度百分比）		0.0	*1.0*
淡水使用量（占内陆水资源的百分比）	*20.6*	*22.2*	26.4
获得改善的水资源的人口（占总人口的百分比）	99	99	*100*
获得改善的卫生设施的人口（占总人口的百分比）	89	89	*91*
人均能源使用量（千克石油当量）	453	..	..
人均二氧化碳排放量（吨）	1.4	2.3	*3.3*
人均用电量（千瓦时）	..	..	..
经济			
GDP（10亿美元）	2.7	4.6	11.9
GDP增长率（年度百分比）	7.2	9.0	3.2
GDP隐含价格平减指数（年度增长百分比）	10.1	2.1	3.2
农业增加值（占GDP的百分比）	13	7	3
工业增加值（占GDP的百分比）	33	31	24
服务业增加值（占GDP的百分比）	54	62	72
货物和服务出口（占GDP的百分比）	65	61	54
货物和服务进口（占GDP的百分比）	72	62	67
资本形成总额（占GDP的百分比）	30	26	24
中央政府收入（占GDP的百分比）	..	..	*23.0*
中央政府现金盈余/赤字（占GDP的百分比）	..	..	*-0.6*
政府与市场			
创办企业的时间（天）	..	..	6
总体统计能力水平（0—100）	..	*70.0*	85.6
军费支出（占GDP的百分比）	0.4	0.2	0.2
移动电话用户（每100人）	0.2	15.2	123.2
互联网用户（占总人口的百分比）	0.0	7.3	39.0
金融部门提供的国内信用（占GDP的百分比）	44.7	70.8	122.4
高科技出口（占制成品出口的百分比）	1	1	1
全球联系			
商品贸易（占GDP的百分比）	106	80	69
净易货贸易条件指数（2000年=100）	93	100	68
外债总额（百万美元）	0.9	1.0	10.9
债务还本付息总额（占出口的百分比）	8.5	17.0	42.0
净移民（千人）	-5.6	*-28.6*	*0.0*
获得的侨汇（百万美元）	..	177	1
外国直接投资，净流入额（百万美元）	41	266	259
获得的净官方发展援助（百万美元）	88	20	148

拉丁美洲和加勒比地区 **中高收入经济体**

人口（百万）	122.3	人口增长率（百分比）	1.2
陆地面积（千平方公里）	1,964	每天生活费用不足1.25美元的人口（占人口的百分比）	<2
GNI，图表集法（10亿美元）	1,216.1	人均GNI，图表集法（美元）	9,940
PPP衡量的GNI（10亿美元）	1,960.0	PPP衡量的人均GNI（美元）	16,020

	1990	2000	2013
人口			
最贫困的20%人口占国家消费/收入的份额（百分比）	*3.7*	4.0	*4.9*
出生时的预期寿命（岁）	71	74	77
总生育率（每个女性生育数）	3.4	2.7	2.2
青年女性生育率（每千名15—19岁女性生育数）	81	77	62
避孕普及率（占15—49岁已婚女性的百分比）	*63*	70	*73*
在熟练医护人员护理下的分娩（占总数的百分比）	84	95	*96*
5岁以下儿童死亡率（每千人）	46	26	15
儿童营养不良，体重不足（占5岁以下儿童的百分比）	*13.9*	*6.0*	*2.8*
儿童麻疹免疫接种率（占12—23个月年龄组的百分比）	75	96	89
小学毕业率，总数（占适龄年龄组的百分比）	87	95	99
中学总入学率，总数（占适龄年龄组的百分比）	53	70	*86*
小学和中学中女孩与男孩的比率（百分比）	97	97	*104*
HIV感染率（占15—49岁人口的百分比）	0.1	0.2	0.2
环境			
森林（千平方公里）	703	668	*645*
森林采伐（1990—2000年和2000—2010年，平均年度百分比）		0.5	*0.3*
淡水使用量（占内陆水资源的百分比）	..	*17.8*	19.6
获得改善的水资源的人口（占总人口的百分比）	82	89	*95*
获得改善的卫生设施的人口（占总人口的百分比）	66	75	*85*
人均能源使用量（千克石油当量）	1,423	1,400	*1,588*
人均二氧化碳排放量（吨）	3.7	3.7	*3.8*
人均用电量（千瓦时）	1,156	1,700	*2,092*
经济			
GDP（10亿美元）	263	684	1,261
GDP增长率（年度百分比）	5.1	5.3	1.1
GDP隐含价格平减指数（年度增长百分比）	28.1	10.8	2.0
农业增加值（占GDP的百分比）	8	4	3
工业增加值（占GDP的百分比）	28	35	35
服务业增加值（占GDP的百分比）	64	62	62
货物和服务出口（占GDP的百分比）	19	26	32
货物和服务进口（占GDP的百分比）	20	27	32
资本形成总额（占GDP的百分比）	23	23	22
中央政府收入（占GDP的百分比）	15.3	12.5	..
中央政府现金盈余/赤字（占GDP的百分比）	-2.5	-1.0	..
政府与市场			
创办企业的时间（天）	..	*30*	6
总体统计能力水平（0—100）	..	*74.4*	85.6
军费支出（占GDP的百分比）	0.5	0.5	0.6
移动电话用户（每100人）	0.1	13.6	85.8
互联网用户（占总人口的百分比）	0.0	5.1	43.5
金融部门提供的国内信用（占GDP的百分比）	37.3	29.0	49.5
高科技出口（占制成品出口的百分比）	8	22	16
全球联系			
商品贸易（占GDP的百分比）	32	51	61
净易货贸易条件指数（2000年=100）	102	100	104
外债总额（10亿美元）	105	152	443
债务还本付息总额（占出口的百分比）	21.8	31.6	10.3
净移民（百万）	*-796*	*-2,929*	*-1,200*
获得的侨汇（10亿美元）	3.1	7.5	23.0
外国直接投资，净流入额（10亿美元）	2.5	18.1	42.1
获得的净官方发展援助（百万美元）	156	-58	561

密克罗尼西亚联邦

东亚和太平洋地区			中低收入经济体
人口（千人）	104	人口增长率（百分比）	0.1
陆地面积（平方公里）	700	每天生活费用不足1.25美元的人口（占人口的百分比）	*31.2*
GNI，图表集法（百万美元）	339.3	人均GNI，图表集法（美元）	3,280
PPP衡量的GNI（百万美元）	381.5	PPP衡量的人均GNI（美元）	3,680

	1990	2000	2013
人口			
最贫困的20%人口占国家消费/收入的份额（百分比）	..	1.6	..
出生时的预期寿命（岁）	66	67	69
总生育率（每个女性生育数）	5.0	4.3	3.3
青年女性生育率（每千名15—19岁女性生育数）	50	38	17
避孕普及率（占15—49岁已婚女性的百分比）	..	*23*	*55*
在熟练医护人员护理下的分娩（占总数的百分比）	..	*88*	*100*
5岁以下儿童死亡率（每千人）	55	53	36
儿童营养不良，体重不足（占5岁以下儿童的百分比）	..	..	..
儿童麻疹免疫接种率（占12—23个月年龄组的百分比）	81	85	91
小学毕业率，总数（占适龄年龄组的百分比）	..	..	..
中学总入学率，总数（占适龄年龄组的百分比）	..	..	..
小学和中学中女孩与男孩的比率（百分比）	..	..	..
HIV感染率（占15—49岁人口的百分比）	..	..	..
环境			
森林（平方公里）	*636*	639	*642*
森林采伐（1990—2000年和2000—2010年，平均年度百分比）		0.0	*0.0*
淡水使用量（占内陆水资源的百分比）	..	..	..
获得改善的水资源的人口（占总人口的百分比）	91	90	*89*
获得改善的卫生设施的人口（占总人口的百分比）	19	34	*57*
人均能源使用量（千克石油当量）	..	..	..
人均二氧化碳排放量（吨）	..	1.3	*1.0*
人均用电量（千瓦时）	..	..	..
经济			
GDP（百万美元）	147	233	316
GDP增长率（年度百分比）	3.7	4.6	-4.0
GDP隐含价格平减指数（年度增长百分比）	4.9	1.1	1.0
农业增加值（占GDP的百分比）	..	26	*28*
工业增加值（占GDP的百分比）	..	9	*9*
服务业增加值（占GDP的百分比）	..	65	*63*
货物和服务出口（占GDP的百分比）	..	..	..
货物和服务进口（占GDP的百分比）	..	..	..
资本形成总额（占GDP的百分比）	..	..	..
中央政府收入（占GDP的百分比）	..	..	..
中央政府现金盈余/赤字（占GDP的百分比）	..	..	..
政府与市场			
创办企业的时间（天）	..	*36*	16
总体统计能力水平（0—100）	..	..	36.7
军费支出（占GDP的百分比）	..	..	..
移动电话用户（每100人）	0.0	0.0	30.3
互联网用户（占总人口的百分比）	0.0	3.7	27.8
金融部门提供的国内信用（占GDP的百分比）	0.0	-42.3	-27.2
高科技出口（占制成品出口的百分比）	..	..	..
全球联系			
商品贸易（占GDP的百分比）	..	55	73
净易货贸易条件指数（2000年=100）	..	100	85
外债总额（百万美元）	..	..	..
债务还本付息总额（占出口的百分比）	..	..	..
净移民（千人）	*-2.2*	*-12.9*	*-8.2*
获得的侨汇（百万美元）	..	..	22.0
外国直接投资，净流入额（百万美元）	..	*-0.2*	1.9
获得的净官方发展援助（百万美元）	*0*	102	143

摩尔多瓦

欧洲和中亚		中低收入经济体	
人口（百万）	3.6	人口增长率（百分比）	0.0
陆地面积（千平方公里）	34	每天生活费用不足1.25美元的人口（占人口的百分比）	<2
GNI，图表集法（10亿美元）	8.8	人均GNI，图表集法（美元）	2,470
PPP衡量的GNI（10亿美元）	18.5	PPP衡量的人均GNI（美元）	5,180

	1990	2000	2013
人口			
最贫困的20%人口占国家消费/收入的份额（百分比）	*6.9*	*6.7*	*8.5*
出生时的预期寿命（岁）	67	67	69
总生育率（每个女性生育数）	2.4	1.6	1.5
青年女性生育率（每千名15—19岁女性生育数）	57	46	29
避孕普及率（占15—49岁已婚女性的百分比）	..	62	*60*
在熟练医护人员护理下的分娩（占总数的百分比）	100	98	*99*
5岁以下儿童死亡率（每千人）	32	31	15
儿童营养不良，体重不足（占5岁以下儿童的百分比）	..	..	*2.2*
儿童麻疹免疫接种率（占12—23个月年龄组的百分比）	*73*	89	91
小学毕业率，总数（占适龄年龄组的百分比）	..	98	93
中学总入学率，总数（占适龄年龄组的百分比）	94	82	88
小学和中学中女孩与男孩的比率（百分比）	105	101	101
HIV感染率（占15—49岁人口的百分比）	0.1	0.3	0.6
环境			
森林（千平方公里）	3.2	3.2	*4.0*
森林采伐（1990—2000年和2000—2010年，平均年度百分比）		-0.2	*-1.8*
淡水使用量（占内陆水资源的百分比）	*296.3*	..	106.5
获得改善的水资源的人口（占总人口的百分比）	*93*	93	*97*
获得改善的卫生设施的人口（占总人口的百分比）	*76*	79	*87*
人均能源使用量（千克石油当量）	2,677	792	*936*
人均二氧化碳排放量（吨）	*5.7*	1.0	*1.4*
人均用电量（千瓦时）	3,235	1,638	*1,470*
经济			
GDP（10亿美元）	3.6	1.3	8.0
GDP增长率（年度百分比）	-2.4	2.1	8.9
GDP隐含价格平减指数（年度增长百分比）	13.5	27.3	4.4
农业增加值（占GDP的百分比）	36	29	15
工业增加值（占GDP的百分比）	37	22	17
服务业增加值（占GDP的百分比）	27	49	68
货物和服务出口（占GDP的百分比）	48	50	44
货物和服务进口（占GDP的百分比）	51	75	81
资本形成总额（占GDP的百分比）	25	24	25
中央政府收入（占GDP的百分比）	..	24.5	*31.2*
中央政府现金盈余/赤字（占GDP的百分比）	..	-1.5	*-2.0*
政府与市场			
创办企业的时间（天）	..	*42*	6
总体统计能力水平（0—100）	..	*74.4*	94.4
军费支出（占GDP的百分比）	*0.5*	0.4	0.3
移动电话用户（每100人）	0.0	3.4	106.0
互联网用户（占总人口的百分比）	0.0	1.3	48.8
金融部门提供的国内信用（占GDP的百分比）	0.0	25.2	44.0
高科技出口（占制成品出口的百分比）	..	3	2
全球联系			
商品贸易（占GDP的百分比）	..	97	99
净易货贸易条件指数（2000年=100）	..	100	102
外债总额（10亿美元）	*0.0*	1.8	6.6
债务还本付息总额（占出口的百分比）	..	20.0	16.1
净移民（千人）	*-132*	*-317*	*-103*
获得的侨汇（百万美元）	..	179	1,985
外国直接投资，净流入额（百万美元）	*17*	128	249
获得的净官方发展援助（百万美元）	..	123	374

摩纳哥

高收入经济体

人口（千人）	38	人口增长率（百分比）	0.7
陆地面积（平方公里）	2.0	每天生活费用不足1.25美元的人口（占人口的百分比）	..
GNI，图表集法（10亿美元）	..	人均GNI，图表集法（美元）	..
PPP衡量的GNI（百万美元）	..	PPP衡量的人均GNI（美元）	..

	1990	2000	2013
人口			
最贫困的20%人口占国家消费/收入的份额（百分比）	..	..	..
出生时的预期寿命（岁）	..	..	..
总生育率（每个女性生育数）	..	..	..
青年女性生育率（每千名15—19岁女性生育数）	..	..	..
避孕普及率（占15—49岁已婚女性的百分比）	..	..	..
在熟练医护人员护理下的分娩（占总数的百分比）	..	..	..
5岁以下儿童死亡率（每千人）	8	5	4
儿童营养不良，体重不足（占5岁以下儿童的百分比）	..	..	..
儿童麻疹免疫接种率（占12—23个月年龄组的百分比）	99	99	99
小学毕业率，总数（占适龄年龄组的百分比）	..	..	..
中学总入学率，总数（占适龄年龄组的百分比）	..	..	..
小学和中学中女孩与男孩的比率（百分比）	..	..	..
HIV感染率（占15—49岁人口的百分比）	..	..	..
环境			
森林（平方公里）	0.0	0.0	*0.0*
森林采伐（1990—2000年和2000—2010年，平均年度百分比）		0.0	*0.0*
淡水使用量（占内陆水资源的百分比）	..	..	..
获得改善的水资源的人口（占总人口的百分比）	100	100	*100*
获得改善的卫生设施的人口（占总人口的百分比）	100	100	*100*
人均能源使用量（千克石油当量）	..	..	..
人均二氧化碳排放量（吨）	..	..	..
人均用电量（千瓦时）	..	..	..
经济			
GDP（10亿美元）	2.5	2.6	*6.1*
GDP增长率（年度百分比）	2.6	3.9	..
GDP隐含价格平减指数（年度增长百分比）	2.6	1.4	..
农业增加值（占GDP的百分比）	..	..	..
工业增加值（占GDP的百分比）	..	..	..
服务业增加值（占GDP的百分比）	..	..	..
货物和服务出口（占GDP的百分比）	..	..	..
货物和服务进口（占GDP的百分比）	..	..	..
资本形成总额（占GDP的百分比）	..	..	..
中央政府收入（占GDP的百分比）	..	..	..
中央政府现金盈余/赤字（占GDP的百分比）	..	..	..
政府与市场			
创办企业的时间（天）	..	..	..
总体统计能力水平（0—100）	..	..	..
军费支出（占GDP的百分比）	..	..	..
移动电话用户（每100人）	0.0	43.4	93.7
互联网用户（占总人口的百分比）	0.0	42.2	90.7
金融部门提供的国内信用（占GDP的百分比）	0.0	0.0	0.0
高科技出口（占制成品出口的百分比）	..	..	..
全球联系			
商品贸易（占GDP的百分比）	..	..	..
净易货贸易条件指数（2000年=100）	..	..	..
外债总额（百万美元）	..	..	..
债务还本付息总额（占出口的百分比）	..	..	..
净移民（千人）	..	..	..
获得的侨汇（百万美元）	..	..	..
外国直接投资，净流入额（百万美元）	..	..	..
获得的净官方发展援助（百万美元）	..	..	..

蒙古

东亚和太平洋地区 **中低收入经济体**

人口（百万）	2.8	人口增长率（百分比）	1.5
陆地面积（千平方公里）	1,564	每天生活费用不足1.25美元的人口（占人口的百分比）	..
GNI，图表集法（10亿美元）	10.7	人均GNI，图表集法（美元）	3,770
PPP衡量的GNI（10亿美元）	25.0	PPP衡量的人均GNI（美元）	8,810

	1990	2000	2013
人口			
最贫困的20%人口占国家消费/收入的份额（百分比）	..	7.5	7.1
出生时的预期寿命（岁）	60	63	68
总生育率（每个女性生育数）	4.1	2.1	2.4
青年女性生育率（每千名15—19岁女性生育数）	37	26	18
避孕普及率（占15—49岁已婚女性的百分比）	..	67	55
在熟练医护人员护理下的分娩（占总数的百分比）	..	97	99
5岁以下儿童死亡率（每千人）	108	65	32
儿童营养不良，体重不足（占5岁以下儿童的百分比）	10.8	11.6	1.6
儿童麻疹免疫接种率（占12—23个月年龄组的百分比）	92	92	97
小学毕业率，总数（占适龄年龄组的百分比）	..	87	..
中学总入学率，总数（占适龄年龄组的百分比）	89	65	92
小学和中学中女孩与男孩的比率（百分比）	106	112	102
HIV感染率（占15—49岁人口的百分比）	0.1	0.1	0.1
环境			
森林（千平方公里）	125	117	107
森林采伐（1990—2000年和2000—2010年，平均年度百分比）		0.7	0.7
淡水使用量（占内陆水资源的百分比）	..	..	1.6
获得改善的水资源的人口（占总人口的百分比）	62	68	85
获得改善的卫生设施的人口（占总人口的百分比）	47	49	56
人均能源使用量（千克石油当量）	1,560	1,000	1,310
人均二氧化碳排放量（吨）	4.6	3.1	4.2
人均用电量（千瓦时）	1,546	1,076	1,577
经济			
GDP（10亿美元）	2.6	1.1	11.5
GDP增长率（年度百分比）	-3.2	1.1	11.7
GDP隐含价格平减指数（年度增长百分比）	23.2	12.0	12.1
农业增加值（占GDP的百分比）	13	31	16
工业增加值（占GDP的百分比）	42	25	33
服务业增加值（占GDP的百分比）	45	44	50
货物和服务出口（占GDP的百分比）	18	54	45
货物和服务进口（占GDP的百分比）	40	68	67
资本形成总额（占GDP的百分比）	29	29	61
中央政府收入（占GDP的百分比）	15.4	24.4	30.5
中央政府现金盈余/赤字（占GDP的百分比）	-0.5	0.2	-8.4
政府与市场			
创办企业的时间（天）	..	20	11
总体统计能力水平（0—100）	..	72.2	83.3
军费支出（占GDP的百分比）	4.6	2.1	1.1
移动电话用户（每100人）	0.0	6.4	124.2
互联网用户（占总人口的百分比）	0.0	1.3	17.7
金融部门提供的国内信用（占GDP的百分比）	0.0	9.0	63.6
高科技出口（占制成品出口的百分比）	..	0	16
全球联系			
商品贸易（占GDP的百分比）	62	101	92
净易货贸易条件指数（2000年=100）	..	100	190
外债总额（百万美元）	0.4	1.0	18.9
债务还本付息总额（占出口的百分比）	17.3	6.6	27.9
净移民（千人）	-88.4	-15.0	-15.0
获得的侨汇（百万美元）	..	12	256
外国直接投资，净流入额（百万美元）	11	54	2,151
获得的净官方发展援助（百万美元）	13	217	428

黑山

欧洲和中亚			中高收入经济体
人口（千人）	621	人口增长率（百分比）	0.0
陆地面积（千平方公里）	14	每天生活费用不足1.25美元的人口（占人口的百分比）	<2
GNI，图表集法（10亿美元）	4.5	人均GNI，图表集法（美元）	7,250
PPP衡量的GNI（10亿美元）	9.0	PPP衡量的人均GNI（美元）	14,410

	1990	2000	2013
人口			
最贫困的20%人口占国家消费/收入的份额（百分比）	..	..	*8.3*
出生时的预期寿命（岁）	74	74	75
总生育率（每个女性生育数）	1.9	1.8	1.7
青年女性生育率（每千名15—19岁女性生育数）	26	22	15
避孕普及率（占15—49岁已婚女性的百分比）	..	53	*39*
在熟练医护人员护理下的分娩（占总数的百分比）	..	99	*100*
5岁以下儿童死亡率（每千人）	17	14	5
儿童营养不良，体重不足（占5岁以下儿童的百分比）	..	..	1.0
儿童麻疹免疫接种率（占12—23个月年龄组的百分比）	..	..	88
小学毕业率，总数（占适龄年龄组的百分比）	..	..	*101*
中学总入学率，总数（占适龄年龄组的百分比）	..	*93*	*91*
小学和中学中女孩与男孩的比率（百分比）	..	*100*	*101*
HIV感染率（占15—49岁人口的百分比）	..	..	..
环境			
森林（千平方公里）	5.4	5.4	*5.4*
森林采伐（1990—2000年和2000—2010年，平均年度百分比）		0.0	*0.0*
淡水使用量（占内陆水资源的百分比）	..	..	..
获得改善的水资源的人口（占总人口的百分比）	97	98	*98*
获得改善的卫生设施的人口（占总人口的百分比）	..	90	*90*
人均能源使用量（千克石油当量）	..	..	*1,900*
人均二氧化碳排放量（吨）	..	..	*4.2*
人均用电量（千瓦时）	..	..	*5,747*
经济			
GDP（百万美元）	..	984	4,416
GDP增长率（年度百分比）	..	3.1	3.3
GDP隐含价格平减指数（年度增长百分比）	..	*20.2*	2.2
农业增加值（占GDP的百分比）	..	12	10
工业增加值（占GDP的百分比）	..	23	19
服务业增加值（占GDP的百分比）	..	64	71
货物和服务出口（占GDP的百分比）	..	37	42
货物和服务进口（占GDP的百分比）	..	51	62
资本形成总额（占GDP的百分比）	..	22	19
中央政府收入（占GDP的百分比）	..	..	..
中央政府现金盈余/赤字（占GDP的百分比）	..	..	..
政府与市场			
创办企业的时间（天）	..	..	10
总体统计能力水平（0—100）	..	..	75.6
军费支出（占GDP的百分比）	..	..	1.6
移动电话用户（每100人）	..	..	159.9
互联网用户（占总人口的百分比）	..	..	56.8
金融部门提供的国内信用（占GDP的百分比）	0.0	0.0	61.0
高科技出口（占制成品出口的百分比）	..	..	..
全球联系			
商品贸易（占GDP的百分比）	..	..	64
净易货贸易条件指数（2000年=100）	..	..	..
外债总额（百万美元）	..	..	2,956
债务还本付息总额（占出口的百分比）	..	..	17.2
净移民（千人）	*-19.4*	-5.6	*-2.5*
获得的侨汇（百万美元）	..	..	423
外国直接投资，净流入额（百万美元）	..	..	446
获得的净官方发展援助（百万美元）	..	*8*	127

中东和北非			中低收入经济体
人口（百万）	33.0	人口增长率（百分比）	1.5
陆地面积（千平方公里）	447	每天生活费用不足1.25美元的人口（占人口的百分比）	*2.6*
GNI，图表集法（10亿美元）	101.6	人均GNI，图表集法（美元）	3,020
PPP衡量的GNI（10亿美元）	235.0	PPP衡量的人均GNI（美元）	7,000

	1990	2000	2013
人口			
最贫困的20%人口占国家消费/收入的份额（百分比）	6.6	6.5	6.5
出生时的预期寿命（岁）	65	68	71
总生育率（每个女性生育数）	4.1	2.7	2.7
青年女性生育率（每千名15—19岁女性生育数）	55	38	35
避孕普及率（占15—49岁已婚女性的百分比）	*42*	*63*	*67*
在熟练医护人员护理下的分娩（占总数的百分比）	*31*	*63*	*74*
5岁以下儿童死亡率（每千人）	81	51	30
儿童营养不良，体重不足（占5岁以下儿童的百分比）	*8.1*	*9.9*	*3.1*
儿童麻疹免疫接种率（占12—23个月年龄组的百分比）	79	93	99
小学毕业率，总数（占适龄年龄组的百分比）	50	58	*101*
中学总入学率，总数（占适龄年龄组的百分比）	37	38	*69*
小学和中学中女孩与男孩的比率（百分比）	69	83	*91*
HIV感染率（占15—49岁人口的百分比）	0.1	0.1	0.2
环境			
森林（千平方公里）	50	50	*52*
森林采伐（1990—2000年和2000—2010年，平均年度百分比）		0.1	*-0.2*
淡水使用量（占内陆水资源的百分比）	*38.1*	*43.5*	43.5
获得改善的水资源的人口（占总人口的百分比）	73	78	*84*
获得改善的卫生设施的人口（占总人口的百分比）	52	64	*75*
人均能源使用量（千克石油当量）	281	357	*539*
人均二氧化碳排放量（吨）	1.0	1.2	*1.6*
人均用电量（千瓦时）	361	491	*826*
经济			
GDP（10亿美元）	28.8	37.0	103.8
GDP增长率（年度百分比）	2.8	1.6	4.4
GDP隐含价格平减指数（年度增长百分比）	7.8	-0.6	1.0
农业增加值（占GDP的百分比）	19	15	17
工业增加值（占GDP的百分比）	30	29	29
服务业增加值（占GDP的百分比）	50	56	55
货物和服务出口（占GDP的百分比）	26	28	34
货物和服务进口（占GDP的百分比）	31	33	47
资本形成总额（占GDP的百分比）	29	26	34
中央政府收入（占GDP的百分比）	..	*30.0*	*35.7*
中央政府现金盈余/赤字（占GDP的百分比）	..	*-3.1*	*-6.0*
政府与市场			
创办企业的时间（天）	..	*35*	11
总体统计能力水平（0—100）	..	*80.0*	78.9
军费支出（占GDP的百分比）	3.7	2.3	3.9
移动电话用户（每100人）	0.0	8.2	128.5
互联网用户（占总人口的百分比）	0.0	0.7	56.0
金融部门提供的国内信用（占GDP的百分比）	38.5	81.1	115.5
高科技出口（占制成品出口的百分比）	*3*	11	*6*
全球联系			
商品贸易（占GDP的百分比）	39	51	64
净易货贸易条件指数（2000年=100）	85	100	113
外债总额（10亿美元）	25.0	20.8	39.3
债务还本付息总额（占出口的百分比）	28.4	25.3	15.3
净移民（千人）	*-611*	*-755*	*-450*
获得的侨汇（10亿美元）	2.0	2.2	6.9
外国直接投资，净流入额（百万美元）	165	221	3,361
获得的净官方发展援助（10亿美元）	1.2	0.4	2.0

莫桑比克

撒哈拉以南非洲地区		低收入经济体	
人口（百万）	25.8	人口增长率（百分比）	2.5
陆地面积（千平方公里）	799	每天生活费用不足1.25美元的人口（占人口的百分比）	*60.7*
GNI，图表集法（10亿美元）	15.8	人均GNI，图表集法（美元）	610
PPP衡量的GNI（10亿美元）	28.5	PPP衡量的人均GNI（美元）	1,100

	1990	2000	2013
人口			
最贫困的20%人口占国家消费/收入的份额（百分比）	..	*5.4*	*5.2*
出生时的预期寿命（岁）	44	47	50
总生育率（每个女性生育数）	6.2	5.8	5.2
青年女性生育率（每千名15—19岁女性生育数）	116	157	133
避孕普及率（占15—49岁已婚女性的百分比）	..	*17*	*12*
在熟练医护人员护理下的分娩（占总数的百分比）	..	*48*	*54*
5岁以下儿童死亡率（每千人）	237	169	87
儿童营养不良，体重不足（占5岁以下儿童的百分比）	..	*23.0*	*15.6*
儿童麻疹免疫接种率（占12—23个月年龄组的百分比）	59	71	85
小学毕业率，总数（占适龄年龄组的百分比）	26	16	49
中学总入学率，总数（占适龄年龄组的百分比）	7	6	26
小学和中学中女孩与男孩的比率（百分比）	73	75	91
HIV感染率（占15—49岁人口的百分比）	0.7	7.8	10.8
环境			
森林（千平方公里）	434	412	*386*
森林采伐（1990—2000年和2000—2010年，平均年度百分比）		0.5	*0.5*
淡水使用量（占内陆水资源的百分比）	*0.6*	*0.9*	0.9
获得改善的水资源的人口（占总人口的百分比）	34	41	*49*
获得改善的卫生设施的人口（占总人口的百分比）	9	14	*21*
人均能源使用量（千克石油当量）	436	392	*415*
人均二氧化碳排放量（吨）	0.07	0.07	*0.12*
人均用电量（千瓦时）	40	122	*447*
经济			
GDP（10亿美元）	2.5	4.3	15.6
GDP增长率（年度百分比）	1.0	1.1	7.4
GDP隐含价格平减指数（年度增长百分比）	34.1	12.0	3.2
农业增加值（占GDP的百分比）	37	24	29
工业增加值（占GDP的百分比）	18	25	21
服务业增加值（占GDP的百分比）	44	51	50
货物和服务出口（占GDP的百分比）	8	16	30
货物和服务进口（占GDP的百分比）	36	37	40
资本形成总额（占GDP的百分比）	22	31	20
中央政府收入（占GDP的百分比）	..	..	*22.9*
中央政府现金盈余/赤字（占GDP的百分比）	..	..	*-2.7*
政府与市场			
创办企业的时间（天）	..	*153*	13
总体统计能力水平（0—100）	..	*67.8*	74.4
军费支出（占GDP的百分比）	3.4	1.3	*0.8*
移动电话用户（每100人）	0.0	0.3	48.0
互联网用户（占总人口的百分比）	0.0	0.1	5.4
金融部门提供的国内信用（占GDP的百分比）	15.6	10.8	29.3
高科技出口（占制成品出口的百分比）	..	9	13
全球联系			
商品贸易（占GDP的百分比）	40	35	84
净易货贸易条件指数（2000年=100）	175	100	95
外债总额（10亿美元）	4.6	5.6	6.9
债务还本付息总额（占出口的百分比）	22.2	9.4	2.6
净移民（千人）	*650*	*-20*	*-25*
获得的侨汇（百万美元）	70	37	217
外国直接投资，净流入额（百万美元）	9	139	6,697
获得的净官方发展援助（百万美元）	998	906	2,314

缅甸

东亚和太平洋地区			低收入经济体
人口（百万）	53.3	人口增长率（百分比）	0.9
陆地面积（千平方公里）	677	每天生活费用不足1.25美元的人口（占人口的百分比）	..
GNI，图表集法（百万美元）	..	人均GNI，图表集法（美元）	..
PPP衡量的GNI（百万美元）	..	PPP衡量的人均GNI（美元）	..

	1990	2000	2013
人口			
最贫困的20%人口占国家消费/收入的份额（百分比）	..	..	..
出生时的预期寿命（岁）	59	62	65
总生育率（每个女性生育数）	3.4	2.4	1.9
青年女性生育率（每千名15—19岁女性生育数）	36	21	11
避孕普及率（占15—49岁已婚女性的百分比）	*17*	*37*	*46*
在熟练医护人员护理下的分娩（占总数的百分比）	*46*	*57*	*71*
5岁以下儿童死亡率（每千人）	109	80	51
儿童营养不良，体重不足（占5岁以下儿童的百分比）	28.8	30.1	*22.6*
儿童麻疹免疫接种率（占12—23个月年龄组的百分比）	68	84	86
小学毕业率，总数（占适龄年龄组的百分比）	..	76	95
中学总入学率，总数（占适龄年龄组的百分比）	19	36	*50*
小学和中学中女孩与男孩的比率（百分比）	92	100	*101*
HIV感染率（占15—49岁人口的百分比）	0.2	0.8	0.6
环境			
森林（千平方公里）	392	349	*312*
森林采伐（1990—2000年和2000—2010年，平均年度百分比）		1.2	*0.9*
淡水使用量（占内陆水资源的百分比）	..	*3.3*	3.3
获得改善的水资源的人口（占总人口的百分比）	56	67	*86*
获得改善的卫生设施的人口（占总人口的百分比）	*53*	61	*77*
人均能源使用量（千克石油当量）	254	265	*268*
人均二氧化碳排放量（吨）	0.1	0.2	*0.2*
人均用电量（千瓦时）	43	73	*110*
经济			
GDP（百万美元）	..	..	..
GDP增长率（年度百分比）	2.8	13.7	..
GDP隐含价格平减指数（年度增长百分比）	18.5	2.5	..
农业增加值（占GDP的百分比）	57	57	..
工业增加值（占GDP的百分比）	11	10	..
服务业增加值（占GDP的百分比）	32	33	..
货物和服务出口（占GDP的百分比）	2	0	..
货物和服务进口（占GDP的百分比）	4	1	..
资本形成总额（占GDP的百分比）	13	12	..
中央政府收入（占GDP的百分比）	10.5	5.3	..
中央政府现金盈余/赤字（占GDP的百分比）	..	*-2.7*	..
政府与市场			
创办企业的时间（天）	..	..	72
总体统计能力水平（0—100）	..	*60.0*	46.7
军费支出（占GDP的百分比）	3.6	2.5	..
移动电话用户（每100人）	0.0	0.0	12.8
互联网用户（占总人口的百分比）	0.0	*0.0*	1.2
金融部门提供的国内信用（占GDP的百分比）	39.6	31.2	0.0
高科技出口（占制成品出口的百分比）	*0*	..	*0*
全球联系			
商品贸易（占GDP的百分比）	..	..	..
净易货贸易条件指数（2000年=100）	252	100	113
外债总额（10亿美元）	4.3	5.9	7.4
债务还本付息总额（占出口的百分比）	60.0	4.2	8.2
净移民（千人）	*-126*	*-1,000*	*-100*
获得的侨汇（百万美元）	6	104	229
外国直接投资，净流入额（百万美元）	163	258	2,255
获得的净官方发展援助（百万美元）	161	106	3,935

纳米比亚

撒哈拉以南非洲地区		中高收入经济体	
人口（百万）	2.3	人口增长率（百分比）	1.9
陆地面积（千平方公里）	824	每天生活费用不足1.25美元的人口（占人口的百分比）	*23.5*
GNI，图表集法（10亿美元）	13.5	人均GNI，图表集法（美元）	5,870
PPP衡量的GNI（10亿美元）	21.9	PPP衡量的人均GNI（美元）	9,490

	1990	2000	2013
人口			
最贫困的20%人口占国家消费/收入的份额（百分比）	*1.5*	*3.2*	*3.4*
出生时的预期寿命（岁）	61	55	64
总生育率（每个女性生育数）	5.2	4.0	3.1
青年女性生育率（每千名15—19岁女性生育数）	109	85	52
避孕普及率（占15—49岁已婚女性的百分比）	*41*	44	*55*
在熟练医护人员护理下的分娩（占总数的百分比）	*68*	76	*81*
5岁以下儿童死亡率（每千人）	74	76	50
儿童营养不良，体重不足（占5岁以下儿童的百分比）	*21.5*	20.3	13.2
儿童麻疹免疫接种率（占12—23个月年龄组的百分比）	*76*	69	82
小学毕业率，总数（占适龄年龄组的百分比）	*74*	91	*85*
中学总入学率，总数（占适龄年龄组的百分比）	38	60	..
小学和中学中女孩与男孩的比率（百分比）	111	103	..
HIV感染率（占15—49岁人口的百分比）	1.1	15.9	14.3
环境			
森林（千平方公里）	88	80	*71*
森林采伐（1990—2000年和2000—2010年，平均年度百分比）		0.9	*1.0*
淡水使用量（占内陆水资源的百分比）	*4.0*	*4.7*	4.7
获得改善的水资源的人口（占总人口的百分比）	67	79	*92*
获得改善的卫生设施的人口（占总人口的百分比）	24	28	*32*
人均能源使用量（千克石油当量）	*426*	515	*717*
人均二氧化碳排放量（吨）	0.02	0.87	*1.46*
人均用电量（千瓦时）	*1,050*	1,178	*1,549*
经济			
GDP（10亿美元）	2.8	3.9	13.1
GDP增长率（年度百分比）	2.0	3.5	5.1
GDP隐含价格平减指数（年度增长百分比）	6.4	12.3	12.5
农业增加值（占GDP的百分比）	10	12	6
工业增加值（占GDP的百分比）	32	28	33
服务业增加值（占GDP的百分比）	59	60	60
货物和服务出口（占GDP的百分比）	43	41	43
货物和服务进口（占GDP的百分比）	50	45	61
资本形成总额（占GDP的百分比）	27	17	24
中央政府收入（占GDP的百分比）	26.3	30.1	*25.9*
中央政府现金盈余/赤字（占GDP的百分比）	*-2.1*	-1.6	*-11.9*
政府与市场			
创办企业的时间（天）	..	*85*	66
总体统计能力水平（0—100）	..	*58.9*	48.9
军费支出（占GDP的百分比）	7.1	2.3	3.0
移动电话用户（每100人）	0.0	4.3	118.4
互联网用户（占总人口的百分比）	0.0	1.6	13.9
金融部门提供的国内信用（占GDP的百分比）	16.3	42.7	49.7
高科技出口（占制成品出口的百分比）	..	2	2
全球联系			
商品贸易（占GDP的百分比）	80	73	93
净易货贸易条件指数（2000年=100）	93	100	120
外债总额（百万美元）	..	..	..
债务还本付息总额（占出口的百分比）	..	..	..
净移民（千人）	*23.5*	*-50.0*	*-3.3*
获得的侨汇（百万美元）	13.5	9.5	11.5
外国直接投资，净流入额（百万美元）	30	119	904
获得的净官方发展援助（百万美元）	120	152	262

尼泊尔

南亚 **低收入经济体**

人口（百万）	27.8	人口增长率（百分比）	1.2
陆地面积（千平方公里）	147	每天生活费用不足1.25美元的人口（占人口的百分比）	*23.7*
GNI，图表集法（10亿美元）	20.3	人均GNI，图表集法（美元）	730
PPP衡量的GNI（10亿美元）	62.9	PPP衡量的人均GNI（美元）	2,260

	1990	2000	2013
人口			
最贫困的20%人口占国家消费/收入的份额（百分比）	..	*6.5*	*8.3*
出生时的预期寿命（岁）	55	62	68
总生育率（每个女性生育数）	5.2	4.1	2.3
青年女性生育率（每千名15—19岁女性生育数）	135	120	72
避孕普及率（占15—49岁已婚女性的百分比）	*24*	37	*50*
在熟练医护人员护理下的分娩（占总数的百分比）	*7*	12	*36*
5岁以下儿童死亡率（每千人）	142	82	40
儿童营养不良，体重不足（占5岁以下儿童的百分比）	..	*43.0*	*29.1*
儿童麻疹免疫接种率（占12—23个月年龄组的百分比）	57	71	88
小学毕业率，总数（占适龄年龄组的百分比）	55	70	*102*
中学总入学率，总数（占适龄年龄组的百分比）	35	37	*67*
小学和中学中女孩与男孩的比率（百分比）	55	74	*107*
HIV感染率（占15—49岁人口的百分比）	0.1	0.3	0.2
环境			
森林（千平方公里）	48	39	*36*
森林采伐（1990—2000年和2000—2010年，平均年度百分比）		2.1	*0.7*
淡水使用量（占内陆水资源的百分比）	..	*4.8*	4.8
获得改善的水资源的人口（占总人口的百分比）	67	77	*88*
获得改善的卫生设施的人口（占总人口的百分比）	6	21	*37*
人均能源使用量（千克石油当量）	320	350	*383*
人均二氧化碳排放量（吨）	0.04	0.14	*0.14*
人均用电量（千瓦时）	37	61	*106*
经济			
GDP（10亿美元）	3.6	5.5	19.3
GDP增长率（年度百分比）	4.6	6.2	3.8
GDP隐含价格平减指数（年度增长百分比）	10.7	4.5	6.8
农业增加值（占GDP的百分比）	52	41	35
工业增加值（占GDP的百分比）	16	22	16
服务业增加值（占GDP的百分比）	32	37	49
货物和服务出口（占GDP的百分比）	11	23	11
货物和服务进口（占GDP的百分比）	22	32	38
资本形成总额（占GDP的百分比）	18	24	37
中央政府收入（占GDP的百分比）	8.4	10.6	17.5
中央政府现金盈余/赤字（占GDP的百分比）	..	..	1.5
政府与市场			
创办企业的时间（天）	..	*31*	17
总体统计能力水平（0—100）	..	*72.2*	65.6
军费支出（占GDP的百分比）	1.1	1.0	1.4
移动电话用户（每100人）	0.0	0.0	76.8
互联网用户（占总人口的百分比）	0.0	0.2	13.3
金融部门提供的国内信用（占GDP的百分比）	28.0	40.8	69.1
高科技出口（占制成品出口的百分比）	..	0	0
全球联系			
商品贸易（占GDP的百分比）	24	43	39
净易货贸易条件指数（2000年=100）	..	100	75
外债总额（10亿美元）	1.6	2.9	3.8
债务还本付息总额（占出口的百分比）	15.2	7.5	8.7
净移民（千人）	*48*	*-638*	*-401*
获得的侨汇（百万美元）	55	111	5,552
外国直接投资，净流入额（百万美元）	5.9	-0.5	73.6
获得的净官方发展援助（百万美元）	423	386	871

荷兰

高收入经济体

人口（百万）	16.8	人口增长率（百分比）	0.3
陆地面积（千平方公里）	42	每天生活费用不足1.25美元的人口（占人口的百分比）	..
GNI，图表集法（10亿美元）	858.0	人均GNI，图表集法（美元）	51,060
PPP衡量的GNI（10亿美元）	777.4	PPP衡量的人均GNI（美元）	46,260

	1990	2000	2013
人口			
最贫困的20%人口占国家消费/收入的份额（百分比）	7.8	*9.0*	*8.4*
出生时的预期寿命（岁）	77	78	81
总生育率（每个女性生育数）	1.6	1.7	1.7
青年女性生育率（每千名15—19岁女性生育数）	7	7	6
避孕普及率（占15—49岁已婚女性的百分比）	*79*	*67*	69
在熟练医护人员护理下的分娩（占总数的百分比）	..	*100*	..
5岁以下儿童死亡率（每千人）	8	6	4
儿童营养不良，体重不足（占5岁以下儿童的百分比）	..	..	..
儿童麻疹免疫接种率（占12—23个月年龄组的百分比）	94	96	96
小学毕业率，总数（占适龄年龄组的百分比）	..	98	..
中学总入学率，总数（占适龄年龄组的百分比）	116	123	*130*
小学和中学中女孩与男孩的比率（百分比）	97	97	99
HIV感染率（占15—49岁人口的百分比）	..	..	..
环境			
森林（千平方公里）	3.5	3.6	*3.7*
森林采伐（1990—2000年和2000—2010年，平均年度百分比）		-0.4	*-0.1*
淡水使用量（占内陆水资源的百分比）	*72.6*	*81.1*	96.5
获得改善的水资源的人口（占总人口的百分比）	100	100	*100*
获得改善的卫生设施的人口（占总人口的百分比）	100	100	*100*
人均能源使用量（千克石油当量）	4,393	4,598	*4,668*
人均二氧化碳排放量（吨）	10.9	10.4	*11.0*
人均用电量（千瓦时）	5,218	6,560	*7,036*
经济			
GDP（10亿美元）	313	413	854
GDP增长率（年度百分比）	4.2	4.4	-0.7
GDP隐含价格平减指数（年度增长百分比）	1.6	4.1	1.1
农业增加值（占GDP的百分比）	4	2	2
工业增加值（占GDP的百分比）	29	25	22
服务业增加值（占GDP的百分比）	67	72	76
货物和服务出口（占GDP的百分比）	55	67	83
货物和服务进口（占GDP的百分比）	51	61	73
资本形成总额（占GDP的百分比）	24	23	18
中央政府收入（占GDP的百分比）	..	37.9	*38.9*
中央政府现金盈余/赤字（占GDP的百分比）	..	1.8	*-3.3*
政府与市场			
创办企业的时间（天）	..	*9*	4
总体统计能力水平（0—100）	..	..	..
军费支出（占GDP的百分比）	2.4	1.4	1.2
移动电话用户（每100人）	0.5	67.8	113.7
互联网用户（占总人口的百分比）	0.3	44.0	94.0
金融部门提供的国内信用（占GDP的百分比）	97.4	137.7	193.0
高科技出口（占制成品出口的百分比）	16	36	20
全球联系			
商品贸易（占GDP的百分比）	82	109	148
净易货贸易条件指数（2000年=100）	..	100	93
外债总额（百万美元）	..	..	..
债务还本付息总额（占出口的百分比）	..	..	..
净移民（千人）	*220*	*145*	*50*
获得的侨汇（10亿美元）	0.7	1.2	1.6
外国直接投资，净流入额（10亿美元）	10.7	63.1	32.1
获得的净官方发展援助（百万美元）	..	..	..

新喀里多尼亚

高收入经济体

人口（千人）	262	人口增长率（百分比）	1.5
陆地面积（千平方公里）	19	每天生活费用不足1.25美元的人口（占人口的百分比）	..
GNI，图表集法（10亿美元）	..	人均GNI，图表集法（美元）	..
PPP衡量的GNI（百万美元）	..	PPP衡量的人均GNI（美元）	..

	1990	2000	2013
人口			
最贫困的20%人口占国家消费/收入的份额（百分比）	..	..	..
出生时的预期寿命（岁）	70	75	77
总生育率（每个女性生育数）	3.2	2.6	2.3
青年女性生育率（每千名15—19岁女性生育数）	39	18	21
避孕普及率（占15—49岁已婚女性的百分比）	..	..	..
在熟练医护人员护理下的分娩（占总数的百分比）	..	..	..
5岁以下儿童死亡率（每千人）	..	..	..
儿童营养不良，体重不足（占5岁以下儿童的百分比）	..	..	..
儿童麻疹免疫接种率（占12—23个月年龄组的百分比）	..	..	..
小学毕业率，总数（占适龄年龄组的百分比）	..	..	..
中学总入学率，总数（占适龄年龄组的百分比）	..	..	..
小学和中学中女孩与男孩的比率（百分比）	..	..	..
HIV感染率（占15—49岁人口的百分比）	..	..	..
环境			
森林（千平方公里）	8.4	8.4	*8.4*
森林采伐（1990—2000年和2000—2010年，平均年度百分比）		0.0	*0.0*
淡水使用量（占内陆水资源的百分比）	..	..	..
获得改善的水资源的人口（占总人口的百分比）	..	94	*99*
获得改善的卫生设施的人口（占总人口的百分比）	100	100	*100*
人均能源使用量（千克石油当量）	..	..	..
人均二氧化碳排放量（吨）	9.5	10.8	*15.7*
人均用电量（千瓦时）	..	..	..
经济			
GDP（10亿美元）	2.5	2.7	..
GDP增长率（年度百分比）	3.6	2.1	..
GDP隐含价格平减指数（年度增长百分比）	-4.6	-0.6	..
农业增加值（占GDP的百分比）	4	..	..
工业增加值（占GDP的百分比）	23	..	..
服务业增加值（占GDP的百分比）	73	..	..
货物和服务出口（占GDP的百分比）	18	*13*	..
货物和服务进口（占GDP的百分比）	35	*33*	..
资本形成总额（占GDP的百分比）	31	..	..
中央政府收入（占GDP的百分比）	..	..	..
中央政府现金盈余/赤字（占GDP的百分比）	..	..	..
政府与市场			
创办企业的时间（天）	..	..	..
总体统计能力水平（0—100）	..	..	..
军费支出（占GDP的百分比）	..	..	..
移动电话用户（每100人）	0.0	23.8	93.8
互联网用户（占总人口的百分比）	0.0	13.9	66.0
金融部门提供的国内信用（占GDP的百分比）	0.0	0.0	0.0
高科技出口（占制成品出口的百分比）	..	1	*11*
全球联系			
商品贸易（占GDP的百分比）	53	57	..
净易货贸易条件指数（2000年=100）	..	100	175
外债总额（百万美元）	..	..	..
债务还本付息总额（占出口的百分比）	..	..	..
净移民（千人）	*4.8*	*4.8*	*5.7*
获得的侨汇（百万美元）	..	*333*	*479*
外国直接投资，净流入额（百万美元）	31	-41	2,065
获得的净官方发展援助（百万美元）	302	*315*	..

新西兰

高收入经济体

人口（百万）	4.4	人口增长率（百分比）	0.8
陆地面积（千平方公里）	268	每天生活费用不足1.25美元的人口（占人口的百分比）	..
GNI，图表集法（10亿美元）	*157.6*	人均GNI，图表集法（美元）	*35,760*
PPP衡量的GNI（10亿美元）	*136.5*	PPP衡量的人均GNI（美元）	*30,970*

	1990	**2000**	**2013**
人口			
最贫困的20%人口占国家消费/收入的份额（百分比）	..	..	..
出生时的预期寿命（岁）	75	79	81
总生育率（每个女性生育数）	2.2	2.0	2.0
青年女性生育率（每千名15—19岁女性生育数）	33	28	24
避孕普及率（占15—49岁已婚女性的百分比）	..	..	..
在熟练医护人员护理下的分娩（占总数的百分比）	..	*97*	..
5岁以下儿童死亡率（每千人）	11	7	6
儿童营养不良，体重不足（占5岁以下儿童的百分比）	..	..	..
儿童麻疹免疫接种率（占12—23个月年龄组的百分比）	90	85	92
小学毕业率，总数（占适龄年龄组的百分比）	..	..	..
中学总入学率，总数（占适龄年龄组的百分比）	89	111	*120*
小学和中学中女孩与男孩的比率（百分比）	99	103	*103*
HIV感染率（占15—49岁人口的百分比）	..	..	..
环境			
森林（千平方公里）	77	83	*83*
森林采伐（1990—2000年和2000—2010年，平均年度百分比）		-0.7	*0.0*
淡水使用量（占内陆水资源的百分比）	..	*1.5*	1.5
获得改善的水资源的人口（占总人口的百分比）	100	100	*100*
获得改善的卫生设施的人口（占总人口的百分比）	..	..	..
人均能源使用量（千克石油当量）	3,865	4,421	*4,212*
人均二氧化碳排放量（吨）	7.1	8.5	*7.3*
人均用电量（千瓦时）	8,973	9,384	*9,444*
经济			
GDP（10亿美元）	45.1	52.0	185.8
GDP增长率（年度百分比）	0.2	2.3	2.5
GDP隐含价格平减指数（年度增长百分比）	1.7	3.3	4.4
农业增加值（占GDP的百分比）	7	8	*7*
工业增加值（占GDP的百分比）	29	25	*24*
服务业增加值（占GDP的百分比）	65	66	*69*
货物和服务出口（占GDP的百分比）	27	36	30
货物和服务进口（占GDP的百分比）	26	33	28
资本形成总额（占GDP的百分比）	20	21	22
中央政府收入（占GDP的百分比）	..	*33.4*	*36.1*
中央政府现金盈余/赤字（占GDP的百分比）	..	*1.7*	*-0.5*
政府与市场			
创办企业的时间（天）	..	*12*	1
总体统计能力水平（0—100）	..	..	..
军费支出（占GDP的百分比）	1.7	1.2	1.0
移动电话用户（每100人）	1.6	40.0	105.8
互联网用户（占总人口的百分比）	0.0	47.4	82.8
金融部门提供的国内信用（占GDP的百分比）	78.1	109.3	0.0
高科技出口（占制成品出口的百分比）	4	10	10
全球联系			
商品贸易（占GDP的百分比）	42	52	43
净易货贸易条件指数（2000年=100）	..	100	124
外债总额（百万美元）	..	..	..
债务还本付息总额（占出口的百分比）	..	..	..
净移民（千人）	*118*	*135*	*75*
获得的侨汇（百万美元）	762	236	459
外国直接投资，净流入额（10亿美元）	1.7	3.8	-0.5
获得的净官方发展援助（百万美元）	..	..	..

尼加拉瓜

拉丁美洲和加勒比地区 **中低收入经济体**

人口（百万）	6.1	人口增长率（百分比）	1.5
陆地面积（千平方公里）	130	每天生活费用不足1.25美元的人口（占人口的百分比）	*8.5*
GNI，图表集法（10亿美元）	10.9	人均GNI，图表集法（美元）	1,790
PPP衡量的GNI（10亿美元）	27.4	PPP衡量的人均GNI（美元）	4,510

	1990	2000	2013
人口			
最贫困的20%人口占国家消费/收入的份额（百分比）	*2.1*	5.6	*4.6*
出生时的预期寿命（岁）	64	70	75
总生育率（每个女性生育数）	4.8	3.3	2.5
青年女性生育率（每千名15—19岁女性生育数）	158	125	99
避孕普及率（占15—49岁已婚女性的百分比）	*49*	*69*	*80*
在熟练医护人员护理下的分娩（占总数的百分比）	*61*	*67*	*88*
5岁以下儿童死亡率（每千人）	67	40	24
儿童营养不良，体重不足（占5岁以下儿童的百分比）	*9.6*	*7.8*	*5.7*
儿童麻疹免疫接种率（占12—23个月年龄组的百分比）	82	86	99
小学毕业率，总数（占适龄年龄组的百分比）	39	66	*80*
中学总入学率，总数（占适龄年龄组的百分比）	37	52	69
小学和中学中女孩与男孩的比率（百分比）	*119*	105	*102*
HIV感染率（占15—49岁人口的百分比）	0.1	0.1	0.2
环境			
森林（千平方公里）	45	38	*30*
森林采伐（1990—2000年和2000—2010年，平均年度百分比）		1.7	*2.0*
淡水使用量（占内陆水资源的百分比）	..	*0.9*	1.0
获得改善的水资源的人口（占总人口的百分比）	74	80	*85*
获得改善的卫生设施的人口（占总人口的百分比）	43	48	*52*
人均能源使用量（千克石油当量）	489	494	*515*
人均二氧化碳排放量（吨）	0.6	0.7	*0.8*
人均用电量（千瓦时）	309	343	*522*
经济			
GDP（10亿美元）	1.0	5.1	11.3
GDP增长率（年度百分比）	-0.1	4.1	4.6
GDP隐含价格平减指数（年度增长百分比）	5,018.2	8.6	6.1
农业增加值（占GDP的百分比）	..	20	17
工业增加值（占GDP的百分比）	..	22	31
服务业增加值（占GDP的百分比）	..	58	52
货物和服务出口（占GDP的百分比）	25	20	41
货物和服务进口（占GDP的百分比）	46	41	52
资本形成总额（占GDP的百分比）	19	27	20
中央政府收入（占GDP的百分比）	30.0	11.6	*16.2*
中央政府现金盈余/赤字（占GDP的百分比）	-34.2	-2.8	*0.5*
政府与市场			
创办企业的时间（天）	..	*47*	13
总体统计能力水平（0—100）	..	*78.9*	65.6
军费支出（占GDP的百分比）	*4.0*	0.6	0.8
移动电话用户（每100人）	0.0	1.8	112.0
互联网用户（占总人口的百分比）	0.0	1.0	15.5
金融部门提供的国内信用（占GDP的百分比）	162.8	72.2	44.8
高科技出口（占制成品出口的百分比）	6	5	0
全球联系			
商品贸易（占GDP的百分比）	96	48	72
净易货贸易条件指数（2000年=100）	155	100	81
外债总额（10亿美元）	10.8	6.8	9.6
债务还本付息总额（占出口的百分比）	5.0	25.6	12.6
净移民（千人）	*-114*	*-206*	*-120*
获得的侨汇（百万美元）	*10*	320	1,081
外国直接投资，净流入额（百万美元）	1	267	845
获得的净官方发展援助（百万美元）	330	560	497

尼日尔

撒哈拉以南非洲地区			低收入经济体
人口（百万）	17.8	人口增长率（百分比）	3.9
陆地面积（千平方公里）	1,267	每天生活费用不足1.25美元的人口（占人口的百分比）	*40.8*
GNI，图表集法（10亿美元）	7.1	人均GNI，图表集法（美元）	400
PPP衡量的GNI（10亿美元）	15.9	PPP衡量的人均GNI（美元）	890

	1990	**2000**	**2013**
人口			
最贫困的20%人口占国家消费/收入的份额（百分比）	*7.5*	..	*9.0*
出生时的预期寿命（岁）	44	51	58
总生育率（每个女性生育数）	7.8	7.7	7.6
青年女性生育率（每千名15—19岁女性生育数）	224	219	205
避孕普及率（占15—49岁已婚女性的百分比）	*4*	14	*14*
在熟练医护人员护理下的分娩（占总数的百分比）	*15*	16	*29*
5岁以下儿童死亡率（每千人）	327	227	104
儿童营养不良，体重不足（占5岁以下儿童的百分比）	*41.0*	43.6	*37.9*
儿童麻疹免疫接种率（占12—23个月年龄组的百分比）	25	37	67
小学毕业率，总数（占适龄年龄组的百分比）	17	19	*49*
中学总入学率，总数（占适龄年龄组的百分比）	6	7	*16*
小学和中学中女孩与男孩的比率（百分比）	52	64	*80*
HIV感染率（占15—49岁人口的百分比）	0.2	1.0	0.4
环境			
森林（千平方公里）	19	13	*12*
森林采伐（1990—2000年和2000—2010年，平均年度百分比）		3.7	*1.0*
淡水使用量（占内陆水资源的百分比）	*14.3*	..	28.1
获得改善的水资源的人口（占总人口的百分比）	34	42	*52*
获得改善的卫生设施的人口（占总人口的百分比）	5	7	*9*
人均能源使用量（千克石油当量）	..	..	..
人均二氧化碳排放量（吨）	0.11	0.07	*0.09*
人均用电量（千瓦时）	..	..	..
经济			
GDP（10亿美元）	2.5	1.8	7.4
GDP增长率（年度百分比）	-1.3	-1.4	4.1
GDP隐含价格平减指数（年度增长百分比）	-1.6	4.5	4.1
农业增加值（占GDP的百分比）	35	38	37
工业增加值（占GDP的百分比）	16	18	19
服务业增加值（占GDP的百分比）	49	44	43
货物和服务出口（占GDP的百分比）	15	18	23
货物和服务进口（占GDP的百分比）	22	26	41
资本形成总额（占GDP的百分比）	11	11	34
中央政府收入（占GDP的百分比）	..	..	..
中央政府现金盈余/赤字（占GDP的百分比）	..	..	..
政府与市场			
创办企业的时间（天）	..	*35*	15
总体统计能力水平（0—100）	..	*64.4*	67.8
军费支出（占GDP的百分比）	..	1.1	*1.1*
移动电话用户（每100人）	0.0	0.0	39.3
互联网用户（占总人口的百分比）	0.0	0.0	1.7
金融部门提供的国内信用（占GDP的百分比）	16.2	9.2	11.8
高科技出口（占制成品出口的百分比）	..	6	52
全球联系			
商品贸易（占GDP的百分比）	27	38	49
净易货贸易条件指数（2000年=100）	165	100	173
外债总额（10亿美元）	1.8	1.7	2.7
债务还本付息总额（占出口的百分比）	17.8	8.0	*2.2*
净移民（千人）	*-2.7*	*-28.5*	*-28.5*
获得的侨汇（百万美元）	14	14	*152*
外国直接投资，净流入额（百万美元）	41	8	631
获得的净官方发展援助（百万美元）	388	209	773

尼日利亚

撒哈拉以南非洲地区 | **中低收入经济体**

人口（百万）	173.6	人口增长率（百分比）	2.8
陆地面积（千平方公里）	924	每天生活费用不足1.25美元的人口（占人口的百分比）	*62.0*
GNI，图表集法（10亿美元）	469.7	人均GNI，图表集法（美元）	2,710
PPP衡量的GNI（10亿美元）	930.2	PPP衡量的人均GNI（美元）	5,360

	1990	2000	2013
人口			
最贫困的20%人口占国家消费/收入的份额（百分比）	*4.0*	5.6	5.4
出生时的预期寿命（岁）	46	47	52
总生育率（每个女性生育数）	6.5	6.1	6.0
青年女性生育率（每千名15—19岁女性生育数）	148	133	118
避孕普及率（占15—49岁已婚女性的百分比）	6	*15*	15
在熟练医护人员护理下的分娩（占总数的百分比）	31	*42*	38
5岁以下儿童死亡率（每千人）	213	188	117
儿童营养不良，体重不足（占5岁以下儿童的百分比）	35.1	*27.3*	31.0
儿童麻疹免疫接种率（占12—23个月年龄组的百分比）	54	33	59
小学毕业率，总数（占适龄年龄组的百分比）	..	..	*76*
中学总入学率，总数（占适龄年龄组的百分比）	25	24	*44*
小学和中学中女孩与男孩的比率（百分比）	79	82	*91*
HIV感染率（占15—49岁人口的百分比）	1.0	3.5	3.2
环境			
森林（千平方公里）	172	131	*82*
森林采伐（1990—2000年和2000—2010年，平均年度百分比）		2.7	*3.7*
淡水使用量（占内陆水资源的百分比）	..	*4.7*	5.9
获得改善的水资源的人口（占总人口的百分比）	46	55	*64*
获得改善的卫生设施的人口（占总人口的百分比）	37	33	*28*
人均能源使用量（千克石油当量）	738	737	*721*
人均二氧化碳排放量（吨）	0.5	0.6	*0.5*
人均用电量（千瓦时）	87	74	*149*
经济			
GDP（10亿美元）	31	46	522
GDP增长率（年度百分比）	12.8	5.3	5.4
GDP隐含价格平减指数（年度增长百分比）	9.3	35.2	5.9
农业增加值（占GDP的百分比）	32	26	21
工业增加值（占GDP的百分比）	45	52	22
服务业增加值（占GDP的百分比）	23	22	57
货物和服务出口（占GDP的百分比）	35	52	18
货物和服务进口（占GDP的百分比）	18	20	13
资本形成总额（占GDP的百分比）	14	7	15
中央政府收入（占GDP的百分比）	..	*12.0*	*5.0*
中央政府现金盈余/赤字（占GDP的百分比）	..	*-2.2*	*-1.3*
政府与市场			
创办企业的时间（天）	..	*36*	31
总体统计能力水平（0—100）	..	*44.4*	72.2
军费支出（占GDP的百分比）	0.8	0.8	0.5
移动电话用户（每100人）	0.0	0.0	73.3
互联网用户（占总人口的百分比）	0.0	0.1	38.0
金融部门提供的国内信用（占GDP的百分比）	21.9	10.0	22.3
高科技出口（占制成品出口的百分比）	..	1	3
全球联系			
商品贸易（占GDP的百分比）	62	64	30
净易货贸易条件指数（2000年=100）	89	100	222
外债总额（10亿美元）	33.4	31.6	13.8
债务还本付息总额（占出口的百分比）	22.6	8.8	0.5
净移民（千人）	*-96*	*-170*	*-300*
获得的侨汇（10亿美元）	0.0	1.4	*20.6*
外国直接投资，净流入额（10亿美元）	0.6	1.1	5.6
获得的净官方发展援助（百万美元）	255	174	2,529

北马里亚纳群岛

高收入经济体

人口（千人）	54	人口增长率（百分比）	1.0
陆地面积（平方公里）	460	每天生活费用不足1.25美元的人口（占人口的百分比）	..
GNI，图表集法（百万美元）	..	人均GNI，图表集法（美元）	..
PPP衡量的GNI（百万美元）	..	PPP衡量的人均GNI（美元）	..

	1990	2000	2013
人口			
最贫困的20%人口占国家消费/收入的份额（百分比）	..	..	..
出生时的预期寿命（岁）	..	..	..
总生育率（每个女性生育数）	..	..	..
青年女性生育率（每千名15—19岁女性生育数）	..	..	..
避孕普及率（占15—49岁已婚女性的百分比）	..	..	..
在熟练医护人员护理下的分娩（占总数的百分比）	..	100	..
5岁以下儿童死亡率（每千人）	..	..	..
儿童营养不良，体重不足（占5岁以下儿童的百分比）	..	..	..
儿童麻疹免疫接种率（占12—23个月年龄组的百分比）	..	..	..
小学毕业率，总数（占适龄年龄组的百分比）	..	..	..
中学总入学率，总数（占适龄年龄组的百分比）	..	..	..
小学和中学中女孩与男孩的比率（百分比）	..	..	..
HIV感染率（占15—49岁人口的百分比）	..	..	..
环境			
森林（平方公里）	340	320	*300*
森林采伐（1990—2000年和2000—2010年，平均年度百分比）		0.5	*0.5*
淡水使用量（占内陆水资源的百分比）	..	..	..
获得改善的水资源的人口（占总人口的百分比）	94	96	*98*
获得改善的卫生设施的人口（占总人口的百分比）	69	74	*80*
人均能源使用量（千克石油当量）	..	..	..
人均二氧化碳排放量（吨）	..	..	..
人均用电量（千瓦时）	..	..	..
经济			
GDP（百万美元）	..	..	..
GDP增长率（年度百分比）	..	..	..
GDP隐含价格平减指数（年度增长百分比）	..	..	..
农业增加值（占GDP的百分比）	..	..	..
工业增加值（占GDP的百分比）	..	..	..
服务业增加值（占GDP的百分比）	..	..	..
货物和服务出口（占GDP的百分比）	..	..	..
货物和服务进口（占GDP的百分比）	..	..	..
资本形成总额（占GDP的百分比）	..	..	..
中央政府收入（占GDP的百分比）	..	..	..
中央政府现金盈余/赤字（占GDP的百分比）	..	..	..
政府与市场			
创办企业的时间（天）	..	..	..
总体统计能力水平（0—100）	..	..	..
军费支出（占GDP的百分比）	..	..	..
移动电话用户（每100人）	0.0	4.4	..
互联网用户（占总人口的百分比）	0.0	..	..
金融部门提供的国内信用（占GDP的百分比）	0.0	0.0	0.0
高科技出口（占制成品出口的百分比）	..	..	..
全球联系			
商品贸易（占GDP的百分比）	..	..	..
净易货贸易条件指数（2000年=100）	..	100	73
外债总额（百万美元）	..	..	..
债务还本付息总额（占出口的百分比）	..	..	..
净移民（千人）	..	..	..
获得的侨汇（百万美元）	..	..	..
外国直接投资，净流入额（百万美元）	6.6	1.5	6.1
获得的净官方发展援助（百万美元）	63.1	*0.1*	..

挪威

高收入经济体

人口（百万）	5.1	人口增长率（百分比）	1.2
陆地面积（千平方公里）	385	每天生活费用不足1.25美元的人口（占人口的百分比）	..
GNI，图表集法（10亿美元）	521.7	人均GNI，图表集法（美元）	102,700
PPP衡量的GNI（10亿美元）	332.5	PPP衡量的人均GNI（美元）	65,450

	1990	2000	2013
人口			
最贫困的20%人口占国家消费/收入的份额（百分比）	*10.0*	9.6	*9.0*
出生时的预期寿命（岁）	77	79	81
总生育率（每个女性生育数）	1.9	1.9	1.9
青年女性生育率（每千名15—19岁女性生育数）	17	11	7
避孕普及率（占15—49岁已婚女性的百分比）	*74*	*87*	..
在熟练医护人员护理下的分娩（占总数的百分比）	*100*	..	..
5岁以下儿童死亡率（每千人）	9	5	3
儿童营养不良，体重不足（占5岁以下儿童的百分比）	..	..	..
儿童麻疹免疫接种率（占12—23个月年龄组的百分比）	87	88	93
小学毕业率，总数（占适龄年龄组的百分比）	95	98	*99*
中学总入学率，总数（占适龄年龄组的百分比）	101	116	*111*
小学和中学中女孩与男孩的比率（百分比）	102	101	99
HIV感染率（占15—49岁人口的百分比）	..	..	..
环境			
森林（千平方公里）	91	93	*102*
森林采伐（1990—2000年和2000—2010年，平均年度百分比）		-0.2	*-0.8*
淡水使用量（占内陆水资源的百分比）	..	*0.6*	0.8
获得改善的水资源的人口（占总人口的百分比）	100	100	*100*
获得改善的卫生设施的人口（占总人口的百分比）	100	100	*100*
人均能源使用量（千克石油当量）	4,952	5,810	*5,942*
人均二氧化碳排放量（吨）	7.4	8.6	*11.7*
人均用电量（千瓦时）	23,354	24,994	*23,174*
经济			
GDP（10亿美元）	118	168	513
GDP增长率（年度百分比）	1.9	3.3	0.6
GDP隐含价格平减指数（年度增长百分比）	3.8	15.7	2.9
农业增加值（占GDP的百分比）	3	2	2
工业增加值（占GDP的百分比）	33	42	41
服务业增加值（占GDP的百分比）	63	56	58
货物和服务出口（占GDP的百分比）	40	47	39
货物和服务进口（占GDP的百分比）	34	29	28
资本形成总额（占GDP的百分比）	23	20	26
中央政府收入（占GDP的百分比）	..	48.4	*49.1*
中央政府现金盈余/赤字（占GDP的百分比）	..	15.7	*14.6*
政府与市场			
创办企业的时间（天）	..	*18*	5
总体统计能力水平（0—100）	..	..	..
军费支出（占GDP的百分比）	2.9	1.7	1.4
移动电话用户（每100人）	4.6	71.8	116.3
互联网用户（占总人口的百分比）	0.7	52.0	95.1
金融部门提供的国内信用（占GDP的百分比）	66.2	68.2	0.0
高科技出口（占制成品出口的百分比）	11	17	19
全球联系			
商品贸易（占GDP的百分比）	52	56	48
净易货贸易条件指数（2000年=100）	..	100	160
外债总额（百万美元）	..	..	..
债务还本付息总额（占出口的百分比）	..	..	..
净移民（千人）	*47*	*67*	*150*
获得的侨汇（百万美元）	158	270	791
外国直接投资，净流入额（10亿美元）	1.0	7.0	2.6
获得的净官方发展援助（百万美元）	..	..	..

阿 曼

高收入经济体

人口（百万）	3.6	人口增长率（百分比）	9.2
陆地面积（千平方公里）	310	每天生活费用不足1.25美元的人口（占人口的百分比）	..
GNI，图表集法（10亿美元）	*83.4*	人均GNI，图表集法（美元）	*25,150*
PPP衡量的GNI（10亿美元）	*174.9*	PPP衡量的人均GNI（美元）	*52,780*

	1990	2000	2013
人口			
最贫困的20%人口占国家消费/收入的份额（百分比）	..	..	..
出生时的预期寿命（岁）	67	72	77
总生育率（每个女性生育数）	7.2	3.7	2.9
青年女性生育率（每千名15—19岁女性生育数）	81	30	10
避孕普及率（占15—49岁已婚女性的百分比）	*9*	32	*24*
在熟练医护人员护理下的分娩（占总数的百分比）	..	95	*99*
5岁以下儿童死亡率（每千人）	39	17	11
儿童营养不良，体重不足（占5岁以下儿童的百分比）	*21.4*	*11.3*	*8.6*
儿童麻疹免疫接种率（占12—23个月年龄组的百分比）	98	99	99
小学毕业率，总数（占适龄年龄组的百分比）	65	83	*104*
中学总入学率，总数（占适龄年龄组的百分比）	42	80	*94*
小学和中学中女孩与男孩的比率（百分比）	85	97	*98*
HIV感染率（占15—49岁人口的百分比）	..	..	..
环境			
森林（平方公里）	20	20	*20*
森林采伐（1990—2000年和2000—2010年，平均年度百分比）		0.0	*0.0*
淡水使用量（占内陆水资源的百分比）	*87.4*	*97.1*	94.4
获得改善的水资源的人口（占总人口的百分比）	79	84	*93*
获得改善的卫生设施的人口（占总人口的百分比）	82	89	*97*
人均能源使用量（千克石油当量）	2,330	3,687	*8,356*
人均二氧化碳排放量（吨）	6.3	10.0	*20.4*
人均用电量（千瓦时）	2,189	3,312	*6,292*
经济			
GDP（10亿美元）	11.7	19.5	79.7
GDP增长率（年度百分比）	-0.1	5.4	*5.8*
GDP隐含价格平减指数（年度增长百分比）	24.8	17.8	5.4
农业增加值（占GDP的百分比）	3	2	1
工业增加值（占GDP的百分比）	54	59	67
服务业增加值（占GDP的百分比）	43	39	31
货物和服务出口（占GDP的百分比）	47	54	*63*
货物和服务进口（占GDP的百分比）	28	26	*36*
资本形成总额（占GDP的百分比）	12	15	*25*
中央政府收入（占GDP的百分比）	35.0	30.0	*45.1*
中央政府现金盈余/赤字（占GDP的百分比）	-0.3	-5.3	*-0.4*
政府与市场			
创办企业的时间（天）	..	*35*	7
总体统计能力水平（0—100）	..	..	..
军费支出（占GDP的百分比）	16.5	10.8	11.6
移动电话用户（每100人）	0.2	7.4	154.6
互联网用户（占总人口的百分比）	0.0	3.5	66.5
金融部门提供的国内信用（占GDP的百分比）	15.0	37.6	36.2
高科技出口（占制成品出口的百分比）	15	3	3
全球联系			
商品贸易（占GDP的百分比）	71	84	115
净易货贸易条件指数（2000年=100）	..	100	240
外债总额（百万美元）	..	..	..
债务还本付息总额（占出口的百分比）	..	..	..
净移民（千人）	*66*	*107*	*1,030*
获得的侨汇（百万美元）	39.0	39.0	39.0
外国直接投资，净流入额（百万美元）	142	82	1,626
获得的净官方发展援助（百万美元）	68.2	79.7	*-21.7*

巴基斯坦

南亚 **中低收入经济体**

人口（百万）	182.1	人口增长率（百分比）	1.7
陆地面积（千平方公里）	796	每天生活费用不足1.25美元的人口（占人口的百分比）	*12.7*
GNI，图表集法（10亿美元）	247.0	人均GNI，图表集法（美元）	1,360
PPP衡量的GNI（10亿美元）	881.4	PPP衡量的人均GNI（美元）	4,840

	1990	2000	2013
人口			
最贫困的20%人口占国家消费/收入的份额（百分比）	8.1	*9.4*	9.6
出生时的预期寿命（岁）	61	64	67
总生育率（每个女性生育数）	6.0	4.5	3.2
青年女性生育率（每千名15—19岁女性生育数）	83	48	27
避孕普及率（占15—49岁已婚女性的百分比）	15	*28*	35
在熟练医护人员护理下的分娩（占总数的百分比）	*19*	*23*	52
5岁以下儿童死亡率（每千人）	139	113	86
儿童营养不良，体重不足（占5岁以下儿童的百分比）	*39.0*	*31.3*	*31.6*
儿童麻疹免疫接种率（占12—23个月年龄组的百分比）	50	59	61
小学毕业率，总数（占适龄年龄组的百分比）	..	..	73
中学总入学率，总数（占适龄年龄组的百分比）	21	*22*	38
小学和中学中女孩与男孩的比率（百分比）	50	..	81
HIV感染率（占15—49岁人口的百分比）	0.1	0.1	0.1
环境			
森林（千平方公里）	25	21	*16*
森林采伐（1990—2000年和2000—2010年，平均年度百分比）		1.8	*2.2*
淡水使用量（占内陆水资源的百分比）	*282.9*	*313.8*	333.6
获得改善的水资源的人口（占总人口的百分比）	85	88	*91*
获得改善的卫生设施的人口（占总人口的百分比）	27	37	*48*
人均能源使用量（千克石油当量）	386	445	*482*
人均二氧化碳排放量（吨）	0.6	0.7	*0.9*
人均用电量（千瓦时）	269	359	*449*
经济			
GDP（10亿美元）	40	74	232
GDP增长率（年度百分比）	4.5	4.3	4.4
GDP隐含价格平减指数（年度增长百分比）	6.5	24.9	7.4
农业增加值（占GDP的百分比）	26	26	25
工业增加值（占GDP的百分比）	25	23	21
服务业增加值（占GDP的百分比）	49	51	54
货物和服务出口（占GDP的百分比）	16	13	13
货物和服务进口（占GDP的百分比）	23	15	20
资本形成总额（占GDP的百分比）	19	17	15
中央政府收入（占GDP的百分比）	19.1	13.9	14.4
中央政府现金盈余/赤字（占GDP的百分比）	-2.5	-4.1	-5.2
政府与市场			
创办企业的时间（天）	..	*24*	19
总体统计能力水平（0—100）	..	*73.3*	74.4
军费支出（占GDP的百分比）	7.1	4.2	3.5
移动电话用户（每100人）	0.0	0.2	70.1
互联网用户（占总人口的百分比）	0.0	*1.3*	10.9
金融部门提供的国内信用（占GDP的百分比）	50.9	41.6	49.0
高科技出口（占制成品出口的百分比）	0	0	2
全球联系			
商品贸易（占GDP的百分比）	33	27	30
净易货贸易条件指数（2000年=100）	109	100	59
外债总额（10亿美元）	20.6	33.0	56.5
债务还本付息总额（占出口的百分比）	27.4	28.0	26.3
净移民（千人）	*-1,400*	*-1,754*	*-1,634*
获得的侨汇（10亿美元）	2.0	1.1	14.6
外国直接投资，净流入额（百万美元）	245	308	1,307
获得的净官方发展援助（10亿美元）	1.1	0.7	2.2

帕劳

东亚和太平洋地区			中高收入经济体
人口（千人）	21	人口增长率（百分比）	0.8
陆地面积（平方公里）	460	每天生活费用不足1.25美元的人口（占人口的百分比）	..
GNI，图表集法（百万美元）	229.5	人均GNI，图表集法（美元）	10,970
PPP衡量的GNI（百万美元）	304.2	PPP衡量的人均GNI（美元）	14,540

	1990	2000	2013
人口			
最贫困的20%人口占国家消费/收入的份额（百分比）	..	..	..
出生时的预期寿命（岁）	69	70	..
总生育率（每个女性生育数）	2.8	1.5	..
青年女性生育率（每千名15—19岁女性生育数）	..	..	..
避孕普及率（占15—49岁已婚女性的百分比）	..	17	*22*
在熟练医护人员护理下的分娩（占总数的百分比）	99	*100*	*100*
5岁以下儿童死亡率（每千人）	36	27	18
儿童营养不良，体重不足（占5岁以下儿童的百分比）	..	..	..
儿童麻疹免疫接种率（占12—23个月年龄组的百分比）	98	83	99
小学毕业率，总数（占适龄年龄组的百分比）	..	99	*83*
中学总入学率，总数（占适龄年龄组的百分比）	..	86	*89*
小学和中学中女孩与男孩的比率（百分比）	..	100	*96*
HIV感染率（占15—49岁人口的百分比）	..	..	..
环境			
森林（平方公里）	380	396	*403*
森林采伐（1990—2000年和2000—2010年，平均年度百分比）		-0.4	*-0.2*
淡水使用量（占内陆水资源的百分比）	..	..	..
获得改善的水资源的人口（占总人口的百分比）	90	92	*95*
获得改善的卫生设施的人口（占总人口的百分比）	47	81	*100*
人均能源使用量（千克石油当量）	4,869	..	..
人均二氧化碳排放量（吨）	15.6	6.1	*10.6*
人均用电量（千瓦时）	..	..	..
经济			
GDP（百万美元）	77	160	247
GDP增长率（年度百分比）	*-6.4*	1.8	-0.3
GDP隐含价格平减指数（年度增长百分比）	*5.0*	38.4	6.6
农业增加值（占GDP的百分比）	*19*	5	5
工业增加值（占GDP的百分比）	*13*	14	8
服务业增加值（占GDP的百分比）	*69*	80	86
货物和服务出口（占GDP的百分比）	*20*	7	63
货物和服务进口（占GDP的百分比）	*39*	80	74
资本形成总额（占GDP的百分比）	..	..	..
中央政府收入（占GDP的百分比）	..	..	..
中央政府现金盈余/赤字（占GDP的百分比）	..	..	..
政府与市场			
创办企业的时间（天）	..	*33*	28
总体统计能力水平（0—100）	..	..	36.7
军费支出（占GDP的百分比）	..	..	..
移动电话用户（每100人）	..	*12.6*	85.8
互联网用户（占总人口的百分比）	0.0	*20.2*	..
金融部门提供的国内信用（占GDP的百分比）	0.0	0.0	0.0
高科技出口（占制成品出口的百分比）	..	..	..
全球联系			
商品贸易（占GDP的百分比）	..	85	64
净易货贸易条件指数（2000年=100）	..	100	92
外债总额（百万美元）	..	..	..
债务还本付息总额（占出口的百分比）	..	..	..
净移民（千人）	..	..	..
获得的侨汇（百万美元）	..	..	..
外国直接投资，净流入额（百万美元）	1.0	14.9	5.7
获得的净官方发展援助（百万美元）	*0.0*	39.1	35.3

巴拿马

拉丁美洲和加勒比地区		中高收入经济体	
人口（百万）	3.9	人口增长率（百分比）	1.6
陆地面积（千平方公里）	75	每天生活费用不足1.25美元的人口（占人口的百分比）	*4.0*
GNI，图表集法（10亿美元）	41.3	人均GNI，图表集法（美元）	10,700
PPP衡量的GNI（10亿美元）	74.6	PPP衡量的人均GNI（美元）	19,300

	1990	2000	2013
人口			
最贫困的20%人口占国家消费/收入的份额（百分比）	*1.2*	1.7	*3.2*
出生时的预期寿命（岁）	73	75	78
总生育率（每个女性生育数）	3.1	2.8	2.5
青年女性生育率（每千名15—19岁女性生育数）	97	93	77
避孕普及率（占15—49岁已婚女性的百分比）	..	..	*52*
在熟练医护人员护理下的分娩（占总数的百分比）	*86*	*93*	*94*
5岁以下儿童死亡率（每千人）	31	26	18
儿童营养不良，体重不足（占5岁以下儿童的百分比）	..	*5.1*	*3.9*
儿童麻疹免疫接种率（占12—23个月年龄组的百分比）	73	97	92
小学毕业率，总数（占适龄年龄组的百分比）	*80*	91	*96*
中学总入学率，总数（占适龄年龄组的百分比）	59	65	*73*
小学和中学中女孩与男孩的比率（百分比）	100	101	*101*
HIV感染率（占15—49岁人口的百分比）	1.0	0.6	0.7
环境			
森林（千平方公里）	38	34	*32*
森林采伐（1990—2000年和2000—2010年，平均年度百分比）		1.2	*0.4*
淡水使用量（占内陆水资源的百分比）	..	..	0.8
获得改善的水资源的人口（占总人口的百分比）	84	90	*94*
获得改善的卫生设施的人口（占总人口的百分比）	60	67	*73*
人均能源使用量（千克石油当量）	600	841	*1,085*
人均二氧化碳排放量（吨）	1.1	1.9	*2.6*
人均用电量（千瓦时）	828	1,256	*1,829*
经济			
GDP（10亿美元）	5.3	11.6	42.6
GDP增长率（年度百分比）	8.1	2.7	8.4
GDP隐含价格平减指数（年度增长百分比）	0.6	-1.2	3.7
农业增加值（占GDP的百分比）	10	7	*3*
工业增加值（占GDP的百分比）	15	19	*22*
服务业增加值（占GDP的百分比）	75	74	*74*
货物和服务出口（占GDP的百分比）	87	73	*80*
货物和服务进口（占GDP的百分比）	79	70	*75*
资本形成总额（占GDP的百分比）	17	24	*27*
中央政府收入（占GDP的百分比）	25.6	23.1	..
中央政府现金盈余/赤字（占GDP的百分比）	2.0	-0.8	..
政府与市场			
创办企业的时间（天）	..	*18*	6
总体统计能力水平（0—100）	..	*75.6*	82.2
军费支出（占GDP的百分比）	1.4	*1.0*	..
移动电话用户（每100人）	0.0	13.4	163.0
互联网用户（占总人口的百分比）	0.0	6.6	42.9
金融部门提供的国内信用（占GDP的百分比）	52.7	94.3	67.6
高科技出口（占制成品出口的百分比）	..	1	0
全球联系			
商品贸易（占GDP的百分比）	35	36	87
净易货贸易条件指数（2000年=100）	69	100	89
外债总额（10亿美元）	6.5	6.6	16.5
债务还本付息总额（占出口的百分比）	6.2	9.4	5.7
净移民（千人）	*0.4*	*16.9*	*28.6*
获得的侨汇（百万美元）	110	16	452
外国直接投资，净流入额（百万美元）	136	624	5,053
获得的净官方发展援助（百万美元）	99.3	15.4	6.9

巴布亚新几内亚

东亚和太平洋地区 **中低收入经济体**

人口（百万）	7.3	人口增长率（百分比）	2.1
陆地面积（千平方公里）	463	每天生活费用不足1.25美元的人口（占人口的百分比）	*35.8*
GNI，图表集法（10亿美元）	14.8	人均GNI，图表集法（美元）	2,020
PPP衡量的GNI（10亿美元）	18.4	PPP衡量的人均GNI（美元）	2,510

	1990	2000	2013
人口			
最贫困的20%人口占国家消费/收入的份额（百分比）	..	..	..
出生时的预期寿命（岁）	56	59	62
总生育率（每个女性生育数）	4.8	4.5	3.8
青年女性生育率（每千名15—19岁女性生育数）	73	73	61
避孕普及率（占15—49岁已婚女性的百分比）	..	..	*32*
在熟练医护人员护理下的分娩（占总数的百分比）	..	41	*53*
5岁以下儿童死亡率（每千人）	89	78	61
儿童营养不良，体重不足（占5岁以下儿童的百分比）	..	..	*27.9*
儿童麻疹免疫接种率（占12—23个月年龄组的百分比）	67	62	70
小学毕业率，总数（占适龄年龄组的百分比）	45	55	*78*
中学总入学率，总数（占适龄年龄组的百分比）	11	*19*	*40*
小学和中学中女孩与男孩的比率（百分比）	82	*84*	*88*
HIV感染率（占15—49岁人口的百分比）	0.1	0.6	0.7
环境			
森林（千平方公里）	315	301	*284*
森林采伐（1990—2000年和2000—2010年，平均年度百分比）		0.5	*0.5*
淡水使用量（占内陆水资源的百分比）	..	*0.0*	0.0
获得改善的水资源的人口（占总人口的百分比）	34	35	*40*
获得改善的卫生设施的人口（占总人口的百分比）	20	19	*19*
人均能源使用量（千克石油当量）	..	..	..
人均二氧化碳排放量（吨）	0.5	0.5	*0.5*
人均用电量（千瓦时）	..	..	..
经济			
GDP（10亿美元）	3.2	3.5	15.4
GDP增长率（年度百分比）	-3.0	-2.5	5.5
GDP隐含价格平减指数（年度增长百分比）	4.1	13.1	2.2
农业增加值（占GDP的百分比）	31	36	..
工业增加值（占GDP的百分比）	32	41	..
服务业增加值（占GDP的百分比）	37	23	..
货物和服务出口（占GDP的百分比）	41	66	..
货物和服务进口（占GDP的百分比）	49	49	..
资本形成总额（占GDP的百分比）	24	22	..
中央政府收入（占GDP的百分比）	25.2	24.2	..
中央政府现金盈余/赤字（占GDP的百分比）	-2.2	-1.9	..
政府与市场			
创办企业的时间（天）	..	*52*	53
总体统计能力水平（0—100）	..	*46.7*	46.7
军费支出（占GDP的百分比）	2.1	0.9	0.6
移动电话用户（每100人）	0.0	0.2	41.0
互联网用户（占总人口的百分比）	0.0	0.8	6.5
金融部门提供的国内信用（占GDP的百分比）	35.7	28.2	48.8
高科技出口（占制成品出口的百分比）	..	19	*3*
全球联系			
商品贸易（占GDP的百分比）	74	92	74
净易货贸易条件指数（2000年=100）	..	100	191
外债总额（10亿美元）	2.6	2.3	21.7
债务还本付息总额（占出口的百分比）	37.2	12.9	*7.0*
净移民（千人）	*0.0*	*0.0*	*0.0*
获得的侨汇（百万美元）	5.4	7.2	*14.3*
外国直接投资，净流入额（百万美元）	155	96	18
获得的净官方发展援助（百万美元）	412	275	656

巴拉圭

拉丁美洲和加勒比地区		中低收入经济体	
人口（百万）	6.8	人口增长率（百分比）	1.7
陆地面积（千平方公里）	407	每天生活费用不足1.25美元的人口（占人口的百分比）	3.0
GNI，图表集法（10亿美元）	27.3	人均GNI，图表集法（美元）	4,010
PPP衡量的GNI（10亿美元）	52.2	PPP衡量的人均GNI（美元）	7,670

	1990	2000	2013
人口			
最贫困的20%人口占国家消费/收入的份额（百分比）	5.8	3.0	4.1
出生时的预期寿命（岁）	68	70	72
总生育率（每个女性生育数）	4.5	3.7	2.9
青年女性生育率（每千名15—19岁女性生育数）	92	86	66
避孕普及率（占15—49岁已婚女性的百分比）	48	73	79
在熟练医护人员护理下的分娩（占总数的百分比）	66	77	96
5岁以下儿童死亡率（每千人）	46	34	22
儿童营养不良，体重不足（占5岁以下儿童的百分比）	2.8	..	..
儿童麻疹免疫接种率（占12—23个月年龄组的百分比）	69	92	92
小学毕业率，总数（占适龄年龄组的百分比）	65	92	86
中学总入学率，总数（占适龄年龄组的百分比）	31	61	70
小学和中学中女孩与男孩的比率（百分比）	98	98	100
HIV感染率（占15—49岁人口的百分比）	0.1	0.1	0.4
环境			
森林（千平方公里）	212	194	172
森林采伐（1990—2000年和2000—2010年，平均年度百分比）		0.9	1.0
淡水使用量（占内陆水资源的百分比）	..	0.4	2.1
获得改善的水资源的人口（占总人口的百分比）	53	74	94
获得改善的卫生设施的人口（占总人口的百分比）	37	59	80
人均能源使用量（千克石油当量）	723	720	739
人均二氧化碳排放量（吨）	0.5	0.7	0.8
人均用电量（千瓦时）	501	880	1,228
经济			
GDP（10亿美元）	5.7	8.2	29.0
GDP增长率（年度百分比）	4.1	-2.3	14.2
GDP隐含价格平减指数（年度增长百分比）	38.5	11.7	0.4
农业增加值（占GDP的百分比）	17	16	22
工业增加值（占GDP的百分比）	39	36	28
服务业增加值（占GDP的百分比）	44	49	50
货物和服务出口（占GDP的百分比）	51	47	49
货物和服务进口（占GDP的百分比）	38	38	45
资本形成总额（占GDP的百分比）	19	16	15
中央政府收入（占GDP的百分比）	..	..	22.6
中央政府现金盈余/赤字（占GDP的百分比）	..	..	-1.0
政府与市场			
创办企业的时间（天）	..	72	35
总体统计能力水平（0—100）	..	58.9	71.1
军费支出（占GDP的百分比）	1.6	1.4	1.6
移动电话用户（每100人）	0.0	15.3	103.7
互联网用户（占总人口的百分比）	0.0	0.7	36.9
金融部门提供的国内信用（占GDP的百分比）	13.8	27.0	38.3
高科技出口（占制成品出口的百分比）	0	3	7
全球联系			
商品贸易（占GDP的百分比）	41	37	74
净易货贸易条件指数（2000年=100）	103	100	105
外债总额（10亿美元）	2.2	3.1	13.4
债务还本付息总额（占出口的百分比）	8.4	11.2	12.9
净移民（千人）	-30.4	-44.6	-40.0
获得的侨汇（百万美元）	34	278	591
外国直接投资，净流入额（百万美元）	77	104	346
获得的净官方发展援助（百万美元）	57	82	129

秘鲁

拉丁美洲和加勒比地区			中高收入经济体
人口（百万）	30.4	人口增长率（百分比）	1.3
陆地面积（千平方公里）	1,285	每天生活费用不足1.25美元的人口（占人口的百分比）	*2.9*
GNI，图表集法（10亿美元）	190.5	人均GNI，图表集法（美元）	6,270
PPP衡量的GNI（10亿美元）	338.9	PPP衡量的人均GNI（美元）	11,160

	1990	2000	2013
人口			
最贫困的20%人口占国家消费/收入的份额（百分比）	..	3.4	*4.2*
出生时的预期寿命（岁）	66	71	75
总生育率（每个女性生育数）	3.8	2.9	2.4
青年女性生育率（每千名15—19岁女性生育数）	71	65	50
避孕普及率（占15—49岁已婚女性的百分比）	*59*	69	74
在熟练医护人员护理下的分娩（占总数的百分比）	*53*	59	*87*
5岁以下儿童死亡率（每千人）	80	40	17
儿童营养不良，体重不足（占5岁以下儿童的百分比）	*8.8*	5.2	*3.5*
儿童麻疹免疫接种率（占12—23个月年龄组的百分比）	64	97	85
小学毕业率，总数（占适龄年龄组的百分比）	*88*	102	93
中学总入学率，总数（占适龄年龄组的百分比）	67	85	94
小学和中学中女孩与男孩的比率（百分比）	*96*	97	99
HIV感染率（占15—49岁人口的百分比）	0.3	0.5	0.4
环境			
森林（千平方公里）	702	692	*677*
森林采伐（1990—2000年和2000—2010年，平均年度百分比）		0.1	*0.2*
淡水使用量（占内陆水资源的百分比）	..	..	0.8
获得改善的水资源的人口（占总人口的百分比）	74	81	*87*
获得改善的卫生设施的人口（占总人口的百分比）	54	63	*73*
人均能源使用量（千克石油当量）	447	470	*695*
人均二氧化碳排放量（吨）	1.0	1.2	*2.0*
人均用电量（千瓦时）	548	678	*1,248*
经济			
GDP（10亿美元）	26	51	202
GDP增长率（年度百分比）	-5.0	2.7	5.8
GDP隐含价格平减指数（年度增长百分比）	6,261.2	3.8	1.7
农业增加值（占GDP的百分比）	..	..	..
工业增加值（占GDP的百分比）	..	..	..
服务业增加值（占GDP的百分比）	..	..	..
货物和服务出口（占GDP的百分比）	16	17	24
货物和服务进口（占GDP的百分比）	14	19	25
资本形成总额（占GDP的百分比）	14	18	28
中央政府收入（占GDP的百分比）	12.8	18.2	*21.5*
中央政府现金盈余/赤字（占GDP的百分比）	-8.3	-2.1	*2.0*
政府与市场			
创办企业的时间（天）	..	*98*	26
总体统计能力水平（0—100）	..	*93.3*	98.9
军费支出（占GDP的百分比）	*1.2*	1.9	1.4
移动电话用户（每100人）	0.0	4.9	98.1
互联网用户（占总人口的百分比）	0.0	3.1	39.2
金融部门提供的国内信用（占GDP的百分比）	20.7	27.2	22.0
高科技出口（占制成品出口的百分比）	*1*	4	4
全球联系			
商品贸易（占GDP的百分比）	23	28	42
净易货贸易条件指数（2000年=100）	114	100	154
外债总额（10亿美元）	20.2	28.8	56.7
债务还本付息总额（占出口的百分比）	11.1	27.9	14.0
净移民（千人）	*-300*	*-625*	*-300*
获得的侨汇（百万美元）	87	718	2,707
外国直接投资，净流入额（10亿美元）	0.0	0.8	9.3
获得的净官方发展援助（百万美元）	397	397	368

菲律宾

东亚和太平洋地区			中低收入经济体
人口（百万）	98.4	人口增长率（百分比）	1.7
陆地面积（千平方公里）	300	每天生活费用不足1.25美元的人口（占人口的百分比）	*19.0*
GNI，图表集法（10亿美元）	321.8	人均GNI，图表集法（美元）	3,270
PPP衡量的GNI（10亿美元）	771.3	PPP衡量的人均GNI（美元）	7,840

	1990	2000	2013
人口			
最贫困的20%人口占国家消费/收入的份额（百分比）	5.9	5.4	5.9
出生时的预期寿命（岁）	65	67	69
总生育率（每个女性生育数）	4.3	3.8	3.0
青年女性生育率（每千名15—19岁女性生育数）	51	52	46
避孕普及率（占15—49岁已婚女性的百分比）	*40*	47	55
在熟练医护人员护理下的分娩（占总数的百分比）	53	58	73
5岁以下儿童死亡率（每千人）	59	40	30
儿童营养不良，体重不足（占5岁以下儿童的百分比）	29.9	*20.7*	*20.2*
儿童麻疹免疫接种率（占12—23个月年龄组的百分比）	85	78	90
小学毕业率，总数（占适龄年龄组的百分比）	89	*100*	..
中学总入学率，总数（占适龄年龄组的百分比）	72	*75*	..
小学和中学中女孩与男孩的比率（百分比）	100	*103*	..
HIV感染率（占15—49岁人口的百分比）	..	..	..
环境			
森林（千平方公里）	66	71	*78*
森林采伐（1990—2000年和2000—2010年，平均年度百分比）		-0.8	*-0.7*
淡水使用量（占内陆水资源的百分比）	..	..	17.0
获得改善的水资源的人口（占总人口的百分比）	84	88	*92*
获得改善的卫生设施的人口（占总人口的百分比）	57	66	*74*
人均能源使用量（千克石油当量）	462	513	*426*
人均二氧化碳排放量（吨）	0.7	0.9	*0.9*
人均用电量（千瓦时）	361	502	*647*
经济			
GDP（10亿美元）	44	81	272
GDP增长率（年度百分比）	3.0	4.4	7.2
GDP隐含价格平减指数（年度增长百分比）	13.0	5.7	2.0
农业增加值（占GDP的百分比）	22	14	11
工业增加值（占GDP的百分比）	34	34	31
服务业增加值（占GDP的百分比）	44	52	58
货物和服务出口（占GDP的百分比）	28	51	28
货物和服务进口（占GDP的百分比）	33	53	32
资本形成总额（占GDP的百分比）	24	18	20
中央政府收入（占GDP的百分比）	16.2	14.2	*14.4*
中央政府现金盈余/赤字（占GDP的百分比）	-2.8	-3.7	*-1.9*
政府与市场			
创办企业的时间（天）	..	*49*	34
总体统计能力水平（0—100）	..	*81.1*	77.8
军费支出（占GDP的百分比）	2.1	1.6	1.3
移动电话用户（每100人）	0.0	8.3	104.5
互联网用户（占总人口的百分比）	0.0	2.0	37.0
金融部门提供的国内信用（占GDP的百分比）	23.2	58.3	51.9
高科技出口（占制成品出口的百分比）	*32*	73	47
全球联系			
商品贸易（占GDP的百分比）	48	95	45
净易货贸易条件指数（2000年=100）	87	100	62
外债总额（10亿美元）	30.6	58.5	60.6
债务还本付息总额（占出口的百分比）	27.6	16.0	7.7
净移民（千人）	*-695*	*-1,128*	*-700*
获得的侨汇（10亿美元）	1.5	7.0	26.7
外国直接投资，净流入额（10亿美元）	0.5	2.2	3.7
获得的净官方发展援助（百万美元）	1,271	572	190

波 兰

高收入经济体

人口（百万）	38.5	人口增长率（百分比）	-0.1
陆地面积（千平方公里）	313	每天生活费用不足1.25美元的人口（占人口的百分比）	<2
GNI，图表集法（10亿美元）	510.0	人均GNI，图表集法（美元）	13,240
PPP衡量的GNI（10亿美元）	879.2	PPP衡量的人均GNI（美元）	22,830

	1990	2000	2013
人口			
最贫困的20%人口占国家消费/收入的份额（百分比）	*9.2*	7.9	*7.9*
出生时的预期寿命（岁）	71	74	77
总生育率（每个女性生育数）	2.1	1.4	1.3
青年女性生育率（每千名15—19岁女性生育数）	31	17	12
避孕普及率（占15—49岁已婚女性的百分比）	*73*	..	..
在熟练医护人员护理下的分娩（占总数的百分比）	100	100	..
5岁以下儿童死亡率（每千人）	17	9	5
儿童营养不良，体重不足（占5岁以下儿童的百分比）	..	..	..
儿童麻疹免疫接种率（占12—23个月年龄组的百分比）	95	97	98
小学毕业率，总数（占适龄年龄组的百分比）	97	95	*95*
中学总入学率，总数（占适龄年龄组的百分比）	87	100	*98*
小学和中学中女孩与男孩的比率（百分比）	101	98	*99*
HIV感染率（占15—49岁人口的百分比）	..	..	..
环境			
森林（千平方公里）	89	91	*94*
森林采伐（1990—2000年和2000—2010年，平均年度百分比）		-0.2	*-0.3*
淡水使用量（占内陆水资源的百分比）	*28.3*	*24.0*	22.3
获得改善的水资源的人口（占总人口的百分比）	..	..	..
获得改善的卫生设施的人口（占总人口的百分比）	..	90	..
人均能源使用量（千克石油当量）	2,705	2,329	*2,505*
人均二氧化碳排放量（吨）	9.6	7.9	*8.3*
人均用电量（千瓦时）	3,272	3,256	*3,832*
经济			
GDP（10亿美元）	65	172	526
GDP增长率（年度百分比）	*-7.0*	4.3	1.7
GDP隐含价格平减指数（年度增长百分比）	*55.3*	7.3	1.2
农业增加值（占GDP的百分比）	..	3	3
工业增加值（占GDP的百分比）	..	33	33
服务业增加值（占GDP的百分比）	..	64	63
货物和服务出口（占GDP的百分比）	26	27	46
货物和服务进口（占GDP的百分比）	20	34	44
资本形成总额（占GDP的百分比）	24	25	19
中央政府收入（占GDP的百分比）	..	*31.5*	*30.3*
中央政府现金盈余/赤字（占GDP的百分比）	..	*-2.8*	*-3.6*
政府与市场			
创办企业的时间（天）	..	*56*	30
总体统计能力水平（0—100）	..	*83.3*	78.9
军费支出（占GDP的百分比）	2.4	1.8	1.8
移动电话用户（每100人）	0.0	17.6	149.1
互联网用户（占总人口的百分比）	0.0	7.3	62.8
金融部门提供的国内信用（占GDP的百分比）	18.8	34.3	65.8
高科技出口（占制成品出口的百分比）	*3*	3	8
全球联系			
商品贸易（占GDP的百分比）	40	47	77
净易货贸易条件指数（2000年=100）	..	100	98
外债总额（百万美元）	..	..	..
债务还本付息总额（占出口的百分比）	..	..	..
净移民（千人）	*-222*	*-115*	*-38*
获得的侨汇（10亿美元）	..	1.5	7.0
外国直接投资，净流入额（10亿美元）	0.1	9.3	-4.6
获得的净官方发展援助（百万美元）	..	..	..

葡萄牙

高收入经济体

人口（百万）	10.5	人口增长率（百分比）	-0.5
陆地面积（千平方公里）	92	每天生活费用不足1.25美元的人口（占人口的百分比）	..
GNI，图表集法（10亿美元）	222.4	人均GNI，图表集法（美元）	21,270
PPP衡量的GNI（10亿美元）	284.4	PPP衡量的人均GNI（美元）	27,190

	1990	2000	2013
人口			
最贫困的20%人口占国家消费/收入的份额（百分比）	..	..	..
出生时的预期寿命（岁）	74	76	80
总生育率（每个女性生育数）	1.6	1.6	1.3
青年女性生育率（每千名15—19岁女性生育数）	25	20	12
避孕普及率（占15—49岁已婚女性的百分比）	..	..	*67*
在熟练医护人员护理下的分娩（占总数的百分比）	*98*	100	..
5岁以下儿童死亡率（每千人）	15	7	4
儿童营养不良，体重不足（占5岁以下儿童的百分比）	..	..	..
儿童麻疹免疫接种率（占12—23个月年龄组的百分比）	85	87	98
小学毕业率，总数（占适龄年龄组的百分比）	..	..	..
中学总入学率，总数（占适龄年龄组的百分比）	60	105	*113*
小学和中学中女孩与男孩的比率（百分比）	97	101	*99*
HIV感染率（占15—49岁人口的百分比）	..	..	..
环境			
森林（千平方公里）	33	34	*35*
森林采伐（1990—2000年和2000—2010年，平均年度百分比）		-0.3	*-0.1*
淡水使用量（占内陆水资源的百分比）	..	*22.3*	22.3
获得改善的水资源的人口（占总人口的百分比）	96	98	*100*
获得改善的卫生设施的人口（占总人口的百分比）	94	98	*100*
人均能源使用量（千克石油当量）	1,677	2,398	*2,087*
人均二氧化碳排放量（吨）	4.2	6.1	*5.0*
人均用电量（千瓦时）	2,542	3,989	*4,848*
经济			
GDP（10亿美元）	79	118	227
GDP增长率（年度百分比）	4.0	3.8	-1.4
GDP隐含价格平减指数（年度增长百分比）	13.1	3.5	2.3
农业增加值（占GDP的百分比）	..	4	2
工业增加值（占GDP的百分比）	..	28	21
服务业增加值（占GDP的百分比）	..	69	77
货物和服务出口（占GDP的百分比）	29	28	39
货物和服务进口（占GDP的百分比）	36	39	38
资本形成总额（占GDP的百分比）	28	29	15
中央政府收入（占GDP的百分比）	..	34.3	*34.6*
中央政府现金盈余/赤字（占GDP的百分比）	..	-2.5	*-6.8*
政府与市场			
创办企业的时间（天）	..	*78*	3
总体统计能力水平（0—100）	..	..	..
军费支出（占GDP的百分比）	2.4	1.9	2.1
移动电话用户（每100人）	0.1	64.7	113.0
互联网用户（占总人口的百分比）	0.0	16.4	62.1
金融部门提供的国内信用（占GDP的百分比）	63.0	126.8	183.3
高科技出口（占制成品出口的百分比）	4	6	4
全球联系			
商品贸易（占GDP的百分比）	53	54	61
净易货贸易条件指数（2000年=100）	..	100	93
外债总额（百万美元）	..	..	..
债务还本付息总额（占出口的百分比）	..	..	..
净移民（千人）	*149*	*180*	*100*
获得的侨汇（10亿美元）	4.5	3.5	4.4
外国直接投资，净流入额（10亿美元）	2.6	6.7	7.9
获得的净官方发展援助（百万美元）	..	..	..

波多黎各

高收入经济体

人口（百万）	3.6	人口增长率（百分比）	-1.0
陆地面积（千平方公里）	8.9	每天生活费用不足1.25美元的人口（占人口的百分比）	..
GNI，图表集法（10亿美元）	69.4	人均GNI，图表集法（美元）	19,210
PPP衡量的GNI（10亿美元）	86.2	PPP衡量的人均GNI（美元）	23,840

	1990	2000	2013
人口			
最贫困的20%人口占国家消费/收入的份额（百分比）	..	..	..
出生时的预期寿命（岁）	74	77	79
总生育率（每个女性生育数）	2.2	2.0	1.6
青年女性生育率（每千名15—19岁女性生育数）	70	68	47
避孕普及率（占15—49岁已婚女性的百分比）	..	*84*	..
在熟练医护人员护理下的分娩（占总数的百分比）	..	*100*	..
5岁以下儿童死亡率（每千人）	..	..	..
儿童营养不良，体重不足（占5岁以下儿童的百分比）	..	..	..
儿童麻疹免疫接种率（占12—23个月年龄组的百分比）	..	..	..
小学毕业率，总数（占适龄年龄组的百分比）	..	..	..
中学总入学率，总数（占适龄年龄组的百分比）	..	..	81
小学和中学中女孩与男孩的比率（百分比）	..	..	104
HIV感染率（占15—49岁人口的百分比）	..	..	..
环境			
森林（千平方公里）	2.9	4.6	5.7
森林采伐（1990—2000年和2000—2010年，平均年度百分比）		-4.9	*-1.8*
淡水使用量（占内陆水资源的百分比）	*11.2*	*12.1*	14.0
获得改善的水资源的人口（占总人口的百分比）	94	94	..
获得改善的卫生设施的人口（占总人口的百分比）	99	99	99
人均能源使用量（千克石油当量）	..	..	..
人均二氧化碳排放量（吨）	..	..	..
人均用电量（千瓦时）	..	..	..
经济			
GDP（10亿美元）	30.6	61.7	103.1
GDP增长率（年度百分比）	2.5	1.5	-0.6
GDP隐含价格平减指数（年度增长百分比）	5.7	5.1	2.6
农业增加值（占GDP的百分比）	2	1	1
工业增加值（占GDP的百分比）	83	82	95
服务业增加值（占GDP的百分比）	15	17	4
货物和服务出口（占GDP的百分比）	76	72	76
货物和服务进口（占GDP的百分比）	72	62	55
资本形成总额（占GDP的百分比）	17	20	10
中央政府收入（占GDP的百分比）	..	..	..
中央政府现金盈余/赤字（占GDP的百分比）	..	..	..
政府与市场			
创办企业的时间（天）	..	*7*	6
总体统计能力水平（0—100）	..	..	..
军费支出（占GDP的百分比）	..	..	..
移动电话用户（每100人）	0.6	34.7	83.6
互联网用户（占总人口的百分比）	0.0	10.5	73.9
金融部门提供的国内信用（占GDP的百分比）	0.0	0.0	0.0
高科技出口（占制成品出口的百分比）	..	..	..
全球联系			
商品贸易（占GDP的百分比）	..	..	..
净易货贸易条件指数（2000年=100）	..	..	..
外债总额（百万美元）	..	..	..
债务还本付息总额（占出口的百分比）	..	..	..
净移民（千人）	*0*	*-146*	*-104*
获得的侨汇（百万美元）	..	..	..
外国直接投资，净流入额（百万美元）	..	..	..
获得的净官方发展援助（百万美元）	..	..	..

卡塔尔

高收入经济体

人口（百万）	2.2	人口增长率（百分比）	5.6
陆地面积（千平方公里）	12	每天生活费用不足1.25美元的人口（占人口的百分比）	..
GNI，图表集法（10亿美元）	188.2	人均GNI，图表集法（美元）	86,790
PPP衡量的GNI（10亿美元）	278.8	PPP衡量的人均GNI（美元）	128,530

	1990	2000	2013
人口			
最贫困的20%人口占国家消费/收入的份额（百分比）	..	..	..
出生时的预期寿命（岁）	75	77	79
总生育率（每个女性生育数）	4.0	3.2	2.0
青年女性生育率（每千名15—19岁女性生育数）	49	21	9
避孕普及率（占15—49岁已婚女性的百分比）	..	*43*	..
在熟练医护人员护理下的分娩（占总数的百分比）	..	*100*	*100*
5岁以下儿童死亡率（每千人）	21	12	8
儿童营养不良，体重不足（占5岁以下儿童的百分比）	..	..	..
儿童麻疹免疫接种率（占12—23个月年龄组的百分比）	79	91	99
小学毕业率，总数（占适龄年龄组的百分比）	73	*92*	..
中学总入学率，总数（占适龄年龄组的百分比）	80	86	*112*
小学和中学中女孩与男孩的比率（百分比）	106	110	..
HIV感染率（占15—49岁人口的百分比）	..	..	..
环境			
森林（平方公里）	0.0	0.0	*0.0*
森林采伐（1990—2000年和2000—2010年，平均年度百分比）		0.0	*0.0*
淡水使用量（占内陆水资源的百分比）	..	*524.8*	792.9
获得改善的水资源的人口（占总人口的百分比）	100	100	*100*
获得改善的卫生设施的人口（占总人口的百分比）	100	100	*100*
人均能源使用量（千克石油当量）	13,696	18,320	*17,419*
人均二氧化碳排放量（吨）	24.7	58.5	*40.3*
人均用电量（千瓦时）	9,586	14,319	*15,755*
经济			
GDP（10亿美元）	7	18	203
GDP增长率（年度百分比）	..	8.0	6.3
GDP隐含价格平减指数（年度增长百分比）	..	32.7	0.5
农业增加值（占GDP的百分比）	..	0	0
工业增加值（占GDP的百分比）	..	71	70
服务业增加值（占GDP的百分比）	..	29	30
货物和服务出口（占GDP的百分比）	..	67	*72*
货物和服务进口（占GDP的百分比）	..	22	*26*
资本形成总额（占GDP的百分比）	..	20	*29*
中央政府收入（占GDP的百分比）	..	..	*34.2*
中央政府现金盈余/赤字（占GDP的百分比）	..	..	*2.9*
政府与市场			
创办企业的时间（天）	..	..	9
总体统计能力水平（0—100）	..	..	..
军费支出（占GDP的百分比）	..	*3.9*	*1.5*
移动电话用户（每100人）	0.8	20.4	152.6
互联网用户（占总人口的百分比）	0.0	4.9	85.3
金融部门提供的国内信用（占GDP的百分比）	33.6	40.1	73.9
高科技出口（占制成品出口的百分比）	*0*	0	*0*
全球联系			
商品贸易（占GDP的百分比）	76	84	85
净易货贸易条件指数（2000年=100）	..	100	220
外债总额（百万美元）	..	..	..
债务还本付息总额（占出口的百分比）	..	..	..
净移民（千人）	*-22*	*170*	*500*
获得的侨汇（百万美元）	..	..	574
外国直接投资，净流入额（百万美元）	5	252	-840
获得的净官方发展援助（百万美元）	3.0	..	..

罗马尼亚

欧洲和中亚 **中高收入经济体**

人口（百万）	20.0	人口增长率（百分比）	-0.4
陆地面积（千平方公里）	238	每天生活费用不足1.25美元的人口（占人口的百分比）	<2
GNI，图表集法（10亿美元）	180.8	人均GNI，图表集法（美元）	9,050
PPP衡量的GNI（10亿美元）	367.5	PPP衡量的人均GNI（美元）	18,390

	1990	2000	2013
人口			
最贫困的20%人口占国家消费/收入的份额（百分比）	*9.9*	*8.4*	*8.9*
出生时的预期寿命（岁）	70	71	74
总生育率（每个女性生育数）	1.8	1.3	1.5
青年女性生育率（每千名15—19岁女性生育数）	52	33	31
避孕普及率（占15—49岁已婚女性的百分比）	*57*	*64*	..
在熟练医护人员护理下的分娩（占总数的百分比）	100	99	*99*
5岁以下儿童死亡率（每千人）	38	27	12
儿童营养不良，体重不足（占5岁以下儿童的百分比）	*5.0*	3.7	..
儿童麻疹免疫接种率（占12—23个月年龄组的百分比）	92	98	92
小学毕业率，总数（占适龄年龄组的百分比）	88	90	*94*
中学总入学率，总数（占适龄年龄组的百分比）	102	81	*95*
小学和中学中女孩与男孩的比率（百分比）	98	101	*98*
HIV感染率（占15—49岁人口的百分比）	0.1	0.1	0.1
环境			
森林（千平方公里）	64	64	*66*
森林采伐（1990—2000年和2000—2010年，平均年度百分比）		0.0	*-0.3*
淡水使用量（占内陆水资源的百分比）	*48.3*	*21.8*	16.3
获得改善的水资源的人口（占总人口的百分比）	75	84	..
获得改善的卫生设施的人口（占总人口的百分比）	71	72	..
人均能源使用量（千克石油当量）	2,683	1,614	*1,778*
人均二氧化碳排放量（吨）	6.8	4.0	*3.9*
人均用电量（千瓦时）	2,925	1,988	*2,639*
经济			
GDP（10亿美元）	38.3	37.3	189.6
GDP增长率（年度百分比）	-5.6	2.1	3.5
GDP隐含价格平减指数（年度增长百分比）	13.6	45.3	3.8
农业增加值（占GDP的百分比）	24	12	6
工业增加值（占GDP的百分比）	50	33	43
服务业增加值（占GDP的百分比）	26	55	50
货物和服务出口（占GDP的百分比）	17	33	42
货物和服务进口（占GDP的百分比）	26	38	43
资本形成总额（占GDP的百分比）	30	19	23
中央政府收入（占GDP的百分比）	..	*25.7*	*30.7*
中央政府现金盈余/赤字（占GDP的百分比）	..	*-2.0*	-2.5
政府与市场			
创办企业的时间（天）	..	*29*	8
总体统计能力水平（0—100）	..	*88.9*	87.8
军费支出（占GDP的百分比）	4.5	2.5	1.3
移动电话用户（每100人）	0.0	11.2	105.6
互联网用户（占总人口的百分比）	0.0	3.6	49.8
金融部门提供的国内信用（占GDP的百分比）	79.7	13.9	52.0
高科技出口（占制成品出口的百分比）	3	6	6
全球联系			
商品贸易（占GDP的百分比）	33	63	73
净易货贸易条件指数（2000年=100）	..	100	110
外债总额（10亿美元）	1	11	134
债务还本付息总额（占出口的百分比）	0.3	20.1	39.7
净移民（千人）	*-411*	*-52*	*-45*
获得的侨汇（百万美元）	..	96	3,518
外国直接投资，净流入额（10亿美元）	0.0	1.0	4.1
获得的净官方发展援助（百万美元）	..	..	..

俄罗斯联邦

高收入经济体

人口（百万）	143.5	人口增长率（百分比）	0.2
陆地面积（千平方公里）	17,098	每天生活费用不足1.25美元的人口（占人口的百分比）	<2
GNI，图表集法（10亿美元）	1,987.7	人均GNI，图表集法（美元）	13,850
PPP衡量的GNI（10亿美元）	3,484.5	PPP衡量的人均GNI（美元）	24,280

	1990	2000	2013
人口			
最贫困的20%人口占国家消费/收入的份额（百分比）	*4.4*	*6.1*	*6.5*
出生时的预期寿命（岁）	69	65	71
总生育率（每个女性生育数）	1.9	1.2	1.7
青年女性生育率（每千名15—19岁女性生育数）	51	31	26
避孕普及率（占15—49岁已婚女性的百分比）	*63*	*84*	*68*
在熟练医护人员护理下的分娩（占总数的百分比）	99	99	*100*
5岁以下儿童死亡率（每千人）	26	23	10
儿童营养不良，体重不足（占5岁以下儿童的百分比）	..	..	..
儿童麻疹免疫接种率（占12—23个月年龄组的百分比）	*83*	97	98
小学毕业率，总数（占适龄年龄组的百分比）	..	91	*97*
中学总入学率，总数（占适龄年龄组的百分比）	96	*92*	*95*
小学和中学中女孩与男孩的比率（百分比）	..	*100*	*99*
HIV感染率（占15—49岁人口的百分比）	..	..	..
环境			
森林（千平方公里）	8,090	8,093	*8,092*
森林采伐（1990—2000年和2000—2010年，平均年度百分比）		0.0	*0.0*
淡水使用量（占内陆水资源的百分比）	..	*1.5*	1.5
获得改善的水资源的人口（占总人口的百分比）	93	95	*97*
获得改善的卫生设施的人口（占总人口的百分比）	74	72	*71*
人均能源使用量（千克石油当量）	5,929	4,224	*5,113*
人均二氧化碳排放量（吨）	*14.4*	10.6	*12.2*
人均用电量（千瓦时）	6,673	5,198	*6,486*
经济			
GDP（10亿美元）	517	260	2,097
GDP增长率（年度百分比）	-3.0	10.0	1.3
GDP隐含价格平减指数（年度增长百分比）	15.9	37.7	5.9
农业增加值（占GDP的百分比）	17	6	4
工业增加值（占GDP的百分比）	48	38	36
服务业增加值（占GDP的百分比）	35	56	60
货物和服务出口（占GDP的百分比）	18	44	28
货物和服务进口（占GDP的百分比）	18	24	22
资本形成总额（占GDP的百分比）	30	19	23
中央政府收入（占GDP的百分比）	..	*31.8*	*29.8*
中央政府现金盈余/赤字（占GDP的百分比）	..	*7.0*	*2.7*
政府与市场			
创办企业的时间（天）	..	*43*	11
总体统计能力水平（0—100）	..	*75.6*	84.4
军费支出（占GDP的百分比）	19.1	3.6	4.2
移动电话用户（每100人）	0.0	2.2	152.8
互联网用户（占总人口的百分比）	0.0	2.0	61.4
金融部门提供的国内信用（占GDP的百分比）	0.0	24.9	48.3
高科技出口（占制成品出口的百分比）	..	16	10
全球联系			
商品贸易（占GDP的百分比）	..	58	41
净易货贸易条件指数（2000年=100）	..	100	245
外债总额（百万美元）	..	..	..
债务还本付息总额（占出口的百分比）	..	..	..
净移民（千人）	*2,220*	*1,635*	*1,100*
获得的侨汇（10亿美元）	..	1.3	6.8
外国直接投资，净流入额（10亿美元）	*1.2*	2.7	70.7
获得的净官方发展援助（百万美元）	..	..	..

卢旺达

撒哈拉以南非洲地区		低收入经济体	
人口（百万）	11.8	人口增长率（百分比）	2.7
陆地面积（千平方公里）	26	每天生活费用不足1.25美元的人口（占人口的百分比）	*63.0*
GNI，图表集法（10亿美元）	7.4	人均GNI，图表集法（美元）	630
PPP衡量的GNI（10亿美元）	17.1	PPP衡量的人均GNI（美元）	1,450

	1990	2000	2013
人口			
最贫困的20%人口占国家消费/收入的份额（百分比）	..	4.8	*5.2*
出生时的预期寿命（岁）	33	48	64
总生育率（每个女性生育数）	7.3	5.9	4.5
青年女性生育率（每千名15—19岁女性生育数）	64	49	32
避孕普及率（占15—49岁已婚女性的百分比）	*21*	13	*52*
在熟练医护人员护理下的分娩（占总数的百分比）	*26*	31	*69*
5岁以下儿童死亡率（每千人）	152	182	52
儿童营养不良，体重不足（占5岁以下儿童的百分比）	*24.3*	20.3	*11.7*
儿童麻疹免疫接种率（占12—23个月年龄组的百分比）	83	74	97
小学毕业率，总数（占适龄年龄组的百分比）	43	23	59
中学总入学率，总数（占适龄年龄组的百分比）	16	11	33
小学和中学中女孩与男孩的比率（百分比）	95	93	103
HIV感染率（占15—49岁人口的百分比）	5.6	4.7	2.9
环境			
森林（千平方公里）	3.2	3.4	*4.6*
森林采伐（1990—2000年和2000—2010年，平均年度百分比）		-0.8	*-2.4*
淡水使用量（占内陆水资源的百分比）	..	*1.6*	1.6
获得改善的水资源的人口（占总人口的百分比）	60	66	*71*
获得改善的卫生设施的人口（占总人口的百分比）	30	47	*64*
人均能源使用量（千克石油当量）	..	..	..
人均二氧化碳排放量（吨）	0.09	0.08	*0.05*
人均用电量（千瓦时）	..	..	..
经济			
GDP（10亿美元）	2.6	1.7	7.5
GDP增长率（年度百分比）	-2.4	8.3	4.7
GDP隐含价格平减指数（年度增长百分比）	13.5	2.8	4.8
农业增加值（占GDP的百分比）	33	37	33
工业增加值（占GDP的百分比）	25	14	15
服务业增加值（占GDP的百分比）	43	49	47
货物和服务出口（占GDP的百分比）	6	6	14
货物和服务进口（占GDP的百分比）	14	25	31
资本形成总额（占GDP的百分比）	15	13	27
中央政府收入（占GDP的百分比）	9.8	..	15.1
中央政府现金盈余/赤字（占GDP的百分比）	-8.8	..	-3.0
政府与市场			
创办企业的时间（天）	..	*18*	7
总体统计能力水平（0—100）	..	*61.1*	78.9
军费支出（占GDP的百分比）	3.7	3.5	1.1
移动电话用户（每100人）	0.0	0.5	56.8
互联网用户（占总人口的百分比）	0.0	0.1	8.7
金融部门提供的国内信用（占GDP的百分比）	17.1	13.1	0.0
高科技出口（占制成品出口的百分比）	..	*2*	4
全球联系			
商品贸易（占GDP的百分比）	16	15	40
净易货贸易条件指数（2000年=100）	40	100	201
外债总额（10亿美元）	0.7	1.3	1.7
债务还本付息总额（占出口的百分比）	14.3	25.7	3.5
净移民（千人）	*-1,533*	*-64*	*-45*
获得的侨汇（百万美元）	3	7	170
外国直接投资，净流入额（百万美元）	8	8	111
获得的净官方发展援助（百万美元）	288	321	1,081

萨摩亚

东亚和太平洋地区 **中低收入经济体**

人口（千人）	190	人口增长率（百分比）	0.8
陆地面积（千平方公里）	2.8	每天生活费用不足1.25美元的人口（占人口的百分比）	..
GNI，图表集法（百万美元）	756.7	人均GNI，图表集法（美元）	3,970
PPP衡量的GNI（百万美元）	1,058.1	PPP衡量的人均GNI（美元）	5,560

	1990	2000	2013
人口			
最贫困的20%人口占国家消费/收入的份额（百分比）	..	..	..
出生时的预期寿命（岁）	65	69	73
总生育率（每个女性生育数）	5.1	4.5	4.1
青年女性生育率（每千名15—19岁女性生育数）	36	40	28
避孕普及率（占15—49岁已婚女性的百分比）	..	*25*	*29*
在熟练医护人员护理下的分娩（占总数的百分比）	76	*100*	*81*
5岁以下儿童死亡率（每千人）	31	22	18
儿童营养不良，体重不足（占5岁以下儿童的百分比）	..	*1.7*	..
儿童麻疹免疫接种率（占12—23个月年龄组的百分比）	89	93	99
小学毕业率，总数（占适龄年龄组的百分比）	..	94	*102*
中学总入学率，总数（占适龄年龄组的百分比）	..	78	*86*
小学和中学中女孩与男孩的比率（百分比）	..	107	*105*
HIV感染率（占15—49岁人口的百分比）	..	..	..
环境			
森林（千平方公里）	1.3	1.7	*1.7*
森林采伐（1990—2000年和2000—2010年，平均年度百分比）		-2.8	*0.0*
淡水使用量（占内陆水资源的百分比）	..	..	..
获得改善的水资源的人口（占总人口的百分比）	89	93	*99*
获得改善的卫生设施的人口（占总人口的百分比）	93	92	*92*
人均能源使用量（千克石油当量）	265	..	..
人均二氧化碳排放量（吨）	0.8	0.8	*0.9*
人均用电量（千瓦时）	..	..	..
经济			
GDP（百万美元）	126	269	802
GDP增长率（年度百分比）	-4.4	6.9	-1.1
GDP隐含价格平减指数（年度增长百分比）	9.0	2.9	0.5
农业增加值（占GDP的百分比）	..	..	..
工业增加值（占GDP的百分比）	..	..	..
服务业增加值（占GDP的百分比）	..	..	..
货物和服务出口（占GDP的百分比）	..	30	31
货物和服务进口（占GDP的百分比）	..	51	50
资本形成总额（占GDP的百分比）	..	..	..
中央政府收入（占GDP的百分比）	..	..	*0.0*
中央政府现金盈余/赤字（占GDP的百分比）	..	..	*0.0*
政府与市场			
创办企业的时间（天）	..	*42*	9
总体统计能力水平（0—100）	..	..	53.3
军费支出（占GDP的百分比）	..	..	..
移动电话用户（每100人）	0.0	1.4	..
互联网用户（占总人口的百分比）	0.0	0.6	15.3
金融部门提供的国内信用（占GDP的百分比）	0.0	18.3	40.8
高科技出口（占制成品出口的百分比）	..	*1*	1
全球联系			
商品贸易（占GDP的百分比）	72	64	53
净易货贸易条件指数（2000年=100）	..	100	80
外债总额（百万美元）	92	139	447
债务还本付息总额（占出口的百分比）	10.6	*5.7*	6.1
净移民（千人）	*-13.7*	*-15.7*	*-12.7*
获得的侨汇（百万美元）	43	45	158
外国直接投资，净流入额（百万美元）	6.6	-1.5	24.2
获得的净官方发展援助（百万美元）	48	27	118

圣马力诺

高收入经济体

人口（千人）	31	人口增长率（百分比）	0.6
陆地面积（平方公里）	60	每天生活费用不足1.25美元的人口（占人口的百分比）	..
GNI，图表集法（10亿美元）	..	人均GNI，图表集法（美元）	..
PPP衡量的GNI（百万美元）	..	PPP衡量的人均GNI（美元）	..

	1990	2000	2013
人口			
最贫困的20%人口占国家消费/收入的份额（百分比）	..	..	..
出生时的预期寿命（岁）	..	81	*83*
总生育率（每个女性生育数）	..	..	*1.3*
青年女性生育率（每千名15—19岁女性生育数）	..	..	..
避孕普及率（占15—49岁已婚女性的百分比）	..	..	..
在熟练医护人员护理下的分娩（占总数的百分比）	..	..	..
5岁以下儿童死亡率（每千人）	11	6	3
儿童营养不良，体重不足（占5岁以下儿童的百分比）	..	..	..
儿童麻疹免疫接种率（占12—23个月年龄组的百分比）	99	74	74
小学毕业率，总数（占适龄年龄组的百分比）	..	..	*93*
中学总入学率，总数（占适龄年龄组的百分比）	..	..	*95*
小学和中学中女孩与男孩的比率（百分比）	..	..	*100*
HIV感染率（占15—49岁人口的百分比）	..	..	..
环境			
森林（平方公里）	0.0	0.0	*0.0*
森林采伐（1990—2000年和2000—2010年，平均年度百分比）		0.0	*0.0*
淡水使用量（占内陆水资源的百分比）	..	..	..
获得改善的水资源的人口（占总人口的百分比）	..	..	..
获得改善的卫生设施的人口（占总人口的百分比）	..	..	..
人均能源使用量（千克石油当量）	..	..	..
人均二氧化碳排放量（吨）	..	..	..
人均用电量（千瓦时）	..	..	..
经济			
GDP（百万美元）	..	774	..
GDP增长率（年度百分比）	2.1	2.2	..
GDP隐含价格平减指数（年度增长百分比）	8.4	2.6	..
农业增加值（占GDP的百分比）	..	..	..
工业增加值（占GDP的百分比）	..	..	..
服务业增加值（占GDP的百分比）	..	..	..
货物和服务出口（占GDP的百分比）	..	..	..
货物和服务进口（占GDP的百分比）	..	..	..
资本形成总额（占GDP的百分比）	..	..	..
中央政府收入（占GDP的百分比）	..	*46.4*	..
中央政府现金盈余/赤字（占GDP的百分比）	..	*1.3*	..
政府与市场			
创办企业的时间（天）	..	..	40
总体统计能力水平（0—100）	..	..	..
军费支出（占GDP的百分比）	..	..	..
移动电话用户（每100人）	0.0	53.8	117.0
互联网用户（占总人口的百分比）	0.0	48.8	50.8
金融部门提供的国内信用（占GDP的百分比）	0.0	0.0	0.0
高科技出口（占制成品出口的百分比）	..	..	..
全球联系			
商品贸易（占GDP的百分比）	..	..	..
净易货贸易条件指数（2000年=100）	..	..	..
外债总额（百万美元）	..	..	..
债务还本付息总额（占出口的百分比）	..	..	..
净移民（千人）	..	..	..
获得的侨汇（百万美元）	..	..	..
外国直接投资，净流入额（百万美元）	..	..	..
获得的净官方发展援助（百万美元）	..	..	..

圣多美和普林西比

撒哈拉以南非洲地区 **中低收入经济体**

人口（千人）	193	人口增长率（百分比）	2.6
陆地面积（平方公里）	960	每天生活费用不足1.25美元的人口（占人口的百分比）	*43.5*
GNI，图表集法（百万美元）	284.0	人均GNI，图表集法（美元）	1,470
PPP衡量的GNI（百万美元）	568.8	PPP衡量的人均GNI（美元）	2,950

	1990	2000	2013
人口			
最贫困的20%人口占国家消费/收入的份额（百分比）	..	5.2	*7.5*
出生时的预期寿命（岁）	62	63	66
总生育率（每个女性生育数）	5.4	4.7	4.1
青年女性生育率（每千名15—19岁女性生育数）	113	89	63
避孕普及率（占15—49岁已婚女性的百分比）	..	29	*38*
在熟练医护人员护理下的分娩（占总数的百分比）	..	79	*82*
5岁以下儿童死亡率（每千人）	110	89	51
儿童营养不良，体重不足（占5岁以下儿童的百分比）	..	10.1	*14.4*
儿童麻疹免疫接种率（占12—23个月年龄组的百分比）	71	69	91
小学毕业率，总数（占适龄年龄组的百分比）	77	*43*	104
中学总入学率，总数（占适龄年龄组的百分比）	*34*	*36*	80
小学和中学中女孩与男孩的比率（百分比）	*95*	*100*	102
HIV感染率（占15—49岁人口的百分比）	0.1	1.1	0.6
环境			
森林（平方公里）	270	270	*270*
森林采伐（1990—2000年和2000—2010年，平均年度百分比）		0.0	*0.0*
淡水使用量（占内陆水资源的百分比）	..	..	0.3
获得改善的水资源的人口（占总人口的百分比）	..	78	*97*
获得改善的卫生设施的人口（占总人口的百分比）	..	21	*34*
人均能源使用量（千克石油当量）	200	..	..
人均二氧化碳排放量（吨）	0.4	0.3	*0.6*
人均用电量（千瓦时）	..	..	..
经济			
GDP（百万美元）	..	77	311
GDP增长率（年度百分比）	..	*3.2*	4.0
GDP隐含价格平减指数（年度增长百分比）	..	*7.2*	9.8
农业增加值（占GDP的百分比）	..	12	*20*
工业增加值（占GDP的百分比）	..	10	*16*
服务业增加值（占GDP的百分比）	..	77	100
货物和服务出口（占GDP的百分比）	..	21	11
货物和服务进口（占GDP的百分比）	..	57	47
资本形成总额（占GDP的百分比）	..	26	42
中央政府收入（占GDP的百分比）	..	*15.3*	*15.3*
中央政府现金盈余/赤字（占GDP的百分比）	..	*-8.0*	*-12.2*
政府与市场			
创办企业的时间（天）	..	..	4
总体统计能力水平（0—100）	..	..	68.9
军费支出（占GDP的百分比）	..	..	..
移动电话用户（每100人）	0.0	0.0	64.9
互联网用户（占总人口的百分比）	0.0	4.6	23.0
金融部门提供的国内信用（占GDP的百分比）	0.0	1.5	28.8
高科技出口（占制成品出口的百分比）	..	*1*	14
全球联系			
商品贸易（占GDP的百分比）	..	43	54
净易货贸易条件指数（2000年=100）	101	100	112
外债总额（百万美元）	150	304	214
债务还本付息总额（占出口的百分比）	34.8	25.4	11.0
净移民（千人）	*-3.7*	*-6.0*	*-1.5*
获得的侨汇（百万美元）	0.3	0.5	26.5
外国直接投资，净流入额（百万美元）	*-0.1*	3.8	10.6
获得的净官方发展援助（百万美元）	54.1	34.9	51.8

沙特阿拉伯

高收入经济体

人口（百万）	28.8	人口增长率（百分比）	1.9
陆地面积（千平方公里）	2,150	每天生活费用不足1.25美元的人口（占人口的百分比）	..
GNI，图表集法（10亿美元）	757.1	人均GNI，图表集法（美元）	26,260
PPP衡量的GNI（10亿美元）	1,546.5	PPP衡量的人均GNI（美元）	53,640

	1990	2000	2013
人口			
最贫困的20%人口占国家消费/收入的份额（百分比）	..	..	..
出生时的预期寿命（岁）	69	73	76
总生育率（每个女性生育数）	5.8	4.0	2.6
青年女性生育率（每千名15—19岁女性生育数）	69	27	10
避孕普及率（占15—49岁已婚女性的百分比）	..	*21*	*24*
在熟练医护人员护理下的分娩（占总数的百分比）	..	*96*	*97*
5岁以下儿童死亡率（每千人）	44	23	16
儿童营养不良，体重不足（占5岁以下儿童的百分比）	..	..	..
儿童麻疹免疫接种率（占12—23个月年龄组的百分比）	88	94	98
小学毕业率，总数（占适龄年龄组的百分比）	..	..	108
中学总入学率，总数（占适龄年龄组的百分比）	..	..	116
小学和中学中女孩与男孩的比率（百分比）	..	..	102
HIV感染率（占15—49岁人口的百分比）	..	..	..
环境			
森林（千平方公里）	9.8	9.8	*9.8*
森林采伐（1990—2000年和2000—2010年，平均年度百分比）		0.0	*0.0*
淡水使用量（占内陆水资源的百分比）	*709.2*	..	986.3
获得改善的水资源的人口（占总人口的百分比）	92	95	*97*
获得改善的卫生设施的人口（占总人口的百分比）	92	97	*100*
人均能源使用量（千克石油当量）	3,687	5,030	*6,738*
人均二氧化碳排放量（吨）	13.4	14.7	*17.0*
人均用电量（千瓦时）	4,025	5,811	*8,161*
经济			
GDP（10亿美元）	117	188	748
GDP增长率（年度百分比）	8.3	4.9	4.0
GDP隐含价格平减指数（年度增长百分比）	13.1	11.6	-1.9
农业增加值（占GDP的百分比）	6	5	2
工业增加值（占GDP的百分比）	49	54	61
服务业增加值（占GDP的百分比）	45	41	38
货物和服务出口（占GDP的百分比）	41	44	52
货物和服务进口（占GDP的百分比）	32	25	31
资本形成总额（占GDP的百分比）	15	19	27
中央政府收入（占GDP的百分比）	..	..	..
中央政府现金盈余/赤字（占GDP的百分比）	..	..	..
政府与市场			
创办企业的时间（天）	..	*74*	21
总体统计能力水平（0—100）	..	..	..
军费支出（占GDP的百分比）	14.0	10.6	9.0
移动电话用户（每100人）	0.1	6.8	184.2
互联网用户（占总人口的百分比）	0.0	2.2	60.5
金融部门提供的国内信用（占GDP的百分比）	12.9	34.7	-7.9
高科技出口（占制成品出口的百分比）	*0*	0	1
全球联系			
商品贸易（占GDP的百分比）	59	57	73
净易货贸易条件指数（2000年=100）	..	100	215
外债总额（百万美元）	..	..	..
债务还本付息总额（占出口的百分比）	..	..	..
净移民（千人）	*-122*	*2,198*	*300*
获得的侨汇（百万美元）	..	..	269
外国直接投资，净流入额（10亿美元）	1.9	-1.9	9.3
获得的净官方发展援助（百万美元）	14.7	22.0	..

塞内加尔

撒哈拉以南非洲地区		中低收入经济体	
人口（百万）	14.1	人口增长率（百分比）	2.9
陆地面积（千平方公里）	197	每天生活费用不足1.25美元的人口（占人口的百分比）	*34.1*
GNI，图表集法（10亿美元）	14.8	人均GNI，图表集法（美元）	1,050
PPP衡量的GNI（10亿美元）	31.3	PPP衡量的人均GNI（美元）	2,210

	1990	2000	2013
人口			
最贫困的20%人口占国家消费/收入的份额（百分比）	*3.5*	*6.6*	*6.0*
出生时的预期寿命（岁）	57	58	63
总生育率（每个女性生育数）	6.6	5.6	4.9
青年女性生育率（每千名15—19岁女性生育数）	134	107	92
避孕普及率（占15—49岁已婚女性的百分比）	*7*	*11*	18
在熟练医护人员护理下的分娩（占总数的百分比）	*47*	58	*65*
5岁以下儿童死亡率（每千人）	141	137	55
儿童营养不良，体重不足（占5岁以下儿童的百分比）	*19.0*	20.3	16.8
儿童麻疹免疫接种率（占12—23个月年龄组的百分比）	51	48	84
小学毕业率，总数（占适龄年龄组的百分比）	42	39	*61*
中学总入学率，总数（占适龄年龄组的百分比）	15	16	*41*
小学和中学中女孩与男孩的比率（百分比）	68	82	*101*
HIV感染率（占15—49岁人口的百分比）	0.6	0.5	0.5
环境			
森林（千平方公里）	93	89	*84*
森林采伐（1990—2000年和2000—2010年，平均年度百分比）		0.5	*0.5*
淡水使用量（占内陆水资源的百分比）	..	*8.6*	8.6
获得改善的水资源的人口（占总人口的百分比）	60	66	*74*
获得改善的卫生设施的人口（占总人口的百分比）	35	43	*52*
人均能源使用量（千克石油当量）	224	243	*264*
人均二氧化碳排放量（吨）	0.4	0.4	*0.5*
人均用电量（千瓦时）	104	102	*187*
经济			
GDP（10亿美元）	5.7	4.7	14.8
GDP增长率（年度百分比）	-0.7	3.2	2.8
GDP隐含价格平减指数（年度增长百分比）	0.0	1.9	-0.9
农业增加值（占GDP的百分比）	20	19	18
工业增加值（占GDP的百分比）	22	23	24
服务业增加值（占GDP的百分比）	58	58	58
货物和服务出口（占GDP的百分比）	25	28	26
货物和服务进口（占GDP的百分比）	32	37	47
资本形成总额（占GDP的百分比）	9	20	27
中央政府收入（占GDP的百分比）	..	..	*20.2*
中央政府现金盈余/赤字（占GDP的百分比）	..	..	*-5.3*
政府与市场			
创办企业的时间（天）	..	*57*	6
总体统计能力水平（0—100）	..	*78.9*	73.3
军费支出（占GDP的百分比）	2.0	1.3	0.0
移动电话用户（每100人）	0.0	2.5	92.9
互联网用户（占总人口的百分比）	0.0	0.4	20.9
金融部门提供的国内信用（占GDP的百分比）	33.6	23.5	35.1
高科技出口（占制成品出口的百分比）	..	7	*1*
全球联系			
商品贸易（占GDP的百分比）	35	52	63
净易货贸易条件指数（2000年=100）	172	100	109
外债总额（10亿美元）	3.8	3.7	5.2
债务还本付息总额（占出口的百分比）	21.1	16.3	*7.4*
净移民（千人）	*-70*	*-151*	*-100*
获得的侨汇（百万美元）	142	233	*1,614*
外国直接投资，净流入额（百万美元）	57	63	298
获得的净官方发展援助（百万美元）	812	431	983

塞尔维亚

欧洲和中亚			中高收入经济体
人口（百万）	7.2	人口增长率（百分比）	-0.5
陆地面积（千平方公里）	88	每天生活费用不足1.25美元的人口（占人口的百分比）	<2
GNI，图表集法（10亿美元）	43.3	人均GNI，图表集法（美元）	6,050
PPP衡量的GNI（10亿美元）	89.4	PPP衡量的人均GNI（美元）	12,480

	1990	2000	2013
人口			
最贫困的20%人口占国家消费/收入的份额（百分比）	..	*8.0*	*8.4*
出生时的预期寿命（岁）	*71*	72	75
总生育率（每个女性生育数）	*1.8*	1.5	1.5
青年女性生育率（每千名15—19岁女性生育数）	39	25	17
避孕普及率（占15—49岁已婚女性的百分比）	..	59	*61*
在熟练医护人员护理下的分娩（占总数的百分比）	..	98	*100*
5岁以下儿童死亡率（每千人）	28	13	7
儿童营养不良，体重不足（占5岁以下儿童的百分比）	..	..	*1.6*
儿童麻疹免疫接种率（占12—23个月年龄组的百分比）	*82*	89	92
小学毕业率，总数（占适龄年龄组的百分比）	..	..	99
中学总入学率，总数（占适龄年龄组的百分比）	..	91	94
小学和中学中女孩与男孩的比率（百分比）	..	101	102
HIV感染率（占15—49岁人口的百分比）	0.1	0.1	0.1
环境			
森林（千平方公里）	23	25	*28*
森林采伐（1990—2000年和2000—2010年，平均年度百分比）		-0.6	*-1.0*
淡水使用量（占内陆水资源的百分比）	..	..	49.0
获得改善的水资源的人口（占总人口的百分比）	100	100	*99*
获得改善的卫生设施的人口（占总人口的百分比）	96	96	*97*
人均能源使用量（千克石油当量）	2,599	1,826	*2,237*
人均二氧化碳排放量（吨）	..	..	*6.3*
人均用电量（千瓦时）	4,629	4,199	*4,490*
经济			
GDP（10亿美元）	..	6.5	45.5
GDP增长率（年度百分比）	..	7.8	2.6
GDP隐含价格平减指数（年度增长百分比）	..	78.6	5.4
农业增加值（占GDP的百分比）	..	20	*9*
工业增加值（占GDP的百分比）	..	33	*30*
服务业增加值（占GDP的百分比）	..	47	*61*
货物和服务出口（占GDP的百分比）	..	10	41
货物和服务进口（占GDP的百分比）	..	14	52
资本形成总额（占GDP的百分比）	..	11	*21*
中央政府收入（占GDP的百分比）	..	..	*34.9*
中央政府现金盈余/赤字（占GDP的百分比）	..	..	*-6.1*
政府与市场			
创办企业的时间（天）	..	*56*	12
总体统计能力水平（0—100）	..	*53.3*	92.3
军费支出（占GDP的百分比）	..	5.2	2.0
移动电话用户（每100人）	..	..	119.4
互联网用户（占总人口的百分比）	..	..	51.5
金融部门提供的国内信用（占GDP的百分比）	0.0	58.3	49.5
高科技出口（占制成品出口的百分比）	*4*	3	..
全球联系			
商品贸易（占GDP的百分比）	..	..	77
净易货贸易条件指数（2000年=100）	..	100	103
外债总额（10亿美元）	17.8[f]	11.6[f]	36.4
债务还本付息总额（占出口的百分比）	..	..	43.6
净移民（千人）	*428*	*-324*	*-100*
获得的侨汇（百万美元）	..	..	4,023
外国直接投资，净流入额（百万美元）	*126*[f]	52[f]	1,974
获得的净官方发展援助（10亿美元）	..	1.1[f]	0.8

塞舌尔

撒哈拉以南非洲地区		中高收入经济体	
人口（千人）	89	人口增长率（百分比）	1.0
陆地面积（平方公里）	460	每天生活费用不足1.25美元的人口（占人口的百分比）	<2
GNI，图表集法（10亿美元）	1.2	人均GNI，图表集法（美元）	13,210
PPP衡量的GNI（10亿美元）	2.1	PPP衡量的人均GNI（美元）	23,730

	1990	2000	2013
人口			
最贫困的20%人口占国家消费/收入的份额（百分比）	..	5.7	*3.7*
出生时的预期寿命（岁）	*71*	*73*	74
总生育率（每个女性生育数）	*2.7*	2.1	2.4
青年女性生育率（每千名15—19岁女性生育数）	68	58	56
避孕普及率（占15—49岁已婚女性的百分比）	..	..	..
在熟练医护人员护理下的分娩（占总数的百分比）	..	..	..
5岁以下儿童死亡率（每千人）	17	14	14
儿童营养不良，体重不足（占5岁以下儿童的百分比）	*5.0*	..	..
儿童麻疹免疫接种率（占12—23个月年龄组的百分比）	86	97	97
小学毕业率，总数（占适龄年龄组的百分比）	*107*	102	..
中学总入学率，总数（占适龄年龄组的百分比）	*121*	77	*80*
小学和中学中女孩与男孩的比率（百分比）	*100*	105	*102*
HIV感染率（占15—49岁人口的百分比）	..	..	..
环境			
森林（平方公里）	407	407	*407*
森林采伐（1990—2000年和2000—2010年，平均年度百分比）		0.0	*0.0*
淡水使用量（占内陆水资源的百分比）	..	..	..
获得改善的水资源的人口（占总人口的百分比）	96	96	*96*
获得改善的卫生设施的人口（占总人口的百分比）	97	97	*97*
人均能源使用量（千克石油当量）	537	..	..
人均二氧化碳排放量（吨）	1.6	7.0	*7.8*
人均用电量（千瓦时）	..	..	..
经济			
GDP（百万美元）	369	615	1,443
GDP增长率（年度百分比）	7.0	1.5	5.3
GDP隐含价格平减指数（年度增长百分比）	6.8	4.0	16.9
农业增加值（占GDP的百分比）	5	3	2
工业增加值（占GDP的百分比）	16	29	11
服务业增加值（占GDP的百分比）	79	68	86
货物和服务出口（占GDP的百分比）	15	75	76
货物和服务进口（占GDP的百分比）	51	82	88
资本形成总额（占GDP的百分比）	25	25	34
中央政府收入（占GDP的百分比）	*51.1*	38.7	*37.5*
中央政府现金盈余/赤字（占GDP的百分比）	*-4.9*	-13.9	5.3
政府与市场			
创办企业的时间（天）	..	..	38
总体统计能力水平（0—100）	..	..	62.2
军费支出（占GDP的百分比）	4.0	1.7	0.9
移动电话用户（每100人）	0.0	32.5	147.3
互联网用户（占总人口的百分比）	0.0	7.4	50.4
金融部门提供的国内信用（占GDP的百分比）	48.8	116.4	35.2
高科技出口（占制成品出口的百分比）	*1*	2	..
全球联系			
商品贸易（占GDP的百分比）	66	87	115
净易货贸易条件指数（2000年=100）	78	100	88
外债总额（百万美元）	185	304	2,714
债务还本付息总额（占出口的百分比）	9.1	4.2	5.7
净移民（千人）	*0.6*	*2.5*	*-1.6*
获得的侨汇（百万美元）	7.5	3.2	12.9
外国直接投资，净流入额（百万美元）	20	24	178
获得的净官方发展援助（百万美元）	35.6	23.1	25.4

塞拉利昂

撒哈拉以南非洲地区			低收入经济体
人口（百万）	6.1	人口增长率（百分比）	1.9
陆地面积（千平方公里）	72	每天生活费用不足1.25美元的人口（占人口的百分比）	*56.6*
GNI，图表集法（10亿美元）	4.1	人均GNI，图表集法（美元）	660
PPP衡量的GNI（10亿美元）	10.3	PPP衡量的人均GNI（美元）	1,690

	1990	2000	2013
人口			
最贫困的20%人口占国家消费/收入的份额（百分比）	..	*6.8*	*7.8*
出生时的预期寿命（岁）	37	38	46
总生育率（每个女性生育数）	6.5	5.9	4.7
青年女性生育率（每千名15—19岁女性生育数）	139	128	98
避孕普及率（占15—49岁已婚女性的百分比）	*3*	4	17
在熟练医护人员护理下的分娩（占总数的百分比）	..	42	60
5岁以下儿童死亡率（每千人）	268	232	161
儿童营养不良，体重不足（占5岁以下儿童的百分比）	25.4	24.7	18.1
儿童麻疹免疫接种率（占12—23个月年龄组的百分比）	..	37	83
小学毕业率，总数（占适龄年龄组的百分比）	..	..	71
中学总入学率，总数（占适龄年龄组的百分比）	16	*26*	45
小学和中学中女孩与男孩的比率（百分比）	64	*70*	97
HIV感染率（占15—49岁人口的百分比）	0.1	0.8	1.6
环境			
森林（千平方公里）	31	29	*27*
森林采伐（1990—2000年和2000—2010年，平均年度百分比）		0.7	*0.7*
淡水使用量（占内陆水资源的百分比）	..	*0.1*	0.1
获得改善的水资源的人口（占总人口的百分比）	37	47	*60*
获得改善的卫生设施的人口（占总人口的百分比）	11	12	*13*
人均能源使用量（千克石油当量）	..	..	..
人均二氧化碳排放量（吨）	0.10	0.10	*0.12*
人均用电量（千瓦时）	..	..	..
经济			
GDP（百万美元）	650	636	4,136
GDP增长率（年度百分比）	3.3	6.7	5.5
GDP隐含价格平减指数（年度增长百分比）	70.6	3.3	10.8
农业增加值（占GDP的百分比）	47	58	59
工业增加值（占GDP的百分比）	19	28	8
服务业增加值（占GDP的百分比）	34	13	33
货物和服务出口（占GDP的百分比）	35	18	53
货物和服务进口（占GDP的百分比）	34	39	54
资本形成总额（占GDP的百分比）	13	1	15
中央政府收入（占GDP的百分比）	5.6	11.4	*12.2*
中央政府现金盈余/赤字（占GDP的百分比）	..	-9.3	*-5.6*
政府与市场			
创办企业的时间（天）	..	*26*	12
总体统计能力水平（0—100）	..	*30.0*	58.9
军费支出（占GDP的百分比）	1.4	3.7	0.0
移动电话用户（每100人）	0.0	0.3	65.7
互联网用户（占总人口的百分比）	0.0	0.1	1.7
金融部门提供的国内信用（占GDP的百分比）	36.3	54.4	14.5
高科技出口（占制成品出口的百分比）	..	28	..
全球联系			
商品贸易（占GDP的百分比）	44	25	89
净易货贸易条件指数（2000年=100）	..	100	60
外债总额（10亿美元）	1.2	1.2	1.4
债务还本付息总额（占出口的百分比）	10.0	76.4	1.2
净移民（千人）	*-450*	*500*	*-21*
获得的侨汇（百万美元）	0.0	7.1	67.6
外国直接投资，净流入额（百万美元）	32	39	144
获得的净官方发展援助（百万美元）	59	181	444

新加坡

高收入经济体

人口（百万）	5.4	人口增长率（百分比）	1.6
陆地面积（平方公里）	716	每天生活费用不足1.25美元的人口（占人口的百分比）	..
GNI，图表集法（10亿美元）	291.8	人均GNI，图表集法（美元）	54,040
PPP衡量的GNI（10亿美元）	415.0	PPP衡量的人均GNI（美元）	76,860

	1990	2000	2013
人口			
最贫困的20%人口占国家消费/收入的份额（百分比）	..	..	..
出生时的预期寿命（岁）	75	78	82
总生育率（每个女性生育数）	1.9	*1.4*	1.2
青年女性生育率（每千名15—19岁女性生育数）	8	8	6
避孕普及率（占15—49岁已婚女性的百分比）	65	..	..
在熟练医护人员护理下的分娩（占总数的百分比）	..	*100*	..
5岁以下儿童死亡率（每千人）	8	4	3
儿童营养不良，体重不足（占5岁以下儿童的百分比）	..	3.3	..
儿童麻疹免疫接种率（占12—23个月年龄组的百分比）	84	96	95
小学毕业率，总数（占适龄年龄组的百分比）	..	..	..
中学总入学率，总数（占适龄年龄组的百分比）	..	..	..
小学和中学中女孩与男孩的比率（百分比）	..	..	..
HIV感染率（占15—49岁人口的百分比）	..	..	..
环境			
森林（平方公里）	23	23	*23*
森林采伐（1990—2000年和2000—2010年，平均年度百分比）		0.0	*0.0*
淡水使用量（占内陆水资源的百分比）	..	..	31.7
获得改善的水资源的人口（占总人口的百分比）	100	100	*100*
获得改善的卫生设施的人口（占总人口的百分比）	99	100	*100*
人均能源使用量（千克石油当量）	3,779	4,641	*6,452*
人均二氧化碳排放量（吨）	15.4	12.2	*2.7*
人均用电量（千瓦时）	4,983	7,575	*8,404*
经济			
GDP（10亿美元）	39	96	298
GDP增长率（年度百分比）	10.0	8.9	3.9
GDP隐含价格平减指数（年度增长百分比）	4.7	3.7	0.1
农业增加值（占GDP的百分比）	0	0	0
工业增加值（占GDP的百分比）	32	35	25
服务业增加值（占GDP的百分比）	67	65	75
货物和服务出口（占GDP的百分比）	177	189	191
货物和服务进口（占GDP的百分比）	167	177	168
资本形成总额（占GDP的百分比）	36	35	29
中央政府收入（占GDP的百分比）	25.3	25.7	*18.0*
中央政府现金盈余/赤字（占GDP的百分比）	10.5	11.1	*8.7*
政府与市场			
创办企业的时间（天）	..	*8*	3
总体统计能力水平（0—100）	..	..	..
军费支出（占GDP的百分比）	4.8	4.5	3.3
移动电话用户（每100人）	1.7	70.1	155.9
互联网用户（占总人口的百分比）	0.0	36.0	73.0
金融部门提供的国内信用（占GDP的百分比）	58.6	76.7	112.6
高科技出口（占制成品出口的百分比）	40	63	47
全球联系			
商品贸易（占GDP的百分比）	292	284	263
净易货贸易条件指数（2000年=100）	116	100	81
外债总额（百万美元）	..	..	..
债务还本付息总额（占出口的百分比）	..	..	..
净移民（千人）	*249*	*436*	*400*
获得的侨汇（百万美元）	..	..	..
外国直接投资，净流入额（10亿美元）	5.6	16.5	63.8
获得的净官方发展援助（百万美元）	-3.1	..	..

荷属圣马丁

高收入经济体

人口（千人）	40	人口增长率（百分比）	1.5
陆地面积（平方公里）	34	每天生活费用不足1.25美元的人口（占人口的百分比）	..
GNI，图表集法（百万美元）	..	人均GNI，图表集法（美元）	..
PPP衡量的GNI（百万美元）	..	PPP衡量的人均GNI（美元）	..

	1990	2000	2013
人口			
最贫困的20%人口占国家消费/收入的份额（百分比）	..	..	..
出生时的预期寿命（岁）	..	..	..
总生育率（每个女性生育数）	2.0	2.0	2.0
青年女性生育率（每千名15—19岁女性生育数）	..	..	..
避孕普及率（占15—49岁已婚女性的百分比）	..	..	..
在熟练医护人员护理下的分娩（占总数的百分比）	..	..	..
5岁以下儿童死亡率（每千人）	..	..	..
儿童营养不良，体重不足（占5岁以下儿童的百分比）	..	..	..
儿童麻疹免疫接种率（占12—23个月年龄组的百分比）	..	..	..
小学毕业率，总数（占适龄年龄组的百分比）	..	..	..
中学总入学率，总数（占适龄年龄组的百分比）	..	..	..
小学和中学中女孩与男孩的比率（百分比）	..	..	..
HIV感染率（占15—49岁人口的百分比）	..	..	..
环境			
森林（平方公里）	..	..	..
森林采伐（1990—2000年和2000—2010年，平均年度百分比）		..	..
淡水使用量（占内陆水资源的百分比）	..	..	..
获得改善的水资源的人口（占总人口的百分比）	..	..	..
获得改善的卫生设施的人口（占总人口的百分比）	..	..	..
人均能源使用量（千克石油当量）	..	..	..
人均二氧化碳排放量（吨）	..	..	..
人均用电量（千瓦时）	..	..	..
经济			
GDP（百万美元）	..	..	..
GDP增长率（年度百分比）	..	..	..
GDP隐含价格平减指数（年度增长百分比）	..	..	..
农业增加值（占GDP的百分比）	..	..	..
工业增加值（占GDP的百分比）	..	..	..
服务业增加值（占GDP的百分比）	..	..	..
货物和服务出口（占GDP的百分比）	..	..	..
货物和服务进口（占GDP的百分比）	..	..	..
资本形成总额（占GDP的百分比）	..	..	..
中央政府收入（占GDP的百分比）	..	..	..
中央政府现金盈余/赤字（占GDP的百分比）	..	..	..
政府与市场			
创办企业的时间（天）	..	..	..
总体统计能力水平（0—100）	..	..	..
军费支出（占GDP的百分比）	..	..	..
移动电话用户（每100人）	..	..	..
互联网用户（占总人口的百分比）	..	..	..
金融部门提供的国内信用（占GDP的百分比）	0.0	0.0	0.0
高科技出口（占制成品出口的百分比）	..	..	..
全球联系			
商品贸易（占GDP的百分比）	..	..	..
净易货贸易条件指数（2000年=100）	..	..	..
外债总额（百万美元）	..	..	..
债务还本付息总额（占出口的百分比）	..	..	..
净移民（千人）	..	..	..
获得的侨汇（百万美元）	..	..	22.8
外国直接投资，净流入额（百万美元）	..	..	33.9
获得的净官方发展援助（百万美元）	..	..	..

斯洛伐克

高收入经济体

人口（百万）	5.4	人口增长率（百分比）	0.1
陆地面积（千平方公里）	49	每天生活费用不足1.25美元的人口（占人口的百分比）	<2
GNI，图表集法（10亿美元）	96.4	人均GNI，图表集法（美元）	17,810
PPP衡量的GNI（10亿美元）	140.6	PPP衡量的人均GNI（美元）	25,970

	1990	2000	2013
人口			
最贫困的20%人口占国家消费/收入的份额（百分比）	*11.9*	*9.2*	*8.6*
出生时的预期寿命（岁）	71	73	76
总生育率（每个女性生育数）	2.1	1.3	1.3
青年女性生育率（每千名15—19岁女性生育数）	48	23	15
避孕普及率（占15—49岁已婚女性的百分比）	*74*	..	..
在熟练医护人员护理下的分娩（占总数的百分比）	100	100	*99*
5岁以下儿童死亡率（每千人）	18	12	7
儿童营养不良，体重不足（占5岁以下儿童的百分比）	..	..	..
儿童麻疹免疫接种率（占12—23个月年龄组的百分比）	..	98	98
小学毕业率，总数（占适龄年龄组的百分比）	*96*	97	*95*
中学总入学率，总数（占适龄年龄组的百分比）	*87*	86	*94*
小学和中学中女孩与男孩的比率（百分比）	*102*	101	*100*
HIV感染率（占15—49岁人口的百分比）	..	..	..
环境			
森林（千平方公里）	19	19	*19*
森林采伐（1990—2000年和2000—2010年，平均年度百分比）		0.0	*-0.1*
淡水使用量（占内陆水资源的百分比）	..	*9.0*	5.5
获得改善的水资源的人口（占总人口的百分比）	100	100	*100*
获得改善的卫生设施的人口（占总人口的百分比）	100	100	*100*
人均能源使用量（千克石油当量）	4,025	3,293	*3,084*
人均二氧化碳排放量（吨）	*8.5*	6.9	*6.7*
人均用电量（千瓦时）	5,542	4,956	*5,348*
经济			
GDP（10亿美元）	12.7	29.1	97.7
GDP增长率（年度百分比）	*1.9*	1.2	1.4
GDP隐含价格平减指数（年度增长百分比）	*15.6*	9.4	0.5
农业增加值（占GDP的百分比）	..	4	4
工业增加值（占GDP的百分比）	..	36	33
服务业增加值（占GDP的百分比）	..	60	63
货物和服务出口（占GDP的百分比）	25	54	93
货物和服务进口（占GDP的百分比）	33	57	88
资本形成总额（占GDP的百分比）	33	28	21
中央政府收入（占GDP的百分比）	..	*34.6*	*27.8*
中央政府现金盈余/赤字（占GDP的百分比）	..	*-3.1*	*-4.5*
政府与市场			
创办企业的时间（天）	..	*103*	12
总体统计能力水平（0—100）	..	*88.9*	83.3
军费支出（占GDP的百分比）	*1.9*	1.7	1.0
移动电话用户（每100人）	0.0	23.1	113.9
互联网用户（占总人口的百分比）	0.0	9.4	77.9
金融部门提供的国内信用（占GDP的百分比）	0.0	55.8	0.0
高科技出口（占制成品出口的百分比）	..	4	10
全球联系			
商品贸易（占GDP的百分比）	*84*	84	172
净易货贸易条件指数（2000年=100）	..	100	92
外债总额（百万美元）	..	..	..
债务还本付息总额（占出口的百分比）	..	..	..
净移民（千人）	*-15.1*	*5.8*	*15.0*
获得的侨汇（百万美元）	*79*	18	2,072
外国直接投资，净流入额（10亿美元）	*0.2*	2.1	2.1
获得的净官方发展援助（百万美元）	..	..	..

斯洛文尼亚

高收入经济体

人口（百万）	2.1	人口增长率（百分比）	0.1
陆地面积（千平方公里）	20	每天生活费用不足1.25美元的人口（占人口的百分比）	..
GNI，图表集法（10亿美元）	47.8	人均GNI，图表集法（美元）	23,220
PPP衡量的GNI（10亿美元）	59.0	PPP衡量的人均GNI（美元）	28,650

	1990	2000	2013
人口			
最贫困的20%人口占国家消费/收入的份额（百分比）	*9.3*	*8.7*	*9.7*
出生时的预期寿命（岁）	73	75	80
总生育率（每个女性生育数）	1.5	1.3	1.6
青年女性生育率（每千名15—19岁女性生育数）	18	6	1
避孕普及率（占15—49岁已婚女性的百分比）	..	..	..
在熟练医护人员护理下的分娩（占总数的百分比）	100	100	*100*
5岁以下儿童死亡率（每千人）	10	6	3
儿童营养不良，体重不足（占5岁以下儿童的百分比）	..	..	..
儿童麻疹免疫接种率（占12—23个月年龄组的百分比）	*90*	95	94
小学毕业率，总数（占适龄年龄组的百分比）	*93*	96	*101*
中学总入学率，总数（占适龄年龄组的百分比）	87	101	*98*
小学和中学中女孩与男孩的比率（百分比）	*102*	103	*100*
HIV感染率（占15—49岁人口的百分比）	..	..	..
环境			
森林（千平方公里）	12	12	*13*
森林采伐（1990—2000年和2000—2010年，平均年度百分比）		-0.4	*-0.2*
淡水使用量（占内陆水资源的百分比）	..	*1.7*	5.0
获得改善的水资源的人口（占总人口的百分比）	100	100	*100*
获得改善的卫生设施的人口（占总人口的百分比）	100	100	*100*
人均能源使用量（千克石油当量）	2,858	3,224	*3,472*
人均二氧化碳排放量（吨）	*6.3*	7.2	*7.5*
人均用电量（千瓦时）	5,335	5,778	*6,806*
经济			
GDP（10亿美元）	..	20.3	48.0
GDP增长率（年度百分比）	..	4.2	-1.0
GDP隐含价格平减指数（年度增长百分比）	..	5.4	1.4
农业增加值（占GDP的百分比）	..	3	2
工业增加值（占GDP的百分比）	..	35	32
服务业增加值（占GDP的百分比）	..	62	66
货物和服务出口（占GDP的百分比）	..	50	75
货物和服务进口（占GDP的百分比）	..	54	69
资本形成总额（占GDP的百分比）	..	29	20
中央政府收入（占GDP的百分比）	..	38.2	*38.0*
中央政府现金盈余/赤字（占GDP的百分比）	..	-1.1	*-3.5*
政府与市场			
创办企业的时间（天）	..	*60*	6
总体统计能力水平（0—100）	..	..	..
军费支出（占GDP的百分比）	..	1.1	1.1
移动电话用户（每100人）	0.0	61.1	110.2
互联网用户（占总人口的百分比）	0.0	15.1	72.7
金融部门提供的国内信用（占GDP的百分比）	0.0	42.0	82.8
高科技出口（占制成品出口的百分比）	*3*	5	6
全球联系			
商品贸易（占GDP的百分比）	..	93	141
净易货贸易条件指数（2000年=100）	..	100	95
外债总额（百万美元）	..	..	..
债务还本付息总额（占出口的百分比）	..	..	..
净移民（千人）	*-16.5*	*16.8*	*22.0*
获得的侨汇（百万美元）	*38*	205	686
外国直接投资，净流入额（百万美元）	*111*	136	-419
获得的净官方发展援助（百万美元）	*7.1*	60.8	..

所罗门群岛

东亚和太平洋地区			中低收入经济体
人口（千人）	561	人口增长率（百分比）	2.1
陆地面积（千平方公里）	29	每天生活费用不足1.25美元的人口（占人口的百分比）	..
GNI，图表集法（百万美元）	897.8	人均GNI，图表集法（美元）	1,600
PPP衡量的GNI（百万美元）	1,017.2	PPP衡量的人均GNI（美元）	1,810

	1990	2000	2013
人口			
最贫困的20%人口占国家消费/收入的份额（百分比）	..	..	..
出生时的预期寿命（岁）	57	63	68
总生育率（每个女性生育数）	5.9	4.7	4.0
青年女性生育率（每千名15—19岁女性生育数）	90	71	64
避孕普及率（占15—49岁已婚女性的百分比）	..	*7*	*35*
在熟练医护人员护理下的分娩（占总数的百分比）	..	*85*	*86*
5岁以下儿童死亡率（每千人）	39	34	30
儿童营养不良，体重不足（占5岁以下儿童的百分比）	*16.3*	..	*11.5*
儿童麻疹免疫接种率（占12—23个月年龄组的百分比）	70	85	76
小学毕业率，总数（占适龄年龄组的百分比）	60	..	86
中学总入学率，总数（占适龄年龄组的百分比）	14	21	*48*
小学和中学中女孩与男孩的比率（百分比）	82	89	*98*
HIV感染率（占15—49岁人口的百分比）	..	..	..
环境			
森林（千平方公里）	23	23	*22*
森林采伐（1990—2000年和2000—2010年，平均年度百分比）		0.2	*0.2*
淡水使用量（占内陆水资源的百分比）	..	..	..
获得改善的水资源的人口（占总人口的百分比）	..	80	*81*
获得改善的卫生设施的人口（占总人口的百分比）	..	26	*29*
人均能源使用量（千克石油当量）	171	..	..
人均二氧化碳排放量（吨）	0.5	0.4	*0.4*
人均用电量（千瓦时）	..	..	..
经济			
GDP（百万美元）	303	435	1,096
GDP增长率（年度百分比）	*6.0*	-14.3	3.0
GDP隐含价格平减指数（年度增长百分比）	*7.2*	10.7	6.8
农业增加值（占GDP的百分比）	29	35	..
工业增加值（占GDP的百分比）	5	13	..
服务业增加值（占GDP的百分比）	66	53	..
货物和服务出口（占GDP的百分比）	30	24	55
货物和服务进口（占GDP的百分比）	65	39	65
资本形成总额（占GDP的百分比）	20	7	..
中央政府收入（占GDP的百分比）	..	..	..
中央政府现金盈余/赤字（占GDP的百分比）	..	..	..
政府与市场			
创办企业的时间（天）	..	55	9
总体统计能力水平（0—100）	..	..	53.3
军费支出（占GDP的百分比）	..	..	..
移动电话用户（每100人）	0.0	0.3	57.6
互联网用户（占总人口的百分比）	0.0	0.5	8.0
金融部门提供的国内信用（占GDP的百分比）	23.8	26.5	20.3
高科技出口（占制成品出口的百分比）	..	..	13
全球联系			
商品贸易（占GDP的百分比）	53	37	87
净易货贸易条件指数（2000年=100）	*85*	100	90
外债总额（百万美元）	120	156	204
债务还本付息总额（占出口的百分比）	11.8	7.1	7.4
净移民（千人）	*-1.0*	*-4.9*	*-11.9*
获得的侨汇（百万美元）	..	4.3	16.5
外国直接投资，净流入额（百万美元）	10.4	13.0	44.7
获得的净官方发展援助（百万美元）	46	68	288

索马里

撒哈拉以南非洲地区		低收入经济体	
人口（百万）	10.5	人口增长率（百分比）	2.9
陆地面积（千平方公里）	638	每天生活费用不足1.25美元的人口（占人口的百分比）	..
GNI，图表集法（百万美元）	..	人均GNI，图表集法（美元）	..
PPP衡量的GNI（百万美元）	..	PPP衡量的人均GNI（美元）	..

	1990	2000	2013
人口			
最贫困的20%人口占国家消费/收入的份额（百分比）	..	..	..
出生时的预期寿命（岁）	45	51	55
总生育率（每个女性生育数）	7.4	7.6	6.6
青年女性生育率（每千名15—19岁女性生育数）	92	127	107
避孕普及率（占15—49岁已婚女性的百分比）	..	*8*	*15*
在熟练医护人员护理下的分娩（占总数的百分比）	..	*33*	*33*
5岁以下儿童死亡率（每千人）	180	174	146
儿童营养不良，体重不足（占5岁以下儿童的百分比）	..	22.8	*32.8*
儿童麻疹免疫接种率（占12—23个月年龄组的百分比）	30	24	46
小学毕业率，总数（占适龄年龄组的百分比）	..	..	..
中学总入学率，总数（占适龄年龄组的百分比）	..	..	..
小学和中学中女孩与男孩的比率（百分比）	..	..	..
HIV感染率（占15—49岁人口的百分比）	0.1	0.7	0.5
环境			
森林（千平方公里）	83	75	*66*
森林采伐（1990—2000年和2000—2010年，平均年度百分比）		1.0	*1.1*
淡水使用量（占内陆水资源的百分比）	..	*54.8*	55.0
获得改善的水资源的人口（占总人口的百分比）	*21*	24	*32*
获得改善的卫生设施的人口（占总人口的百分比）	*21*	22	*24*
人均能源使用量（千克石油当量）	..	..	..
人均二氧化碳排放量（吨）	0.00	0.07	*0.06*
人均用电量（千瓦时）	..	..	..
经济			
GDP（百万美元）	917	..	..
GDP增长率（年度百分比）	-1.5	..	..
GDP隐含价格平减指数（年度增长百分比）	215.5	..	..
农业增加值（占GDP的百分比）	65	..	..
工业增加值（占GDP的百分比）	..	..	..
服务业增加值（占GDP的百分比）	..	..	..
货物和服务出口（占GDP的百分比）	10	..	..
货物和服务进口（占GDP的百分比）	38	..	..
资本形成总额（占GDP的百分比）	16	..	..
中央政府收入（占GDP的百分比）	..	..	..
中央政府现金盈余/赤字（占GDP的百分比）	..	..	..
政府与市场			
创办企业的时间（天）	..	..	..
总体统计能力水平（0—100）	..	*22.2*	20.0
军费支出（占GDP的百分比）	*0.8*	..	..
移动电话用户（每100人）	0.0	1.1	49.4
互联网用户（占总人口的百分比）	0.0	0.0	1.5
金融部门提供的国内信用（占GDP的百分比）	0.0	0.0	0.0
高科技出口（占制成品出口的百分比）	..	..	..
全球联系			
商品贸易（占GDP的百分比）	..	..	..
净易货贸易条件指数（2000年=100）	..	100	116
外债总额（10亿美元）	2.4	2.6	3.1
债务还本付息总额（占出口的百分比）	*47.6*	..	..
净移民（千人）	*-893*	*-200*	*-150*
获得的侨汇（百万美元）	..	..	..
外国直接投资，净流入额（百万美元）	6	0	107
获得的净官方发展援助（百万美元）	515	102	992

南非

撒哈拉以南非洲地区		中高收入经济体	
人口（百万）	53.2	人口增长率（百分比）	1.5
陆地面积（千平方公里）	1,219	每天生活费用不足1.25美元的人口（占人口的百分比）	*9.4*
GNI，图表集法（10亿美元）	393.8	人均GNI，图表集法（美元）	7,410
PPP衡量的GNI（10亿美元）	666.0	PPP衡量的人均GNI（美元）	12,530

	1990	2000	2013
人口			
最贫困的20%人口占国家消费/收入的份额（百分比）	*3.0*	3.1	*2.5*
出生时的预期寿命（岁）	62	56	57
总生育率（每个女性生育数）	3.7	2.9	2.4
青年女性生育率（每千名15—19岁女性生育数）	93	75	49
避孕普及率（占15—49岁已婚女性的百分比）	57	*60*	..
在熟练医护人员护理下的分娩（占总数的百分比）	..	*91*	..
5岁以下儿童死亡率（每千人）	61	74	44
儿童营养不良，体重不足（占5岁以下儿童的百分比）	..	*10.1*	*8.7*
儿童麻疹免疫接种率（占12—23个月年龄组的百分比）	79	72	66
小学毕业率，总数（占适龄年龄组的百分比）	*76*	87	..
中学总入学率，总数（占适龄年龄组的百分比）	66	84	111
小学和中学中女孩与男孩的比率（百分比）	103	100	100
HIV感染率（占15—49岁人口的百分比）	0.3	14.9	19.1
环境			
森林（千平方公里）	92	92	*92*
森林采伐（1990—2000年和2000—2010年，平均年度百分比）		0.0	*0.0*
淡水使用量（占内陆水资源的百分比）	*29.7*	*27.9*	27.9
获得改善的水资源的人口（占总人口的百分比）	81	87	*95*
获得改善的卫生设施的人口（占总人口的百分比）	58	65	*74*
人均能源使用量（千克石油当量）	2,584	2,483	*2,742*
人均二氧化碳排放量（吨）	9.5	8.4	*9.1*
人均用电量（千瓦时）	4,431	4,681	*4,606*
经济			
GDP（10亿美元）	112	136	366
GDP增长率（年度百分比）	-0.3	4.2	2.2
GDP隐含价格平减指数（年度增长百分比）	15.5	8.8	6.0
农业增加值（占GDP的百分比）	5	3	2
工业增加值（占GDP的百分比）	40	32	30
服务业增加值（占GDP的百分比）	55	65	68
货物和服务出口（占GDP的百分比）	24	27	31
货物和服务进口（占GDP的百分比）	19	24	33
资本形成总额（占GDP的百分比）	18	16	20
中央政府收入（占GDP的百分比）	..	25.7	*28.3*
中央政府现金盈余/赤字（占GDP的百分比）	..	-1.9	*-4.5*
政府与市场			
创办企业的时间（天）	..	*36*	19
总体统计能力水平（0—100）	..	*86.7*	74.4
军费支出（占GDP的百分比）	3.9	1.5	1.1
移动电话用户（每100人）	0.0	18.6	145.6
互联网用户（占总人口的百分比）	0.0	5.3	48.9
金融部门提供的国内信用（占GDP的百分比）	97.8	148.6	182.2
高科技出口（占制成品出口的百分比）	7	7	5
全球联系			
商品贸易（占GDP的百分比）	37	44	61
净易货贸易条件指数（2000年=100）	104	100	97
外债总额（10亿美元）	..	25	140
债务还本付息总额（占出口的百分比）	..	9.9	8.3
净移民（千人）	*805*	*1,072*	*-100*
获得的侨汇（百万美元）	136	344	971
外国直接投资，净流入额（百万美元）	-76	969	8,118
获得的净官方发展援助（百万美元）	*270*	486	1,293

南苏丹

撒哈拉以南非洲地区 **中低收入经济体**

人口（百万）	11.3	人口增长率（百分比）	4.1
陆地面积（千平方公里）	644	每天生活费用不足1.25美元的人口（占人口的百分比）	..
GNI，图表集法（10亿美元）	10.8	人均GNI，图表集法（美元）	950
PPP衡量的GNI（10亿美元）	21.0	PPP衡量的人均GNI（美元）	1,860

	1990	2000	2013
人口			
最贫困的20%人口占国家消费/收入的份额（百分比）	..	..	..
出生时的预期寿命（岁）	44	49	55
总生育率（每个女性生育数）	6.8	6.1	4.9
青年女性生育率（每千名15—19岁女性生育数）	138	122	72
避孕普及率（占15—49岁已婚女性的百分比）	..	..	*4*
在熟练医护人员护理下的分娩（占总数的百分比）	..	..	*19*
5岁以下儿童死亡率（每千人）	253	183	99
儿童营养不良，体重不足（占5岁以下儿童的百分比）	..	..	*27.6*
儿童麻疹免疫接种率（占12—23个月年龄组的百分比）	..	..	30
小学毕业率，总数（占适龄年龄组的百分比）	..	..	*37*
中学总入学率，总数（占适龄年龄组的百分比）	..	..	..
小学和中学中女孩与男孩的比率（百分比）	..	..	..
HIV感染率（占15—49岁人口的百分比）	0.3	2.3	2.2
环境			
森林（千平方公里）	..	..	*148*
森林采伐（1990—2000年和2000—2010年，平均年度百分比）		..	..
淡水使用量（占内陆水资源的百分比）	..	..	2.5
获得改善的水资源的人口（占总人口的百分比）	..	..	57
获得改善的卫生设施的人口（占总人口的百分比）	..	..	9
人均能源使用量（千克石油当量）	..	..	..
人均二氧化碳排放量（吨）	..	..	..
人均用电量（千瓦时）	..	..	..
经济			
GDP（10亿美元）	..	..	11.8
GDP增长率（年度百分比）	..	..	13.1
GDP隐含价格平减指数（年度增长百分比）	..	..	0.6
农业增加值（占GDP的百分比）	..	..	..
工业增加值（占GDP的百分比）	..	..	..
服务业增加值（占GDP的百分比）	..	..	..
货物和服务出口（占GDP的百分比）	..	..	18
货物和服务进口（占GDP的百分比）	..	..	43
资本形成总额（占GDP的百分比）	..	..	12
中央政府收入（占GDP的百分比）	..	..	..
中央政府现金盈余/赤字（占GDP的百分比）	..	..	..
政府与市场			
创办企业的时间（天）	..	..	14
总体统计能力水平（0—100）	..	..	29.4
军费支出（占GDP的百分比）	..	..	*9.3*
移动电话用户（每100人）	..	..	25.3
互联网用户（占总人口的百分比）	..	..	..
金融部门提供的国内信用（占GDP的百分比）	0.0	0.0	0.0
高科技出口（占制成品出口的百分比）	..	..	..
全球联系			
商品贸易（占GDP的百分比）	..	..	..
净易货贸易条件指数（2000年=100）	..	..	..
外债总额（百万美元）	..	..	..
债务还本付息总额（占出口的百分比）	..	..	..
净移民（千人）	*-1,095*	*432*	*865*
获得的侨汇（百万美元）	..	..	..
外国直接投资，净流入额（百万美元）	..	..	..
获得的净官方发展援助（百万美元）	..	..	1,447

西班牙

高收入经济体

人口（百万）	46.6	人口增长率（百分比）	-0.3
陆地面积（千平方公里）	506	每天生活费用不足1.25美元的人口（占人口的百分比）	..
GNI，图表集法（10亿美元）	1,395.9	人均GNI，图表集法（美元）	29,940
PPP衡量的GNI（10亿美元）	1,532.1	PPP衡量的人均GNI（美元）	32,870

	1990	2000	2013
人口			
最贫困的20%人口占国家消费/收入的份额（百分比）	7.6	7.0	*5.4*
出生时的预期寿命（岁）	77	79	82
总生育率（每个女性生育数）	1.4	1.2	1.3
青年女性生育率（每千名15—19岁女性生育数）	12	9	10
避孕普及率（占15—49岁已婚女性的百分比）	..	*72*	66
在熟练医护人员护理下的分娩（占总数的百分比）	..	..	..
5岁以下儿童死亡率（每千人）	11	7	4
儿童营养不良，体重不足（占5岁以下儿童的百分比）	..	..	..
儿童麻疹免疫接种率（占12—23个月年龄组的百分比）	99	94	95
小学毕业率，总数（占适龄年龄组的百分比）	101	..	*102*
中学总入学率，总数（占适龄年龄组的百分比）	102	111	*131*
小学和中学中女孩与男孩的比率（百分比）	103	103	*100*
HIV感染率（占15—49岁人口的百分比）	0.4	0.5	0.4
环境			
森林（千平方公里）	138	170	*185*
森林采伐（1990—2000年和2000—2010年，平均年度百分比）		-2.1	*-0.7*
淡水使用量（占内陆水资源的百分比）	*33.2*	*32.4*	29.2
获得改善的水资源的人口（占总人口的百分比）	100	100	*100*
获得改善的卫生设施的人口（占总人口的百分比）	100	100	*100*
人均能源使用量（千克石油当量）	2,319	3,026	*2,666*
人均二氧化碳排放量（吨）	5.6	7.3	*5.8*
人均用电量（千瓦时）	3,538	5,207	*5,530*
经济			
GDP（10亿美元）	535	595	1,393
GDP增长率（年度百分比）	3.8	5.3	-1.2
GDP隐含价格平减指数（年度增长百分比）	7.3	3.3	0.7
农业增加值（占GDP的百分比）	..	4	3
工业增加值（占GDP的百分比）	..	31	23
服务业增加值（占GDP的百分比）	..	65	74
货物和服务出口（占GDP的百分比）	16	29	32
货物和服务进口（占GDP的百分比）	20	32	28
资本形成总额（占GDP的百分比）	27	27	19
中央政府收入（占GDP的百分比）	..	29.5	*20.5*
中央政府现金盈余/赤字（占GDP的百分比）	..	-0.5	*-8.8*
政府与市场			
创办企业的时间（天）	..	*138*	13
总体统计能力水平（0—100）	..	..	..
军费支出（占GDP的百分比）	1.7	1.2	0.9
移动电话用户（每100人）	0.1	60.2	106.9
互联网用户（占总人口的百分比）	0.0	13.6	71.6
金融部门提供的国内信用（占GDP的百分比）	102.0	112.3	205.1
高科技出口（占制成品出口的百分比）	7	8	8
全球联系			
商品贸易（占GDP的百分比）	27	46	47
净易货贸易条件指数（2000年=100）	..	100	89
外债总额（百万美元）	..	..	..
债务还本付息总额（占出口的百分比）	..	..	..
净移民（千人）	*319*	*2,829*	*600*
获得的侨汇（10亿美元）	2.2	4.9	9.6
外国直接投资，净流入额（10亿美元）	14.0	38.8	44.9
获得的净官方发展援助（百万美元）	..	..	..

斯里兰卡

南亚			中低收入经济体
人口（百万）	20.5	人口增长率（百分比）	0.8
陆地面积（千平方公里）	66	每天生活费用不足1.25美元的人口（占人口的百分比）	*4.1*
GNI，图表集法（10亿美元）	65.0	人均GNI，图表集法（美元）	3,170
PPP衡量的GNI（10亿美元）	194.1	PPP衡量的人均GNI（美元）	9,470

	1990	2000	2013
人口			
最贫困的20%人口占国家消费/收入的份额（百分比）	8.7	*6.8*	*7.7*
出生时的预期寿命（岁）	70	71	74
总生育率（每个女性生育数）	2.5	2.2	2.3
青年女性生育率（每千名15—19岁女性生育数）	31	28	17
避孕普及率（占15—49岁已婚女性的百分比）	*66*	70	*68*
在熟练医护人员护理下的分娩（占总数的百分比）	*94*	96	*99*
5岁以下儿童死亡率（每千人）	21	16	10
儿童营养不良，体重不足（占5岁以下儿童的百分比）	*33.8*	22.8	*26.3*
儿童麻疹免疫接种率（占12—23个月年龄组的百分比）	80	99	99
小学毕业率，总数（占适龄年龄组的百分比）	97	*106*	*97*
中学总入学率，总数（占适龄年龄组的百分比）	72	..	*99*
小学和中学中女孩与男孩的比率（百分比）	102	..	*103*
HIV感染率（占15—49岁人口的百分比）	0.1	0.1	0.1
环境			
森林（千平方公里）	24	21	*18*
森林采伐（1990—2000年和2000—2010年，平均年度百分比）		1.2	*1.1*
淡水使用量（占内陆水资源的百分比）	*18.5*	*24.6*	24.5
获得改善的水资源的人口（占总人口的百分比）	68	79	*94*
获得改善的卫生设施的人口（占总人口的百分比）	68	79	*92*
人均能源使用量（千克石油当量）	324	436	*499*
人均二氧化碳排放量（吨）	0.2	0.5	*0.6*
人均用电量（千瓦时）	154	290	*490*
经济			
GDP（10亿美元）	8.0	16.3	67.2
GDP增长率（年度百分比）	6.4	6.0	7.3
GDP隐含价格平减指数（年度增长百分比）	20.1	7.3	6.7
农业增加值（占GDP的百分比）	26	20	11
工业增加值（占GDP的百分比）	26	27	32
服务业增加值（占GDP的百分比）	48	53	57
货物和服务出口（占GDP的百分比）	30	39	22
货物和服务进口（占GDP的百分比）	38	50	32
资本形成总额（占GDP的百分比）	22	28	30
中央政府收入（占GDP的百分比）	21.0	16.8	*13.9*
中央政府现金盈余/赤字（占GDP的百分比）	-5.2	-8.4	*-6.1*
政府与市场			
创办企业的时间（天）	..	*56*	11
总体统计能力水平（0—100）	..	*75.6*	78.9
军费支出（占GDP的百分比）	2.3	5.0	2.7
移动电话用户（每100人）	0.0	2.3	95.5
互联网用户（占总人口的百分比）	0.0	0.6	21.9
金融部门提供的国内信用（占GDP的百分比）	38.0	43.7	47.4
高科技出口（占制成品出口的百分比）	1	3	1
全球联系			
商品贸易（占GDP的百分比）	57	77	42
净易货贸易条件指数（2000年=100）	82	100	69
外债总额（10亿美元）	5.9	9.2	25.2
债务还本付息总额（占出口的百分比）	16.1	12.1	11.9
净移民（千人）	*-256*	*-100*	*-317*
获得的侨汇（10亿美元）	0.4	1.2	6.4
外国直接投资，净流入额（百万美元）	43	173	916
获得的净官方发展援助（百万美元）	728	275	423

圣基茨和尼维斯

高收入经济体

人口（千人）	54	人口增长率（百分比）	1.1
陆地面积（平方公里）	260	每天生活费用不足1.25美元的人口（占人口的百分比）	..
GNI，图表集法（百万美元）	752.7	人均GNI，图表集法（美元）	13,890
PPP衡量的GNI（百万美元）	1,137.3	PPP衡量的人均GNI（美元）	20,990

	1990	2000	2013
人口			
最贫困的20%人口占国家消费/收入的份额（百分比）	..	..	..
出生时的预期寿命（岁）	*68*	*71*	..
总生育率（每个女性生育数）	*2.6*	*2.1*	..
青年女性生育率（每千名15—19岁女性生育数）	..	..	..
避孕普及率（占15—49岁已婚女性的百分比）	..	..	*54*
在熟练医护人员护理下的分娩（占总数的百分比）	..	99	*100*
5岁以下儿童死亡率（每千人）	29	18	10
儿童营养不良，体重不足（占5岁以下儿童的百分比）	..	..	..
儿童麻疹免疫接种率（占12—23个月年龄组的百分比）	99	99	99
小学毕业率，总数（占适龄年龄组的百分比）	*118*	103	90
中学总入学率，总数（占适龄年龄组的百分比）	*78*	105	101
小学和中学中女孩与男孩的比率（百分比）	*101*	106	110
HIV感染率（占15—49岁人口的百分比）	..	..	..
环境			
森林（平方公里）	110	110	*110*
森林采伐（1990—2000年和2000—2010年，平均年度百分比）		0.0	*0.0*
淡水使用量（占内陆水资源的百分比）	..	..	..
获得改善的水资源的人口（占总人口的百分比）	98	98	*98*
获得改善的卫生设施的人口（占总人口的百分比）	..	87	..
人均能源使用量（千克石油当量）	529	..	..
人均二氧化碳排放量（吨）	1.6	2.3	*4.8*
人均用电量（千瓦时）	..	..	..
经济			
GDP（百万美元）	159	420	766
GDP增长率（年度百分比）	2.3	2.3	4.2
GDP隐含价格平减指数（年度增长百分比）	8.7	34.6	0.4
农业增加值（占GDP的百分比）	6	2	2
工业增加值（占GDP的百分比）	29	30	26
服务业增加值（占GDP的百分比）	65	68	73
货物和服务出口（占GDP的百分比）	52	36	38
货物和服务进口（占GDP的百分比）	83	59	49
资本形成总额（占GDP的百分比）	55	52	29
中央政府收入（占GDP的百分比）	24.2	22.4	*32.6*
中央政府现金盈余/赤字（占GDP的百分比）	-1.5	-11.2	*11.2*
政府与市场			
创办企业的时间（天）	..	..	19
总体统计能力水平（0—100）	..	..	52.2
军费支出（占GDP的百分比）	..	..	..
移动电话用户（每100人）	0.0	2.6	142.1
互联网用户（占总人口的百分比）	0.0	5.9	80.0
金融部门提供的国内信用（占GDP的百分比）	78.0	98.8	65.9
高科技出口（占制成品出口的百分比）	5	1	*0*
全球联系			
商品贸易（占GDP的百分比）	87	55	38
净易货贸易条件指数（2000年=100）	..	100	68
外债总额（百万美元）	..	..	..
债务还本付息总额（占出口的百分比）	..	..	..
净移民（千人）	..	..	..
获得的侨汇（百万美元）	19.3	27.1	51.6
外国直接投资，净流入额（百万美元）	49	96	111
获得的净官方发展援助（百万美元）	8.1	3.9	29.3

圣卢西亚

拉丁美洲和加勒比地区		中高收入经济体	
人口（千人）	182	人口增长率（百分比）	0.8
陆地面积（平方公里）	620	每天生活费用不足1.25美元的人口（占人口的百分比）	*21.0*
GNI，图表集法（10亿美元）	1.3	人均GNI，图表集法（美元）	7,060
PPP衡量的GNI（10亿美元）	1.9	PPP衡量的人均GNI（美元）	10,290

	1990	2000	2013
人口			
最贫困的20%人口占国家消费/收入的份额（百分比）	..	..	..
出生时的预期寿命（岁）	71	71	75
总生育率（每个女性生育数）	3.4	2.3	1.9
青年女性生育率（每千名15—19岁女性生育数）	105	65	55
避孕普及率（占15—49岁已婚女性的百分比）	*47*	*47*	*56*
在熟练医护人员护理下的分娩（占总数的百分比）	..	100	*99*
5岁以下儿童死亡率（每千人）	23	18	15
儿童营养不良，体重不足（占5岁以下儿童的百分比）	..	..	*2.8*
儿童麻疹免疫接种率（占12—23个月年龄组的百分比）	82	88	99
小学毕业率，总数（占适龄年龄组的百分比）	124	*105*	..
中学总入学率，总数（占适龄年龄组的百分比）	49	74	88
小学和中学中女孩与男孩的比率（百分比）	103	106	..
HIV感染率（占15—49岁人口的百分比）	..	..	..
环境			
森林（平方公里）	438	467	*470*
森林采伐（1990—2000年和2000—2010年，平均年度百分比）		-0.6	*-0.1*
淡水使用量（占内陆水资源的百分比）	..	..	..
获得改善的水资源的人口（占总人口的百分比）	93	94	*94*
获得改善的卫生设施的人口（占总人口的百分比）	58	62	*65*
人均能源使用量（千克石油当量）	405	..	..
人均二氧化碳排放量（吨）	1.2	2.1	*2.3*
人均用电量（千瓦时）	..	..	..
经济			
GDP（百万美元）	397	781	1,336
GDP增长率（年度百分比）	23.5	4.4	-0.4
GDP隐含价格平减指数（年度增长百分比）	3.2	8.0	3.0
农业增加值（占GDP的百分比）	15	6	3
工业增加值（占GDP的百分比）	18	17	14
服务业增加值（占GDP的百分比）	67	77	83
货物和服务出口（占GDP的百分比）	73	48	46
货物和服务进口（占GDP的百分比）	84	57	51
资本形成总额（占GDP的百分比）	26	27	23
中央政府收入（占GDP的百分比）	..	23.1	*23.0*
中央政府现金盈余/赤字（占GDP的百分比）	..	-1.0	-6.5
政府与市场			
创办企业的时间（天）	..	..	15
总体统计能力水平（0—100）	..	..	66.7
军费支出（占GDP的百分比）	..	..	..
移动电话用户（每100人）	0.0	1.6	116.3
互联网用户（占总人口的百分比）	0.0	5.1	35.2
金融部门提供的国内信用（占GDP的百分比）	58.8	70.9	123.1
高科技出口（占制成品出口的百分比）	*1*	6	..
全球联系			
商品贸易（占GDP的百分比）	100	51	55
净易货贸易条件指数（2000年=100）	..	100	91
外债总额（百万美元）	79	222	486
债务还本付息总额（占出口的百分比）	2.2	7.9	5.9
净移民（千人）	*-4.8*	*-0.2*	*0.0*
获得的侨汇（百万美元）	16.1	26.4	30.1
外国直接投资，净流入额（百万美元）	44.8	53.7	83.5
获得的净官方发展援助（百万美元）	12.3	11.0	24.3

法属圣马丁

高收入经济体

人口（千人）	31	人口增长率（百分比）	1.0
陆地面积（平方公里）	54	每天生活费用不足1.25美元的人口（占人口的百分比）	..
GNI，图表集法（百万美元）	..	人均GNI，图表集法（美元）	..
PPP衡量的GNI（百万美元）	..	PPP衡量的人均GNI（美元）	..

	1990	2000	2013
人口			
最贫困的20%人口占国家消费/收入的份额（百分比）	..	..	..
出生时的预期寿命（岁）	75	77	79
总生育率（每个女性生育数）	2.1	1.8	1.8
青年女性生育率（每千名15—19岁女性生育数）	..	..	..
避孕普及率（占15—49岁已婚女性的百分比）	..	..	..
在熟练医护人员护理下的分娩（占总数的百分比）	..	..	..
5岁以下儿童死亡率（每千人）	..	..	..
儿童营养不良，体重不足（占5岁以下儿童的百分比）	..	..	..
儿童麻疹免疫接种率（占12—23个月年龄组的百分比）	..	..	..
小学毕业率，总数（占适龄年龄组的百分比）	..	..	..
中学总入学率，总数（占适龄年龄组的百分比）	..	..	..
小学和中学中女孩与男孩的比率（百分比）	..	..	..
HIV感染率（占15—49岁人口的百分比）	..	..	..
环境			
森林（平方公里）	..	..	..
森林采伐（1990—2000年和2000—2010年，平均年度百分比）		0.0	*0.0*
淡水使用量（占内陆水资源的百分比）	..	..	..
获得改善的水资源的人口（占总人口的百分比）	..	..	..
获得改善的卫生设施的人口（占总人口的百分比）	..	..	..
人均能源使用量（千克石油当量）	..	..	..
人均二氧化碳排放量（吨）	..	..	..
人均用电量（千瓦时）	..	..	..
经济			
GDP（百万美元）	..	..	..
GDP增长率（年度百分比）	..	..	..
GDP隐含价格平减指数（年度增长百分比）	..	..	..
农业增加值（占GDP的百分比）	..	..	..
工业增加值（占GDP的百分比）	..	..	..
服务业增加值（占GDP的百分比）	..	..	..
货物和服务出口（占GDP的百分比）	..	..	..
货物和服务进口（占GDP的百分比）	..	..	..
资本形成总额（占GDP的百分比）	..	..	..
中央政府收入（占GDP的百分比）	..	..	..
中央政府现金盈余/赤字（占GDP的百分比）	..	..	..
政府与市场			
创办企业的时间（天）	..	..	..
总体统计能力水平（0—100）	..	..	..
军费支出（占GDP的百分比）	..	..	..
移动电话用户（每100人）	..	..	..
互联网用户（占总人口的百分比）	..	..	..
金融部门提供的国内信用（占GDP的百分比）	0.0	0.0	0.0
高科技出口（占制成品出口的百分比）	..	..	..
全球联系			
商品贸易（占GDP的百分比）	..	..	..
净易货贸易条件指数（2000年=100）	..	..	..
外债总额（百万美元）	..	..	..
债务还本付息总额（占出口的百分比）	..	..	..
净移民（千人）	..	..	..
获得的侨汇（百万美元）	..	..	..
外国直接投资，净流入额（百万美元）	..	..	..
获得的净官方发展援助（百万美元）	..	..	..

圣文森特和格林纳丁斯

拉丁美洲和加勒比地区 **中高收入经济体**

人口（千人）	109	人口增长率（百分比）	0.0
陆地面积（平方公里）	390	每天生活费用不足1.25美元的人口（占人口的百分比）	..
GNI，图表集法（百万美元）	707.0	人均GNI，图表集法（美元）	6,460
PPP衡量的GNI（百万美元）	1,141.4	PPP衡量的人均GNI（美元）	10,440

	1990	2000	2013
人口			
最贫困的20%人口占国家消费/收入的份额（百分比）	..	..	..
出生时的预期寿命（岁）	70	71	73
总生育率（每个女性生育数）	3.0	2.4	2.0
青年女性生育率（每千名15—19岁女性生育数）	91	69	54
避孕普及率（占15—49岁已婚女性的百分比）	*58*	*58*	*48*
在熟练医护人员护理下的分娩（占总数的百分比）	..	100	*99*
5岁以下儿童死亡率（每千人）	25	22	19
儿童营养不良，体重不足（占5岁以下儿童的百分比）	..	..	..
儿童麻疹免疫接种率（占12—23个月年龄组的百分比）	96	96	99
小学毕业率，总数（占适龄年龄组的百分比）	..	*93*	107
中学总入学率，总数（占适龄年龄组的百分比）	*60*	83	103
小学和中学中女孩与男孩的比率（百分比）	*107*	106	95
HIV感染率（占15—49岁人口的百分比）	..	..	..
环境			
森林（平方公里）	253	260	*269*
森林采伐（1990—2000年和2000—2010年，平均年度百分比）		-0.3	*-0.3*
淡水使用量（占内陆水资源的百分比）	..	..	..
获得改善的水资源的人口（占总人口的百分比）	88	94	*95*
获得改善的卫生设施的人口（占总人口的百分比）	63	73	..
人均能源使用量（千克石油当量）	274	..	..
人均二氧化碳排放量（吨）	0.8	1.5	*1.9*
人均用电量（千瓦时）	..	..	..
经济			
GDP（百万美元）	198	396	709
GDP增长率（年度百分比）	5.0	-0.8	1.7
GDP隐含价格平减指数（年度增长百分比）	6.4	20.4	0.6
农业增加值（占GDP的百分比）	21	9	7
工业增加值（占GDP的百分比）	23	20	18
服务业增加值（占GDP的百分比）	56	72	75
货物和服务出口（占GDP的百分比）	66	45	27
货物和服务进口（占GDP的百分比）	77	51	60
资本形成总额（占GDP的百分比）	30	23	25
中央政府收入（占GDP的百分比）	25.6	24.3	*25.2*
中央政府现金盈余/赤字（占GDP的百分比）	..	-0.4	*-2.1*
政府与市场			
创办企业的时间（天）	..	..	10
总体统计能力水平（0—100）	..	..	55.6
军费支出（占GDP的百分比）	..	..	..
移动电话用户（每100人）	0.0	2.2	114.6
互联网用户（占总人口的百分比）	0.0	3.2	52.0
金融部门提供的国内信用（占GDP的百分比）	49.4	64.2	58.4
高科技出口（占制成品出口的百分比）	*0*	0	*0*
全球联系			
商品贸易（占GDP的百分比）	110	53	60
净易货贸易条件指数（2000年=100）	..	100	94
外债总额（百万美元）	63	195	293
债务还本付息总额（占出口的百分比）	3.3	7.2	13.5
净移民（千人）	*-8.7*	*-5.2*	*-5.0*
获得的侨汇（百万美元）	15.6	22.5	31.6
外国直接投资，净流入额（百万美元）	8	38	127
获得的净官方发展援助（百万美元）	15.4	6.2	7.6

苏丹

撒哈拉以南非洲地区		中低收入经济体	
人口（百万）	38.0	人口增长率（百分比）	2.0
陆地面积（千平方公里）	1,879	每天生活费用不足1.25美元的人口（占人口的百分比）	*19.8*
GNI，图表集法（10亿美元）	58.8	人均GNI，图表集法（美元）	1,550
PPP衡量的GNI（10亿美元）	122.7	PPP衡量的人均GNI（美元）	3,230

	1990	2000	2013
人口			
最贫困的20%人口占国家消费/收入的份额（百分比）	..	..	*6.8*
出生时的预期寿命（岁）	56[g]	58[g]	62
总生育率（每个女性生育数）	6.2[g]	5.4[g]	4.4
青年女性生育率（每千名15—19岁女性生育数）	105[g]	116[g]	80
避孕普及率（占15—49岁已婚女性的百分比）	9	*7*	*9*
在熟练医护人员护理下的分娩（占总数的百分比）	69	..	*23*
5岁以下儿童死亡率（每千人）	128[g]	108[g]	77
儿童营养不良，体重不足（占5岁以下儿童的百分比）	*31.8*	38.4	*27.0*
儿童麻疹免疫接种率（占12—23个月年龄组的百分比）	57	58	85
小学毕业率，总数（占适龄年龄组的百分比）	..	..	*57*
中学总入学率，总数（占适龄年龄组的百分比）	..	*34*[g]	*41*
小学和中学中女孩与男孩的比率（百分比）	..	*84*[g]	*90*
HIV感染率（占15—49岁人口的百分比）	0.1[g]	0.1[g]	0.2
环境			
森林（千平方公里）	764	705	*551*
森林采伐（1990—2000年和2000—2010年，平均年度百分比）		0.8	*0.1*[h]
淡水使用量（占内陆水资源的百分比）	..	..	673.3
获得改善的水资源的人口（占总人口的百分比）	68	62	*56*
获得改善的卫生设施的人口（占总人口的百分比）	27	25	*24*
人均能源使用量（千克石油当量）	412	388	*355*
人均二氧化碳排放量（吨）	0.2	0.2	*0.3*[h]
人均用电量（千瓦时）	50	63	*143*
经济			
GDP（10亿美元）	12.4	12.3	66.6
GDP增长率（年度百分比）	-5.5	6.3	-6.0
GDP隐含价格平减指数（年度增长百分比）	66.2	9.9	49.1
农业增加值（占GDP的百分比）	41	42	28
工业增加值（占GDP的百分比）	15	21	22
服务业增加值（占GDP的百分比）	44	37	50
货物和服务出口（占GDP的百分比）	4	16	10
货物和服务进口（占GDP的百分比）	7	13	16
资本形成总额（占GDP的百分比）	11	25	22
中央政府收入（占GDP的百分比）	..	*8.0*	..
中央政府现金盈余/赤字（占GDP的百分比）	..	*-0.4*	..
政府与市场			
创办企业的时间（天）	..	..	36
总体统计能力水平（0—100）	..	*35.6*	43.3
军费支出（占GDP的百分比）	2.6	4.8	..
移动电话用户（每100人）	0.0	0.1	72.9
互联网用户（占总人口的百分比）	0.0	0.0	22.7
金融部门提供的国内信用（占GDP的百分比）	21.7	8.9	24.0
高科技出口（占制成品出口的百分比）	..	4	*1*
全球联系			
商品贸易（占GDP的百分比）	8	27	26[h]
净易货贸易条件指数（2000年=100）	100	100	*235*[h]
外债总额（10亿美元）	14.8	16.1	22.4[h]
债务还本付息总额（占出口的百分比）	9.7	13.5	3.5[h]
净移民（千人）	*1,200*[g]	*-430*[g]	*-800*
获得的侨汇（百万美元）	62	641	424[h]
外国直接投资，净流入额（百万美元）	-31	392	2,179[h]
获得的净官方发展援助（百万美元）	848	225	1,163

苏里南

拉丁美洲和加勒比地区		中高收入经济体	
人口（千人）	539	人口增长率（百分比）	0.9
陆地面积（千平方公里）	164	每天生活费用不足1.25美元的人口（占人口的百分比）	*15.5*
GNI，图表集法（10亿美元）	5.1	人均GNI，图表集法（美元）	9,370
PPP衡量的GNI（10亿美元）	8.6	PPP衡量的人均GNI（美元）	15,960

	1990	2000	2013
人口			
最贫困的20%人口占国家消费/收入的份额（百分比）	..	*3.2*	..
出生时的预期寿命（岁）	68	68	71
总生育率（每个女性生育数）	2.7	2.7	2.3
青年女性生育率（每千名15—19岁女性生育数）	54	47	34
避孕普及率（占15—49岁已婚女性的百分比）	*48*	42	*48*
在熟练医护人员护理下的分娩（占总数的百分比）	..	85	*91*
5岁以下儿童死亡率（每千人）	48	35	23
儿童营养不良，体重不足（占5岁以下儿童的百分比）	..	11.4	*5.8*
儿童麻疹免疫接种率（占12—23个月年龄组的百分比）	65	84	93
小学毕业率，总数（占适龄年龄组的百分比）	*88*	..	85
中学总入学率，总数（占适龄年龄组的百分比）	56	*73*	76
小学和中学中女孩与男孩的比率（百分比）	116	*107*	109
HIV感染率（占15—49岁人口的百分比）	0.1	1.3	0.9
环境			
森林（千平方公里）	148	148	*148*
森林采伐（1990—2000年和2000—2010年，平均年度百分比）		0.0	*0.0*
淡水使用量（占内陆水资源的百分比）	..	*0.7*	0.6
获得改善的水资源的人口（占总人口的百分比）	..	89	*95*
获得改善的卫生设施的人口（占总人口的百分比）	..	81	*80*
人均能源使用量（千克石油当量）	1,367	..	..
人均二氧化碳排放量（吨）	4.5	4.6	*4.5*
人均用电量（千瓦时）	..	..	..
经济			
GDP（百万美元）	388	892	5,299
GDP增长率（年度百分比）	-0.5	-0.1	2.9
GDP隐含价格平减指数（年度增长百分比）	43.8	54.8	2.7
农业增加值（占GDP的百分比）	9	11	7
工业增加值（占GDP的百分比）	24	25	49
服务业增加值（占GDP的百分比）	67	64	44
货物和服务出口（占GDP的百分比）	42	20	..
货物和服务进口（占GDP的百分比）	44	33	..
资本形成总额（占GDP的百分比）	11	12	6
中央政府收入（占GDP的百分比）	..	*34.1*	*25.5*
中央政府现金盈余/赤字（占GDP的百分比）	..	*1.1*	*-1.2*
政府与市场			
创办企业的时间（天）	..	..	84
总体统计能力水平（0—100）	..	..	63.3
军费支出（占GDP的百分比）	..	..	..
移动电话用户（每100人）	0.0	8.8	161.1
互联网用户（占总人口的百分比）	0.0	2.5	37.4
金融部门提供的国内信用（占GDP的百分比）	109.2	33.7	31.5
高科技出口（占制成品出口的百分比）	..	8	7
全球联系			
商品贸易（占GDP的百分比）	243	104	86
净易货贸易条件指数（2000年=100）	..	100	127
外债总额（百万美元）	..	..	..
债务还本付息总额（占出口的百分比）	..	..	..
净移民（千人）	*-3.3*	*0.0*	*-5.0*
获得的侨汇（百万美元）	0.5	1.3	7.0
外国直接投资，净流入额（百万美元）	-77	-148	137
获得的净官方发展援助（百万美元）	61.1	34.3	29.9

斯威士兰

撒哈拉以南非洲地区		中低收入经济体	
人口（百万）	1.2	人口增长率（百分比）	1.5
陆地面积（千平方公里）	17	每天生活费用不足1.25美元的人口（占人口的百分比）	*39.3*
GNI，图表集法（10亿美元）	3.7	人均GNI，图表集法（美元）	2,990
PPP衡量的GNI（10亿美元）	7.6	PPP衡量的人均GNI（美元）	6,060

	1990	2000	2013
人口			
最贫困的20%人口占国家消费/收入的份额（百分比）	..	4.7	*4.1*
出生时的预期寿命（岁）	59	49	49
总生育率（每个女性生育数）	5.7	4.2	3.3
青年女性生育率（每千名15—19岁女性生育数）	132	105	69
避孕普及率（占15—49岁已婚女性的百分比）	*20*	28	*65*
在熟练医护人员护理下的分娩（占总数的百分比）	..	70	*82*
5岁以下儿童死亡率（每千人）	74	123	80
儿童营养不良，体重不足（占5岁以下儿童的百分比）	..	9.1	*5.8*
儿童麻疹免疫接种率（占12—23个月年龄组的百分比）	85	92	85
小学毕业率，总数（占适龄年龄组的百分比）	63	61	*78*
中学总入学率，总数（占适龄年龄组的百分比）	*49*	42	*61*
小学和中学中女孩与男孩的比率（百分比）	..	96	*94*
HIV感染率（占15—49岁人口的百分比）	1.3	24.6	27.4
环境			
森林（千平方公里）	4.7	5.2	*5.7*
森林采伐（1990—2000年和2000—2010年，平均年度百分比）		-0.9	*-0.8*
淡水使用量（占内陆水资源的百分比）	..	*39.5*	39.5
获得改善的水资源的人口（占总人口的百分比）	39	52	*74*
获得改善的卫生设施的人口（占总人口的百分比）	49	52	*58*
人均能源使用量（千克石油当量）	358	..	..
人均二氧化碳排放量（吨）	0.5	1.1	*0.9*
人均用电量（千瓦时）	..	..	..
经济			
GDP（百万美元）	1,115	1,524	3,791
GDP增长率（年度百分比）	21.0	1.8	2.8
GDP隐含价格平减指数（年度增长百分比）	30.4	9.9	7.2
农业增加值（占GDP的百分比）	10	12	*7*
工业增加值（占GDP的百分比）	43	44	*48*
服务业增加值（占GDP的百分比）	46	44	*45*
货物和服务出口（占GDP的百分比）	59	74	55
货物和服务进口（占GDP的百分比）	69	88	59
资本形成总额（占GDP的百分比）	15	18	10
中央政府收入（占GDP的百分比）	..	..	..
中央政府现金盈余/赤字（占GDP的百分比）	..	..	..
政府与市场			
创办企业的时间（天）	..	..	30
总体统计能力水平（0—100）	..	*65.6*	60.0
军费支出（占GDP的百分比）	1.4	1.6	3.0
移动电话用户（每100人）	0.0	3.1	71.5
互联网用户（占总人口的百分比）	0.0	0.9	24.7
金融部门提供的国内信用（占GDP的百分比）	10.4	11.1	18.4
高科技出口（占制成品出口的百分比）	..	0	..
全球联系			
商品贸易（占GDP的百分比）	109	128	98
净易货贸易条件指数（2000年=100）	100	100	109
外债总额（百万美元）	257	273	464
债务还本付息总额（占出口的百分比）	5.4	2.2	1.3
净移民（千人）	*-38.2*	*-46.1*	*-6.0*
获得的侨汇（百万美元）	113	57	30
外国直接投资，净流入额（百万美元）	30.1	90.7	24.2
获得的净官方发展援助（百万美元）	54	13	116

瑞典

高收入经济体

人口（百万）	9.6	人口增长率（百分比）	0.8
陆地面积（千平方公里）	447	每天生活费用不足1.25美元的人口（占人口的百分比）	..
GNI，图表集法（10亿美元）	592.4	人均GNI，图表集法（美元）	61,710
PPP衡量的GNI（10亿美元）	443.3	PPP衡量的人均GNI（美元）	46,170

	1990	2000	2013
人口			
最贫困的20%人口占国家消费/收入的份额（百分比）	*9.3*	9.1	..
出生时的预期寿命（岁）	78	80	82
总生育率（每个女性生育数）	2.1	1.5	1.9
青年女性生育率（每千名15—19岁女性生育数）	12	7	6
避孕普及率（占15—49岁已婚女性的百分比）	..	..	..
在熟练医护人员护理下的分娩（占总数的百分比）	..	..	..
5岁以下儿童死亡率（每千人）	7	4	3
儿童营养不良，体重不足（占5岁以下儿童的百分比）	..	..	..
儿童麻疹免疫接种率（占12—23个月年龄组的百分比）	96	91	97
小学毕业率，总数（占适龄年龄组的百分比）	97	100	*102*
中学总入学率，总数（占适龄年龄组的百分比）	90	152	*98*
小学和中学中女孩与男孩的比率（百分比）	102	115	99
HIV感染率（占15—49岁人口的百分比）	..	..	..
环境			
森林（千平方公里）	273	274	*282*
森林采伐（1990—2000年和2000—2010年，平均年度百分比）		0.0	*-0.3*
淡水使用量（占内陆水资源的百分比）	*1.7*	*1.6*	1.5
获得改善的水资源的人口（占总人口的百分比）	100	100	*100*
获得改善的卫生设施的人口（占总人口的百分比）	100	100	*100*
人均能源使用量（千克石油当量）	5,515	5,360	*5,134*
人均二氧化碳排放量（吨）	6.0	5.6	*5.6*
人均用电量（千瓦时）	15,836	15,682	*14,030*
经济			
GDP（10亿美元）	258	260	580
GDP增长率（年度百分比）	0.8	4.7	1.5
GDP隐含价格平减指数（年度增长百分比）	9.5	1.6	1.0
农业增加值（占GDP的百分比）	4	2	1
工业增加值（占GDP的百分比）	32	30	26
服务业增加值（占GDP的百分比）	65	68	73
货物和服务出口（占GDP的百分比）	29	44	44
货物和服务进口（占GDP的百分比）	28	38	39
资本形成总额（占GDP的百分比）	29	23	22
中央政府收入（占GDP的百分比）	..	37.7	*30.7*
中央政府现金盈余/赤字（占GDP的百分比）	..	3.4	*-0.3*
政府与市场			
创办企业的时间（天）	..	*16*	16
总体统计能力水平（0—100）	..	..	..
军费支出（占GDP的百分比）	2.4	1.9	1.1
移动电话用户（每100人）	5.4	71.8	124.4
互联网用户（占总人口的百分比）	0.6	45.7	94.8
金融部门提供的国内信用（占GDP的百分比）	129.5	46.3	138.1
高科技出口（占制成品出口的百分比）	13	23	14
全球联系			
商品贸易（占GDP的百分比）	43	62	57
净易货贸易条件指数（2000年=100）	..	100	93
外债总额（百万美元）	..	..	..
债务还本付息总额（占出口的百分比）	..	..	..
净移民（千人）	*156*	*142*	*200*
获得的侨汇（百万美元）	153	438	1,167
外国直接投资，净流入额（10亿美元）	2.0	23.9	-5.1
获得的净官方发展援助（百万美元）	..	..	..

瑞士

高收入经济体

人口（百万）	8.1	人口增长率（百分比）	1.1
陆地面积（千平方公里）	41	每天生活费用不足1.25美元的人口（占人口的百分比）	..
GNI，图表集法（10亿美元）	733.4	人均GNI，图表集法（美元）	90,680
PPP衡量的GNI（10亿美元）	482.1	PPP衡量的人均GNI（美元）	59,610

	1990	2000	2013
人口			
最贫困的20%人口占国家消费/收入的份额（百分比）	*5.3*	7.6	..
出生时的预期寿命（岁）	77	80	83
总生育率（每个女性生育数）	1.6	1.5	1.5
青年女性生育率（每千名15—19岁女性生育数）	6	5	2
避孕普及率（占15—49岁已婚女性的百分比）	..	..	..
在熟练医护人员护理下的分娩（占总数的百分比）	..	..	*100*
5岁以下儿童死亡率（每千人）	8	6	4
儿童营养不良，体重不足（占5岁以下儿童的百分比）	..	..	..
儿童麻疹免疫接种率（占12—23个月年龄组的百分比）	90	82	93
小学毕业率，总数（占适龄年龄组的百分比）	51	96	*97*
中学总入学率，总数（占适龄年龄组的百分比）	96	95	*96*
小学和中学中女孩与男孩的比率（百分比）	97	97	*98*
HIV感染率（占15—49岁人口的百分比）	0.2	0.3	0.4
环境			
森林（千平方公里）	12	12	*12*
森林采伐（1990—2000年和2000—2010年，平均年度百分比）		-0.4	*-0.4*
淡水使用量（占内陆水资源的百分比）	..	*6.5*	6.5
获得改善的水资源的人口（占总人口的百分比）	100	100	*100*
获得改善的卫生设施的人口（占总人口的百分比）	100	100	*100*
人均能源使用量（千克石油当量）	3,628	3,480	*3,189*
人均二氧化碳排放量（吨）	6.4	5.4	*5.0*
人均用电量（千瓦时）	7,445	7,845	*7,928*
经济			
GDP（10亿美元）	257	272	685
GDP增长率（年度百分比）	3.7	3.9	1.9
GDP隐含价格平减指数（年度增长百分比）	4.6	1.4	-0.2
农业增加值（占GDP的百分比）	2	1	1
工业增加值（占GDP的百分比）	31	26	26
服务业增加值（占GDP的百分比）	66	72	74
货物和服务出口（占GDP的百分比）	41	52	72
货物和服务进口（占GDP的百分比）	41	46	60
资本形成总额（占GDP的百分比）	33	25	23
中央政府收入（占GDP的百分比）	..	*17.1*	*17.0*
中央政府现金盈余/赤字（占GDP的百分比）	..	*-0.2*	*0.6*
政府与市场			
创办企业的时间（天）	..	*20*	10
总体统计能力水平（0—100）	..	..	..
军费支出（占GDP的百分比）	1.6	1.0	0.7
移动电话用户（每100人）	1.9	64.7	136.8
互联网用户（占总人口的百分比）	0.6	47.1	86.7
金融部门提供的国内信用（占GDP的百分比）	158.8	158.2	173.4
高科技出口（占制成品出口的百分比）	16	23	27
全球联系			
商品贸易（占GDP的百分比）	52	60	63
净易货贸易条件指数（2000年=100）	..	100	79
外债总额（百万美元）	..	..	..
债务还本付息总额（占出口的百分比）	..	..	..
净移民（千人）	*247*	*186*	*320*
获得的侨汇（10亿美元）	0.9	1.1	3.1
外国直接投资，净流入额（10亿美元）	5.5	19.8	-8.2
获得的净官方发展援助（百万美元）	..	..	..

叙利亚

中东和北非			中低收入经济体
人口（百万）	22.8	人口增长率（百分比）	2.0
陆地面积（千平方公里）	185	每天生活费用不足1.25美元的人口（占人口的百分比）	<2
GNI，图表集法（10亿美元）	..	人均GNI，图表集法（美元）	..
PPP衡量的GNI（10亿美元）	..	PPP衡量的人均GNI（美元）	..

	1990	2000	2013
人口			
最贫困的20%人口占国家消费/收入的份额（百分比）	..	*7.7*	..
出生时的预期寿命（岁）	70	73	75
总生育率（每个女性生育数）	5.3	4.0	3.0
青年女性生育率（每千名15—19岁女性生育数）	74	58	41
避孕普及率（占15—49岁已婚女性的百分比）	*40*	45	*54*
在熟练医护人员护理下的分娩（占总数的百分比）	*77*	*90*	*96*
5岁以下儿童死亡率（每千人）	37	23	15
儿童营养不良，体重不足（占5岁以下儿童的百分比）	*11.5*	6.0	*10.1*
儿童麻疹免疫接种率（占12—23个月年龄组的百分比）	87	84	61
小学毕业率，总数（占适龄年龄组的百分比）	90	92	64
中学总入学率，总数（占适龄年龄组的百分比）	51	44	48
小学和中学中女孩与男孩的比率（百分比）	85	92	99
HIV感染率（占15—49岁人口的百分比）	..	..	..
环境			
森林（千平方公里）	3.7	4.3	*5.0*
森林采伐（1990—2000年和2000—2010年，平均年度百分比）		-1.5	*-1.3*
淡水使用量（占内陆水资源的百分比）	..	*229.4*	235.0
获得改善的水资源的人口（占总人口的百分比）	86	88	*90*
获得改善的卫生设施的人口（占总人口的百分比）	85	89	*96*
人均能源使用量（千克石油当量）	840	963	*910*
人均二氧化碳排放量（吨）	3.0	3.1	*2.9*
人均用电量（千瓦时）	689	1,067	*1,715*
经济			
GDP（10亿美元）	12.3	19.3	..
GDP增长率（年度百分比）	7.6	2.7	..
GDP隐含价格平减指数（年度增长百分比）	19.3	9.7	..
农业增加值（占GDP的百分比）	30	24	..
工业增加值（占GDP的百分比）	25	38	..
服务业增加值（占GDP的百分比）	45	38	..
货物和服务出口（占GDP的百分比）	28	35	..
货物和服务进口（占GDP的百分比）	28	29	..
资本形成总额（占GDP的百分比）	17	17	..
中央政府收入（占GDP的百分比）	21.9	26.6	..
中央政府现金盈余/赤字（占GDP的百分比）	..	-1.1	..
政府与市场			
创办企业的时间（天）	..	*43*	13
总体统计能力水平（0—100）	..	*57.8*	44.4
军费支出（占GDP的百分比）	6.4	5.3	..
移动电话用户（每100人）	0.0	0.2	56.1
互联网用户（占总人口的百分比）	0.0	0.2	26.2
金融部门提供的国内信用（占GDP的百分比）	56.6	25.5	0.0
高科技出口（占制成品出口的百分比）	..	1	*1*
全球联系			
商品贸易（占GDP的百分比）	54	44	..
净易货贸易条件指数（2000年=100）	..	100	148
外债总额（10亿美元）	17.1	22.2	4.8
债务还本付息总额（占出口的百分比）	..	6.8	*3.1*
净移民（千人）	*-70*	*-380*	*-1,500*
获得的侨汇（百万美元）	385	180	*1,623*
外国直接投资，净流入额（百万美元）	40	270	*1,469*
获得的净官方发展援助（百万美元）	883	159	3,627

塔吉克斯坦

欧洲和中亚 **低收入经济体**

人口（百万）	8.2	人口增长率（百分比）	2.5
陆地面积（千平方公里）	143	每天生活费用不足1.25美元的人口（占人口的百分比）	6.5
GNI，图表集法（10亿美元）	8.1	人均GNI，图表集法（美元）	990
PPP衡量的GNI（10亿美元）	20.5	PPP衡量的人均GNI（美元）	2,500

	1990	2000	2013
人口			
最贫困的20%人口占国家消费/收入的份额（百分比）	..	*8.3*	*8.4*
出生时的预期寿命（岁）	63	64	67
总生育率（每个女性生育数）	5.2	4.0	3.8
青年女性生育率（每千名15—19岁女性生育数）	57	45	41
避孕普及率（占15—49岁已婚女性的百分比）	..	34	*28*
在熟练医护人员护理下的分娩（占总数的百分比）	*90*	71	*87*
5岁以下儿童死亡率（每千人）	108	94	48
儿童营养不良，体重不足（占5岁以下儿童的百分比）	..	..	*13.3*
儿童麻疹免疫接种率（占12—23个月年龄组的百分比）	68	88	92
小学毕业率，总数（占适龄年龄组的百分比）	..	91	*98*
中学总入学率，总数（占适龄年龄组的百分比）	*103*	73	*87*
小学和中学中女孩与男孩的比率（百分比）	..	89	*93*
HIV感染率（占15—49岁人口的百分比）	0.1	0.2	0.3
环境			
森林（千平方公里）	4.1	4.1	*4.1*
森林采伐（1990—2000年和2000—2010年，平均年度百分比）		-0.1	*0.0*
淡水使用量（占内陆水资源的百分比）	..	*18.8*	18.1
获得改善的水资源的人口（占总人口的百分比）	*58*	60	*72*
获得改善的卫生设施的人口（占总人口的百分比）	*90*	90	*94*
人均能源使用量（千克石油当量）	1,002	347	*306*
人均二氧化碳排放量（吨）	*1.3*	0.4	*0.4*
人均用电量（千瓦时）	3,350	2,172	*1,714*
经济			
GDP（10亿美元）	2.6	0.9	8.5
GDP增长率（年度百分比）	-0.6	8.3	7.4
GDP隐含价格平减指数（年度增长百分比）	6.2	22.7	4.3
农业增加值（占GDP的百分比）	33	27	27
工业增加值（占GDP的百分比）	38	39	22
服务业增加值（占GDP的百分比）	29	34	51
货物和服务出口（占GDP的百分比）	28	99	19
货物和服务进口（占GDP的百分比）	35	101	68
资本形成总额（占GDP的百分比）	25	9	19
中央政府收入（占GDP的百分比）	..	10.6	..
中央政府现金盈余/赤字（占GDP的百分比）	..	-0.8	..
政府与市场			
创办企业的时间（天）	..	..	39
总体统计能力水平（0—100）	..	*72.2*	75.6
军费支出（占GDP的百分比）	*0.4*	1.2	..
移动电话用户（每100人）	0.0	0.0	91.8
互联网用户（占总人口的百分比）	0.0	0.0	16.0
金融部门提供的国内信用（占GDP的百分比）	0.0	17.9	19.0
高科技出口（占制成品出口的百分比）	..	42	..
全球联系			
商品贸易（占GDP的百分比）	..	170	62
净易货贸易条件指数（2000年=100）	..	100	92
外债总额（10亿美元）	*0.0*	1.1	3.5
债务还本付息总额（占出口的百分比）	..	*12.7*	*25.5*
净移民（千人）	*-289*	*-97*	*-100*
获得的侨汇（百万美元）	..	*79*	*3,626*
外国直接投资，净流入额（百万美元）	*9*	24	108
获得的净官方发展援助（百万美元）	*12*	124	382

坦桑尼亚

撒哈拉以南非洲地区 **低收入经济体**

人口（百万）	49.3	人口增长率（百分比）	3.0
陆地面积（千平方公里）	947	每天生活费用不足1.25美元的人口（占人口的百分比）	*43.5*
GNI，图表集法（10亿美元）	41.0	人均GNI，图表集法（美元）	860
PPP衡量的GNI（10亿美元）	116.3	PPP衡量的人均GNI（美元）	2,430

	1990	2000	2013
人口			
最贫困的20%人口占国家消费/收入的份额（百分比）	*7.4*	7.3	*7.4*
出生时的预期寿命（岁）	50	50	61
总生育率（每个女性生育数）	6.2	5.7	5.2
青年女性生育率（每千名15—19岁女性生育数）	142	133	121
避孕普及率（占15—49岁已婚女性的百分比）	*10*	*25*	*34*
在熟练医护人员护理下的分娩（占总数的百分比）	*44*	*36*	*49*
5岁以下儿童死亡率（每千人）	167	132	52
儿童营养不良，体重不足（占5岁以下儿童的百分比）	*25.1*	*25.3*	*13.6*
儿童麻疹免疫接种率（占12—23个月年龄组的百分比）	80	78	99
小学毕业率，总数（占适龄年龄组的百分比）	*62*	50	76
中学总入学率，总数（占适龄年龄组的百分比）	*5*	..	33
小学和中学中女孩与男孩的比率（百分比）	*97*	..	101
HIV感染率（占15—49岁人口的百分比）	5.2	8.2	5.0
环境			
森林（千平方公里）	415	375	*326*
森林采伐（1990—2000年和2000—2010年，平均年度百分比）		1.0	*1.1*
淡水使用量（占内陆水资源的百分比）	..	*6.2*	6.2
获得改善的水资源的人口（占总人口的百分比）	55	54	*53*
获得改善的卫生设施的人口（占总人口的百分比）	7	9	*12*
人均能源使用量（千克石油当量）	382	394	*448*
人均二氧化碳排放量（吨）	0.09	0.08	*0.15*
人均用电量（千瓦时）	51	58	*92*
经济			
GDP（10亿美元）	4.3	10.2	43.6
GDP增长率（年度百分比）	7.0	4.9	7.3
GDP隐含价格平减指数（年度增长百分比）	22.4	7.6	6.2
农业增加值（占GDP的百分比）	46	33	34
工业增加值（占GDP的百分比）	18	19	23
服务业增加值（占GDP的百分比）	36	47	43
货物和服务出口（占GDP的百分比）	13	13	18
货物和服务进口（占GDP的百分比）	37	20	32
资本形成总额（占GDP的百分比）	26	17	30
中央政府收入（占GDP的百分比）	..	..	*12.6*
中央政府现金盈余/赤字（占GDP的百分比）	..	..	*-5.3*
政府与市场			
创办企业的时间（天）	..	*34*	26
总体统计能力水平（0—100）	..	*67.8*	72.2
军费支出（占GDP的百分比）	2.2	1.4	0.9
移动电话用户（每100人）	0.0	0.3	55.7
互联网用户（占总人口的百分比）	0.0	0.1	4.4
金融部门提供的国内信用（占GDP的百分比）	34.6	10.7	18.5
高科技出口（占制成品出口的百分比）	..	1	5
全球联系			
商品贸易（占GDP的百分比）	32	22	39
净易货贸易条件指数（2000年=100）	107	100	136
外债总额（10亿美元）	6.4	7.2	13.0
债务还本付息总额（占出口的百分比）	32.9	11.9	1.9
净移民（千人）	*591*	*-345*	*-150*
获得的侨汇（百万美元）	..	8.0	59.4
外国直接投资，净流入额（百万美元）	0	463	1,872
获得的净官方发展援助（10亿美元）	1.2	1.1	3.4

泰国

东亚和太平洋地区		中高收入经济体	
人口（百万）	67.0	人口增长率（百分比）	0.3
陆地面积（千平方公里）	513	每天生活费用不足1.25美元的人口（占人口的百分比）	<2
GNI，图表集法（10亿美元）	357.7	人均GNI，图表集法（美元）	5,340
PPP衡量的GNI（10亿美元）	899.7	PPP衡量的人均GNI（美元）	13,430

	1990	2000	2013
人口			
最贫困的20%人口占国家消费/收入的份额（百分比）	5.9	6.2	6.8
出生时的预期寿命（岁）	70	71	74
总生育率（每个女性生育数）	2.1	1.7	1.4
青年女性生育率（每千名15—19岁女性生育数）	51	43	40
避孕普及率（占15—49岁已婚女性的百分比）	66	79	*79*
在熟练医护人员护理下的分娩（占总数的百分比）	..	99	*100*
5岁以下儿童死亡率（每千人）	37	23	13
儿童营养不良，体重不足（占5岁以下儿童的百分比）	*16.3*	..	*9.2*
儿童麻疹免疫接种率（占12—23个月年龄组的百分比）	80	94	99
小学毕业率，总数（占适龄年龄组的百分比）	..	85	..
中学总入学率，总数（占适龄年龄组的百分比）	29	*63*	*87*
小学和中学中女孩与男孩的比率（百分比）	*97*	*98*	*101*
HIV感染率（占15—49岁人口的百分比）	0.8	1.9	1.1
环境			
森林（千平方公里）	195	190	*190*
森林采伐（1990—2000年和2000—2010年，平均年度百分比）		0.3	*0.0*
淡水使用量（占内陆水资源的百分比）	..	..	25.5
获得改善的水资源的人口（占总人口的百分比）	86	92	*96*
获得改善的卫生设施的人口（占总人口的百分比）	82	91	*93*
人均能源使用量（千克石油当量）	741	1,159	*1,790*
人均二氧化碳排放量（吨）	1.7	3.0	*4.4*
人均用电量（千瓦时）	709	1,462	*2,316*
经济			
GDP（10亿美元）	85	123	387
GDP增长率（年度百分比）	11.2	4.8	1.8
GDP隐含价格平减指数（年度增长百分比）	5.8	1.3	2.8
农业增加值（占GDP的百分比）	12	9	12
工业增加值（占GDP的百分比）	37	42	43
服务业增加值（占GDP的百分比）	50	49	45
货物和服务出口（占GDP的百分比）	34	67	74
货物和服务进口（占GDP的百分比）	42	58	70
资本形成总额（占GDP的百分比）	41	23	29
中央政府收入（占GDP的百分比）	..	*19.5*	*20.5*
中央政府现金盈余/赤字（占GDP的百分比）	..	*1.5*	*-2.2*
政府与市场			
创办企业的时间（天）	..	*33*	28
总体统计能力水平（0—100）	..	*82.2*	83.3
军费支出（占GDP的百分比）	2.7	1.5	1.5
移动电话用户（每100人）	0.1	4.9	140.1
互联网用户（占总人口的百分比）	0.0	3.7	28.9
金融部门提供的国内信用（占GDP的百分比）	94.1	138.3	173.3
高科技出口（占制成品出口的百分比）	21	33	20
全球联系			
商品贸易（占GDP的百分比）	66	107	124
净易货贸易条件指数（2000年=100）	119	100	92
外债总额（10亿美元）	28	80	135
债务还本付息总额（占出口的百分比）	16.9	16.3	4.4
净移民（千人）	*-1,108*	*1,103*	*100*
获得的侨汇（10亿美元）	1.0	1.7	5.7
外国直接投资，净流入额（10亿美元）	2.4	3.4	12.6
获得的净官方发展援助（百万美元）	796	697	-24

东帝汶

东亚和太平洋地区			中低收入经济体
人口（百万）	1.2	人口增长率（百分比）	2.7
陆地面积（千平方公里）	15	每天生活费用不足1.25美元的人口（占人口的百分比）	*34.9*
GNI，图表集法（10亿美元）	*4.5*	人均GNI，图表集法（美元）	*3,940*
PPP衡量的GNI（10亿美元）	*8.8*	PPP衡量的人均GNI（美元）	*7,670*

	1990	**2000**	**2013**
人口			
最贫困的20%人口占国家消费/收入的份额（百分比）	..	..	*9.1*
出生时的预期寿命（岁）	48	59	68
总生育率（每个女性生育数）	5.3	7.1	5.2
青年女性生育率（每千名15—19岁女性生育数）	57	71	50
避孕普及率（占15—49岁已婚女性的百分比）	*25*	*8*	*22*
在熟练医护人员护理下的分娩（占总数的百分比）	..	*24*	*29*
5岁以下儿童死亡率（每千人）	172	107	55
儿童营养不良，体重不足（占5岁以下儿童的百分比）	..	*40.6*	*45.3*
儿童麻疹免疫接种率（占12—23个月年龄组的百分比）	..	56	70
小学毕业率，总数（占适龄年龄组的百分比）	..	..	*71*
中学总入学率，总数（占适龄年龄组的百分比）	..	*36*	*57*
小学和中学中女孩与男孩的比率（百分比）	..	..	*97*
HIV感染率（占15—49岁人口的百分比）	..	..	..
环境			
森林（千平方公里）	9.7	8.5	*7.2*
森林采伐（1990—2000年和2000—2010年，平均年度百分比）		1.2	*1.4*
淡水使用量（占内陆水资源的百分比）	..	..	14.3
获得改善的水资源的人口（占总人口的百分比）	..	54	*71*
获得改善的卫生设施的人口（占总人口的百分比）	..	37	*39*
人均能源使用量（千克石油当量）	..	..	..
人均二氧化碳排放量（吨）	..	*0.2*	*0.2*
人均用电量（千瓦时）	..	..	..
经济			
GDP（百万美元）	..	368	*1,270*
GDP增长率（年度百分比）	..	17.5	*7.8*
GDP隐含价格平减指数（年度增长百分比）	..	5.6	*4.9*
农业增加值（占GDP的百分比）	..	28	*18*
工业增加值（占GDP的百分比）	..	16	*20*
服务业增加值（占GDP的百分比）	..	55	*59*
货物和服务出口（占GDP的百分比）	..	10	*12*
货物和服务进口（占GDP的百分比）	..	168	*125*
资本形成总额（占GDP的百分比）	..	38	*58*
中央政府收入（占GDP的百分比）	..	..	..
中央政府现金盈余/赤字（占GDP的百分比）	..	..	..
政府与市场			
创办企业的时间（天）	..	..	10
总体统计能力水平（0—100）	..	..	64.4
军费支出（占GDP的百分比）	..	..	*2.3*
移动电话用户（每100人）	0.0	*2.1*	57.4
互联网用户（占总人口的百分比）	0.0	*0.0*	1.1
金融部门提供的国内信用（占GDP的百分比）	0.0	0.0	0.0
高科技出口（占制成品出口的百分比）	..	..	10
全球联系			
商品贸易（占GDP的百分比）	..	*30*	55
净易货贸易条件指数（2000年=100）	..	..	..
外债总额（百万美元）	..	..	..
债务还本付息总额（占出口的百分比）	..	..	..
净移民（千人）	*-4.4*	*0.0*	*-75.0*
获得的侨汇（百万美元）	..	..	33.6
外国直接投资，净流入额（百万美元）	..	*4.5*	51.7
获得的净官方发展援助（百万美元）	0	231	258

多哥

撒哈拉以南非洲地区 **低收入经济体**

人口（百万）	6.8	人口增长率（百分比）	2.6
陆地面积（千平方公里）	57	每天生活费用不足1.25美元的人口（占人口的百分比）	52.5
GNI，图表集法（10亿美元）	3.6	人均GNI，图表集法（美元）	530
PPP衡量的GNI（10亿美元）	8.1	PPP衡量的人均GNI（美元）	1,180

	1990	2000	2013
人口			
最贫困的20%人口占国家消费/收入的份额（百分比）	..	..	*4.8*
出生时的预期寿命（岁）	56	54	56
总生育率（每个女性生育数）	6.3	5.3	4.6
青年女性生育率（每千名15—19岁女性生育数）	117	93	89
避孕普及率（占15—49岁已婚女性的百分比）	*34*	26	*15*
在熟练医护人员护理下的分娩（占总数的百分比）	*31*	49	*59*
5岁以下儿童死亡率（每千人）	146	122	85
儿童营养不良，体重不足（占5岁以下儿童的百分比）	*21.2*	*23.2*	*16.5*
儿童麻疹免疫接种率（占12—23个月年龄组的百分比）	73	58	72
小学毕业率，总数（占适龄年龄组的百分比）	36	65	81
中学总入学率，总数（占适龄年龄组的百分比）	22	32	55
小学和中学中女孩与男孩的比率（百分比）	58	69	..
HIV感染率（占15—49岁人口的百分比）	0.7	3.8	2.3
环境			
森林（千平方公里）	6.9	4.9	*2.7*
森林采伐（1990—2000年和2000—2010年，平均年度百分比）		3.4	*5.1*
淡水使用量（占内陆水资源的百分比）	..	*1.5*	1.5
获得改善的水资源的人口（占总人口的百分比）	48	53	*60*
获得改善的卫生设施的人口（占总人口的百分比）	13	12	*11*
人均能源使用量（千克石油当量）	334	434	*427*
人均二氧化碳排放量（吨）	0.2	0.3	*0.2*
人均用电量（千瓦时）	91	96	..
经济			
GDP（百万美元）	1,628	1,294	4,339
GDP增长率（年度百分比）	-0.2	-0.8	5.1
GDP隐含价格平减指数（年度增长百分比）	3.0	-4.3	2.0
农业增加值（占GDP的百分比）	34	35	*31*
工业增加值（占GDP的百分比）	23	18	*16*
服务业增加值（占GDP的百分比）	44	47	*54*
货物和服务出口（占GDP的百分比）	33	34	*39*
货物和服务进口（占GDP的百分比）	45	48	*56*
资本形成总额（占GDP的百分比）	27	15	*18*
中央政府收入（占GDP的百分比）	..	..	*18.6*
中央政府现金盈余/赤字（占GDP的百分比）	..	..	*-6.1*
政府与市场			
创办企业的时间（天）	..	*74*	10
总体统计能力水平（0—100）	..	*52.2*	64.4
军费支出（占GDP的百分比）	3.1	*1.7*	*1.6*
移动电话用户（每100人）	0.0	1.0	62.5
互联网用户（占总人口的百分比）	0.0	0.8	4.5
金融部门提供的国内信用（占GDP的百分比）	21.3	22.4	36.0
高科技出口（占制成品出口的百分比）	*1*	1	0
全球联系			
商品贸易（占GDP的百分比）	52	71	84
净易货贸易条件指数（2000年=100）	133	100	29
外债总额（10亿美元）	1.3	1.4	0.9
债务还本付息总额（占出口的百分比）	12.3	6.6	*0.7*
净移民（千人）	*-95.0*	*-10.0*	*-10.0*
获得的侨汇（百万美元）	27	34	*337*
外国直接投资，净流入额（百万美元）	18.2	41.9	84.2
获得的净官方发展援助（百万美元）	258	70	221

汤加

东亚和太平洋地区			中高收入经济体
人口（千人）	105	人口增长率（百分比）	0.4
陆地面积（平方公里）	750	每天生活费用不足1.25美元的人口（占人口的百分比）	..
GNI，图表集法（百万美元）	472.9	人均GNI，图表集法（美元）	4,490
PPP衡量的GNI（百万美元）	573.9	PPP衡量的人均GNI（美元）	5,450

	1990	2000	2013
人口			
最贫困的20%人口占国家消费/收入的份额（百分比）	..	..	..
出生时的预期寿命（岁）	70	71	73
总生育率（每个女性生育数）	4.6	4.3	3.8
青年女性生育率（每千名15—19岁女性生育数）	26	22	17
避孕普及率（占15—49岁已婚女性的百分比）	..	33	*34*
在熟练医护人员护理下的分娩（占总数的百分比）	*92*	95	*98*
5岁以下儿童死亡率（每千人）	23	18	12
儿童营养不良，体重不足（占5岁以下儿童的百分比）	..	..	..
儿童麻疹免疫接种率（占12—23个月年龄组的百分比）	86	95	99
小学毕业率，总数（占适龄年龄组的百分比）	128	*107*	*100*
中学总入学率，总数（占适龄年龄组的百分比）	98	106	*91*
小学和中学中女孩与男孩的比率（百分比）	99	102	*102*
HIV感染率（占15—49岁人口的百分比）	..	..	..
环境			
森林（平方公里）	90	90	*90*
森林采伐（1990—2000年和2000—2010年，平均年度百分比）		0.0	*0.0*
淡水使用量（占内陆水资源的百分比）	..	..	..
获得改善的水资源的人口（占总人口的百分比）	99	99	*99*
获得改善的卫生设施的人口（占总人口的百分比）	95	94	*91*
人均能源使用量（千克石油当量）	266	..	..
人均二氧化碳排放量（吨）	0.8	1.2	*1.5*
人均用电量（千瓦时）	..	..	..
经济			
GDP（百万美元）	114	189	466
GDP增长率（年度百分比）	-2.0	3.4	0.5
GDP隐含价格平减指数（年度增长百分比）	12.2	3.1	0.6
农业增加值（占GDP的百分比）	36	23	*19*
工业增加值（占GDP的百分比）	14	21	*21*
服务业增加值（占GDP的百分比）	50	56	*59*
货物和服务出口（占GDP的百分比）	34	15	*18*
货物和服务进口（占GDP的百分比）	65	47	*63*
资本形成总额（占GDP的百分比）	18	22	*33*
中央政府收入（占GDP的百分比）	..	..	..
中央政府现金盈余/赤字（占GDP的百分比）	..	..	..
政府与市场			
创办企业的时间（天）	..	*32*	16
总体统计能力水平（0—100）	..	..	50.0
军费支出（占GDP的百分比）	..	..	..
移动电话用户（每100人）	0.0	0.2	54.6
互联网用户（占总人口的百分比）	0.0	2.4	35.0
金融部门提供的国内信用（占GDP的百分比）	30.0	38.8	27.1
高科技出口（占制成品出口的百分比）	..	0	7
全球联系			
商品贸易（占GDP的百分比）	64	42	48
净易货贸易条件指数（2000年=100）	..	100	83
外债总额（百万美元）	44	74	199
债务还本付息总额（占出口的百分比）	3.5	*8.9*	5.6
净移民（千人）	*-11.1*	*-8.1*	*-8.1*
获得的侨汇（百万美元）	24	*53*	*112*
外国直接投资，净流入额（百万美元）	0.2	4.8	11.6
获得的净官方发展援助（百万美元）	29.8	18.8	80.4

特立尼达和多巴哥

高收入经济体

人口（百万）	1.3	人口增长率（百分比）	0.3
陆地面积（千平方公里）	5.1	每天生活费用不足1.25美元的人口（占人口的百分比）	*4.2*
GNI，图表集法（10亿美元）	21.1	人均GNI，图表集法（美元）	15,760
PPP衡量的GNI（10亿美元）	35.2	PPP衡量的人均GNI（美元）	26,220

	1990	**2000**	**2013**
人口			
最贫困的20%人口占国家消费/收入的份额（百分比）	*5.5*	..	..
出生时的预期寿命（岁）	68	69	70
总生育率（每个女性生育数）	2.5	1.8	1.8
青年女性生育率（每千名15—19岁女性生育数）	62	41	34
避孕普及率（占15—49岁已婚女性的百分比）	..	38	*43*
在熟练医护人员护理下的分娩（占总数的百分比）	..	96	*100*
5岁以下儿童死亡率（每千人）	31	29	21
儿童营养不良，体重不足（占5岁以下儿童的百分比）	..	4.4	..
儿童麻疹免疫接种率（占12—23个月年龄组的百分比）	70	90	91
小学毕业率，总数（占适龄年龄组的百分比）	*100*	93	95
中学总入学率，总数（占适龄年龄组的百分比）	83	..	..
小学和中学中女孩与男孩的比率（百分比）	103	..	..
HIV感染率（占15—49岁人口的百分比）	0.2	1.3	1.7
环境			
森林（千平方公里）	2.4	2.3	*2.2*
森林采伐（1990—2000年和2000—2010年，平均年度百分比）		0.3	*0.3*
淡水使用量（占内陆水资源的百分比）	..	*6.0*	6.0
获得改善的水资源的人口（占总人口的百分比）	90	92	*94*
获得改善的卫生设施的人口（占总人口的百分比）	93	92	*92*
人均能源使用量（千克石油当量）	4,900	8,560	*15,691*
人均二氧化碳排放量（吨）	13.9	19.3	*38.2*
人均用电量（千瓦时）	2,683	3,991	*6,332*
经济			
GDP（10亿美元）	5.1	8.2	24.6
GDP增长率（年度百分比）	1.5	6.1	1.6
GDP隐含价格平减指数（年度增长百分比）	15.5	12.9	3.8
农业增加值（占GDP的百分比）	3	1	1
工业增加值（占GDP的百分比）	47	49	57
服务业增加值（占GDP的百分比）	50	49	43
货物和服务出口（占GDP的百分比）	45	59	63
货物和服务进口（占GDP的百分比）	29	45	40
资本形成总额（占GDP的百分比）	13	20	..
中央政府收入（占GDP的百分比）	*28.1*	*27.1*	35.5
中央政府现金盈余/赤字（占GDP的百分比）	*-0.2*	*2.0*	*-1.6*
政府与市场			
创办企业的时间（天）	..	..	12
总体统计能力水平（0—100）	..	*63.3*	62.2
军费支出（占GDP的百分比）	*0.5*	*0.1*	..
移动电话用户（每100人）	0.0	12.8	144.9
互联网用户（占总人口的百分比）	0.0	7.7	63.8
金融部门提供的国内信用（占GDP的百分比）	58.5	45.2	33.7
高科技出口（占制成品出口的百分比）	*0*	1	*0*
全球联系			
商品贸易（占GDP的百分比）	61	93	88
净易货贸易条件指数（2000年=100）	100	100	148
外债总额（百万美元）	..	..	..
债务还本付息总额（占出口的百分比）	..	..	..
净移民（千人）	*-32.0*	*-13.2*	*-15.0*
获得的侨汇（百万美元）	3	38	*126*
外国直接投资，净流入额（百万美元）	109	680	1,713
获得的净官方发展援助（百万美元）	17.8	-1.5	*4.3*

突尼斯

中东和北非			中高收入经济体
人口（百万）	10.9	人口增长率（百分比）	1.0
陆地面积（千平方公里）	164	每天生活费用不足1.25美元的人口（占人口的百分比）	*<2*
GNI，图表集法（10亿美元）	45.8	人均GNI，图表集法（美元）	4,200
PPP衡量的GNI（10亿美元）	115.5	PPP衡量的人均GNI（美元）	10,610

	1990	2000	2013
人口			
最贫困的20%人口占国家消费/收入的份额（百分比）	5.9	6.0	*6.8*
出生时的预期寿命（岁）	70	73	74
总生育率（每个女性生育数）	3.4	2.1	2.3
青年女性生育率（每千名15—19岁女性生育数）	20	7	4
避孕普及率（占15—49岁已婚女性的百分比）	*50*	66	*63*
在熟练医护人员护理下的分娩（占总数的百分比）	*69*	90	*99*
5岁以下儿童死亡率（每千人）	52	31	15
儿童营养不良，体重不足（占5岁以下儿童的百分比）	*8.5*	3.5	*2.3*
儿童麻疹免疫接种率（占12—23个月年龄组的百分比）	93	95	94
小学毕业率，总数（占适龄年龄组的百分比）	80	90	98
中学总入学率，总数（占适龄年龄组的百分比）	45	75	91
小学和中学中女孩与男孩的比率（百分比）	84	99	*101*
HIV感染率（占15—49岁人口的百分比）	0.1	0.1	0.1
环境			
森林（千平方公里）	6	8	*10*
森林采伐（1990—2000年和2000—2010年，平均年度百分比）		-2.7	*-1.9*
淡水使用量（占内陆水资源的百分比）	*73.3*	*67.9*	67.9
获得改善的水资源的人口（占总人口的百分比）	82	89	*97*
获得改善的卫生设施的人口（占总人口的百分比）	73	82	*90*
人均能源使用量（千克石油当量）	607	765	*890*
人均二氧化碳排放量（吨）	1.6	2.1	*2.5*
人均用电量（千瓦时）	638	992	*1,297*
经济			
GDP（10亿美元）	12.3	21.5	47.0
GDP增长率（年度百分比）	7.9	4.7	2.5
GDP隐含价格平减指数（年度增长百分比）	4.5	3.3	5.4
农业增加值（占GDP的百分比）	18	11	9
工业增加值（占GDP的百分比）	34	30	30
服务业增加值（占GDP的百分比）	49	58	61
货物和服务出口（占GDP的百分比）	44	40	47
货物和服务进口（占GDP的百分比）	51	43	56
资本形成总额（占GDP的百分比）	27	26	22
中央政府收入（占GDP的百分比）	30.7	26.5	*31.2*
中央政府现金盈余/赤字（占GDP的百分比）	-3.2	-2.4	*-5.0*
政府与市场			
创办企业的时间（天）	..	*11*	11
总体统计能力水平（0—100）	..	*72.2*	72.2
军费支出（占GDP的百分比）	2.0	1.5	2.0
移动电话用户（每100人）	0.0	1.2	115.6
互联网用户（占总人口的百分比）	0.0	2.8	43.8
金融部门提供的国内信用（占GDP的百分比）	62.5	66.4	83.4
高科技出口（占制成品出口的百分比）	2	3	5
全球联系			
商品贸易（占GDP的百分比）	74	67	88
净易货贸易条件指数（2000年=100）	109	100	96
外债总额（10亿美元）	7.7	11.4	25.8
债务还本付息总额（占出口的百分比）	27.0	21.9	11.8
净移民（千人）	*43.9*	*-71.4*	*-32.9*
获得的侨汇（百万美元）	551	796	2,291
外国直接投资，净流入额（百万美元）	76	752	1,059
获得的净官方发展援助（百万美元）	393	222	714

土耳其

欧洲和中亚			中高收入经济体
人口（百万）	74.9	人口增长率（百分比）	1.3
陆地面积（千平方公里）	784	每天生活费用不足1.25美元的人口（占人口的百分比）	<2
GNI，图表集法（10亿美元）	821.7	人均GNI，图表集法（美元）	10,970
PPP衡量的GNI（10亿美元）	1,391.4	PPP衡量的人均GNI（美元）	18,570

	1990	2000	2013
人口			
最贫困的20%人口占国家消费/收入的份额（百分比）	..	*5.8*	*5.8*
出生时的预期寿命（岁）	64	70	75
总生育率（每个女性生育数）	3.1	2.5	2.0
青年女性生育率（每千名15—19岁女性生育数）	65	48	29
避孕普及率（占15—49岁已婚女性的百分比）	*63*	*71*	*73*
在熟练医护人员护理下的分娩（占总数的百分比）	*76*	*83*	*95*
5岁以下儿童死亡率（每千人）	74	42	19
儿童营养不良，体重不足（占5岁以下儿童的百分比）	*8.7*	*3.5*	1.9
儿童麻疹免疫接种率（占12—23个月年龄组的百分比）	78	87	98
小学毕业率，总数（占适龄年龄组的百分比）	93	..	*101*
中学总入学率，总数（占适龄年龄组的百分比）	50	73	*86*
小学和中学中女孩与男孩的比率（百分比）	78	82	*96*
HIV感染率（占15—49岁人口的百分比）	..	..	..
环境			
森林（千平方公里）	97	101	*116*
森林采伐（1990—2000年和2000—2010年，平均年度百分比）		-0.5	*-1.1*
淡水使用量（占内陆水资源的百分比）	*13.9*	*18.5*	17.7
获得改善的水资源的人口（占总人口的百分比）	85	93	*100*
获得改善的卫生设施的人口（占总人口的百分比）	84	87	*91*
人均能源使用量（千克石油当量）	977	1,209	*1,564*
人均二氧化碳排放量（吨）	2.7	3.4	*4.1*
人均用电量（千瓦时）	928	1,654	*2,709*
经济			
GDP（10亿美元）	151	267	822
GDP增长率（年度百分比）	9.3	6.8	4.1
GDP隐含价格平减指数（年度增长百分比）	58.2	49.2	6.1
农业增加值（占GDP的百分比）	18	11	8
工业增加值（占GDP的百分比）	32	31	27
服务业增加值（占GDP的百分比）	50	57	64
货物和服务出口（占GDP的百分比）	13	20	26
货物和服务进口（占GDP的百分比）	18	23	32
资本形成总额（占GDP的百分比）	25	21	21
中央政府收入（占GDP的百分比）	..	..	*34.6*
中央政府现金盈余/赤字（占GDP的百分比）	..	..	*-0.6*
政府与市场			
创办企业的时间（天）	..	*38*	7
总体统计能力水平（0—100）	..	*82.2*	84.4
军费支出（占GDP的百分比）	3.5	3.7	2.3
移动电话用户（每100人）	0.1	25.5	93.0
互联网用户（占总人口的百分比）	0.0	3.8	46.3
金融部门提供的国内信用（占GDP的百分比）	19.5	37.9	84.3
高科技出口（占制成品出口的百分比）	1	5	2
全球联系			
商品贸易（占GDP的百分比）	23	31	49
净易货贸易条件指数（2000年=100）	109	100	90
外债总额（10亿美元）	49	117	388
债务还本付息总额（占出口的百分比）	33.8	38.9	28.9
净移民（千人）	*-200*	*-100*	*350*
获得的侨汇（10亿美元）	3.2	4.6	1.1
外国直接投资，净流入额（10亿美元）	0.7	1.0	12.8
获得的净官方发展援助（百万美元）	1.3	0.3	2.7

土库曼斯坦

欧洲和中亚			中高收入经济体
人口（百万）	5.2	人口增长率（百分比）	1.3
陆地面积（千平方公里）	488	每天生活费用不足1.25美元的人口（占人口的百分比）	*24.8*
GNI，图表集法（10亿美元）	36.1	人均GNI，图表集法（美元）	6,880
PPP衡量的GNI（10亿美元）	67.7	PPP衡量的人均GNI（美元）	12,920

	1990	2000	2013
人口			
最贫困的20%人口占国家消费/收入的份额（百分比）	*6.9*	*6.1*	..
出生时的预期寿命（岁）	63	64	65
总生育率（每个女性生育数）	4.3	2.8	2.3
青年女性生育率（每千名15—19岁女性生育数）	25	25	17
避孕普及率（占15—49岁已婚女性的百分比）	..	62	*48*
在熟练医护人员护理下的分娩（占总数的百分比）	..	97	*100*
5岁以下儿童死亡率（每千人）	91	82	55
儿童营养不良，体重不足（占5岁以下儿童的百分比）	..	10.5	..
儿童麻疹免疫接种率（占12—23个月年龄组的百分比）	*76*	96	99
小学毕业率，总数（占适龄年龄组的百分比）	..	..	..
中学总入学率，总数（占适龄年龄组的百分比）	..	..	*85*
小学和中学中女孩与男孩的比率（百分比）	..	..	*97*
HIV感染率（占15—49岁人口的百分比）	..	..	..
环境			
森林（千平方公里）	41	41	*41*
森林采伐（1990—2000年和2000—2010年，平均年度百分比）		0.0	*0.0*
淡水使用量（占内陆水资源的百分比）	..	*1,773.0*	1,989.3
获得改善的水资源的人口（占总人口的百分比）	..	83	*71*
获得改善的卫生设施的人口（占总人口的百分比）	98	98	99
人均能源使用量（千克石油当量）	4,776	3,304	*4,839*
人均二氧化碳排放量（吨）	*7.2*	7.9	*10.5*
人均用电量（千瓦时）	2,293	1,698	*2,444*
经济			
GDP（10亿美元）	3.2	2.9	41.9
GDP增长率（年度百分比）	35.4	5.5	10.2
GDP隐含价格平减指数（年度增长百分比）	-20.9	23.5	8.0
农业增加值（占GDP的百分比）	32	24	*15*
工业增加值（占GDP的百分比）	30	44	*48*
服务业增加值（占GDP的百分比）	38	31	*37*
货物和服务出口（占GDP的百分比）	*39*	96	*73*
货物和服务进口（占GDP的百分比）	*27*	81	*44*
资本形成总额（占GDP的百分比）	40	35	*47*
中央政府收入（占GDP的百分比）	..	..	..
中央政府现金盈余/赤字（占GDP的百分比）	..	..	..
政府与市场			
创办企业的时间（天）	..	..	..
总体统计能力水平（0—100）	..	*48.9*	43.3
军费支出（占GDP的百分比）	..	*2.9*	..
移动电话用户（每100人）	0.0	0.2	116.9
互联网用户（占总人口的百分比）	0.0	0.1	9.6
金融部门提供的国内信用（占GDP的百分比）	0.0	26.9	0.0
高科技出口（占制成品出口的百分比）	..	5	..
全球联系			
商品贸易（占GDP的百分比）	..	148	67
净易货贸易条件指数（2000年=100）	..	100	231
外债总额（百万美元）	*276*	2,609	502
债务还本付息总额（占出口的百分比）	..	..	..
净移民（千人）	*44*	*-114*	*-25*
获得的侨汇（百万美元）	..	..	..
外国直接投资，净流入额（百万美元）	*79*	131	3,061
获得的净官方发展援助（百万美元）	*6.6*	35.3	37.3

特克斯和凯科斯群岛

高收入经济体

人口（千人）	33	人口增长率（百分比）	2.0
陆地面积（平方公里）	950	每天生活费用不足1.25美元的人口（占人口的百分比）	..
GNI，图表集法（百万美元）	..	人均GNI，图表集法（美元）	..
PPP衡量的GNI（百万美元）	..	PPP衡量的人均GNI（美元）	..

	1990	2000	2013
人口			
最贫困的20%人口占国家消费/收入的份额（百分比）	..	..	..
出生时的预期寿命（岁）	..	..	..
总生育率（每个女性生育数）	..	..	..
青年女性生育率（每千名15—19岁女性生育数）	..	..	..
避孕普及率（占15—49岁已婚女性的百分比）	..	..	..
在熟练医护人员护理下的分娩（占总数的百分比）	..	*88*	*100*
5岁以下儿童死亡率（每千人）	..	..	..
儿童营养不良，体重不足（占5岁以下儿童的百分比）	..	..	..
儿童麻疹免疫接种率（占12—23个月年龄组的百分比）	..	..	..
小学毕业率，总数（占适龄年龄组的百分比）	..	*84*	..
中学总入学率，总数（占适龄年龄组的百分比）	..	..	..
小学和中学中女孩与男孩的比率（百分比）	..	..	..
HIV感染率（占15—49岁人口的百分比）	..	..	..
环境			
森林（平方公里）	344	344	*344*
森林采伐（1990—2000年和2000—2010年，平均年度百分比）		0.0	*0.0*
淡水使用量（占内陆水资源的百分比）	..	..	..
获得改善的水资源的人口（占总人口的百分比）	..	87	..
获得改善的卫生设施的人口（占总人口的百分比）	..	81	..
人均能源使用量（千克石油当量）	..	..	..
人均二氧化碳排放量（吨）	..	0.8	5.2
人均用电量（千瓦时）	..	..	..
经济			
GDP（百万美元）	..	..	..
GDP增长率（年度百分比）	..	..	..
GDP隐含价格平减指数（年度增长百分比）	..	..	..
农业增加值（占GDP的百分比）	..	..	..
工业增加值（占GDP的百分比）	..	..	..
服务业增加值（占GDP的百分比）	..	..	..
货物和服务出口（占GDP的百分比）	..	..	..
货物和服务进口（占GDP的百分比）	..	..	..
资本形成总额（占GDP的百分比）	..	..	..
中央政府收入（占GDP的百分比）	..	..	..
中央政府现金盈余/赤字（占GDP的百分比）	..	..	..
政府与市场			
创办企业的时间（天）	..	..	..
总体统计能力水平（0—100）	..	..	..
军费支出（占GDP的百分比）	..	..	..
移动电话用户（每100人）	..	..	..
互联网用户（占总人口的百分比）	..	..	..
金融部门提供的国内信用（占GDP的百分比）	0.0	0.0	0.0
高科技出口（占制成品出口的百分比）	..	20	*2*
全球联系			
商品贸易（占GDP的百分比）	..	..	..
净易货贸易条件指数（2000年=100）	..	100	71
外债总额（百万美元）	..	..	..
债务还本付息总额（占出口的百分比）	..	..	..
净移民（千人）	..	..	..
获得的侨汇（百万美元）	..	..	..
外国直接投资，净流入额（百万美元）	..	..	..
获得的净官方发展援助（百万美元）	11.6	6.7	..

图瓦卢

东亚和太平洋地区			中高收入经济体
人口（千人）	10	人口增长率（百分比）	0.2
陆地面积（平方公里）	30	每天生活费用不足1.25美元的人口（占人口的百分比）	..
GNI，图表集法（百万美元）	57.6	人均GNI，图表集法（美元）	5,840
PPP衡量的GNI（百万美元）	52.0	PPP衡量的人均GNI（美元）	5,260

	1990	2000	2013
人口			
最贫困的20%人口占国家消费/收入的份额（百分比）	..	..	..
出生时的预期寿命（岁）	..	..	..
总生育率（每个女性生育数）	..	..	..
青年女性生育率（每千名15—19岁女性生育数）	..	..	..
避孕普及率（占15—49岁已婚女性的百分比）	39	*32*	*31*
在熟练医护人员护理下的分娩（占总数的百分比）	100	*100*	*98*
5岁以下儿童死亡率（每千人）	57	43	29
儿童营养不良，体重不足（占5岁以下儿童的百分比）	..	..	*1.6*
儿童麻疹免疫接种率（占12—23个月年龄组的百分比）	95	81	96
小学毕业率，总数（占适龄年龄组的百分比）	..	*102*	80
中学总入学率，总数（占适龄年龄组的百分比）	..	*80*	84
小学和中学中女孩与男孩的比率（百分比）	..	*112*	107
HIV感染率（占15—49岁人口的百分比）	..	..	..

	1990	2000	2013
环境			
森林（平方公里）	10.0	10.0	*10.0*
森林采伐（1990—2000年和2000—2010年，平均年度百分比）		0.0	*0.0*
淡水使用量（占内陆水资源的百分比）	..	..	..
获得改善的水资源的人口（占总人口的百分比）	90	94	*98*
获得改善的卫生设施的人口（占总人口的百分比）	73	78	*83*
人均能源使用量（千克石油当量）	..	..	..
人均二氧化碳排放量（吨）	..	..	..
人均用电量（千瓦时）	..	..	..

	1990	2000	2013
经济			
GDP（百万美元）	8.8	13.7	38.3
GDP增长率（年度百分比）	*3.6*	-1.0	1.3
GDP隐含价格平减指数（年度增长百分比）	*2.6*	12.8	1.7
农业增加值（占GDP的百分比）	..	20	22
工业增加值（占GDP的百分比）	..	8	9
服务业增加值（占GDP的百分比）	..	72	69
货物和服务出口（占GDP的百分比）	..	..	..
货物和服务进口（占GDP的百分比）	..	..	..
资本形成总额（占GDP的百分比）	..	..	..
中央政府收入（占GDP的百分比）	..	..	..
中央政府现金盈余/赤字（占GDP的百分比）	..	..	..

	1990	2000	2013
政府与市场			
创办企业的时间（天）	..	..	..
总体统计能力水平（0—100）	..	..	33.3
军费支出（占GDP的百分比）	..	..	..
移动电话用户（每100人）	0.0	0.0	34.4
互联网用户（占总人口的百分比）	0.0	5.2	37.0
金融部门提供的国内信用（占GDP的百分比）	0.0	0.0	0.0
高科技出口（占制成品出口的百分比）	..	*28*	..

	1990	2000	2013
全球联系			
商品贸易（占GDP的百分比）	58	36	43
净易货贸易条件指数（2000年=100）	..	..	..
外债总额（百万美元）	..	..	..
债务还本付息总额（占出口的百分比）	..	..	..
净移民（千人）	..	..	..
获得的侨汇（百万美元）	..	..	4.1
外国直接投资，净流入额（百万美元）	..	..	0.3
获得的净官方发展援助（百万美元）	5.1	4.0	26.7

乌干达

撒哈拉以南非洲地区 **低收入经济体**

人口（百万）	37.6	人口增长率（百分比）	3.3
陆地面积（千平方公里）	242	每天生活费用不足1.25美元的人口（占人口的百分比）	37.8
GNI，图表集法（10亿美元）	22.5	人均GNI，图表集法（美元）	600
PPP衡量的GNI（10亿美元）	61.2	PPP衡量的人均GNI（美元）	1,630

	1990	2000	2013
人口			
最贫困的20%人口占国家消费/收入的份额（百分比）	4.9	5.9	5.8
出生时的预期寿命（岁）	48	48	59
总生育率（每个女性生育数）	7.1	6.9	5.9
青年女性生育率（每千名15—19岁女性生育数）	195	180	122
避孕普及率（占15—49岁已婚女性的百分比）	5	23	30
在熟练医护人员护理下的分娩（占总数的百分比）	38	39	57
5岁以下儿童死亡率（每千人）	179	147	66
儿童营养不良，体重不足（占5岁以下儿童的百分比）	19.7	19.0	14.1
儿童麻疹免疫接种率（占12—23个月年龄组的百分比）	52	57	82
小学毕业率，总数（占适龄年龄组的百分比）	..	59	54
中学总入学率，总数（占适龄年龄组的百分比）	11	16	27
小学和中学中女孩与男孩的比率（百分比）	78	92	99
HIV感染率（占15—49岁人口的百分比）	12.4	7.3	7.4
环境			
森林（千平方公里）	48	39	28
森林采伐（1990—2000年和2000—2010年，平均年度百分比）		2.0	2.6
淡水使用量（占内陆水资源的百分比）	..	0.8	0.8
获得改善的水资源的人口（占总人口的百分比）	42	57	75
获得改善的卫生设施的人口（占总人口的百分比）	26	30	34
人均能源使用量（千克石油当量）	..	..	..
人均二氧化碳排放量（吨）	0.05	0.06	0.11
人均用电量（千瓦时）	..	..	..
经济			
GDP（10亿美元）	4.3	6.2	24.7
GDP增长率（年度百分比）	6.5	3.1	3.3
GDP隐含价格平减指数（年度增长百分比）	44.4	11.1	4.1
农业增加值（占GDP的百分比）	57	29	27
工业增加值（占GDP的百分比）	11	23	22
服务业增加值（占GDP的百分比）	32	48	58
货物和服务出口（占GDP的百分比）	7	11	20
货物和服务进口（占GDP的百分比）	19	22	30
资本形成总额（占GDP的百分比）	13	19	30
中央政府收入（占GDP的百分比）	..	10.8	11.2
中央政府现金盈余/赤字（占GDP的百分比）	..	-1.9	-2.1
政府与市场			
创办企业的时间（天）	..	34	32
总体统计能力水平（0—100）	..	60.0	64.4
军费支出（占GDP的百分比）	3.7	2.5	1.9
移动电话用户（每100人）	0.0	0.5	44.1
互联网用户（占总人口的百分比）	0.0	0.2	16.2
金融部门提供的国内信用（占GDP的百分比）	0.0	12.2	14.2
高科技出口（占制成品出口的百分比）	..	4	2
全球联系			
商品贸易（占GDP的百分比）	10	31	33
净易货贸易条件指数（2000年=100）	146	100	106
外债总额（10亿美元）	2.6	3.5	4.4
债务还本付息总额（占出口的百分比）	81.4	10.6	1.6
净移民（千人）	120	-5	-150
获得的侨汇（百万美元）	..	238	932
外国直接投资，净流入额（百万美元）	-6	161	1,194
获得的净官方发展援助（百万美元）	663	853	1,693

乌克兰

欧洲和中亚		中低收入经济体	
人口（百万）	45.5	人口增长率（百分比）	-0.2
陆地面积（千平方公里）	604	每天生活费用不足1.25美元的人口（占人口的百分比）	<2
GNI，图表集法（10亿美元）	179.9	人均GNI，图表集法（美元）	3,960
PPP衡量的GNI（10亿美元）	407.8	PPP衡量的人均GNI（美元）	8,970

	1990	2000	2013
人口			
最贫困的20%人口占国家消费/收入的份额（百分比）	*9.5*	*8.8*	*10.2*
出生时的预期寿命（岁）	70	68	71
总生育率（每个女性生育数）	1.8	1.1	1.5
青年女性生育率（每千名15—19岁女性生育数）	61	35	25
避孕普及率（占15—49岁已婚女性的百分比）	..	72	*65*
在熟练医护人员护理下的分娩（占总数的百分比）	100	100	*99*
5岁以下儿童死亡率（每千人）	20	18	10
儿童营养不良，体重不足（占5岁以下儿童的百分比）	..	4.1	..
儿童麻疹免疫接种率（占12—23个月年龄组的百分比）	*90*	99	79
小学毕业率，总数（占适龄年龄组的百分比）	100	91	110
中学总入学率，总数（占适龄年龄组的百分比）	94	99	99
小学和中学中女孩与男孩的比率（百分比）	*104*	101	99
HIV感染率（占15—49岁人口的百分比）	0.1	0.8	0.8
环境			
森林（千平方公里）	93	95	*98*
森林采伐（1990—2000年和2000—2010年，平均年度百分比）		-0.3	*-0.2*
淡水使用量（占内陆水资源的百分比）	*49.0*	..	36.2
获得改善的水资源的人口（占总人口的百分比）	..	97	*98*
获得改善的卫生设施的人口（占总人口的百分比）	..	95	*94*
人均能源使用量（千克石油当量）	4,856	2,721	*2,766*
人均二氧化碳排放量（吨）	*12.3*	6.5	6.6
人均用电量（千瓦时）	4,787	2,778	*3,662*
经济			
GDP（10亿美元）	81.5	31.3	177.4
GDP增长率（年度百分比）	-6.3	5.9	1.9
GDP隐含价格平减指数（年度增长百分比）	16.3	23.1	1.2
农业增加值（占GDP的百分比）	26	17	10
工业增加值（占GDP的百分比）	45	36	27
服务业增加值（占GDP的百分比）	30	47	63
货物和服务出口（占GDP的百分比）	28	62	47
货物和服务进口（占GDP的百分比）	29	57	55
资本形成总额（占GDP的百分比）	27	20	16
中央政府收入（占GDP的百分比）	..	26.8	*37.3*
中央政府现金盈余/赤字（占GDP的百分比）	..	-0.6	*-4.0*
政府与市场			
创办企业的时间（天）	..	*40*	21
总体统计能力水平（0—100）	..	*83.3*	91.1
军费支出（占GDP的百分比）	*0.5*	3.6	2.9
移动电话用户（每100人）	0.0	1.7	138.1
互联网用户（占总人口的百分比）	0.0	0.7	41.8
金融部门提供的国内信用（占GDP的百分比）	0.0	23.8	95.7
高科技出口（占制成品出口的百分比）	..	5	6
全球联系			
商品贸易（占GDP的百分比）	..	91	79
净易货贸易条件指数（2000年=100）	..	100	117
外债总额（10亿美元）	*1*	14	148
债务还本付息总额（占出口的百分比）	..	18.4	42.3
净移民（千人）	*74*	*-165*	*-40*
获得的侨汇（百万美元）	..	33	9,667
外国直接投资，净流入额（百万美元）	*200*	595	4,509
获得的净官方发展援助（百万美元）	..	..	801

阿拉伯联合酋长国

高收入经济体

人口（百万）	9.3	人口增长率（百分比）	1.5
陆地面积（千平方公里）	84	每天生活费用不足1.25美元的人口（占人口的百分比）	..
GNI，图表集法（10亿美元）	*353.1*	人均GNI，图表集法（美元）	*38,360*
PPP衡量的GNI（10亿美元）	*551.3*	PPP衡量的人均GNI（美元）	*59,890*

	1990	2000	2013
人口			
最贫困的20%人口占国家消费/收入的份额（百分比）	..	..	..
出生时的预期寿命（岁）	72	74	77
总生育率（每个女性生育数）	4.4	2.6	1.8
青年女性生育率（每千名15—19岁女性生育数）	55	26	27
避孕普及率（占15—49岁已婚女性的百分比）	..	..	..
在熟练医护人员护理下的分娩（占总数的百分比）	..	*100*	*100*
5岁以下儿童死亡率（每千人）	17	11	8
儿童营养不良，体重不足（占5岁以下儿童的百分比）	..	..	..
儿童麻疹免疫接种率（占12—23个月年龄组的百分比）	80	94	94
小学毕业率，总数（占适龄年龄组的百分比）	92	*89*	*111*
中学总入学率，总数（占适龄年龄组的百分比）	62	*84*	..
小学和中学中女孩与男孩的比率（百分比）	106	*103*	..
HIV感染率（占15—49岁人口的百分比）	..	..	..
环境			
森林（千平方公里）	2.5	3.1	*3.2*
森林采伐（1990—2000年和2000—2010年，平均年度百分比）		-2.4	*-0.2*
淡水使用量（占内陆水资源的百分比）	..	*1,936.0*	2,665.3
获得改善的水资源的人口（占总人口的百分比）	100	100	*100*
获得改善的卫生设施的人口（占总人口的百分比）	97	97	*98*
人均能源使用量（千克石油当量）	11,306	11,216	*7,407*
人均二氧化碳排放量（吨）	28.8	37.2	*19.9*
人均用电量（千瓦时）	8,604	12,752	*9,389*
经济			
GDP（10亿美元）	51	104	402
GDP增长率（年度百分比）	18.3	10.9	5.2
GDP隐含价格平减指数（年度增长百分比）	3.3	11.5	2.7
农业增加值（占GDP的百分比）	1	2	1
工业增加值（占GDP的百分比）	59	49	59
服务业增加值（占GDP的百分比）	40	49	40
货物和服务出口（占GDP的百分比）	..	*49*	98
货物和服务进口（占GDP的百分比）	..	*41*	78
资本形成总额（占GDP的百分比）	..	*22*	23
中央政府收入（占GDP的百分比）	..	..	*3.2*
中央政府现金盈余/赤字（占GDP的百分比）	..	..	*-0.2*
政府与市场			
创办企业的时间（天）	..	*19*	8
总体统计能力水平（0—100）	..	..	..
军费支出（占GDP的百分比）	..	5.6	5.0
移动电话用户（每100人）	1.9	47.2	171.9
互联网用户（占总人口的百分比）	0.0	23.6	88.0
金融部门提供的国内信用（占GDP的百分比）	23.2	28.9	0.0
高科技出口（占制成品出口的百分比）	*0*	1	..
全球联系			
商品贸易（占GDP的百分比）	69	81	157
净易货贸易条件指数（2000年=100）	..	100	185
外债总额（百万美元）	..	..	..
债务还本付息总额（占出口的百分比）	..	..	..
净移民（千人）	*328*	*864*	*514*
获得的侨汇（百万美元）	..	..	..
外国直接投资，净流入额（百万美元）	-0.1	-0.5	10.5
获得的净官方发展援助（百万美元）	3.5	..	..

英国

高收入经济体

人口（百万）	64.1	人口增长率（百分比）	0.6
陆地面积（千平方公里）	244	每天生活费用不足1.25美元的人口（占人口的百分比）	..
GNI，图表集法（10亿美元）	2,671.7	人均GNI，图表集法（美元）	41,680
PPP衡量的GNI（10亿美元）	2,433.9	PPP衡量的人均GNI（美元）	37,970

	1990	2000	2013
人口			
最贫困的20%人口占国家消费/收入的份额（百分比）	*6.6*	*6.0*	*5.8*
出生时的预期寿命（岁）	76	78	81
总生育率（每个女性生育数）	1.8	1.6	1.9
青年女性生育率（每千名15—19岁女性生育数）	31	29	26
避孕普及率（占15—49岁已婚女性的百分比）	*70*	76	*84*
在熟练医护人员护理下的分娩（占总数的百分比）	..	*99*	..
5岁以下儿童死亡率（每千人）	9	7	5
儿童营养不良，体重不足（占5岁以下儿童的百分比）	..	..	..
儿童麻疹免疫接种率（占12—23个月年龄组的百分比）	87	88	95
小学毕业率，总数（占适龄年龄组的百分比）	..	..	..
中学总入学率，总数（占适龄年龄组的百分比）	84	102	*95*
小学和中学中女孩与男孩的比率（百分比）	102	101	*100*
HIV感染率（占15—49岁人口的百分比）	0.1	0.1	0.3
环境			
森林（千平方公里）	26	28	*29*
森林采伐（1990—2000年和2000—2010年，平均年度百分比）		-0.7	*-0.3*
淡水使用量（占内陆水资源的百分比）	*8.3*	*10.8*	9.0
获得改善的水资源的人口（占总人口的百分比）	100	100	*100*
获得改善的卫生设施的人口（占总人口的百分比）	100	100	*100*
人均能源使用量（千克石油当量）	3,597	3,786	*3,020*
人均二氧化碳排放量（吨）	10.0	9.2	*7.9*
人均用电量（千瓦时）	5,357	6,115	*5,472*
经济			
GDP（10亿美元）	1,067	1,549	2,678
GDP增长率（年度百分比）	0.5	3.8	1.7
GDP隐含价格平减指数（年度增长百分比）	8.7	2.4	1.7
农业增加值（占GDP的百分比）	1	1	1
工业增加值（占GDP的百分比）	31	27	20
服务业增加值（占GDP的百分比）	67	72	79
货物和服务出口（占GDP的百分比）	23	26	30
货物和服务进口（占GDP的百分比）	25	28	32
资本形成总额（占GDP的百分比）	22	20	17
中央政府收入（占GDP的百分比）	..	35.3	*36.1*
中央政府现金盈余/赤字（占GDP的百分比）	..	3.7	-5.5
政府与市场			
创办企业的时间（天）	..	*13*	6
总体统计能力水平（0—100）	..	..	..
军费支出（占GDP的百分比）	3.7	2.3	2.2
移动电话用户（每100人）	1.9	73.7	124.6
互联网用户（占总人口的百分比）	0.1	26.8	89.8
金融部门提供的国内信用（占GDP的百分比）	112.2	124.1	184.1
高科技出口（占制成品出口的百分比）	24	32	16
全球联系			
商品贸易（占GDP的百分比）	38	41	45
净易货贸易条件指数（2000年=100）	..	100	102
外债总额（百万美元）	..	..	..
债务还本付息总额（占出口的百分比）	..	..	..
净移民（千人）	*205*	*968*	*900*
获得的侨汇（10亿美元）	2.1	3.6	1.7
外国直接投资，净流入额（10亿美元）	34	122	48
获得的净官方发展援助（百万美元）	..	..	..

美国

高收入经济体

人口（百万）	316.1	人口增长率（百分比）	0.7
陆地面积（千平方公里）	9,832	每天生活费用不足1.25美元的人口（占人口的百分比）	..
GNI，图表集法（10亿美元）	16,903.0	人均GNI，图表集法（美元）	53,470
PPP衡量的GNI（10亿美元）	16,992.4	PPP衡量的人均GNI（美元）	53,750

	1990	2000	2013
人口			
最贫困的20%人口占国家消费/收入的份额（百分比）	*5.4*	5.4	*4.7*
出生时的预期寿命（岁）	75	77	79
总生育率（每个女性生育数）	2.1	2.1	1.9
青年女性生育率（每千名15—19岁女性生育数）	57	46	30
避孕普及率（占15—49岁已婚女性的百分比）	71	*73*	*76*
在熟练医护人员护理下的分娩（占总数的百分比）	*99*	*99*	..
5岁以下儿童死亡率（每千人）	11	8	7
儿童营养不良，体重不足（占5岁以下儿童的百分比）	*0.9*	*1.1*	*0.5*
儿童麻疹免疫接种率（占12—23个月年龄组的百分比）	90	91	91
小学毕业率，总数（占适龄年龄组的百分比）	..	..	..
中学总入学率，总数（占适龄年龄组的百分比）	91	92	*94*
小学和中学中女孩与男孩的比率（百分比）	100	100	*99*
HIV感染率（占15—49岁人口的百分比）	..	..	..
环境			
森林（千平方公里）	2,963	3,002	*3,048*
森林采伐（1990—2000年和2000—2010年，平均年度百分比）		-0.1	*-0.1*
淡水使用量（占内陆水资源的百分比）	*16.4*	*16.8*	17.0
获得改善的水资源的人口（占总人口的百分比）	98	99	*99*
获得改善的卫生设施的人口（占总人口的百分比）	100	100	*100*
人均能源使用量（千克石油当量）	7,672	8,057	*6,794*
人均二氧化碳排放量（吨）	19.1	20.2	*17.6*
人均用电量（千瓦时）	11,713	13,671	*13,246*
经济			
GDP（10亿美元）	5,980	10,285	16,768
GDP增长率（年度百分比）	1.9	4.1	2.2
GDP隐含价格平减指数（年度增长百分比）	3.7	2.3	1.5
农业增加值（占GDP的百分比）	..	1	*1*
工业增加值（占GDP的百分比）	..	23	*21*
服务业增加值（占GDP的百分比）	..	76	*78*
货物和服务出口（占GDP的百分比）	9	11	13
货物和服务进口（占GDP的百分比）	11	14	17
资本形成总额（占GDP的百分比）	22	24	20
中央政府收入（占GDP的百分比）	..	*19.4*	18.3
中央政府现金盈余/赤字（占GDP的百分比）	..	*0.0*	-4.9
政府与市场			
创办企业的时间（天）	..	*6*	6
总体统计能力水平（0—100）	..	..	..
军费支出（占GDP的百分比）	5.1	2.9	3.8
移动电话用户（每100人）	2.1	38.5	95.5
互联网用户（占总人口的百分比）	0.8	43.1	84.2
金融部门提供的国内信用（占GDP的百分比）	145.2	191.0	240.5
高科技出口（占制成品出口的百分比）	33	34	18
全球联系			
商品贸易（占GDP的百分比）	15	20	23
净易货贸易条件指数（2000年=100）	103	100	95
外债总额（百万美元）	..	..	..
债务还本付息总额（占出口的百分比）	..	..	..
净移民（千人）	*4,455*	*5,322*	*5,000*
获得的侨汇（10亿美元）	1.2	4.4	6.7
外国直接投资，净流入额（10亿美元）	48	321	295
获得的净官方发展援助（百万美元）	..	..	..

乌拉圭

高收入经济体

人口（百万）	3.4	人口增长率（百分比）	0.3
陆地面积（千平方公里）	176	每天生活费用不足1.25美元的人口（占人口的百分比）	<2
GNI，图表集法（10亿美元）	51.7	人均GNI，图表集法（美元）	15,180
PPP衡量的GNI（10亿美元）	64.5	PPP衡量的人均GNI（美元）	18,940

	1990	2000	2013
人口			
最贫困的20%人口占国家消费/收入的份额（百分比）	5.3	4.7	5.2
出生时的预期寿命（岁）	73	75	77
总生育率（每个女性生育数）	2.5	2.2	2.0
青年女性生育率（每千名15—19岁女性生育数）	69	65	58
避孕普及率（占15—49岁已婚女性的百分比）	..	*77*	..
在熟练医护人员护理下的分娩（占总数的百分比）	..	*100*	*100*
5岁以下儿童死亡率（每千人）	23	17	11
儿童营养不良，体重不足（占5岁以下儿童的百分比）	..	*5.2*	*4.5*
儿童麻疹免疫接种率（占12—23个月年龄组的百分比）	97	89	96
小学毕业率，总数（占适龄年龄组的百分比）	95	97	*104*
中学总入学率，总数（占适龄年龄组的百分比）	81	98	*90*
小学和中学中女孩与男孩的比率（百分比）	..	105	*104*
HIV感染率（占15—49岁人口的百分比）	0.1	0.4	0.7
环境			
森林（千平方公里）	9	14	*18*
森林采伐（1990—2000年和2000—2010年，平均年度百分比）		-4.4	-2.1
淡水使用量（占内陆水资源的百分比）	..	*4.0*	4.0
获得改善的水资源的人口（占总人口的百分比）	96	97	*100*
获得改善的卫生设施的人口（占总人口的百分比）	92	94	*96*
人均能源使用量（千克石油当量）	724	931	*1,309*
人均二氧化碳排放量（吨）	1.3	1.6	*2.0*
人均用电量（千瓦时）	1,244	2,031	*2,810*
经济			
GDP（10亿美元）	9.3	22.8	55.7
GDP增长率（年度百分比）	0.3	-1.9	4.4
GDP隐含价格平减指数（年度增长百分比）	106.8	3.5	7.6
农业增加值（占GDP的百分比）	9	7	10
工业增加值（占GDP的百分比）	35	25	25
服务业增加值（占GDP的百分比）	56	69	65
货物和服务出口（占GDP的百分比）	24	17	24
货物和服务进口（占GDP的百分比）	18	20	27
资本形成总额（占GDP的百分比）	12	14	24
中央政府收入（占GDP的百分比）	23.8	24.7	*30.7*
中央政府现金盈余/赤字（占GDP的百分比）	0.5	-3.0	*-2.1*
政府与市场			
创办企业的时间（天）	..	*45*	7
总体统计能力水平（0—100）	..	*82.2*	90.0
军费支出（占GDP的百分比）	3.5	2.5	1.9
移动电话用户（每100人）	0.0	12.4	154.6
互联网用户（占总人口的百分比）	0.0	10.5	58.1
金融部门提供的国内信用（占GDP的百分比）	46.7	50.2	36.3
高科技出口（占制成品出口的百分比）	*3*	2	9
全球联系			
商品贸易（占GDP的百分比）	33	25	37
净易货贸易条件指数（2000年=100）	116	100	108
外债总额（10亿美元）	..	..	..
债务还本付息总额（占出口的百分比）	..	..	..
净移民（千人）	*-20*	*-104*	*-30*
获得的侨汇（百万美元）	..	*0*	123
外国直接投资，净流入额（百万美元）	42	269	2,789
获得的净官方发展援助（百万美元）	52.4	17.4	35.8

乌兹别克斯坦

欧洲和中亚 **中低收入经济体**

人口（百万）	30.2	人口增长率（百分比）	1.6
陆地面积（千平方公里）	447	每天生活费用不足1.25美元的人口（占人口的百分比）	..
GNI，图表集法（10亿美元）	56.9	人均GNI，图表集法（美元）	1,880
PPP衡量的GNI（10亿美元）	159.9	PPP衡量的人均GNI（美元）	5,290

	1990	2000	2013
人口			
最贫困的20%人口占国家消费/收入的份额（百分比）	*10.6*	*8.1*	..
出生时的预期寿命（岁）	67	67	68
总生育率（每个女性生育数）	4.1	2.6	2.2
青年女性生育率（每千名15—19岁女性生育数）	56	50	37
避孕普及率（占15—49岁已婚女性的百分比）	..	67	*65*
在熟练医护人员护理下的分娩（占总数的百分比）	..	96	*100*
5岁以下儿童死亡率（每千人）	71	64	43
儿童营养不良，体重不足（占5岁以下儿童的百分比）	..	*7.1*	*4.4*
儿童麻疹免疫接种率（占12—23个月年龄组的百分比）	*84*	99	97
小学毕业率，总数（占适龄年龄组的百分比）	..	95	*92*
中学总入学率，总数（占适龄年龄组的百分比）	99	88	*105*
小学和中学中女孩与男孩的比率（百分比）	..	98	*98*
HIV感染率（占15—49岁人口的百分比）	0.1	0.3	0.2
环境			
森林（千平方公里）	30	32	33
森林采伐（1990—2000年和2000—2010年，平均年度百分比）		-0.5	*-0.2*
淡水使用量（占内陆水资源的百分比）	..	*370.7*	342.7
获得改善的水资源的人口（占总人口的百分比）	90	89	*87*
获得改善的卫生设施的人口（占总人口的百分比）	84	91	*100*
人均能源使用量（千克石油当量）	2,261	2,059	*1,628*
人均二氧化碳排放量（吨）	*5.3*	4.9	*3.7*
人均用电量（千瓦时）	2,383	1,780	*1,626*
经济			
GDP（10亿美元）	13.4	13.8	56.8
GDP增长率（年度百分比）	1.6	3.8	8.0
GDP隐含价格平减指数（年度增长百分比）	4.0	47.3	13.9
农业增加值（占GDP的百分比）	33	34	19
工业增加值（占GDP的百分比）	33	23	26
服务业增加值（占GDP的百分比）	34	43	55
货物和服务出口（占GDP的百分比）	29	25	28
货物和服务进口（占GDP的百分比）	48	22	32
资本形成总额（占GDP的百分比）	31	22	23
中央政府收入（占GDP的百分比）	..	..	..
中央政府现金盈余/赤字（占GDP的百分比）	..	..	..
政府与市场			
创办企业的时间（天）	..	*28*	8
总体统计能力水平（0—100）	..	*57.8*	54.4
军费支出（占GDP的百分比）	..	1.2	..
移动电话用户（每100人）	0.0	0.2	74.3
互联网用户（占总人口的百分比）	0.0	0.5	38.2
金融部门提供的国内信用（占GDP的百分比）	0.0	0.0	0.0
高科技出口（占制成品出口的百分比）	..	..	..
全球联系			
商品贸易（占GDP的百分比）	..	40	45
净易货贸易条件指数（2000年=100）	..	100	171
外债总额（10亿美元）	*0.1*	5.0	10.6
债务还本付息总额（占出口的百分比）	..	..	..
净移民（千人）	*-275*	*-780*	*-200*
获得的侨汇（百万美元）	..	..	..
外国直接投资，净流入额（百万美元）	*9*	75	1,077
获得的净官方发展援助（百万美元）	*2*	186	293

瓦努阿图

东亚和太平洋地区			中低收入经济体
人口（千人）	253	人口增长率（百分比）	2.2
陆地面积（千平方公里）	12	每天生活费用不足1.25美元的人口（占人口的百分比）	..
GNI，图表集法（百万美元）	790.1	人均GNI，图表集法（美元）	3,130
PPP衡量的GNI（百万美元）	724.7	PPP衡量的人均GNI（美元）	2,870

	1990	2000	2013
人口			
最贫困的20%人口占国家消费/收入的份额（百分比）	..	..	..
出生时的预期寿命（岁）	63	68	72
总生育率（每个女性生育数）	4.9	4.4	3.4
青年女性生育率（每千名15—19岁女性生育数）	73	58	44
避孕普及率（占15—49岁已婚女性的百分比）	*15*	*28*	49
在熟练医护人员护理下的分娩（占总数的百分比）	..	*88*	89
5岁以下儿童死亡率（每千人）	33	23	17
儿童营养不良，体重不足（占5岁以下儿童的百分比）	..	..	*11.7*
儿童麻疹免疫接种率（占12—23个月年龄组的百分比）	66	61	52
小学毕业率，总数（占适龄年龄组的百分比）	*84*	92	*84*
中学总入学率，总数（占适龄年龄组的百分比）	*18*	35	*60*
小学和中学中女孩与男孩的比率（百分比）	*93*	101	*98*
HIV感染率（占15—49岁人口的百分比）	..	..	..
环境			
森林（千平方公里）	4.4	4.4	*4.4*
森林采伐（1990—2000年和2000—2010年，平均年度百分比）		0.0	*0.0*
淡水使用量（占内陆水资源的百分比）	..	..	..
获得改善的水资源的人口（占总人口的百分比）	62	76	*91*
获得改善的卫生设施的人口（占总人口的百分比）	*35*	42	*58*
人均能源使用量（千克石油当量）	159	..	..
人均二氧化碳排放量（吨）	0.5	0.4	*0.5*
人均用电量（千瓦时）	..	..	..
经济			
GDP（百万美元）	158	272	828
GDP增长率（年度百分比）	11.7	5.9	2.0
GDP隐含价格平减指数（年度增长百分比）	-1.0	2.2	2.7
农业增加值（占GDP的百分比）	21	26	28
工业增加值（占GDP的百分比）	14	13	9
服务业增加值（占GDP的百分比）	65	61	63
货物和服务出口（占GDP的百分比）	47	39	48
货物和服务进口（占GDP的百分比）	73	48	51
资本形成总额（占GDP的百分比）	33	20	26
中央政府收入（占GDP的百分比）	26.1	*19.4*	*18.5*
中央政府现金盈余/赤字（占GDP的百分比）	5.1	*-0.1*	*-2.3*
政府与市场			
创办企业的时间（天）	..	*47*	35
总体统计能力水平（0—100）	..	..	43.3
军费支出（占GDP的百分比）	..	..	..
移动电话用户（每100人）	0.0	0.2	50.3
互联网用户（占总人口的百分比）	0.0	2.1	11.3
金融部门提供的国内信用（占GDP的百分比）	30.8	35.6	68.7
高科技出口（占制成品出口的百分比）	20	0	*54*
全球联系			
商品贸易（占GDP的百分比）	73	42	42
净易货贸易条件指数（2000年=100）	..	100	90
外债总额（百万美元）	38	96	132
债务还本付息总额（占出口的百分比）	2.3	1.6	1.9
净移民（千人）	*-0.3*	*-0.5*	*0.0*
获得的侨汇（百万美元）	8.2	34.7	23.7
外国直接投资，净流入额（百万美元）	13.1	20.3	33.0
获得的净官方发展援助（百万美元）	49.5	45.8	90.6

委内瑞拉

拉丁美洲和加勒比地区		中高收入经济体	
人口（百万）	30.4	人口增长率（百分比）	1.5
陆地面积（千平方公里）	912	每天生活费用不足1.25美元的人口（占人口的百分比）	*6.6*
GNI，图表集法（10亿美元）	381.6	人均GNI，图表集法（美元）	12,550
PPP衡量的GNI（10亿美元）	544.2	PPP衡量的人均GNI（美元）	17,900

	1990	2000	2013
人口			
最贫困的20%人口占国家消费/收入的份额（百分比）	*4.4*	*4.0*	*4.2*
出生时的预期寿命（岁）	71	72	75
总生育率（每个女性生育数）	3.4	2.8	2.4
青年女性生育率（每千名15—19岁女性生育数）	100	93	82
避孕普及率（占15—49岁已婚女性的百分比）	*58*	*70*	..
在熟练医护人员护理下的分娩（占总数的百分比）	..	94	*96*
5岁以下儿童死亡率（每千人）	30	21	15
儿童营养不良，体重不足（占5岁以下儿童的百分比）	6.7	3.9	*2.9*
儿童麻疹免疫接种率（占12—23个月年龄组的百分比）	61	84	85
小学毕业率，总数（占适龄年龄组的百分比）	78	83	96
中学总入学率，总数（占适龄年龄组的百分比）	56	60	93
小学和中学中女孩与男孩的比率（百分比）	*105*	105	103
HIV感染率（占15—49岁人口的百分比）	0.3	0.6	0.6
环境			
森林（千平方公里）	520	492	*457*
森林采伐（1990—2000年和2000—2010年，平均年度百分比）		0.6	*0.6*
淡水使用量（占内陆水资源的百分比）	..	*1.1*	2.8
获得改善的水资源的人口（占总人口的百分比）	90	92	..
获得改善的卫生设施的人口（占总人口的百分比）	82	89	..
人均能源使用量（千克石油当量）	2,206	2,312	*2,380*
人均二氧化碳排放量（吨）	6.2	6.2	*6.9*
人均用电量（千瓦时）	2,464	2,644	*3,313*
经济			
GDP（10亿美元）	47	117	438
GDP增长率（年度百分比）	6.5	3.7	1.3
GDP隐含价格平减指数（年度增长百分比）	41.7	29.5	59.9
农业增加值（占GDP的百分比）	5	4	*6*
工业增加值（占GDP的百分比）	61	50	*52*
服务业增加值（占GDP的百分比）	34	46	*42*
货物和服务出口（占GDP的百分比）	39	30	*26*
货物和服务进口（占GDP的百分比）	20	18	*24*
资本形成总额（占GDP的百分比）	10	24	*27*
中央政府收入（占GDP的百分比）	24.5	21.2	..
中央政府现金盈余/赤字（占GDP的百分比）	3.0	-1.2	..
政府与市场			
创办企业的时间（天）	..	*143*	144
总体统计能力水平（0—100）	..	*80.0*	81.1
军费支出（占GDP的百分比）	*1.9*	1.5	1.2
移动电话用户（每100人）	0.0	22.3	101.6
互联网用户（占总人口的百分比）	0.0	3.4	54.9
金融部门提供的国内信用（占GDP的百分比）	38.6	14.9	52.5
高科技出口（占制成品出口的百分比）	4	3	*2*
全球联系			
商品贸易（占GDP的百分比）	53	42	33
净易货贸易条件指数（2000年=100）	90	100	255
外债总额（10亿美元）	33	43	119
债务还本付息总额（占出口的百分比）	23.3	16.9	*22.2*
净移民（千人）	*40.0*	*40.0*	*40.0*
获得的侨汇（百万美元）	1	17	*118*
外国直接投资，净流入额（10亿美元）	0.5	4.7	7.0
获得的净官方发展援助（百万美元）	76.4	76.1	35.4

越南

东亚和太平洋地区			中低收入经济体
人口（百万）	89.7	人口增长率（百分比）	1.0
陆地面积（千平方公里）	331	每天生活费用不足1.25美元的人口（占人口的百分比）	*2.4*
GNI，图表集法（10亿美元）	156.4	人均GNI，图表集法（美元）	1,740
PPP衡量的GNI（10亿美元）	455.0	PPP衡量的人均GNI（美元）	5,070

	1990	2000	2013
人口			
最贫困的20%人口占国家消费/收入的份额（百分比）	*7.8*	*7.5*	*7.0*
出生时的预期寿命（岁）	71	74	76
总生育率（每个女性生育数）	3.6	2.0	1.7
青年女性生育率（每千名15—19岁女性生育数）	31	29	29
避孕普及率（占15—49岁已婚女性的百分比）	*53*	74	*78*
在熟练医护人员护理下的分娩（占总数的百分比）	..	70	93
5岁以下儿童死亡率（每千人）	51	35	24
儿童营养不良，体重不足（占5岁以下儿童的百分比）	*36.9*	26.7	*12.0*
儿童麻疹免疫接种率（占12—23个月年龄组的百分比）	88	97	98
小学毕业率，总数（占适龄年龄组的百分比）	..	98	97
中学总入学率，总数（占适龄年龄组的百分比）	34	57	..
小学和中学中女孩与男孩的比率（百分比）	..	*93*	..
HIV感染率（占15—49岁人口的百分比）	0.1	0.3	0.4
环境			
森林（千平方公里）	94	117	*141*
森林采伐（1990—2000年和2000—2010年，平均年度百分比）		-2.3	*-1.6*
淡水使用量（占内陆水资源的百分比）	..	..	22.8
获得改善的水资源的人口（占总人口的百分比）	62	77	*95*
获得改善的卫生设施的人口（占总人口的百分比）	37	54	*75*
人均能源使用量（千克石油当量）	271	370	*697*
人均二氧化碳排放量（吨）	0.3	0.7	*1.7*
人均用电量（千瓦时）	98	295	*1,073*
经济			
GDP（10亿美元）	6.5	33.6	171.4
GDP增长率（年度百分比）	5.1	6.8	5.4
GDP隐含价格平减指数（年度增长百分比）	42.1	11.6	4.8
农业增加值（占GDP的百分比）	39	23	18
工业增加值（占GDP的百分比）	23	34	38
服务业增加值（占GDP的百分比）	39	43	43
货物和服务出口（占GDP的百分比）	36	50	84
货物和服务进口（占GDP的百分比）	45	53	80
资本形成总额（占GDP的百分比）	13	27	27
中央政府收入（占GDP的百分比）	..	..	..
中央政府现金盈余/赤字（占GDP的百分比）	..	..	..
政府与市场			
创办企业的时间（天）	..	*62*	34
总体统计能力水平（0—100）	..	*71.1*	76.7
军费支出（占GDP的百分比）	7.9	*2.0*	2.2
移动电话用户（每100人）	0.0	1.0	130.9
互联网用户（占总人口的百分比）	0.0	0.3	43.9
金融部门提供的国内信用（占GDP的百分比）	0.0	32.6	108.2
高科技出口（占制成品出口的百分比）	..	11	28
全球联系			
商品贸易（占GDP的百分比）	80	90	154
净易货贸易条件指数（2000年=100）	..	100	99
外债总额（10亿美元）	23.3	12.9	65.5
债务还本付息总额（占出口的百分比）	..	7.5	3.5
净移民（千人）	*-394*	*-772*	*-200*
获得的侨汇（10亿美元）	..	1.3	*8.6*
外国直接投资，净流入额（10亿美元）	0.2	1.3	8.9
获得的净官方发展援助（10亿美元）	0.2	1.7	4.1

美属维尔京群岛

高收入经济体

人口（千人）	105	人口增长率（百分比）	-0.5
陆地面积（平方公里）	350	每天生活费用不足1.25美元的人口（占人口的百分比）	..
GNI，图表集法（10亿美元）	..	人均GNI，图表集法（美元）	..
PPP衡量的GNI（百万美元）	..	PPP衡量的人均GNI（美元）	..

	1990	2000	2013
人口			
最贫困的20%人口占国家消费/收入的份额（百分比）	..	..	..
出生时的预期寿命（岁）	75	77	80
总生育率（每个女性生育数）	3.0	2.1	1.8
青年女性生育率（每千名15—19岁女性生育数）	79	55	48
避孕普及率（占15—49岁已婚女性的百分比）	..	*78*	..
在熟练医护人员护理下的分娩（占总数的百分比）	..	*98*	..
5岁以下儿童死亡率（每千人）	..	..	..
儿童营养不良，体重不足（占5岁以下儿童的百分比）	..	..	..
儿童麻疹免疫接种率（占12—23个月年龄组的百分比）	..	..	..
小学毕业率，总数（占适龄年龄组的百分比）	..	..	..
中学总入学率，总数（占适龄年龄组的百分比）	105	..	..
小学和中学中女孩与男孩的比率（百分比）	*93*	..	..
HIV感染率（占15—49岁人口的百分比）	..	..	..
环境			
森林（平方公里）	236	219	*199*
森林采伐（1990—2000年和2000—2010年，平均年度百分比）		0.7	*0.8*
淡水使用量（占内陆水资源的百分比）	..	..	..
获得改善的水资源的人口（占总人口的百分比）	100	100	*100*
获得改善的卫生设施的人口（占总人口的百分比）	96	96	*96*
人均能源使用量（千克石油当量）	..	..	..
人均二氧化碳排放量（吨）	..	..	..
人均用电量（千瓦时）	..	..	..
经济			
GDP（百万美元）	1,565	..	..
GDP增长率（年度百分比）	*7.1*	..	..
GDP隐含价格平减指数（年度增长百分比）	*4.1*	..	..
农业增加值（占GDP的百分比）	..	..	..
工业增加值（占GDP的百分比）	..	..	..
服务业增加值（占GDP的百分比）	..	..	..
货物和服务出口（占GDP的百分比）	..	..	..
货物和服务进口（占GDP的百分比）	..	..	..
资本形成总额（占GDP的百分比）	..	..	..
中央政府收入（占GDP的百分比）	..	..	..
中央政府现金盈余/赤字（占GDP的百分比）	..	..	..
政府与市场			
创办企业的时间（天）	..	..	..
总体统计能力水平（0—100）	..	..	..
军费支出（占GDP的百分比）	..	..	..
移动电话用户（每100人）	0.0	32.3	..
互联网用户（占总人口的百分比）	0.0	13.8	45.3
金融部门提供的国内信用（占GDP的百分比）	0.0	0.0	0.0
高科技出口（占制成品出口的百分比）	..	..	..
全球联系			
商品贸易（占GDP的百分比）	..	..	..
净易货贸易条件指数（2000年=100）	..	..	..
外债总额（百万美元）	..	..	..
债务还本付息总额（占出口的百分比）	..	..	..
净移民（千人）	*-4.6*	*-5.3*	*-3.6*
获得的侨汇（百万美元）	..	..	..
外国直接投资，净流入额（百万美元）	..	..	..
获得的净官方发展援助（百万美元）	..	..	..

西岸和加沙

中东和北非			中低收入经济体
人口（百万）	4.2	人口增长率（百分比）	3.0
陆地面积（千平方公里）	6.0	每天生活费用不足1.25美元的人口（占人口的百分比）	<2
GNI，图表集法（10亿美元）	*12.4*	人均GNI，图表集法（美元）	*3,070*
PPP衡量的GNI（10亿美元）	*21.4*	PPP衡量的人均GNI（美元）	*5,300*

	1990	2000	2013
人口			
最贫困的20%人口占国家消费/收入的份额（百分比）	..	*7.5*	*7.7*
出生时的预期寿命（岁）	68	71	73
总生育率（每个女性生育数）	6.5	5.4	4.0
青年女性生育率（每千名15—19岁女性生育数）	104	82	45
避孕普及率（占15—49岁已婚女性的百分比）	..	51	*53*
在熟练医护人员护理下的分娩（占总数的百分比）	..	97	*99*
5岁以下儿童死亡率（每千人）	43	30	22
儿童营养不良，体重不足（占5岁以下儿童的百分比）	..	..	*3.7*
儿童麻疹免疫接种率（占12—23个月年龄组的百分比）	..	..	..
小学毕业率，总数（占适龄年龄组的百分比）	..	98	93
中学总入学率，总数（占适龄年龄组的百分比）	..	81	82
小学和中学中女孩与男孩的比率（百分比）	..	102	106
HIV感染率（占15—49岁人口的百分比）	..	..	..
环境			
森林（平方公里）	91	91	*92*
森林采伐（1990—2000年和2000—2010年，平均年度百分比）		0.0	*-0.1*
淡水使用量（占内陆水资源的百分比）	..	*34.4*	51.5
获得改善的水资源的人口（占总人口的百分比）	*97*	92	*82*
获得改善的卫生设施的人口（占总人口的百分比）	*87*	90	*94*
人均能源使用量（千克石油当量）	..	..	..
人均二氧化碳排放量（吨）	..	0.3	*0.6*
人均用电量（千瓦时）	..	..	..
经济			
GDP（10亿美元）	..	4.3	*11.3*
GDP增长率（年度百分比）	..	-9.9	-4.4
GDP隐含价格平减指数（年度增长百分比）	..	10.4	*1.4*
农业增加值（占GDP的百分比）	..	11	*5*
工业增加值（占GDP的百分比）	..	25	*25*
服务业增加值（占GDP的百分比）	..	64	*70*
货物和服务出口（占GDP的百分比）	..	21	*17*
货物和服务进口（占GDP的百分比）	..	67	*56*
资本形成总额（占GDP的百分比）	..	32	*21*
中央政府收入（占GDP的百分比）	..	..	..
中央政府现金盈余/赤字（占GDP的百分比）	..	..	..
政府与市场			
创办企业的时间（天）	..	..	44
总体统计能力水平（0—100）	..	..	82.2
军费支出（占GDP的百分比）	..	..	..
移动电话用户（每100人）	0.0	0.2	73.7
互联网用户（占总人口的百分比）	0.0	1.1	46.6
金融部门提供的国内信用（占GDP的百分比）	0.0	0.0	0.0
高科技出口（占制成品出口的百分比）	..	..	..
全球联系			
商品贸易（占GDP的百分比）	..	..	..
净易货贸易条件指数（2000年=100）	..	100	74
外债总额（百万美元）	..	..	..
债务还本付息总额（占出口的百分比）	..	..	..
净移民（千人）	*35*	*-190*	*-44*
获得的侨汇（10亿美元）	..	1.0	1.7
外国直接投资，净流入额（百万美元）	..	62	177
获得的净官方发展援助（百万美元）	*179*	685	2,610

也门共和国

中东和北非		中低收入经济体	
人口（百万）	24.4	人口增长率（百分比）	2.3
陆地面积（千平方公里）	528	每天生活费用不足1.25美元的人口（占人口的百分比）	*9.8*
GNI，图表集法（10亿美元）	32.6	人均GNI，图表集法（美元）	1,330
PPP衡量的GNI（10亿美元）	93.3	PPP衡量的人均GNI（美元）	3,820

	1990	2000	2013
人口			
最贫困的20%人口占国家消费/收入的份额（百分比）	..	*7.4*	..
出生时的预期寿命（岁）	58	60	63
总生育率（每个女性生育数）	8.7	6.4	4.1
青年女性生育率（每千名15—19岁女性生育数）	150	96	46
避孕普及率（占15—49岁已婚女性的百分比）	*10*	*23*	*28*
在熟练医护人员护理下的分娩（占总数的百分比）	*16*	*27*	*36*
5岁以下儿童死亡率（每千人）	125	96	51
儿童营养不良，体重不足（占5岁以下儿童的百分比）	*29.6*	*43.1*	*35.5*
儿童麻疹免疫接种率（占12—23个月年龄组的百分比）	69	71	78
小学毕业率，总数（占适龄年龄组的百分比）	..	*59*	*70*
中学总入学率，总数（占适龄年龄组的百分比）	..	*46*	49
小学和中学中女孩与男孩的比率（百分比）	..	*55*	79
HIV感染率（占15—49岁人口的百分比）	0.1	0.1	0.1
环境			
森林（千平方公里）	5.5	5.5	5.5
森林采伐（1990—2000年和2000—2010年，平均年度百分比）		0.0	*0.0*
淡水使用量（占内陆水资源的百分比）	*139.6*	*161.9*	169.8
获得改善的水资源的人口（占总人口的百分比）	66	60	*55*
获得改善的卫生设施的人口（占总人口的百分比）	24	39	*53*
人均能源使用量（千克石油当量）	213	271	*312*
人均二氧化碳排放量（吨）	0.8	0.8	*1.0*
人均用电量（千瓦时）	125	141	*193*
经济			
GDP（10亿美元）	5.6	9.6	36.0
GDP增长率（年度百分比）	*6.3*	6.2	4.2
GDP隐含价格平减指数（年度增长百分比）	*12.0*	23.3	7.9
农业增加值（占GDP的百分比）	24	14	..
工业增加值（占GDP的百分比）	34	46	..
服务业增加值（占GDP的百分比）	41	40	100
货物和服务出口（占GDP的百分比）	12	41	..
货物和服务进口（占GDP的百分比）	17	34	..
资本形成总额（占GDP的百分比）	12	19	..
中央政府收入（占GDP的百分比）	16.2	*23.4*	..
中央政府现金盈余/赤字（占GDP的百分比）	-6.7	*-2.3*	..
政府与市场			
创办企业的时间（天）	..	*72*	40
总体统计能力水平（0—100）	..	*56.7*	55.6
军费支出（占GDP的百分比）	6.6	4.9	3.9
移动电话用户（每100人）	0.0	0.2	69.0
互联网用户（占总人口的百分比）	0.0	0.1	20.0
金融部门提供的国内信用（占GDP的百分比）	51.8	5.3	33.9
高科技出口（占制成品出口的百分比）	..	*0*	0
全球联系			
商品贸易（占GDP的百分比）	40	66	60
净易货贸易条件指数（2000年=100）	..	100	166
外债总额（10亿美元）	6.4	5.2	7.7
债务还本付息总额（占出口的百分比）	11.1	5.9	2.8
净移民（千人）	*673*	*-100*	*-135*
获得的侨汇（10亿美元）	1.5	1.3	3.3
外国直接投资，净流入额（百万美元）	-131	6	-134
获得的净官方发展援助（百万美元）	450	311	1,004

赞比亚

撒哈拉以南非洲地区		中低收入经济体	
人口（百万）	14.5	人口增长率（百分比）	3.2
陆地面积（千平方公里）	753	每天生活费用不足1.25美元的人口（占人口的百分比）	*74.3*
GNI，图表集法（10亿美元）	26.3	人均GNI，图表集法（美元）	1,810
PPP衡量的GNI（10亿美元）	55.4	PPP衡量的人均GNI（美元）	3,810

	1990	2000	2013
人口			
最贫困的20%人口占国家消费/收入的份额（百分比）	*3.0*	*6.2*	*3.6*
出生时的预期寿命（岁）	44	42	58
总生育率（每个女性生育数）	6.5	6.1	5.7
青年女性生育率（每千名15—19岁女性生育数）	107	151	122
避孕普及率（占15—49岁已婚女性的百分比）	*15*	*22*	*41*
在熟练医护人员护理下的分娩（占总数的百分比）	*51*	*47*	*47*
5岁以下儿童死亡率（每千人）	193	169	87
儿童营养不良，体重不足（占5岁以下儿童的百分比）	*21.2*	*19.6*	*14.9*
儿童麻疹免疫接种率（占12—23个月年龄组的百分比）	90	85	80
小学毕业率，总数（占适龄年龄组的百分比）	..	63	84
中学总入学率，总数（占适龄年龄组的百分比）	21	..	..
小学和中学中女孩与男孩的比率（百分比）	*87*	..	..
HIV感染率（占15—49岁人口的百分比）	13.8	14.5	12.5
环境			
森林（千平方公里）	528	511	*491*
森林采伐（1990—2000年和2000—2010年，平均年度百分比）		0.3	*0.3*
淡水使用量（占内陆水资源的百分比）	*2.2*	*2.0*	2.0
获得改善的水资源的人口（占总人口的百分比）	49	53	*63*
获得改善的卫生设施的人口（占总人口的百分比）	41	41	*43*
人均能源使用量（千克石油当量）	688	618	*621*
人均二氧化碳排放量（吨）	0.3	0.2	*0.2*
人均用电量（千瓦时）	781	616	*599*
经济			
GDP（10亿美元）	3.3	3.6	26.8
GDP增长率（年度百分比）	-0.5	3.9	6.7
GDP隐含价格平减指数（年度增长百分比）	106.4	32.6	5.6
农业增加值（占GDP的百分比）	21	18	10
工业增加值（占GDP的百分比）	51	26	34
服务业增加值（占GDP的百分比）	28	55	57
货物和服务出口（占GDP的百分比）	36	24	42
货物和服务进口（占GDP的百分比）	37	36	40
资本形成总额（占GDP的百分比）	17	..	*30*
中央政府收入（占GDP的百分比）	20.4	*17.5*	*17.3*
中央政府现金盈余/赤字（占GDP的百分比）	..	*1.6*	*4.1*
政府与市场			
创办企业的时间（天）	..	*35*	7
总体统计能力水平（0—100）	..	*65.6*	60.0
军费支出（占GDP的百分比）	3.7	*1.6*	1.4
移动电话用户（每100人）	0.0	1.0	71.5
互联网用户（占总人口的百分比）	0.0	0.2	15.4
金融部门提供的国内信用（占GDP的百分比）	67.8	64.0	27.5
高科技出口（占制成品出口的百分比）	*2*	0	2
全球联系			
商品贸易（占GDP的百分比）	77	49	77
净易货贸易条件指数（2000年=100）	207	100	177
外债总额（10亿美元）	6.9	5.8	5.6
债务还本付息总额（占出口的百分比）	14.7	21.2	2.8
净移民（千人）	*-11.2*	*-81.7*	*-40.0*
获得的侨汇（百万美元）	..	*36.3*	54.0
外国直接投资，净流入额（百万美元）	203	122	1,811
获得的净官方发展援助（百万美元）	475	795	1,142

津巴布韦

撒哈拉以南非洲地区 **低收入经济体**

人口（百万）	14.1	人口增长率（百分比）	3.1
陆地面积（千平方公里）	391	每天生活费用不足1.25美元的人口（占人口的百分比）	..
GNI，图表集法（10亿美元）	12.2	人均GNI，图表集法（美元）	860
PPP衡量的GNI（10亿美元）	24.0	PPP衡量的人均GNI（美元）	1,690

	1990	2000	2013
人口			
最贫困的20%人口占国家消费/收入的份额（百分比）	..	..	..
出生时的预期寿命（岁）	59	44	60
总生育率（每个女性生育数）	5.2	4.1	3.5
青年女性生育率（每千名15—19岁女性生育数）	110	92	58
避孕普及率（占15—49岁已婚女性的百分比）	*43*	*54*	*59*
在熟练医护人员护理下的分娩（占总数的百分比）	*70*	*73*	*66*
5岁以下儿童死亡率（每千人）	75	103	89
儿童营养不良，体重不足（占5岁以下儿童的百分比）	*8.0*	*11.5*	*10.1*
儿童麻疹免疫接种率（占12—23个月年龄组的百分比）	87	75	93
小学毕业率，总数（占适龄年龄组的百分比）	..	*91*	*92*
中学总入学率，总数（占适龄年龄组的百分比）	45	43	*47*
小学和中学中女孩与男孩的比率（百分比）	96	95	*98*
HIV感染率（占15—49岁人口的百分比）	11.6	26.9	15.0
环境			
森林（千平方公里）	222	189	*150*
森林采伐（1990—2000年和2000—2010年，平均年度百分比）		1.6	*1.9*
淡水使用量（占内陆水资源的百分比）	..	*34.3*	34.3
获得改善的水资源的人口（占总人口的百分比）	79	80	*80*
获得改善的卫生设施的人口（占总人口的百分比）	41	40	*40*
人均能源使用量（千克石油当量）	889	789	*697*
人均二氧化碳排放量（吨）	1.5	1.1	*0.7*
人均用电量（千瓦时）	863	853	*757*
经济			
GDP（10亿美元）	8.8	6.7	13.5
GDP增长率（年度百分比）	7.0	-3.1	4.5
GDP隐含价格平减指数（年度增长百分比）	-0.9	0.6	3.5
农业增加值（占GDP的百分比）	16	18	12
工业增加值（占GDP的百分比）	33	*24*	31
服务业增加值（占GDP的百分比）	50	*57*	57
货物和服务出口（占GDP的百分比）	23	38	29
货物和服务进口（占GDP的百分比）	23	36	57
资本形成总额（占GDP的百分比）	17	14	13
中央政府收入（占GDP的百分比）	24.1	..	..
中央政府现金盈余/赤字（占GDP的百分比）	-2.6	..	..
政府与市场			
创办企业的时间（天）	..	*131*	90
总体统计能力水平（0—100）	..	*57.8*	57.8
军费支出（占GDP的百分比）	4.8	5.2	2.6
移动电话用户（每100人）	0.0	2.1	96.3
互联网用户（占总人口的百分比）	0.0	0.4	18.5
金融部门提供的国内信用（占GDP的百分比）	41.7	52.2	0.0
高科技出口（占制成品出口的百分比）	1	2	4
全球联系			
商品贸易（占GDP的百分比）	41	57	58
净易货贸易条件指数（2000年=100）	98	100	105
外债总额（10亿美元）	3.3	3.8	8.2
债务还本付息总额（占出口的百分比）	23.1	..	..
净移民（千人）	*-192*	*-700*	*400*
获得的侨汇（百万美元）	0.8	..	..
外国直接投资，净流入额（百万美元）	-12	23	400
获得的净官方发展援助（百万美元）	334	176	811

注释

a. 数据会根据阿根廷国家数据统计院的后续官方报告做出最终调整。

b. 阿根廷的数据来自阿根廷国家数据统计院的官方报告。但国际货币基金组织已要求对其进行审核，并呼吁阿根廷采取补救措施，以保证其官方 GDP、CPI 数据的质量。其他数据来源显示的实际增长及通货膨胀率，自 2008 年以来一直与官方数据存在显著差异，前者更低而后者更高。本书中，世界银行使用了监控阿根廷宏观经济增长的其他数据来源及其相关估计值。

c. 包括中国台湾。

d. 估计值不同于中国政府官方统计值中公布的军费开支估计值：2000 年占 GDP 的 1.2%，2013 年为 1.3%（见中国国家统计局网站，www. stats. gov. cn）。

e. 指不被冰山覆盖的地区。

f. 包括黑山。

g. 不包括南苏丹。

h. 包括南苏丹。

词汇表

获得改善的卫生设施——拥有获得改善的卫生设施的人口百分比，这些设施包括从简单而有防护的厕坑到具有排水管线的直冲式厕所。（世界卫生组织、联合国儿童基金会）

获得改善的水资源——从改善的水源合理获得足够用水的人口百分比。改善的水源包括诸如接入家庭的水、公共水管、受到保护的蓄水池、受到保护的井、泉以及雨水收集。未经改善的水源包括未保护的井和泉、自动售水机抽取的水、瓶装水和油罐卡车中的水。（世界卫生组织、联合国儿童基金会）

青年女性生育率——每千名15—19岁女性的生育数量。（联合国人口署）

在熟练医护人员护理下的分娩——在经过培训的医护人员护理下分娩的百分比，护理内容包括在女性怀孕、分娩和产后期间给予必要的监护、照顾和建议指导，引导产妇自己分娩以及照顾新生儿。（联合国儿童基金会、儿童信息网、宏观国际）

人均二氧化碳排放量——化石燃料燃烧和水泥生产所产生的二氧化碳排放量除以年中人口数量。它们包括在消费固态、液态和气态燃料以及天然气废气燃烧时产生的二氧化碳。（二氧化碳信息分析中心）

中央政府现金盈余/赤字——指收益（包括赠款）减去支出和非金融资产的净获得额。在2005年前的版本中，非金融资产包括在收入和支出总额中。现金盈余/赤字的概念接近于早期的总预算盈余（缺少的仍然是贷款减去债务偿还，该项被记作金融资产净获得额下的融资项目）。（国际货币基金组织）

中央政府收入——来自税收、社会捐款以及其他诸如罚金、收费、租金和来自财产及销售的收入。赠款通常也被认为是中央政府收入的一部分，但这里不包括此项收益。（国际货币基金组织）

词汇表

儿童麻疹免疫接种率——指在调查时接种了麻疹疫苗的12—23个月的儿童所占的百分比，接种是在12个月之内或调查之前的任何时间。儿童在接种1次麻疹疫苗后被认为对麻疹有足够的免疫力。（世界卫生组织、联合国儿童基金会）

儿童营养不良，体重不足——相对于其年龄，体重低于国际参照人口中值即0—59个月的平均数两个标准差的5岁以下儿童所占百分比。数据与世界卫生组织2006年公布的最新儿童成长标准一致。（世界卫生组织）

避孕普及率——15—49岁结婚或者同居女性（或者其性伴侣）采取任何形式的避孕措施所占的百分比。（联合国儿童基金会、ICF国际咨询公司）

森林采伐——天然林永久性地转换为其他用途，包括林农轮作、永久性农业、牧业、拓居地以及基础设施建设。森林面积减少不包括已砍伐但准备重植的面积，也不包括采集薪柴、酸沉降或森林火灾所导致的森林退化的面积。负数表示森林面积的增加。（粮食与农业组织）

金融部门提供的国内信用——指各种部门在总量基础上提供的所有信用。金融部门包括金融主管当局、存款银行及其他可获得数据的银行业机构。（国际货币基金组织）

人均用电量——用电量为发电厂和热力、电力综合工厂的发电量减去输变电损耗和热力、电力厂的自用量，再加上进口减去出口，除以年中人口数量。（国际能源署）

人均能源使用量——在转化为其他最终用途的燃料之前，主要能源的使用量，等于国内生产量加进口量和存量变化，减去出口量和用于国际运输中的船舶和飞机用燃料，除以年中人口数量。（国际能源署）

货物和服务出口——提供给世界其他地区的所有货物与服务的价值，包括商品、货运、保险、运输、旅游、版税、特许权费和其他服务的价值。劳动收入及财产收益（以前称为要素服务）和转移支付不在其中。（世界银行、经济合作

与发展组织、联合国）

外国直接投资，净流入量——投资者为获得其本国之外企业经营中持久的管理利益而进行的投资形成的净流入量。

它是股票、收益再投资、其他长期资本以及国际收支平衡表中显示的短期资本之和。净流入量是指报告期的新投资减去投资收回。（世界银行、国际货币基金组织）

森林——自然生长或人工种植的立木所覆盖的地区，无论其是否是生产性的。（粮食与农业组织）

淡水使用量——对居民、工业和农业淡水使用的估计总量，但不包括在水存储地点的蒸腾损失。国内的水资源仅仅指国内可更新的水资源，即包括一个国家内降水产生的河川和地表水径流量。因为不包括来自其他国家的河川径流，因为从不可更新的含水地层抽取或咸水淡化厂生产的淡水量很大，或者因为水的重复利用规模很大，水的使用量可以超过可更新的淡水总量。（粮食与农业组织、世界资源研究所）

GDP（国内生产总值）——以购买者价格计算的国内生产总值。即一个经济体内所有居民创造的总增加值之和加上任何产品税，减去不包括在产品价值中的任何补贴。计算中没有扣除成套设备资产的折旧或自然资源的损耗和退化。（世界银行、经济合作与发展组织、联合国）

GDP增长率——国内生产总值一年的实际增长率。（世界银行和经济合作与发展组织）

GDP隐含价格平减指数——一个经济体整体上一年的价格变化率。（世界银行、经济合作与发展组织、联合国）

GNI（国民总收入）——国内生产总值（GDP）加上境外营业收入的净收益（雇员获得的报酬和收入）。国内生产总值（GDP）指所有居民生产者创造的增加值的总和，加上未统计在估计产值中的产品税（减去补贴）。（世界银行）

词汇表

人均 GNI——利用世界银行图表集方法将国民总收入转化成美元之后除以年中人口数量。国民总收入（GNI）指所有居民生产者创造的增加值的总和，加上未统计在估计产值中的任何产品税（减去补贴），加上境外营业收入的净收益（雇员获得的报酬和财产收入）。以本币计算的 GNI 通常要以官方汇率（与各经济体的比较）转化成美元。世界银行图表集方法通常用于熨平价格和汇率的波动。将给定年份及其前两年的汇率加以平均，对各个国家、欧元区、日本、英国和美国不同的通货膨胀率加以调整。（世界银行）

购买力平价衡量的 GNI——利用购买力平价将 GNI 转化成国际美元。对于 GNI 来讲，一国际美元所具有的购买力与美国美元在美国的购买力相同。（世界银行）

购买力平价衡量的人均 GNI——利用购买力平价将 GNI 转化成国际美元，除以年中人口数量。对于 GNI 来讲，一国际美元所具有的购买力与美国美元在美国的购买力相同。（世界银行）

资本形成总额——由新增固定资产支出加上库存的净变动值构成。固定资产包括改良后的土地（围栏、水渠、排水沟等）；厂房、机器和设备的购置；建设公路、铁路以及学校、办公室、医院、私人住宅和工商业建筑等的修建。库存是企业为满足生产、销售或引进项目的暂时需要或应付意外变化而贮存的商品。依照 1993 年 SNA，贵重物品的净收入也被认为是主要的构成。（世界银行、经济合作与发展组织、联合国）

中学总入学率——指占总的中学教育入学人数（不考虑年龄，与官方中学教育相对应的年龄组的人口）的比率。中学教育由更专业化的教师向学生提供更专业或技术性的、导向性的教育，从而开启学生终生学习与发展的基本能力和基本目标。（联合国教科文组织统计研究所）

高科技出口——具有较高的研究与开发强度的产品，包括诸如航空航天、计算机、药品、科研设备和电子设备等。

（联合国商品贸易统计数据库）

HIV 感染率——15—49 岁的人口感染 HIV 的百分比。（联合国艾滋病合作规划署、世界卫生组织）

货物和服务进口——提供给世界其他国家的所有货物和服务的价值，包括商品、货运、保险、运输、旅游、版税、特许权费和其他服务。劳务和财产收入（以前称要素性服务）作为转移支付不包括在内。（世界银行、经济合作与发展组织、联合国）

互联网用户——指最近 12 个月使用国际互联网络（任何地方）的人数所占百分比。国际互联网可以在电脑、移动电话、掌上电脑、游戏机、数字电视等上面使用。（国际电信联盟）

出生时的预期寿命——假定出生时死亡格局在其一生中保持不变，一名新生儿可能生存的年数。（欧洲统计局、联合国人口署、世界银行）

商品贸易——以现值美元衡量的商品出口和进口之和。（世界贸易组织、世界银行）

军费支出——包括用于武装力量的所有日常开支和资本开支，武装力量包括维和部队、国防部以及从事国防项目的其他政府机构、准武装力量（如果他们受过训练并装备了武器）以及军事空间活动等。这些开支包括军职人员和文职人员，其中包括军事人员的退休金以及向军事人员提供的社会服务、运转和维护费用、采购、军事研究与开发以及军事援助（包括在援助国的军费开支内）等。民间防御以及用于以往军事活动的日常开支不包括在内，例如退役军人的福利，复员、转业以及武器的销毁等。该定义并不适用于所有国家，然而，这需要更为详细的信息，而不仅仅是军费预算和预算外军费开支项目中所包含的内容。（例如，军费预算可能包括，也可能不包括民间防御、储备和后备部队、警察和准军事部队、双重任务部队，例如军警和民警、各种军事赠予、军事人员的退休金、政府提供的社会保

障）（斯德哥尔摩国际和平研究所）

移动电话用户——利用蜂窝技术而获得公共交换台电话网使用权的手机用户，包括非预付话费和预付话费用户。（国际电信联盟）

净易货贸易条件——相对于以2000年为基年的出口价格指数与相应的进口价格指数之比。（联合国贸易与发展会议、国际货币基金组织）

净移民——一段期间内的外国向本国移民人数减本国向外国移民人数，包括公民和非公民。数据为1985年至1990年、1995年至2000年和2005年至2010年各时期的估计数。（联合国人口署）

获得的净官方发展援助——为满足发展援助委员会所定义的官方发展援助的资金流量（净偿还额），并且要拨付给发展援助委员会受援国名单上的国家和地区。（经济合作与发展组织）

总体统计能力水平——是评估一国统计系统能力的复合分值。基于对以下领域的诊断性框架评估：方法；数据来源；周期及时间轴。各国在这些领域按25条准则打分，使用可获得的公开数据和或国家输入数据。总体统计能力分析通过对三个领域分在0—100范围内简单平均获得。列示的2013数据是2014年的。（世界银行）

获得的侨汇——指雇员的个人转移支付和补偿金。包括常住住户从非常住住户那里收到的现金转移支付或者各种收入、非常住劳工获得的工资和薪金、非常住实体雇佣的常住劳工获得的工资和薪金。（国际货币基金组织、世界银行）

人口——年中所有居民的估计数，无论其法律地位或公民权状况如何，该数字不包括在避难国非永久居住的难民，他们通常被认为是来源国人口的一部分。（欧洲统计局、联合国人口署、世界银行）

每天生活费用不足1.25美元的人口——指每天生活费用不

足 1.25 美元（以 2005 年的国际价格计算）的人口百分比。数据为 2000 年以来最近年份的估计数。斜体数字不是 2011 年的数据。(世界银行)

人口增长率——相对于前一年年中人口的指数增长率。(世界银行)

小学毕业率，总数——完成最后一年小学教育的学生所占的百分比。其计算如下：完成最后一年小学教育的学生人数减去该年级的复读人数，然后除以达到官方规定的毕业年龄的儿童总数。因为国际教育标准分类 1976（ISCED76）向国际教育标准分类 1997（ISCED97）的转换，1999 年之前的数据与 1999 年以来的数据并不具有可比性。（联合国教科文组织统计研究所）

小学和中学中女孩与男孩的比率——指小学与中学中女性与男性总入学率之比。(联合国教科文组织统计研究所)

最贫困的 20%人口占国家消费或者收入的份额——最贫困的 1/5 人口的消费或者收入在总的国家消费或者收入中占有的份额。(世界银行)

创办企业的时间——指在法律上创办一个企业而必须完成的程序所需要的日历天数。如果某项程序可以通过额外的成本加速，那么不考虑成本，只计算最快的时间。表中给出的 2012 年的数据为 2013 年 6 月的数据。(世界银行)

股票市场资本总额——指股票价格乘以已发行的股票数量所得的价值。(标准普尔)

陆地面积——一国的总面积，包括内陆水体和部分沿海水道。(粮食与农业组织)。

债务还本付息总额——对长期债务（政府债务、政府担保债务以及私人未担保的债务）的本金偿还和实际利息支付、短期债务的利息支付以及国际货币基金组织贷款的偿还（重新购买和付费），以占出口的百分比表示。出口涉及一

般商品和服务出口总价值、非居民劳工就业赔偿收入、海外投资收入。（世界银行、国际货币基金组织）

外债总额——拖欠非居民的以外币、商品和服务形式偿付的债务。外债总额是长期外债、短期债务和国际货币基金组织贷款使用的总和。以本币偿还的债务不包括在内。（世界银行）

总生育率——一个女性育龄期结束时，如按目前特定年龄生育率生育孩子的话，可能生育的孩子数量。（欧洲统计局、联合国人口署、世界银行）

5 岁以下儿童死亡率——在当前特定年龄组别死亡率情况下，一名新生儿在 5 岁以前死亡的概率。（联合国儿童基金会、世界卫生组织、世界银行、联合国人口署）

农业增加值——农业部门（国际工业标准分类 1—5 项，包括林业和渔业）净产出的加总减去中间产品的投入。（世界银行、经济合作与发展组织、联合国）

工业增加值——工业部门（国际工业标准分类 10—45 项，包括采矿、制造业、建筑、电力、供水和煤气）净产出的加总减去中间产品的投入。（世界银行、经济合作与发展组织、联合国）

服务业增加值——服务业部门（国际工业标准分类 50—99 项）净产出的加总减去中间产品的投入。这部分属残余的来源，不可能恰当地反映服务产出总量，其中包括银行业和金融服务业。（世界银行、经济合作与发展组织、联合国）

图书在版编目（CIP）数据

2015年世界发展数据手册/世界银行著；中国财政经济出版社组织翻译．—北京：中国财政经济出版社，2015.7

ISBN 978－7－5095－6261－1

Ⅰ.①2… Ⅱ.①世… ②中… Ⅲ.①世界经济—经济发展—统计数据—2015—手册 Ⅳ.①F112－62

中国版本图书馆CIP数据核字（2015）第139338号

责任编辑：孙　腾

2015年世界发展数据手册

中国财政经济出版社 出版

URL：http://www.cfeph.cn

E-mail：cfeph@cfeph.cn

社址：北京市海淀区阜成路甲28号　邮政编码：100142

发行处电话：88190406　财经书店电话：64033436

北京财经印刷厂印刷　各地新华书店经销

787×1092毫米　24开　10.5印张　230 000字

2015年7月第1版　2015年7月北京第1次印刷

定价：25.00元

图字：01－2015－7095

ISBN 978－7－5095－6261－1/F·5042

（图书出现印装问题，本社负责调换）

本社质量投诉电话：010－88190744

反盗版举报热线：88190492、88190446